瞿沐學 主編

建川博物館藏侵華日軍日記

第四册

國家圖書館出版社

第四冊目録

新羅實藏日記

一九三九年

一九四〇年

1

十月十四日土、曇り后小雨　午后雨止む

起きたら空はどんよりとして居る。あぶない空になりそうだ。点呼をすまして純の手紙を出しに行く。早くそれを終えて帰り顔を洗て朝めしをたべる。今日は大分道路工事の人夫になっていたので、望みしていたがへ入れてもらひ一眠りしてみた。前日への返事が来て居たので書いてみた。二枚書いたら時間が来てそのまゝ出かけて行った。昨日工兵隊で山口が言ったので、そのつもりで用意をして行った所が違って居て帰って来た。山口に会ったらウソを言ったのかと怒って居たので、まぁそれに行ったりして、今度は何もかもよく探しに行ったのだ。一ぱいくわされたのだ。ますが本当のことをウソを言ったのでがないと思ってみたので、路傍が原　まが仕方ない、と言うと少し和に思って居るのだ。写真な目に居った。夕食を終って手紙の返事をかいた、りやう和[?]、お[?]みつえ達へ三枚しか手をかき、随志　廿平八、隆之助君と点呼迄どこへも行かずにノートでか述べた、隆之助の近況に居ることのを之えみでかってみるとかいてあった。写真機を買ったがフィルムがないので

447

2

困ってゐる。○○に売ってゐるから買っておいて○○の所のレコードが隊へ入ったら
「こゝづけてくれんか」とかいてあった 写真キを買ったらしい けいこをしておるのだろう
此が俺も欲しい気がしたがなかなかフイルムを売っておるかどうかわからないし使用に出る
時に出くして見たら あるそうだが いろいろに来るかわからん ー そのまゝにしておこうと。
思って居る。隊長よりは俺達を沢山 貰い 仕事をさせなから うまいものだ
今日は俺も道路工事に行った 歩いて十三丁先の飛行場のはしへ行く。クリーク
があって 三十日ばかりの中だそれへ二十四日工兵を総員で[illegible]をして橋を作っておった
のだがとうとう今日は完成するのだ 工兵も喜んで来た 西谷寺の人だ 俺達はもっぱら土を
入れて橋の上へはこんだ 工兵は完成してみる橋に「井上橋」と墨でかいて出来上った
そのうち雨が「しゃく」と降って来て寒い日になった。大西の特派員写真班が
来ておったのでうつして居た。それら橋の下で特別に一枚づゝとってもらった 俺達も
三度来たけ一かたまりになってとってもらった 大毎の写真版に 其の内のることゝし
思ふ 先生とこは大毎だから見せてもらってもよい 今だかまよ百ばかりの写真には出る

448

3

なすときうりも畑で一列に りら豆が作ってある、いい土でよく出来て居る
畑の土をはさんだのだ 大勢が少し早く来て 何男が何台か出した 雨だったどく
なって ぬれた小屋へはいって並んで食事をたべた 天気予報を卓の上で一やすると よりかなが
雨ではどうにも仕方がない 一時過頃から雨も上り又工事をつづけ 橋の前後の道をよく
して 三時にすまって居た ヒュー年か六日 おりて来た 雨のふって居る中を 見ていた、
足車なんのだ、工事が終ったので 宿舎へ帰る 一寸疲れた 梅田への電車のつぎを
おさえ上げておいてこれをかし、寮母のキャンの時にうつしたら 宿舎はりきってみた、それを言って
使い減らしとかっておちん姉妹全てので 一三四人見なさそうない 姉妹の顔をなつかしかった ミーちゃんとの
大きさなって居た、ミヨも同じ、かっちゃんが姉に抱かれてあどけ顔の心 驚ろかされ来お前達や母、父
兄の作い顔は消し、弟妹が全部揃って居るのだったのし…よい記念になるよ、大切にしまって
置こう 出かけ夕の手紙によって夕食だ 入浴へいって又洋では少しと思って居る
手紙を二枚かいておいた 風呂へ行こう 手紙もかいたし一寸これで楽になった
報道でもみてねよう 夕方からすっかり天気にもなってきた 涼しいよっ…

449

4

十月十五日、日、朝の内はぐずついて居たがだんだん晴れて上天気に
なった。点呼を終って手水に行った後で顔を洗って食事をする
今日は休みだ。今週は日曜が外出出来る様になったのだ
ちょくちょく外出するものもあるが大体出ずに居る。今日は天気もよいから
外出してもよかろう。食事をして一眠りしてから地下足袋の修理が出来るので洗って
干しておいた。冬服を出して隊長の机の中名前の札をつけて名をかいて
おいた。ミシンがけにも名をかいてすし、おそくもしてくれと言って来たのでして
やった。今日は朝から風呂がわいてある。校長が当番でわかしてあるのだ
服を少々と整頓もしたらすっきりすると気持がよいものだ。そして一眠りしてから
単四ケーに郵便と自分の名をかいておく。出す時にかくのは忙しいまで
ひまな時にかいておくとよい。忙しい者があると急ぐ時にはめんどうだ
五十枚かいておいたら終った。一眠りして目覚して手紙をかいておく。今日は俺は
五名で四時半から出てしかねばならん。もう十一時だ。至急だ水やさきさ来ら

450

に行かねばならない所で来て居るめーさんが風呂へはいって一緒すると云うた
宴会ではレストランあけて中日にお出かけた　茶膳、まんだい、浣花行　浣行歌等
四ヶものばかりたいが　いいものは何ぞんでもきまたいものもある。又後でかこう
今日は又に十別な会席で　すぐに風呂へはいって来た。よい天気だ
で座わをした。二時半過ぎねておきたが　十二時半をすぎてかけてゐるのに目
をさました。　愛馬進軍歌　愛馬行進歌等を中で居る、父なあなたは狼
かった等を、面白いまんざいもありねたまし　何だか居たが三時にはねたので
鏡中剣を手入れしておいた、今からもうでもよんで四時半にはまつて
行こう　もう今日あたり十日に出した航空がついたこと、思って居る
もう二三日まってゐると返事が来るだろう　それを五日までゐよう
から
十五日新も一日にすみそう　早く秋になってゐたが
又とり入れも終って　麦、むぎをまいて　失小麦は　まりつきをしなければ
ならない　かんばってくれ　弟も居るから今年はいくらか楽になろう　明日かく
十五日午后三時四十分を前にかいて
実より
妻へ

451

No. 2

十一時頃になったので畑に水、こやしをやりに行った 昼飯の二時までは あみを

はって野球をして居る中々にむずかしく わかって とやって居た

帰って昼めしの用意をした 食器を出したりおはしを揃へとりにいったりして

菜を畑とたいものだ たべてから たきものするのか出来ん居たので 持って

かる、天気がよいので 急いでたべたが少しかはいらない 夕方を飯てするかゆを

たいた、いゝにはだが おいしくはない様だ せんざいがたべたいと言ふので 満保く

昼には行ったが 言ふだけで たべられないのだ 少し汁をすゝる位で残して

お先にしつれいして ぬいで遊んで居たが 風呂へいくことにして、行つ

たが満員で一ぱいだ ひきかへして帰って来た、そしてシャツ洗濯をした

ねて雑誌をよんで居たが ラジオがやかましく耳にひびくので 駄目だ

で本をよむのをあきらめて日記を書いて居る 昼頃にはしづくとふって

居たが又止んだ 又雨になるらしい どうも天気がよくない

其の日に又 夕の手伝いにゆくはずなび [illegible] ホッと帰ってくる

464

No. 3

みんな元気よく学校へ行って居るか 運動会もすんでしまったな
蟋蟀は おせいちゃんとこへ あげたのか 今年は吉祥寺の演芸会がなくなつ
たから黒線混見所もどうなるかわからんのだろうナ 母が居ないから
よけいお前に付くなになって困るだろう子供らも淋しいのだろう 可愛想だ
久美、けんちゃんも元気で遊んで居るだろうナ お家も二人ずつ働いて居ること。
思って居る、僕も四十日余りになったナ 早いものだ そして秋だ 弟が居て
よいが母がなくなったから却って今迄のようにしっかりすることは出来ないから
困るだろうと思って居る 秋だけを付かして うまく片付けて来る様にたのむ
弟らしい気味よくやって居るとのことだから よろこんで居る どうせ弟の厄介に
なる今は一寸も出来ないのだから 何事も言ふ通り よく相談をして仲よく
やって来る様にたのむよ 俺も相変らず元気で 十月中終ろうとして居る
最後迄元気でやり通して行くから 先づ俺のことは心配をせずに皆
留守をしっかりとたのむよ 今度の御馳走は何か 又雑炊でよかろう

かん、金四

465

No. 4

（今日の身体検査で十八千四十日（十七七七十四匁）となった）

十日[redacted] 今日もどんよりとしてもって居たがだんだん晴れて行ったが、今朝の冷たいこと

と言ったら今迄にないことだ。昨晩は夜中から冷えて来てねられず目をさました位

で、朝迄に何回目がさめた。何でこんなに冷えるのだろうと思って居た位だ。

朝になってみれば冷たい。もうこんな陽気になったのかと思って見たりしたが、蒲団を

すかして此の寒さにふって来たがいやに日が金物を油でぬらして居るのは又よけいに

冷たかった。帰って洗濯、朝めしをたべたら大分あたゝかくなったが

一眠してから昼近くまで休んで居たが、それから例の如くに日曜日は精神訓話だ。

兵舎の裏へ集合して中隊長殿の話があり、戦術をけいこをした。

午後は昼寝があったが終ら兵舎へ帰り一眠られず、例によって週一回の軍紀

教練だ。軍紀を守らず先に行ったら兵舎がぐるりと兵舎のぐるりを大廻りして走っ

た。かけ足だ。苦しくなる位になって来たが、すぐ馬屋の裏の馬場へ

来た。止まって一服したが、このために近寄りくと思って居たのが、立って体中

ほこりを浴びて来た。で教練に移って、銃のけいこだ。一生懸命にやった

466

No. 5

は休みをして一日眠って居た。寒いから伊丹をとろうと言ふ。おしレヤフー。

初めた俺は来たが投げ出して又キャフンと投げられたりしたおかげで　あた

つゞくけいこをして帰って来た。来なかったが手をたゞ一眠しきこをよんで居たこれがまた

行った　砲兵へ行って砲の列の手入れをして中隊事務所へ自分体格検査に医室へ行った

目方をはかった十二貫四百あった十七貫と七十目位になる。先日から比べると八百目からこ

た、十七才なれば上等だなんて肥えて来た今肥えるさかんだ。帰って又夕方の手入れ

をし明日の演習の空砲（カラヅツ）を受取ったりして五時頃兵舎へ帰った。大の字でお布団がはいって居た

のだ。これして机を作った。今度はなかなかうまく出来たので思い切ってこしらへて見た。出来たのが

とめて風呂へ入れておいた大分よくなった。すっかりなおって居た。フランリかのおかげである風邪

のおかげである。今夜初めておしい机の上でこれをかいて見た。気分がよい。早く手紙をかし

の時に寒くなったえらいので早く作っておけばよかったと思った。日記と手紙を

かくと安静だ。いよいよ十月もあと一日で終りだ。十一月になったこのくんはよほど

風があたると見える。冬は相当寒いことだろうと思ふ又明日から當えられるだろう　兄たちへ

十月[redacted]日夜け書

兄あへ

457

十月十六日晴 今日は一点のくもりもない秋晴れの あたたかい上天気となった
昨日は四時半過に工兵に出て行った。眼鏡検査やらの車があって五時半頃に
交代して工兵さんについた。俺は一番立ちなのですぐいった。展望哨と言って高いやぐらが
くんである所へ上って下を見おろしてぐるりを見はって番をして居るのだ
相当に高いから見晴らしがよい よく晴れた日で、涼しい風がある 申し分がない あたりを
見てのどかであるので近く見える。揚子江は見えないが 堤防が近くに見えて 大きな船
が黒い煙りをもくもくとはいて川をのぼっていく。遠くでは土民達が白や黒い色のシャツを
着て仕事をして居る 水牛が田をすいて居るのや 十六バの枯れたのを引いていなくて
はこんでいるものや 村のかかきをとりいろいろ 手にとる様に見える 遠くには沢山な
部落がある 大きいやつは屋で おりうで小さなかこって おしくなって居る 百姓家の
屋根はたまにしかない お寺が何あたろう ぐるぐると四方をながめて見てみた
番が終って 工兵所へ帰って 夕食をたべて 一眠して居た。風がひどい夜だ
夜は三班で交代してねたり立ったり起きて居たりして 星少しの夜は明けた

452

2

今日はよく晴れて居る 国の方では運動会の頃だナ ミんながよろこんで出るのだろう
子供らも大きくなったろうと毎日から土山がまわってとび出して力がましいことだろうナ
六時半に起床してすぐ又やぐらの上へ上った まだくらい 暗は朝から上って居る
其の内に朝日が出た 東の空がまっかに かがやいて大きな まっかな日の玉のような太陽
が森の上へ上って来た 何とも言えん よい景色だった 時間が来て交代して帰り
顔を洗い食事をする 次ぎ迄一眠りだ 三時頃に昼食でーふろわけになる
朝早くから土民達は畑へ来て一生けんめいに働いて居る 子供を水牛のせなかに
のせて小供の水牛があとについてゆく はなしがいで遊んでゐる 長い綱を角から
おとなしいものだ 根からはえた新しい青いいの葉を しずかに食べて居る
それを見て番をしながら 父親が畑の耕作をして居る 水牛が子守りをして
居るのだ 人間がいらなくて うまいものだ こんな事は内地では一寸見られないだ
ろう 放れて来ると 大木を引いてあともけがって 又何かするのだろう
広くて一面の畑に 沢山の土民が小さく メガネの中で働いて居るのが見える

453

了

風はやはりひどいがあたゝかい日だ。塵埃をあびて勇作が立つた。午后は一寸ゆるくなつて来た。これでやつといゝおもいが出そうになる。午后は一思ひ立つてもう終らせだ
今日は[redacted]の故障日なので東の運動場で鉄砲をもつて一生けんめいにけいこをしてゐる
午后は全部で土工作業をせられた。道を倍に広くしたり もつこで土をはこんだり大勢でやつて居る。五時になつたら交代が来て服装検査を受けて居る。立ぱな兵隊に一層親しみをおぼえて 兵営へ帰る人々がはつてゐるからくたびれる。
参観の最中だ道具をとつて一しよに参会を力とだすのがうまかつた。ちよつと今一番うまいのだ。一昨日手紙をかいた。これから大急ぎで汗をおとして雑誌でもよんで点呼迄一ねむりしようと思つて居る。明日は演習らしい
母の様子はどうだね。だいぶよいといふことを思ふが、病気にならん様にしてしつかり俺の分もしてやつて呉れ。弟も来て居ることゝ思ふが、どうかよくなつてほしいものだ。陽気がよくなつた。一番はじめの方が早く眠い。眠ての通了がみえたらも悪い
そう二日もまつたら来ることゝ思ふ。ますますほしくてたまらない。早く寝よう。又明日かく
十一ゝろ たけお

454

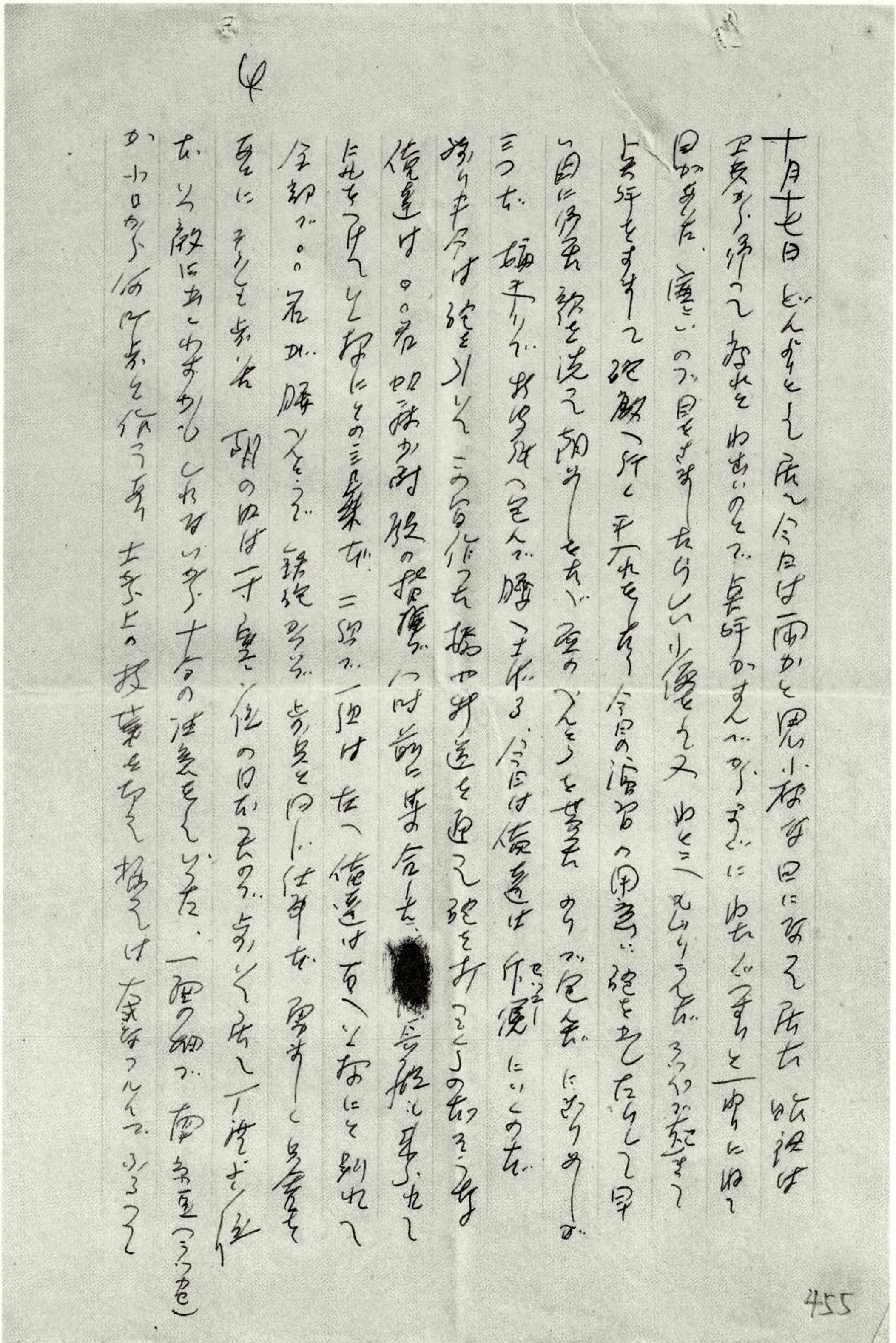

十月十七日 どんよりとして居て今日は雨かと思ふ様な日になって居た 昨夜は
工兵から帰って来るのがおそいので点呼がすんでからすぐにねむってしまうと一時にねて
思ったが 寒いので目をさましたら少し寝坊した 又 ねとこへもぐり込んだら合図が鳴って
点呼をすまして 飯へ行く 平八も起きる 今日の当番の用意に 飯をもたらして早
い日に 食器を洗って 朝めしとたべ 室のべんとうを持って で兵舎にむかいあ〔　〕ず
三つだ 掃除ずりで お片付へ込んで 勝手に来る 今日は俺達は 斥候（セッコー）にいくのだ
掛り本今は銃を外して この間作った塔や井道を通って銃をおつけの前えつけ
俺達は○○名 此隊が射撃の指揮だ 何時頃に集合した [redacted] 号令して来て
兵をつけて左をなにとの三条件だ 二組で一組は左へ 俺達は右へとなにと別れて
全部で○○名が勝ってきた 銃音が兵士と同じ仕事だ 突撃して兵舎を
目に そして兵舎 明の日は一寸寒い位の日だったが あつく居て汗をかく位
だった 敵にあこがれてしれないが 十分の注意をしていた 一寸の油断で 無念至（つうかん）
か 小口から 何時兵を作って来る 土手上の 枝葉を切って 掩護は 大きなつるんでふるって

455

5

うつるだけであり土は下へ山になる たゞ折三尺も立て、それを〇るだけでおくのだ
伸ばす老人だの為 其外にタで大豆大分あるた 玉じしをまいてゐるのが
はえてゐるの 白菜切株菜、水ナ、葉が茂えかゝて大きな葉が居る田は少しが
ない畑ばかりだ 土民の部落も沢山あり 皆日当で メガネ式のがつ大路を通るので
愛らしかったた、土民も沢山あて御父居る楽しかったが歩くのはもうこりた 一里半位歩く
一服だ 茶屋があるのだ 茶をわかしてくれた、これらは日本人が来ないのである所
などと豊富をつけ御飯がまたないなどと見へ歩く者 白性をして居る者に見せてピストルを
持って私は人形をもってなり 宿は電眼をまして見になってする 困ったしるものだ
などゝ言ふそんなものは出来ないのだ 始終見る 日本軍が来た様の姿を見て女や子供は
皆山へとに行っていく四日位だ 殺されたら位ふは悲しくを泣く 老人などが門に立って
様子をうかゞって居る 何とか悪いことをされると思ってこわがってにげるのだろう
小高い山へ出た 右手に揚子江が白く続のように見えてゐる 大分遠い 山の下には
一寸大きな池がある 池のぐるりを廻って女や子供が山へにげるのでよく見える

456

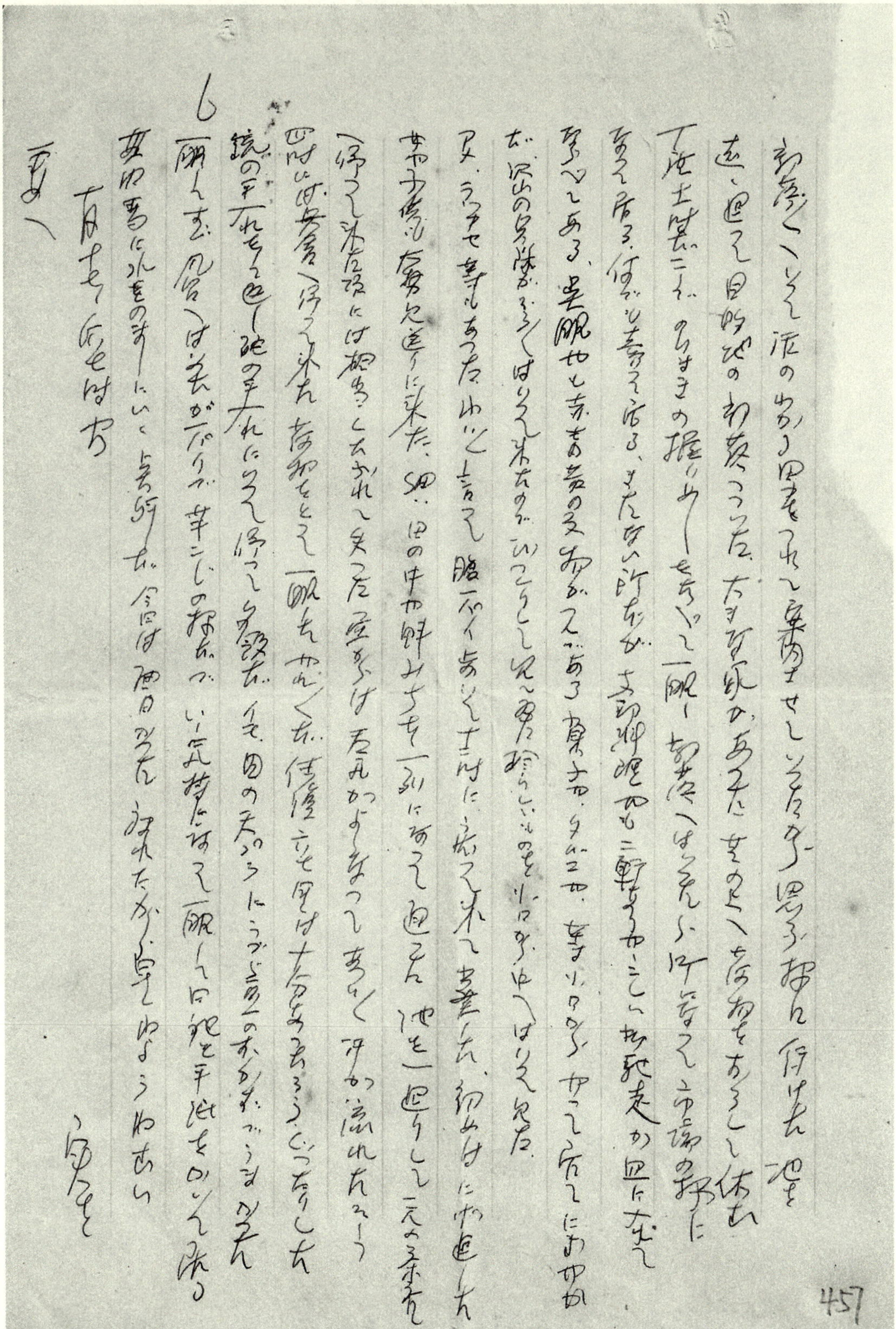
新潟へ入って旅の労を慰めて貰ふ様に行けた。温泉
迄廻って目的地の新発田へ行った。大きな寺があった其の上へ登って休む
下座土間二ヶ所の[illegible]の握り出しを求めて一服し新潟へは[illegible]所で市場の様に
なって居る。何でも売って居る。また安い所だが 五郎料理でも二軒ある[illegible] 加茂走が四ヶ所に並んで
繁昌である。是眼也と赤青黄の色[illegible]がついてある。食卓も[illegible]も 皆小口が[illegible]って居てにぎやか
だ。沢山の兵隊がぞろぞろと這入って来たので ひっそりとした[illegible]らしいのを[illegible]へ這入って見た
又、[illegible]寄りあったから[illegible]と言って 晩一杯[illegible]に[illegible]て来て[illegible]。[illegible]に[illegible]
[illegible]見送りに来た。[illegible]の中[illegible]一列に[illegible]て廻る[illegible]を一廻りして[illegible]
帰って来た頃には[illegible]て行かれて[illegible]ば[illegible]なって[illegible]汗が流れた[illegible]
四時[illegible]へ帰って来た[illegible]をとって一服[illegible]様に[illegible]ば大分[illegible]した
[illegible]の[illegible]って[illegible]に[illegible]って[illegible]。[illegible]の[illegible]に[illegible]の[illegible]
一服して[illegible]は[illegible]が[illegible]で[illegible]の[illegible]で[illegible]て一服して[illegible]を[illegible]て[illegible]
[illegible]に[illegible]の[illegible]に[illegible]。今日は[illegible]た[illegible]たが[illegible]
[illegible]
[illegible]
[illegible]へ
457

No. 1

一ノ一て

[redacted]朝から雲が出てどんよりとしてゐたがだん〳〵よくなつて太陽の顔も出てあたたかい秋晴れのよい日になった

六時半起床して点呼をすます 例によつて庭の手入れに行く 今日は外へ演習に行くので 出来るだけ庭の用意をし 土工具をつけたりして帰って来た

顔を洗って朝めしをただ急がしく 外に出て集合 馬をつけて 目のつり出した中を表門を出て行った 今日は隊の演習日なので 全部出て行った 中には病犬方昼めしをもって行ったが うちの組は半年兵のお迎え看十人の一番えらい人が迎って来ぶまで 直に終って帰ることになって居るので 直ぐには帰れなかった

今度皆で作った 井道路 之を井上街道（アイドル）と言って居る 我が井上部隊の専用路だし 工兵の協力を得て作ったのだ（そう言っても豊かな路だ）

この道は一度工事に行ってもう一回兵営の橋の上へ土をはこびに行ってまた演習ドは初めてなのだ 今迄の道とは違って 飛行場を北へぐるりと大回りをして飛行機の即ち車―カン?だし て 今迄の文村を ぐるっと回って この間作った井上橋へ

468

No. 2

出た、ちょいと演習に遣って居るのか誰れ言ふとなくかたまって居た 兵隊だけで出て
土民達に追迫らがまれるが大明かりなろう、堤を渡って小高い丘の小山を上り下り
したり田畑を横切って道が出来て居る この辺どこへ行っても小高い丘の小山は
大ていは支那人の墓場で墳が埋めて並んで居るしまた墳を田の畠畑の
場においてあるのもある支那人は墳を外へおいておいてこういうになってから底を守り
うめて大小のなぞうだ。狭い道で上り下りが多いから今迄の道の事を思ふと云
びれる、道の両側へ散列をして演習を初めた あたりが日になって一寸汗が出た
大隊長殿に見に来られた、従って又敵を追撃する様に砲たので走たく
なって又次の高地で散列をして射撃の演習を解算と同じ様にした
殊晴力のよい天気に之は演習に来て居るを何とも言えん位よい気持だ
二人で上がった丘の上でべんとうを食べたらうまいだろうと思ひ話をして大笑をした
もうこの時分には大分暖かくなって来たのだ土附本を廻て居たが土民達は遠くからよ
見て居た 一生懸命やって居ると母のことも世のことも何も忘れて失ってただ演習だけに

46P

3

No.

なつて失ふ演習を終て帰りは跑にのつて一走りに走て井上様へ来て ぐるりと飛行場を廻て兵営へ帰つた十二時半だ。膝はだるくなつた手なれはあとにして兵舎へ帰つた早速昼めしをたべたが一時だつた、一服して午后は兵舎の内外の掃除をした四時半からは洗濯があるので兵舎の中も畑の前知れず されいに片付けて されいになつたので 納会が居た 三時半迄すこぶるをよんで居たがそれが終日掛つて 行つて跑の手入れをした。ついで跑の手入れをして七時過に帰つた 此處も終えて先たのが一服して手紙の追了をかいた 家兄さへと不動さん 本郷剣台様へと三通 出来上がつた 七時馬に水をのませに行て帰り風呂へとびこんで来た 留守中は何も言てなかつた 心配をするといかんと思つて知らせなかつたのだらう 不動さん家兄さんは かいてあつた 目の検査の時の話の通りだつた。明日は試験だ 兄さん大阪の話の通だ おせいさんと政さんへと礼状をかいておかねばならない今兵隊もずんだが 分からない日記と手紙とをかいて居ます ひまがなくなるかもしれないからだらう なにをかいても母がお前によんで聞かせてくれなくなつたから 一寸淋しい 兵隊が何でなつても よいのはお前だけが少しでものぞくなつた 皆様に仰言ない 元気を出して やるでよく するとはない。

470

4

No.

[redacted]朝のうちくもって居たがもう晴れて行ってあたゝかいよい日になった
昨夜は満月でよい月夜だった　外へ出るとひやひやと夜風は身にしみる様になったが
明るい昼の様な月夜だった　雲一つなく　すみ渡って
点呼をすませて今日は演習があるので銃を朝の手入れは今日中に出かけて行く
飛行場の方へ列に並んでおいた　帰って銃を洗って朝めしをすませた
そして銃の着剣に今日から行った　各係が分れて作って　誰かが借りたカンテラで夜目をよんで
居た　九時頃に皆帰って来たので　一しょに演習を初めた　あつくなく寒くなくよい日だ
至近　一生懸命にけいこした　朝はひどい霧だ　足下の草が露にぬれる
十時に演習を終って又皆かゝって大砲を引っ張って砲廠へ帰り手入れをして帰る
昼だ　一服して雑誌をよんで居た　昼は牛肉に汁を入れたものでおいしかった
昨夜はカレー汁でとてもおいしく　色々なものを食べさせて貰へる
魚や牛肉の天ぷらもあり他の酒は十銭も沢山　三銭出して貰へるのでよい
午后は器物の吹ラッパン等を返すために洗っておく　あんまり演習はなし

471

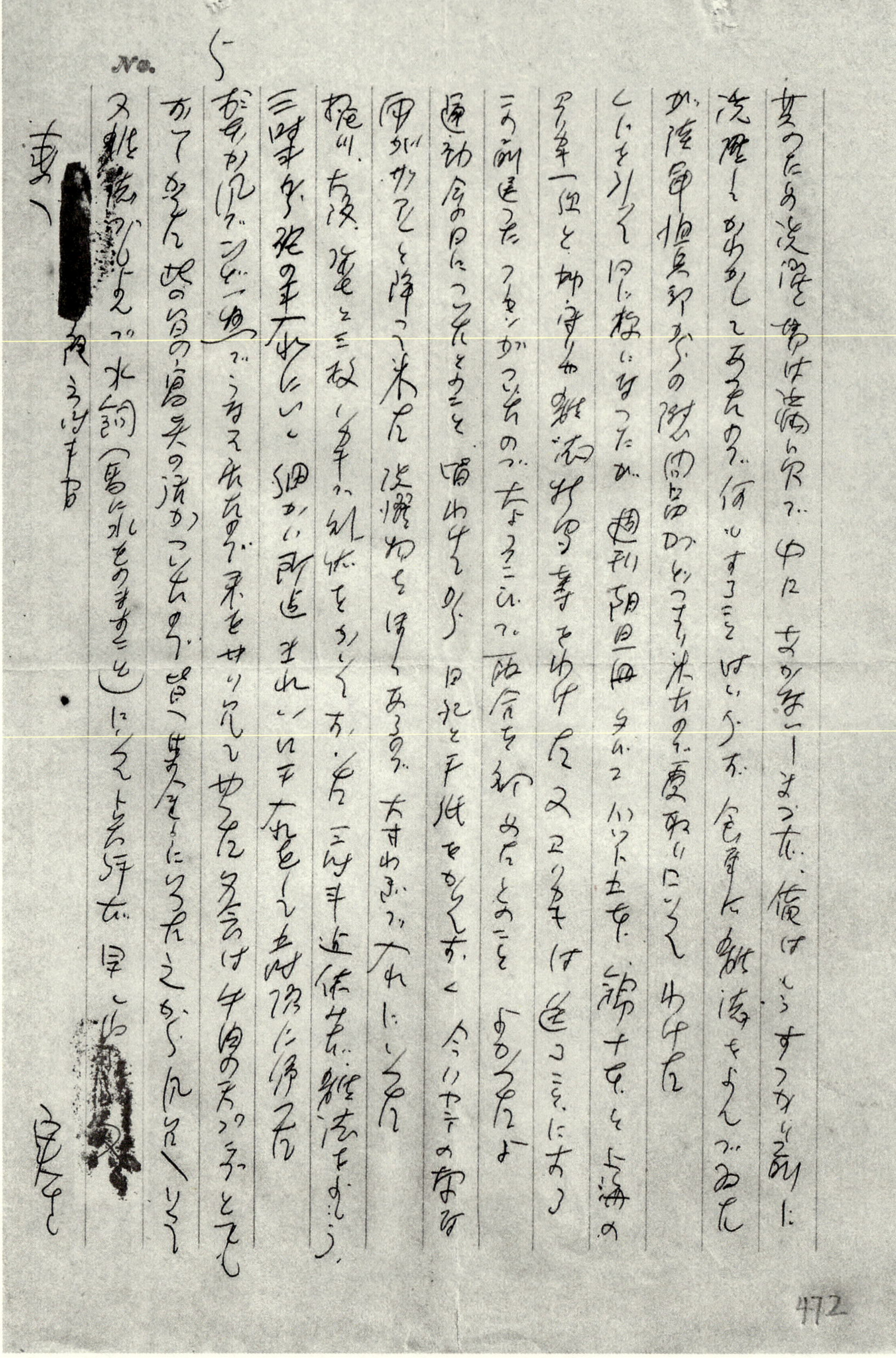

No.

其のための洗濯等は満足で中々なかなかまづない。俺はもうすつかり前に
洗濯しておかしてあるので何もすることはないが 全部雑誌をよんでゐた
が陸軍恤兵部からの慰問品がとゞいて 沢山の不要取りにいつてわけた
くじを引いて別に楽になつたが 週刊朝日四冊 タバコ ハット十五本 錦十五本を 上海の
写真一組と婦人倶楽部雑誌等をわけた 又ヨリ多くは送ることになる
この前送つたフヰルムがついたので大よろこびで試合を始めたとのこと よかつたよ
運動会の日についたとのこと 嬉しかつたが 日記と手紙をかくしすぐ 今いやすのなな
雨がザアザアと降つて来た 洗濯物をほしてあるので大すゞめで入れにいつた
梅川、大後、後藤と三枚しか手紙をかいた。后三時半近く 雑誌をよもう。
三時半頃の手紙にいゝ 細かい所迄まれに手紙をとつて五時頃に停つた
〈 散歩が兄弟で一緒でうどん屋で米をかり兄と出た 夕食は牛肉の天ぷらとて
かつて来た 此の頃の兵隊の流行つてゐるのが皆々集合になつたのが見たくいつて
又雑誌がよんで水飼（馬に水をのますこと）にくてと兵隊だ 早くね

妻へ [redacted] 夜 三時半書

安住

472

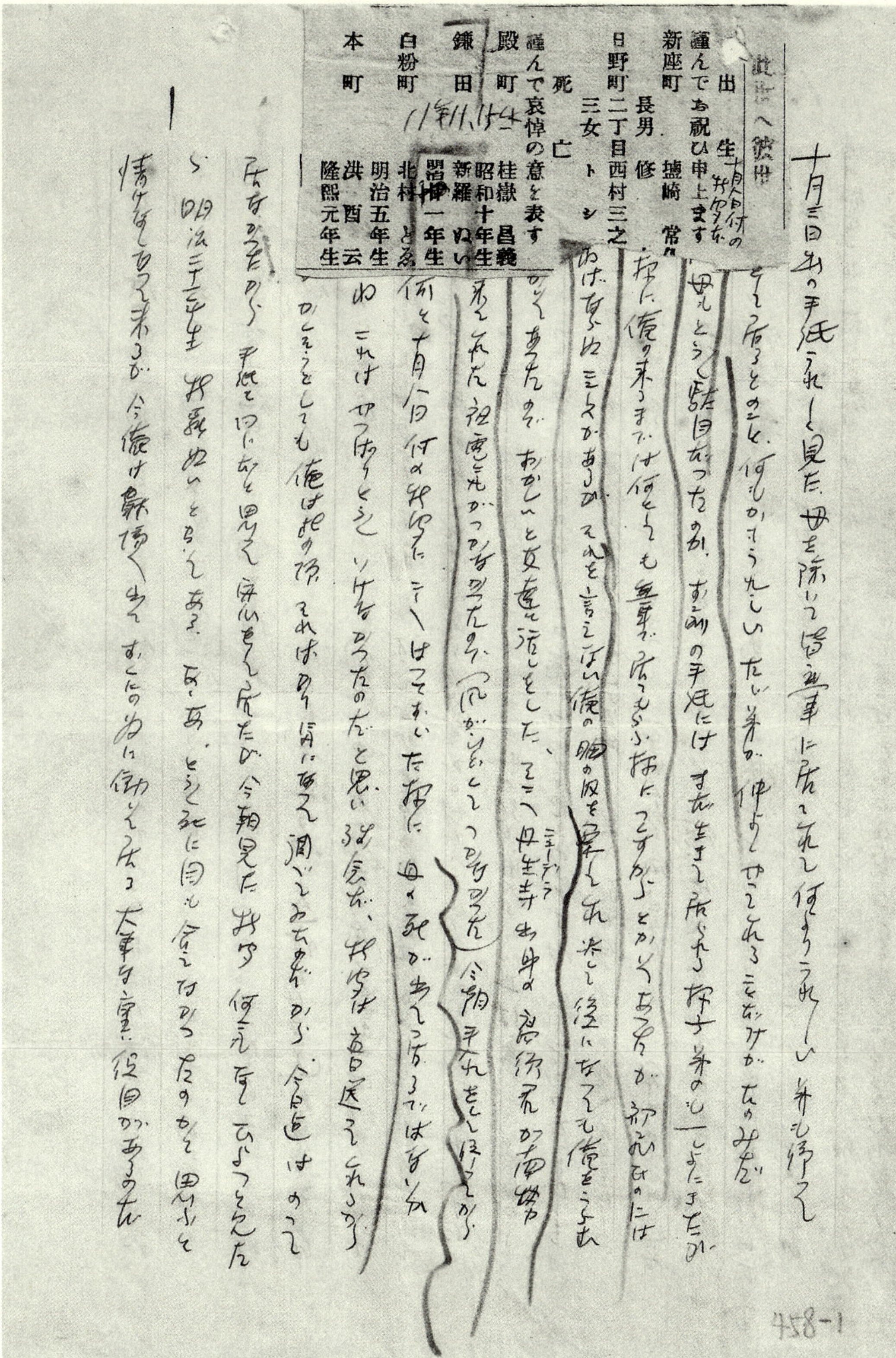
讀者へ披露
出生
謹んでお祝ひ申上ます
新座町 長男 修 墟崎 常
日野町二丁目西村三之 三女 トシ
死亡
謹んで哀悼の意を表す
殿町 桂嶽 昌義 昭和十年生
鎌田 新羅 ぬい 一年生
白粉町 北村 明治五年生
本町 洪 西云 隆熙元年生
458-1

2

小さい新聞。人の死んだ位で何をおどろいて居るものか と考へ直した 人間は生身の体だから死

ぬかもしれん体なのだ それに以前から覚悟をして居るから別にどうも思はなかったが やはり

あの夢を見たのが妙な気がした 母の様子又は手紙を思ひ合すと 四日から十日の間迄

の間に亡くなったものと見える 丁度○○○へ討伐に行って居た時なのだ どうもそうらしい

亡くなったものは仕方がない それ迄の運命だ 俺はあきらめて居る お母さんの手紙のかくはすまない

生きて居られた様子だ 俺の写真も見て死なれたものと思って居る それで満足だ

父さんがさぞ淋しがるから心配だ 是からは益々体に気をつけて 元気で今迄より一そう

お父のためにつくさなければならないとは覚悟をした、 思い直して考へてみれば 母は俺の身代り

になって行って下さったのかもしれない 俺はそう思って居る ただ残念なのは死に目に会えなかった

だけだ、兄はよかった 幸福だ 母上の死目に会えたから せめて十日でもかん病が出来た

からだ、しかし弟たちは長い事会えなかった母上に三年目ぶりに会って呉れば もう虫の息だ

そうして身を尽して看てやれた 情けないと思って居るだろう 是からだと思ってみたのに

しかし何事も運命だ、どうしても生き通す訳にはならないから あきらめなければならない

459-1

3

今度の母の大病が有る迄の長い間 内外の忙しい仕事の中を すべてを切り廻して母へ
看護に懸命の努力をして呉れたお前に対して俺は心からお礼を申さねばならない
お前なればこそ今日迄 体もこわさずにやれたのだ。強く お前の精神、力、お前が付れば出来
る事だ 姉妹も弟も 親類の人達も此のたびのお前の看護には 涙なくして見られぬとかいてあり
俺はどんなにうれしかったかわからない 大勢の力及ぬ女の手を 忙しく 夜も寝ずに むつかしい病人
のことを やりとおしてくれた女のまごころ、俺のお迄 つくしてくれたのだ 俺は何も 心残りはない 母上も
俺には会えなかったが 俺の分と二人分を 命をかけて かいほうして 大満足されて行かれただろう
お前のまごころこめた かいほうによろこんで居られたことだろう 俺はそう思って居るのだ
母として是以上のそばはなかろう 俺と同じ様に何も心残りなく満足なされたこと、思ふ もう一度
くりかへして言ふ 今日迄の母につくして来た お前のまごころに 俺は厚くお礼を言ふ
俺は涙の出る程うれしい。今日はもう二七日位になって居よう 兄と親類の人々にも御厄介も
かけた上に又厄介をかけて居ることと思ふ 又後は礼状を出しておこうと思って居る
もう今迄はかくさなくてよいが 残された俺の母よ 藤田の女子をかくして 隠かして呉れる様にたのむ

460-1

4

折角俺の来る迄はと思って全快を祈ってがんばってくれたお前にとっては死なれて残念だろう
併しお前のまごころは母にはよく通じて居るからあきらめてくれ。もう帰らぬ人だ。くよくよせずに今後しっかりして
体をいたわりいたわってくれ。お前が体をよくして本家を大の間にせずっていかなければならなくなるのだ
くよくよして居る時ではない。しっかり立って家の内外の整理や分家との交際等をして行かねばならぬ。
またこれ俺の帰る迄は一つかりしてがんばらねばならぬ。母の死後だ。気をとり直して子供らのしつけ内外のことをやって
又弟のことも心配した。今は遠慮をして居るだろうが又母がなくなってホトボリがさめる様になれば又今迄のくせが
出るだろう。母が居なくなってこれ幸いに本家へお前に世話すると言ふかもしれない。お前にとって母のあった方が
よかったか、居なくてよいか、弟の出ようでどうなるかわからないが、とに角お前にとって今迄よりは苦痛の度
難時代が是から来ると思ふ。却って弟の来ない方が今迄の方が体はえらかったが楽しかったかもしれない
是からは仕事も弟の指図によってハイハイと仕て行かねばならず、相当に苦しいことと思ふ。分家は又大変なれば
大、分家の仕事迄世話してやらねばならんとずっと話してあまり疲らすかもしれない。必ずそうなるだろう。
そうすれば母ない今は一人お前が苦しむ番だ。併し如何な苦労にもこらえて生きていってくれ。今に良くして
人に負けるようなことがあっては今迄がんばってきたお前だ。何にもならなくなる。母がなくなって弟の味方

461-1

5

が一人へつた訳だから弟の相撲相手がなくなつたから田畑でも又家へ帰つてもいかに年中顔を見なくとも
よい様になつたから少しはよいだろう。母さんも今度はお前の手ごろが分つたから俺の居た時の様なことも有るまい
とは思つて居たが、しかしなくなられたからは仕方がない。が但し足らば弟が俺一人で世をすごすのだと言ふ顔を
するに違いない。何事も辛抱して居てくれ。俺の帰る迄はね。丈夫な体でなければならない。笑はれない様に
どうぞ又足らば子供のことで、戦争が始まることだろうが、何事も気をつけてせめてくれる様にたのむよ。
母さんも早くから夫に死に別れ七人の子供を大きくし皆片付けて来た。其の内二人の子供に死なれ尚更
二人の男を戦場へ出したのだから今日迄に苦労の絶え間がなかつた。本当に苦労のし通した。気の毒
だつた。是から兄弟仲よくして母を大事にせねばと思つた時、お返しを受けた。二人共母上にしては
さぞ一生を苦み通して死なれたなれど、して思ふ様なことは一日もなかつたに違いない
そう思つてみた所貴様は人だと、もう元気で居られたなら言つてあえたかもしれないのに
本当に悪かつたナ。俺もすぐにすなるとは泣いても同じだが夢にも思いはしなかつたことだ。特にお前は
俺の帰る迄はどんなことがあつても無事によくなつてもらつてと思つて七日から二十日へ寝食を忘れてかい何つ
としてくれたのだ。仏様がさぞかし喜んで居るだろう。お前の心中はさぞ…居る。いつでもはなれて居てもね。

462-1

6

母が居なくなって見ると子供の守りも仕事もみんな家の中の事も外も一人でやり通さねばならない
父上の財政は節約としっかりにつけない人だ。母が居ったなら通りだったから今後特に気をつける様に
悪い事をしようとしたら直ぐな非国民の秘密や外の人にもあるまいと思ふかもしれないと言はれまいから
誰が何と言っても他の口にのっては成らない。誰かしっかりした人に相談してから事をはこぶ様に絶対どんな
始めな事を言って来ても其の裏には色と金がつきまとって居ることを忘れては成らない。よく知って
と居るならうがいろいろとそこ一層付加ってすく。母が居なくなったからよけいそうした事が多くあるぞ。
になろうと思ふから充分気をつけてくれる様に。特に充分気をつけて絶対に気を許さずに口先で
うまい相手になって言ふ通りになっては成らない。金銭に関係ある書類、通帳其他は前言った様に
るすにしておそれ、二階外に家をあけては大丈夫な様に外へ出る時は一々要心して人のわかる様な
いつもの所へおいてすかめ様にしてくれ。お前らのるすに見るとも限らないから十分気をつけてくれる様に
母の立派な仕事は淋しいが、合して呉れの大切な責任ある事が有ることを忘れてはならん
いくら泣いても生返ってはこないのだ。あきらめて念仏の一つでもよけいにとなえて上げてくれ。其の方が母よりも
喜ばれるだろうから。そして男として立上って今後の生活にあたってくれる様に頼むのです
（野村 小谷の後家）のことは寛へしっかり見てくれる様に

463-1.

X

野村の方

野村利一君は立案をなしたのだ。大きな店をしなければならんだらう 大事なことだ。仕事は止めることと思ふ。工場はた今後どうされるか相当困る事と思ふ

地代の方俺が居たら出征して帰られる迄は半分にするとか三分一引くとか言ふ所だが俺は来んだろうから君に払はない。昼はお前が話しをするより平木安松か胡元氏にお話しした方がよい

俺の方からよくまかすから話をしてくれと手紙を出しておくから すみませんは これをよく読んでから相談にいってくるとよい

今迄は一坪一升にして居た それを俺の居る前に一人とかに値上げをしようと思って話をしたが

今年は困ったと言ふので そのままにしておいたら俺が二十七八来て来た 出来たら値上げをして居るが今ならそのまま、一坪一升のこと、思ふから平木にも相談して吉田に任してあることだから それになってもらふ様に店が安いかわかるだらう、そして まける時には坪一升を九合にしたりせんと

必ず全部三俵に対して一割とか二割とか帰られる迄 とまけてもらふこと 坪一升を九合に引くと全部になって又永久にそれは定って失ふから俺が帰ると困ることになるで 何だったら

大正年度(今年の分)は何割引く そして十五年度は俺が帰ってから定まるからと言ってもよい

二の話をおばさんに言って向ふへ店をしてもらふ様にして呉れ。必ず一坪いくらに坪当りを引かぬ様にして貰ふことと

463-2

8

分家の叔父の方

是は是から一寸のことでも又いがみ合ふもとになる 結局 最后はお前一人が困って苦
しむことになるのだ。毎日仕事をして苦労して 鬼にさせたり 又むつかしい顔をしたり 妙なことを
言はれたり 又お前がつらい目を見ても毎日しなければならんから、俺がどうせよと言っては事が
長引くばよいが お前が困るから 今度も叔父さんに相談して「主人が出征してから淋しいの留守
こんな風にして来たが このことはどうしたらよろしいか」と話をして見よ そして下手な叔父の意見に
よく話し 叔父さんから言ってもらふ様にした方がよい。決してお前から相談に行って言ってもらったと
言ふことが分かっては又弟のきげんが悪くなるから 叔父さんが尋ねて来たから今迄の話を
片付けおいた方がよかろうと 叔父さんから一人前に言ってもらった と言ふ様にして話を
してもらって呉れ。叔父さんからこうして分かったらどうかと弟に訳を言ってもらって それから弟のする様に
させたらどうだ 丁度幸ひ 七日七日に親類の人に来てもらふ時が多いから その時話のついでに
言ってもらふ様にね。私の方がアッサリサッパリとしてよかろうと思ふ。弟の気分を見て叔父さんに相談をして
うまく折合っておく様にして呉れ。叔父さんにはよくわかって居るから 女一人一年にいくら位のものがいるか
どうしてやればよいかと言ふことがわかるから 万事まかしておく様に 俺はどうなってもよいから結局
仲よくしてお前が苦しまずにして行ける様にして欲しいのだ。よく叔父さんにたのんでみて呉れ。

462-2

次に田の方について

田の方は俺の居る頃の様に全部貸して作る様にするか 今迄の様にして行くか それは君達弟の考へによる所だ、この法は三男弟の方へ書しておいたが 考へて貰ふことを母上が弟に手紙でよく言ってやって下さい。体が元の様になって居ないのだから 無理をしてもいかんから 万事は弟のいう様にまかして 全部貸すと言えば その様にして やってもらったらそれでよいが

これは どちらか一人帰る迄と言って 収穫へあずけたのだから 弟、弟が帰ったからこの際にはっきり話をつけて全部貸す様にした方が区切りがついてよいのだ。さもないと又ごたごたになって 結局貸す様に荒れた田の様に荒しすれば どんなになるのだ。前とそれを注意してあるが 今でもあろう

俺だってどんなに弟が大丈夫でも困るのだ 問題にはならんのだから 弟のする様にさせた方がよい

弟ら全部を三人でやるとなると 一寸無理なくば思ふが おまえには力仕事があるから 手がへる―

貸してやって行くと思ふ。兎に角是からは今迄より違った苦労をしなければならなるから 何事もさからはずに どんなことがあっても こらえて 諦めた上で 辛抱で/

俺に話してくれ。俺はお前一人が若いなんだから 苦労も共にしよう。俺に話してくれなくても

そしてよいことも悪いことも二人で仲よくする様にして 気持ちを考へ違ひをしない様に 深く注意して

働いてもらわねばならん、子供らも多い事だ おまえの心はよく分るが よく考へて呉れ、

461-2

10

星野人をたのむについて

星野は今後は今迄の作り(元の一斤三百匁)は二人で充分作れるのだから、お前は
俺が居なくて出来ないで人をたのんでしなければならんのだでないと出来ない、女の人男の人
をたのんでしてもらはないとやっていけない！でも一全部作るなになったら俺の代りに男の人をたのみ
五月廿六日の田をすのにも、外の仕事をするに女の人をたのむのも お前がたのむので今後は人を
たのんでも出来るなになる云ふので、よその人をたのんだ手で出来ん所は弟の手仕作業をまって
して貰ふ様に。今迄の様に男二人ですると云ふことは気兼の不和をするもとだからナ
平一は皆なんなり気丈な人なり他の人の文句はすべてお前が支持する様にしなければ
ならない。判ったかね。今迄でも俺の居た頃弟の代りに自分の意見を出した様なもので
今後は星野は秋にかかる前に弟に相談しておくが勤めのはたお前が掛るのが当たり前だから
と言って支持する様に。田になった事で、掛って居たのは男二人で所がなかった時のことで、弟が帰っ
たら仕事の自由をするのはお前であって、今後ではない。わかったろうナ
つまりは弟のするようにして貰ってお礼を言っておく。人の入るような時には人をたのんで俺の代りに
田になった夫婦が一つあって今後長い年月を気持ち良く送らねばならんよう来てくれる様にナ

460-2

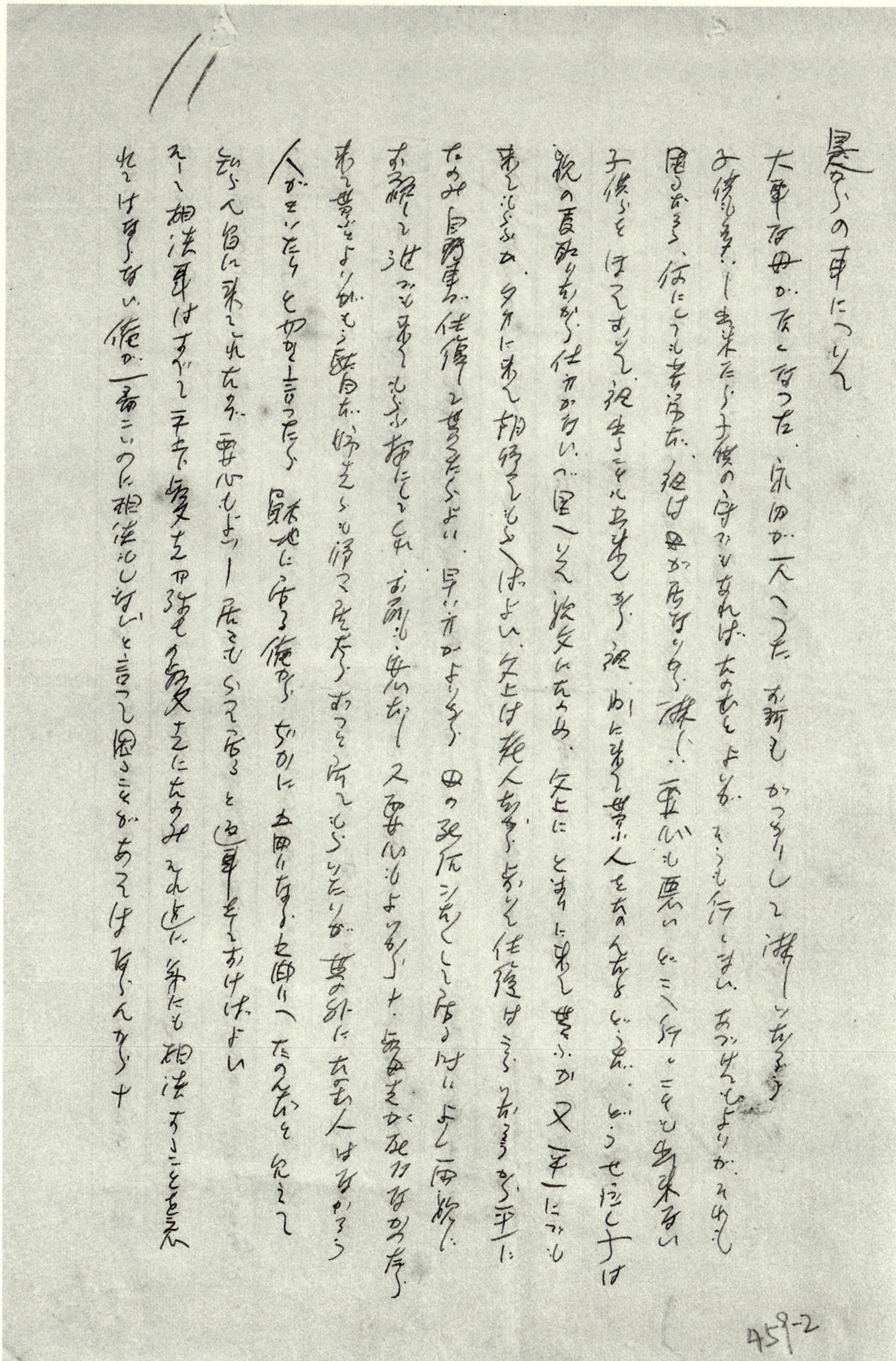

墓の事について
大事な母が亡くなった。家内が入ってた お前も がっかりして淋しいだろう
子供もいるし 出来たら子供の守でもあれば あの女もよかろう どうも 仕様がないし あつかいもよりがえ
困るだろう。何にしても苦労だ。後は母が居なくなって淋しい。事にしても悪い所へ行くことも出来ない
子供らをほっておいて 祝事をしておった。親 共に来て 世話人をたのんだ所だ。どうせ だらし 子は
親の言う通り 仕方がない 国へ行く 彼女にたのめ。父上に とまりに来て 世話が 又 一年 にでも
来てくれ。夕方に来て 相談してもらえばよい。父上は 病人だから 安くて 住宅は ないだろうから 一年に
たのみ 自分の家 住宅で世話したらよい。早い方がよかろう 母の 近した 居る所によく 面倒に
お前も一緒で来てくれ。お前も安心だし 又 安心もよかろう。家内が死んでなかった
来て世話より 都合もよい 故自分 姉さんも帰って居たら おって 来てもらったりが 其の外に 大事人 はよかろう
人がいいたら と切って言ったら 墓地に居る 俺が ちかに 大切にする 大切に たのんだと 伝えて
ずいぶん自分に来てくれたが 安心もよい 居ても 困るから 返事を書いておけばよい
それで 相談事はすんで 十年 甲子も 夫人達にたのみ それまでに 私たちも相談することを忘れ
れてはならない 俺が一番 こいつに 相談しないと言って 困ることがあってはならんからナ

459-2

12

それから手紙の中で一つわからんのは分家の飯米のことについてであるが小作が一俵二十五升ずつであ
る畑は金で貰ふてをりたが分家の飯米を一俵借りて居るのはどうしたのかよくわからんかったが
畑は金で貰ふのだから俺は俺として飯米を借りなくてもそれで済む日にしておいたらどうだ 又分家は
喜ぶけども俺と俺だから仕方があるまい 其の次に「分家は四斗米一俵だけです」か又分家からは
其れはまた一ように〔たべて居る〕とかいてあるが この分家は四斗米一俵だけだ」と言ふのは何のことか一寸
わからないのだ 分家には四斗米一俵しかもう残って居ないと言ふのか 又この所がどうしてもわからないんで
返事をかく時に困って居るのだ これをよんだら返事をかく時にこのわけをかいておくれる様に
返事は航空でも普通でもどちらでもよいから もう母の死がわかったからには急ぐことはないから
ゆっくりでよいから少しかきほしいのだ すまぬが俺が出征を見ておるとは誰も知らなかったことだろう
気にするな仕方がないが 母は御都合がよくて借りたくて死で構はないが 先へ死なるとは
安心なのだ これで安心所へ行ったから 俺もおちついて一生けんめい働くことにしよう 今のあるのは一緒
に死ぬのだ 早いかおそいか 死に目にあえるかあえないかだけだ 俺が出ないでどうなるものでもないのだから
お前も気をおとさず しっかりして足もとのあぶなかしい体をしっかりとぬけていてくれる様にたのむ
今日航空がくると思ったが来ないから金を先へ出すことにする 航空の返事をまってみたのだが
あの航空は母の死のある前には気はなかったのだ しかし写真を見てもうただそこから俺の元気で
働いて居るのを知って自分をえらんで待ったにけ 俺は少しも幸福を思って居るのだ 又
要へ 十月十九日夜五時写
良吉

458-2

一〇、九

[redacted] 朝の内は降りさうなのかと思ふ位どんよりとして居た 午睡の起床も
くらい長待をした后で候でもまだ生きだ 手入れに行ってやると明るくなるが
手入れをして帰った 銃を洗って 朝めしを終り 今日は演習が早い 八時半
出た。砲を引張って 裏山の外へ いつもの飛行場の所へ 並べて 今日は分隊
射撃教練! 天気のよい演習で馬がつくって居ると勇ましいのだが 馬は
馬術にいったので 出来ない 草が一パイはえた所で けいこをした
天気となんよくなっていく 日がてり出した 広い飛行場で演習をして
居るのは のびのびとして何も言えない 涼しい しかし いくらやっても汗の出る所
近は行かないかったで十時に演習終って 砲はそのまゝにして帰って来た
食事だ 座をたててから 弟への手紙をかいて居たが十二時に成ったので
砲の番に行く、で 草の上に坐って居た のどかな よい陽気だ
十二時半 交代が来たので 弟への手紙を かき終る で 出すへ りんごを二個かって
居たが ねむくなって来たので草の上へ ごろりとねて 居った。山口が起しに

473

2

のんびりして目をさました　よっぽどつかれたらしい　皆来て居た。今日の下宿の
あん入りのパンを持って来てくれた　ゆあげた所でふかしてうましただ
二時頃から演習開始だ。皆はり切って先生の体操が休まして替って三時過
いっぱいした。えし演習終りになり　銃をかついでころころと帰って来た
銃をしまってすぐ兵舎へ帰って一服し　ゆかたを着てみたが　手入れにいって
来た。下宿のばあさんにちょっと酒。三升買った。ふろへ。ここに沢山は集めて
置き、首を何か作らねばならんと思っていた。一人が小豆を一升あまりとって
来た。一人ばあさんが馬座へ行き道に沢山はえてなって居るのだ。大きくなってゐる
それを中にして鍋とサケのこぶめをむしに入れていれただろう　酒を水とう
へ入れたらしいかんをした。飲む者七四が手わけをして飲むとなると皆サラ
ねばならん。準備がおわったら少し気分がよく又つけるのだ。だらしく今日は
魚のにつけ一切れと（こうこ）を沢山買えた。酒の肴に丁度よい。盛りを
かけて皿へもって飲む者七人で車座になってコップで会飲。皆の者が動し

474

た。酒は又ビールと違っておもしろくない。酔ってくるーにおかしくなって来た
どこかも頭をうたれたら踊りをやられたもあり、寄合の様になった。
今晩はおいしくたらく来て来た。ラッキーの激づめを来てたりして首は多い
わっと言って泣くんで居たが もうしまいには タワイなしになって来た
何をたずねか さっぱり見当がつかない。ゆく居たらしい。目をさましたらもう
[redacted]俺の中、宮訓で久しぶりの者から そのままゆく
来ったらしい。酒がまわったか。頭の方はどうしたのかさっぱり覚えてかない
で又目をつむってゆたが 二人共に酔ったのは ケーキらしい 一寸飲み過ぎた
様だ。自分では心得て居ても 酒交達が進めるから 一人前にのみ過ぎて
来るのだ。どうする何者の人でもよいが 酒は多くなると過ぎる
酒は苦しかりなる。我を忘れて 又ふっすりゆくと寝て居た
早く寝られたものだから 早くから目がさめた。いくら寝ても ランプがすって起され
て目がさめるのだが 今日は初めて ランプの前に目がさめた

4

[redacted] 晴 今日は天気がよい 朝はやはりさむい
頭がぼんやりして居る 昨晩の事を考へて見たがどうしても思ひ出されない
よほど疲れたものと見える 点呼をすまして 手洗に行く 二十ッ一枚になって
居た 明るくなって来た 皆旨になったので帰って顔を洗い朝めしをたべる
とふ汁だ 小さいにぎりしを二つ 一寸うまい めしを食べ一服し昨日の日記を
かいておいた とうく何もせずに倒れて寝てるので 一服して演習だ
よい天気になって来た 演習と言っても居たのがようかって 土工作業に
なった 九時からと言うので皆はあるし 紙を七枚方へ持出した 紙を
かっておいた 方からはり紙を百枚近くも買ったので又足をちょく出せるから
こまった 筆がないと一寸ここも思ってもかけないので困ってるのだ
軍中は筆がなくて不自由をしたが 月一回の日用品給にも筆が二十枚ついてはい
ってるので いらん人が出来たのだ なんかあるが いらんとくれるのだ
九時から [redacted] と共同で 兵舎の馬屋へ行く道と 就職へ行く道とを

476

なくするので皆出て行った　昼からてて来てまる一日になった　田の土を取って道
を作った中々の大仕事なのだ　人が大勢なのでどんどん面白い位片付いて
四五尺の道を倍にしたのだ　狭くても四列になって上がれる様になったのだ
道が出来て土曜過に行って来た　で五時近くにとつや続い　銀の手入れをして
おいた　お食事をして寝る頃冬服が来た　外出の服でミシャつけなおし
中に綿がはいって居るのが中々あたたかい　いい服だ　新しいので気持もよい
シャツも一番といい上下二着ともらった　やっ一着は又あとからくるらしい
足で寒い用意があったのだ　もう寒くなっても大丈夫だ　服をしまっておいて
一休みした　ぐっすり三時頃迄眠って居た　目を覚して顔を洗いに行って
が日記を書いておいて　工兵に行く用意をした　一年いぬの番をし大変で
お前の夢みて起きた　ずっと考えた　又返事をかいておかねばならんが明日
工兵が終ってからにしよう　工兵に行っても今日は練習は休みなのだ
よい天気で一寸あつい位だ　今日の工兵は一座経なのだ　又明日にしよう

[redacted]

四月十五日夕

妻へ

[redacted]

477

NO. 1

一八二〇

[redacted]朝からカーテンをしめて行きて一日はふらなかったが どんよりと
もえて居たそして昨日から冬の初めの様に寒い風が吹き夏服でパンツでは
寒い位の日になった もう十月二十日だから十、当り前かもしれない
今日手紙昨日は家へ四通、お前への封筒で一通を ひまある毎に
かいて出さし人がいろく写をくれるので 紙へしうくとして むつすりゆられず
組中で三こんな日をさます。母の死ぬ前のもよう何か言ってはなかったか
大阪へ来たり つや兼次郎等のことをいろいろきいてみたら わかれなかった
俺し僕がこんなに早く知ることは夢にも思はなかったこと、びっくりしておるだろう
航海がついてアっと驚くだろう 早く片付けなければならない所は すい分とりたくと
ごった返しておるだろう 心配すんで 次の治てたおなる 続けさせに返り 初めて
初めて世の中へ出て陸し、なつかし思ふ 足だけ仕アル 表合にお来ず
なる十五役がはなれない事困るだろう 探しておく 子等をたのむと上い
のだが今は そんなものは探してもあるまいと思ふが そうでないとお前が

478

NO. 2

こういう目をするだけなら十両脱とよし　根治して　よいなにしなければ
家族いよいよ一人で中々用事で多くて母を長野了が出来なくなったが、
今日は郵の以施設へ行って能率の務め振をしたり手術をしたりして停泊電
会見もして一眼した。巡視があるのでみっくの鉛の手術をした　お信ちゃ人人
は通知しにいった。大阪に帰って来るんで中隊長殿の下萩書かあり
一眼つ行ったら悪い風がきついので一両止めになった　ヒ三年で帰れるもの
らしいので南に外へ帰るんだ今後は清国部氏の林の勝付太業なので大阪
十字全国一斉に翔の迎で四月下旬一層万のもとでをするのだ　そして
戦病死者の霊に英霊に対して心からの祈りをささげた
式後すぐ馬座へ中外の大掃除、風を浴ったりした　匠の多ので馬の
柳通君との交り方が迎えに来たので夏の用意に匠に帰って会った
もし手紙をかく昨日は宮氏君村田さよ子さんとから一つ二つ来た
中村は十月一日出で村上君の郷れみ出てもかくして何でもかく事かった

479

3

NO.

ご村田代は寄宿致手平下 松田清人さとこへ(田角)手紙をかいた。
僕達は秋の方々のご葬の出秋は何か変もしよかったんのだから 心身なので用意もした
今頃から冬服をきることになったので 工兵学をうけたい 何かわかしてじいさんに兄弟のをきめて
夏物は洗ってすりた冬服をきた あたたかい。又今日は馬場に寒い日になった
ごとろん右の四人へ手紙をかき発したが 一昨日 日記手紙をかいておいた 叔父の方へ
いろいろと郷の事について 郷村の方のことも右の人からお茶がった 大安心を 松田さんへも
礼状をかいておいたから。又おっとの方へいまだ 兄介には兄弟をかこうと思わが
工兵学校をかうにしかと思ってみる。金を送ってかりたいのだが近く借金を共ふ
から あげたものをおしてしまった しようにーつ送ろうと思ふ。(ても)まってみてくれる郁夫
兵が見が 相当金がかりたいと思ふ。つましかし行けたが 相当骨折りがせ
ここからたことなろう。どうせ次数の兄介にはなったのだろうが まだかなかろう
かりけることも右のかい首致なれて華氏の大森でもして頭がごう地くになってたこと
、思ふ 身体を大切にしてくれ。病すれば困るがナ 子供をたのむよ 又明日
かこう。夕食をたべて大浴へいって手紙平にきていよた。但右中だが暫く五時で

480

NO. 4

[redacted]雨后曇り。昨日あれから工兵に出て行ったが夕方からとうとう雨になったひどい風とであるで川がな沼になってひどくなって暴風雨になった。実にひどい日に工兵の不愚あたったんおだと一日ころばして兄ちゃんがよそ耕の一平芋の行いがよくないのだろうと言って一人笑ったがトタン屋根へブッつける雨風の投げ音ヒューヒュージャアとうなって横なぐりになって兵所の奥迄雨を吹きこんで一寸も寒くなって来た。夜は幸い歩哨係りだったから立哨することはいらんが外は歩哨は大儀しておった。雨を避ける何気のない外とをまてみてもごまんをかけることは出来なりから換なぐりの雨はボダボダへひどくぶっつけるからいたい。アレかへらがあたる部分だ叶官毎に交代にやった暗の野原を、雨は風と共にますますひどくなるばかりでボダボダへぶっつける雨粒はいたいズーッと首を伸ばして大きく流れこんでいくのがじわーとしてとても気持が悪い腕も銃をもってゐる手はびしょぬれでボタボタ流れてずちる冬の様に冷たい本当にひどい晩だくつ下は水がしみこんでいる。组中になってしまえるばかりで光も止みそうもない兵所に居ても冬物をきて居て肩迄がたがたふるえてゐて中にはねむい所のさめやまない銃も剣も雨でびっしょりになって毛布毎にふるえてかえって来る。体が寒くてねむれず体がしめってよけい寒い

481

NO. 5

こうしてしけの夜は一同ふるえつゝ明けていった。ラッパ手にラッパがなって、やれやれと思ったらまだうすぐらい中を一同と別れて兵舎へ帰って来た。皆手入れにかゝって居る。ぬれた外とうを釘へ吊しおして道具を手入して壕に居る。まだ中途になって居る。元気もじっとりしめって風邪が引く。ストーブをたいてねて見たが、眠れないが、あたゝかくするために、女の母胸となって居たので起きて顔を洗ってから一寸人間らしくなって来た。あつい みそ汁とめしをたべて あたゝまって来た。一服して今日の日課にうつる。今日は午前中は自分の剣の手入など。雨も小止みになった。風もなく静かになった。僕も読書をはじめて見たが、ぬれてさびがついて居る剣は星がついて光って居るので、さびをとってきれいに手入をした。そして自分の軍刀も出して手入をしておく。僕ははいて（？）くもって来た。しまっておいて不用品を荷造りした。親へ届けたり使へ大切にしまって居た恩賜のタバコ二つを今度隊から送るもの荷になったので、とり出しておいた。ゆむないが、えらいことをしてみる自に時間がたって行った。兵具の手入れに入った。もの帰ってくるし、ムーフ下を洗ったり、元気へ名前をかいたりしてみたら昼になった。炊事へ飯をとりに行った。切のたりないので、あまりしをおいしく食事をして一服してみたら、修養を随すすめのそう南がいってくることふので、大の人でおいた。この訓話があった。内地で今ごろ写真を集めているつ「忠霊顕彰盛人全」となれた。小林地の兵隊は

482

NO. 6

官一日欠勤しても一日分を寄付する事になった 元得す一日分で今日それを差引してもらった
今済は二十五日分差引拾円四十銭もらって来てくれた、其の内の借金を払ふのは又あずけにかゝり
俺は今月の十円と借金の二十五円とを出しても(母の病気に又)薬代にずいぶん金がいったことゝ思ふから計四十五円
送ることにして曹長殿へお願いして来た 明日送って貰ふと言はれた 十月分のつくこと、思ふから 何かの
たしにしておくれる様に。長らくの病気で金がおいったことゝ思って居る。よくやりくりが出来たなあ。
で出ないので今日やっと出して本をよみ一寝した。雨は小止みになって大しけをはなれて今日は被服の
手入れになったので全部しまってあるので少ずゝ出して来た。三時迄一寝してから起きて日をまもった
皆服の手入れもした。昨日話したのは雑誌をよんだりして遊んで居る。事務室へ行って借金を引出す様に
紙へかいて友の人で来た。今日母が出して呉れた写真を出して見た。この写真が最後となったのだと思ふと
何だか元気のない様にも見える。何か病気と一みじく思はれる。待て居る故意 送って呉れ 写真をして
ほっておくことにきめたのか 待って呉れと言っても力をおとすなよと言はずにおこうと迷ってるのだろう
ここへ二三日ひどい風なので被服をしまってもしかたがないが大分待て居ると何となくさびしい思いはする
手入れに忙しい私の慰めしてくれた。停車場で四方なまをもらった三人へ送る。多分雑誌をよんで早く寝よう

妻へ
[redacted]
五時召

[redacted] 実生

483

（誰にも見られないやうにせよ）

十月二十日 叔君の 航空 座に今停ってゐる所に来らと思って
もらって来て めしもたべてから ゆっくり見た 二回よんで見た
命じて目をあてたのでよく分った 早速返事をかくことにする 今日の
航空には乗った係はならぬが明日は みせて行ってもらへることゝ思ってゐる
母の病気が長かったので 俺は ふだん考へなかったのに 高等生の田中君もす
をなくされたので お前が一番 偉くなって 力を落して居ることゝ思ふ
お前の心中を察して居る 其の上 いろいろと 気の毒なことを 信って居るに 言
って来たして お前一人では どうすることも出来ず 何一つするにも 弟や兄達
の世話にならねばならず 厄介になれば 何一つ言ふことも出来ず すべてを任せて
おかねばならず 思ひのまゝに 言はれるのが 残念な所もあらう 俺でさへ こんな遠い
所に居て 手紙をやっただけでも 残念でならないのに しかし 時をまって居れば
幸福なろうと思ふ 自分の思ふことを一つ言ふことも出来ず という気がかゝってゐても
平気で其自体のよい様にして下さい 人の噂なかしし 病まずならず
金のことを言はれば 主張は 欲望など よく出来て居る人々など言はれて
はーいの勿体も中に 涙出たなって そばに思ふ 日本のこの家えるが 沈ん
で失ふかと言ふ 一大事の時に 説いて 努力 誰も 書いた 手紙の

508-1

2

文句だけの気休めで 生活して居ない人達ばかり寄って相談することは
実際の問題がよい 今の子は幼児保育だと好き勝手に言われ上って 自分と同じ様に思
って居るのだ その母にして 子供の教育はと 云[illegible]はどうだ 様をとられて 大勢の
子供をかかえて 何んにも手分にしたら 又 全く止めたりして 社会へのつきあいを作って
居るのだ 取られるのは 少なくなった人をえらない 人ま便には ばらばらく金を出す その人は少
なからず 一寸にわかれぬ[illegible]意見を持つるばかりだ 面白く金を出しては いる金持が多く
ありとりに困って居るからこそ それに[illegible]して生活して居ない家からは今年の冬にもうけておか
ねばと年金[illegible]も無理して飼い田んぼ細ぐせい 一心々に作って 金はめんくはいる
それと同じ様な気になって 組の字宛にいいことがあっても悪いことがあっても 何とこうのよい
人達と同じ様に 戦争のない平和は何年にでもする様子 はでかいことをしてもらふかと話
思ふのは すこしで 人任せにしていて 俺たちは遠くは離れて居る事が[illegible] 済んで居るのだ
結果だけを喜んで居るだけなからより 世の様子を見て居る者からは 一番苦しい
立場である事を思ふ はずかしと言へば 困ると言ふだけ 相手にされない 有ろうし 大の男は
して行かれない 高い者だから どんなに[illegible]の中で 困って [illegible] [illegible]したらいいと思うか
と思って居るか どうすることも出来ないと言ふは ならしかして 行かれない 私の今の苦しい心
の内を 俺はよくわかって居る 俺もりえ言いたりしば 今の所は何も言ふ事が出来

コクヨ

509-1

3

お前、母ちゃん、俺もなつかしく晴れて帰る事を待ってゐる。もう九州の人達も
留守宅の心の中へはいって来て相談をしてほしい。俺の居る時よりも当分手紙を出して
て行かれて、故郷の人達がうらめしい。お前も長く俺の心中を思い、俺ではなく辛抱して
居る方から何もかまはずに俺の帰るのを待って居ってくれるなら、それも大きい。
時代は早いと三四日で過ぎ一寸して来る。それは一寸出で一寸待って居る
子供でもすけまさんの死んだのを知って強く泣いたり、俺に知らすとびっくりするだろうと引力を
落すだろうが、心配をしてやることと思って居ると共に涙が出て来る。子供でもよく
働かせてやって下さい。今度が最後になるかも知れないし、お母さんをいたはってやってくれて
がっかりしてゐるだろうと思えば可哀想だ。俺も居たら二人で
ここもあるまいが何と言っても仕方がない。よく力をつけて最後の土産話にする人達は
はなす。気を大きくして待って居てくれ。今大切な時だ。力をおとして身体の弱まないで
母さんも四十四才。俺達も死んだ者のことを心配して心配を要するなと思ふ
あれで気の小さい人だから、俺が死んで顔を出して命を落された様だ。お前の
運命のかかって居るのは何にもならない。医者もよく言ってくれ、時々様子を
のばさなければならない。一寸言って下さい。おー、お前が子供になって見つけ出された母だ
お前も元気でゐてくれ。母はそれ以上これ以上に一寸して行かれたことを思って下さい。

コクセ

510-1

4

家に居るのもお気の毒なすぎあとへつゞく思ってか今度はすぐはお手元に引九て遊ばし
て頂け然らう訳にかへ拾りのおせ志にあつけくするうかよかろう弟しの手之引し
ますーネおせう志が幸かつて貰うと思ったら本願をするなりと云うじう秋のふみの
ほすも手かなつーね病気にたのんだ九旗居下便して兄さらどう云っね了すにしておくと
用心が悪いけど大丈夫なろうと思ってみるがよく相談をして見たらてうすれば手し
餘けるかよかろうと思ふが大さと相談をしたんだせうもすてこればなし少了十
弟も今後は待兵卒に昇の大阪死で大きく任へ華む事で一立ちまゐぞうかえん
こと思ふが俺が居ない一人の母は仕方がないかつてもふければ何すなないからす十
しますかすしれんね継も伸びすぎて失そとかよろうばおせ志なづけほうきとな
●まのおぎしし体をしすはあいあにしいせてあ体をしまつては何もすう人から十
足からは病気さなくせんをなのごてしてもふあたナ又今度生状でかたづいたら来てもよ
ことなろうと思ふから十旅行への手続を来てしおくを長つけるかしなうから十
病気も方が手紙を書たとのこと明日あたり来ること思ふ此比に行かれてみたかねがう
仕方がないよ病気今も十六日に返つて来十九日に又退かりつてきか着くとのこと
こんも継続に出て顔知つびをもうつたんでいる大よろこびたくさんろう十
家てはおんの顔を貰つてもふっていた三人でよろこんで喜んでょうし居れる事

コクセ

5115

5

身体は土葬をしてみたらむかしけるのだナ、お前が何かしら力作でも遺さなかったことを
思ふ。今の人が来て見てもらふのがうれしいよ、よしかわすさんが二年通節会をやられなかったを
言ってみたところ、出来たか見たかったよ。しかし来年は安心して置いて呉れるだろうと思ふよ
母の仕上げも二十二日にさとうを配達されてとゞいたのでよかったのこと。隣の大工さんに
骨を折って探してやっと買ってきてくれた。二斤大七十、一斤大三十四丼から二つと買ったとのこと
段親が中には一寸には買えない。大隣の主人は礼状を出しておこう。安心して使ってくれ。
御寄附に沢山送れることを一つ頼む。隣の、これがゆかりの人が求めるのだ。故の作に
七日七日にはお寺へは来年西方寺回昇一日を上げるとは、たとえば二七日におまゐりをよおす
に寺へお付届けを言ふのか。又村内は五十才ぐらいと来年上げるなにと言はれたので
そのままにしておくとあるが何のことなのだ。初七日に村中をよばずに五十才来年を
しばってやるのか、二七日も同じことか、併し七日七日こうして五十才に来年ずつ斬
し配ってるのは大変なことじゃないか。今迄にそんな例はなかった。法要の時にでも
三十才のいちいち一つずつ又茶わんどびん等一揃せて安い次のさとう一斤、三十才占
のものなかったものじゃないか。それをお渡しして行くのに大変なことをする必要は
ないと思ふ。それは仕上げとは違ふが、仕上げはさとうを一斤八十斤買えとかく
あって七日七日おやしなんではあまりうるさすぎる。どこにもそんな例は

コクヨ

512-1

ない筈だ来年四十九日すぎればすぐにそうして済んでしまう二七日をすまさなか

れんは無縁な事をする必要はない。わしの時にも七日して念仏は要らんで村中は

何回もない。坊様が二つ新仏をもってあとの年で五日めしにした位である

たけだが位牌も一回毎した時に困はないが村中二十返しにしてやった

母のことなら米をかけ食は上げたがよいが仲のない無縁なことをする

必要はない。一度は供えものだと言って、わしの時にも供えだとか、そうであるだろう

が、母の時にも一回供えであとは坊さんが十、他所は別にして村中の坊さんが十来て

もらって夕飯をたべてもらい、御詠歌をとなえてもらう位にしたらよかろうな。まがして位牌

もしなければ、どうかその大事な仏の法は、あと二回まつってもらうとか、よその勝手から

いうまでもかまわないと言って、無縁なことをしてもらっては、内がもたすなって来い

お前さんが、あんまりかかりがかかるから、と思い、母屋の下の土地を売れば広いよいが

土地を売るのは大変に一時、やってみよ。一度もして言はないから、大がいけれどもいいとはに

して相談にのってくれないと困ると思い早く丁度あとは三七日にすり今迄念仏を

最小限にする事の方が、要りは悔しなるから　来て世話するのは上めて文政のとおりなれば

すんだら雨の日でも来てお参りしてもらってもよい。十一月中は信心すればよい

めいめいになってくれば、何かささってと言っても、静かにして、何か安心できるので所に

6

(十二日死亡)(十三日　初七日)(二十日　二七日)(二十七日　三七日)(三日　四七日)

(十日　五七日)(十?日　かつり日)(十七日　六七日)(三十日　七七日)となる

513-1

7

しぼって丸状態なり味わいつくしたら合併をしぶったらどうかと思ふ。実行し
もう一進歩してしぼってみたらよかろう。なかなかもう仕上げのいい絵はいくらんが
元来の色をそうしたらどうかと思ふ。秋の大体取り残しとり去るようすなど次に
雨ふりを見て世界に接しては、あとは寺へは作家が研究しておけばよいさうな
余計なのんびまい乍ら一寸ばよい。これも色く画に色彩をくばる事もいふんことだ。
色白点に画の上に黒くぼるかしたらよいと思ふが、これも研究してみればどういふ事になるか
七白くおわりよなかばいふんを言ってあるが、そんな事を言ふのは一年も先の話し
たと思ふが兵い方の癖にと家風と大へんな勉強なかなかよそめだのまゆはまだ
なかなかと思ふ又こんなことをする必要もない事だ。すたるまん透明な色に一ぺん
研究して相談したらどうだ。仏蘭西に行った方がよいだろう
実際は仕事の根本に文字の大は自分の好きな物を持って研究してみればのなかなかそれ
とのを前すえなお話をする人なまか今でも同じようなことをして言ってもお話をしてある
のなる。結論は何でもいいさ、ならばすくにまずい人にしておけばよい
いろんな言を言って芸術を描くことも又何かにつけて思う言が出来るかな
芸術人がないとは馬鹿なことをしてお前にあるだらうと思ふかな。却って良いかもの方が
お前の要領は作家だ。つまらぬ事を言ふ言葉は何もの仕事も兵様なし
こふうでみてくれ。そういつも自分を愛し汗と精いっぱいにして居てくれる様に

513-2

8

念佛も大分なれて居るとのことだが　七回しかやらなかったらとんであやまって

なほす一ぺん皆でよんだ時に念佛をよんで皆の名をかいておくれよ、――

俺のはなれて居るし大分古いことを忘れて来たからあまりい相談にのれないのだ

歌数だけよんでくれられた時にも念佛中村手本施主とかきはってくれよい

し是からがら秋にかこ通に標村中為れぶって念佛の札を三人位

かえはりわしておいてくれよいと思いが一回しすることはいらんから何と言はれてもしない

押にせよ、又は紀勢の十名人の人だけは今言った五回めでもたいていこれでもよい

押たしたらどうだね弟にも又言って見たら、いらぬせんたくを言ったら俺が

言つたと言へばよい　お前が悪いとする必要はないんだ、なんでもやいのすてあと

ならぬやりやすい押たしと下さいと云のだすがどうだ。

姉の所、二の前八月二日に来た時にも相当無理をして来たらしいのだ。ますます

言っておた。金は郁一田舎へ行きたい―（木沢）林は金をくれず困っておたかと

佐藤喜一で借りて前に来た時をかりておったから今度はすぐにご用意

ならぬ。大田喜知太かつかってまた思いなから違実な人かも言ってごまかして

旅費が出来ないのは今っておたのだんで行ならいうと思っておたか大の母の

死んだこと故又無理をして金を作って行ったらしいが大分困ってみたらしいのだ

512-2

それで帰りの旅費まんのを貰つてくれたとの事 つまらん事 よかったが 其の金の
次の様にいう時にはお前も困るだろう 此目をはたした事になるがまあ仕方が
ない 前畑を買ったと思えばよい 姉大助かりなんだ あきらめてやつてくれ 可哀想な
姉さんだから又人をたのんで五十日借りたいと言って来たとの事 お前もつらい事
だろうが どうしようが俺にはわからない まだそれ位の金はあるだろうが使って
失ったと思って俺の送った奴から姉さんの所へ送ってやって呉れ よく困っての話だ
ろうと思うから あのつよけん気の姉が人をたのむ位だから よほど困ってるのだろう
（今後は出来ない 其の金は当地で皆のお情けにすがつてたのみて送って来られた
金です 家には大変金がかかるだろうが 困ったら母へ相談をしたら送ってよこ
します）と言って送ってくれ 二十日送って帰る日が来る月について居るだろうが 七月迄を
なかったものと思って送ってやってくれ よろしくお願いする 人を助けるつもりでね
自分が苦しんで人を助けてやれば何時かはなるが 一回だけは仕方がない
お前にはつらいが 俺の送った金をやれば 十二日でよかろうから 送ってやって
くれる様に お前から言ってもよいが 又今後の事もあるから 一回だけは言ふ事
ときつく言う 二回目にて帰る迄まってくれと言って来たから すぐには
送れませんと言って 断ればよい 此の位はよほど困っているらしいのだ

511-2

10

一　田舎で住む方がよいのだが　母の意地もあり　男として別れるのがいやで　苦労
をして居たのだろう　すっかり帰って住めば　又呼ばれるがろうナ
婦には未だ今日迄　一回も無心を云った言を　知らないのだろう　踊りめた　たーり目で
泣くも　上りなりが　仕方がない　へんなけ　考へ　やる言をにしよう
大変わけのこともしかし、わかった　俺から云はなから　夫婦は　まって好きずきなにかして
いれとか母の性質もあり　そのよいものを　わけていると　すぐく　仕方がない　俺が
居たと言ふのだがまあ　母は何も無苦労はするのだろうと思って　あきらめなう
お話しも　ちょっとばかり五六枚　兄貴へ送ったのを　それづけあまり　ひどい　仕方なが
又修った　兄は仲よく働くと　好きな　ずきの人を　自分の　所と　アブラブで　暮していこう
その方が　かえって　お母さん　はじめて　家のかこたえもなき　言って　たふまれて　苦労
所で何も未だ気がしない　それから　勝手な様にさせて　おいた方がよい　又修ってる
言ってやったら　俺が居なくなって　皆集って　めずれなし　に　笑ったなど　思ってゐる
が母のものは　生まって居る　姉弟のものだ　皆が仲よく　わけて　くれたら　それでよい
お前ら俺達は　何もなくてよいのだ　母の　イイ　がるがろうナ　母をよろしく　かならず
守っていこう　外の為には　それが出来ない　ちゃんと　俺達は　それで　まんぞく
をしてみよう　笑しいものは　働いて買はう　その方がよいがろうナ

510-2

11

次にお前のことをとやかく世間の連中が何のかのと言ってせめ立てし
ることがあっても何と言われてもほっておけばよい。こちらはこうしないと
やっていけないのだと言ってやればよい。俺の帰る迄はしんぼうしてと言って仕事して
すればよい。十日以上の手紙を沢山三回もとった 出征しない何もわからずに
自分の家にのみ金ばかり 貯金などにあるのだとばかり 封切の日本人に
なれて居る人をうしなたは何かないよ。俺も出征なら
卸め言った時に作りば手合に人は五日金を出して払い込みの月日
を考えることで 仕事つづけん ものとはてしない。
まれ其の上出征して帰れるかどうかわからぬと言うお前は一人で
を背負って御前のみ生きて居るのだから 今のなすべき人たちを早く帰に
うかれ歩いて 世間から子供らと共にひやかしになって失うからね
又其の内に仕事 又分 口あることにあろう そうなれば よく分るだろう
何と言われてもよいしまってやらなければ子供らも言っていることは
お前などが分らず子供らは何もしらない 以前の生活のまねをしたがるのだ
から子供にかけば不自由な 人に遠慮をしなければならん様な
ことはさせたくないからな 本人の親たちはしたいのを止めはなして
子供たちには自由のことをさせてやりたいからな 仕方がないよ

509-2

12

最后に返事のあらましをかいておこう　ごたごたとやらしてなるたから
七日のつとめはして来たらい。作小村中をよんでと言ふことも
なるが又経験の為に宿へ呼ばれずんから大念仏をとりこんで結
もみけはしなくともよりが、一八九にいう位の程度で一二円村中をよんで
その時に大念仏の施主の名を二人位書出してもらへばよい　そしてその
外の七日は施主として收穀なす村内の人からすこしづつ集めて位なく
あたのやう、三合位で自分をたのんでもらひ念仏をとなへてもらへばよい
その時に大念仏の札をはっておけばよい、それで大念仏にもらった金が
あまったら何か品物でも買ってしばらくどうせ一四位村中
をよんで一四位に品物をくばってあと位では三分ならし十
先づその位の財にしておいたらまだ救殺はどうにかしてのんびり十
始めの方は御先の無心であったから仕方なく気よく送ってやってくれたのまし
僕から通知しまたに送ってくれとしてもよいし　お前の勝手で送ったと言ふ
ことにして出てもよい　どちらでもよいから送ってやってくれ　其の次の時には
相談をせよとわかるまい、通知が来んので借りてやる人などと言って伸して
おけばよからう　其の次には僕も帰って相談に乗るなるべくから
少しとなって同じことを二三回かへたが其人かよくよみ利してくれよ　又
有来ごし紙とか書

一郎

奉ひ

508-2

NO. 1

隊長殿から母の戒名を貰った（謙譽正室妙縫大姉）

十月二十二日 雨だ。たった一言ははなしが小雨が一ぱいと云っていやな日だ
昨晩はいろいろと家の事を思い出して寝くてみたら十時までも達しねむられずに
ごろごろ寝返りをして居た。家に帰る夢なき元気になってあったことを、片付け
て二ーをこうしてと考へて居たらねむれなかった。やせた母の姿を思
い出したりして。併し其の内眠って居たか目をさましたら起床来た。
点呼を終て防禦交通壕（作業）手入をして帰って来た顔を洗い
朝めしをたべた 今日は休みだ外出だ例によって俺は出来ぬ外の者は大変出
ていったが雨になって困ってやる。思ってやる。一服してみたら中隊長殿が呼ばれ
て室へいった。十月十二日出の朝吉井の敏定が前においてあった。二二日迄状
で持ってかえるのだ。君が出来なかったが、びっくりしてはいかんよ、実はこれこれだと
母の死をきいた。在郷軍人や外の団体も参列して盛大な葬式もして貰って
下さったと云われた。そして母の際から今度の死で迄の容態を話した
不幸な母であったこと云った。そして大隊長殿にすすめられて帰ってきた

490

NO. 2

皆様決をして祖先に右のみ隊長室に参して世乃えんものと思つてゐる
隊長殿が知つて居かと言はれ 御三君の手紙 又お前の手紙弟のを日をしらべて
見たらば 戦死の後を見てわかつたと 自分の想像では 四、五、六日の
三日の内になつたものと思ふと言つたら 七日とかいてあると言はれた 七日は
俺達は自分の道を山県へ進軍して討伐に行き 山の村を明かした日だ
何も知らずにドンドン敵陣へ砲撃を打つた あの日だつたかと考へて見た
そして式布をしいてフトンをかぶり手紙をかいて見たが御んやりとして弟に会つて
來た姉さんの三人へアトカツリ傘を三通かいて 状勢のえらいな人にへ寄れ
になつたり又戦後のたよりになる状況をかいて見たが気が進まず 三こたかりて
止めて寝つた。そしてねて見たが又ねられず雑誌をよんで見た。古手紙其には
其れ迄を、やたらに皆出へ南と陸軍に俺の三人だけだ 馬にものし得る
小雨がしとしと降つて居る 風がないのがまだよい しかし今日一日に成つた
昼頃は思ふ、中に上つて居なきやならぬなかろうと傍つて雑誌を見て居た

491

NO. 3

めしをとりに行く。面会が午前ですんだので あまりとおいしい。丈郎の
丸い大根のつけもので、大根ずしをこしらえて三人でめしを食べた。一服して
ゆっくりと仕事をかいていた。気がむいてきたが、東北や日本国際教師会
講演、在郷傭兵、大師協会、其他、依頼が殺到し仕事を三十二枚かいた（筆が
疲れて）乱れずすっかり机などを乱した次第だ アトランダム 四五枚前にかいた
すっかり疲れはした。一服して入浴へいく。三度しかはいってない。あつい湯にはいり
ゆっくりあたたまって帰って来た。一服して床たが眼をさまして又夢へ
仕事がかいたくて日記をかいて居る。雨は中々ふってこない
桜木の近所か入込んでおりますの。所で今度の母の写真について相当の
金がかかると言えと思ふ。長引くにちがいない。いくらかかってもよりが全然ないに
何か出ては骨を折った張合がなく気を落してしまう。思ふ。よくなっても又
張合もあこんなが十と今更無理を言っても始まらないし 何と言っても もう
待ちれず。おまけに金は欲しいは欲しいが、但し僕は どうも本当に

492

NO. 4

出来ない。夢のなかだ。そこだ。それで斯うなるのだと思つてみたりする。
桜本君の楽化はどうしたかナ。生地家族は無料とか半額とかになつてゐないか。
家の生活状態によつて引くも引かないもあるのか。前から知つて居たから入つ
手続きをしておかうと思つてゐたがどんな様子だらうか、発表して来る前に
実験を全道の前に揃へるのをすると相当なるだらう 往診の律依なければ中
々大したものだからナ 月に一二回で、毎日何十人となるからナ、側の者に他の人の
面倒になるまでもしないだらうか 状態はどうなつた 梅田婦よは来られたか
八月に三月末みたからナ 一寸来られにくかつたらう。思ひが一人の母のことためず。
文雄君も来られたかしらんが 早部の叔父はどうだ。病気をして衰弱しているらしい
治る一寸はなりそうと思つて居たが 鎌田さん来られるだけ ちやんとなからうナ
頃でも来たか 兄弟 世話はどうなつた。里子の叔父様もひよつとすると俺の
こ通えるので来られるだらうか 母と同じく会ひに来る人ではないかと思つて
みるが、無罪に除られたが それにしても よろしいけれど 大分帰つてゐるらしいからナ

493

通知をすまして葬式だ　家中ひっくり返って目の廻る位忙しかったであろう
よく出来た、親類の人に任せ切りにしておいたのであろう　それでも母上大して[illegible]せ
なりながら十初七日は翌日にしたが二七日は十二日、三七日は十九日とすんだのだな
早いものだ　帰り日が来月十五日になる　俺は社になると家のことを思い出して居る
ならないで人のことを思い出したり考えたりして居るだろう　それより母の冥福を祈
って居る　朝に皇居遥拝をすましてから一人母の霊を拝めるべく黙祷
をして居る　母の霊よ安らかに眠れよと。
もう今日あたりはすっかり片づいて淋しくもない家の中も片づいたことと
思って居るだろう　家の中に母一人で、家の中で淋しく送って居ることだろう
葬式の人数はどういう工合になったか、お寺へは持って行ったことであろう　お父さんは
言っておいた、男がお寺へ上がって祠堂金の話も、大体地方の相場があ
るから母上と相談して決めるがよい　弟にも言ってね　俺の送った金を
お寺へ上げてくれ　すぐと母上にまかして十円か十五円、最高二十円位なそうで

494

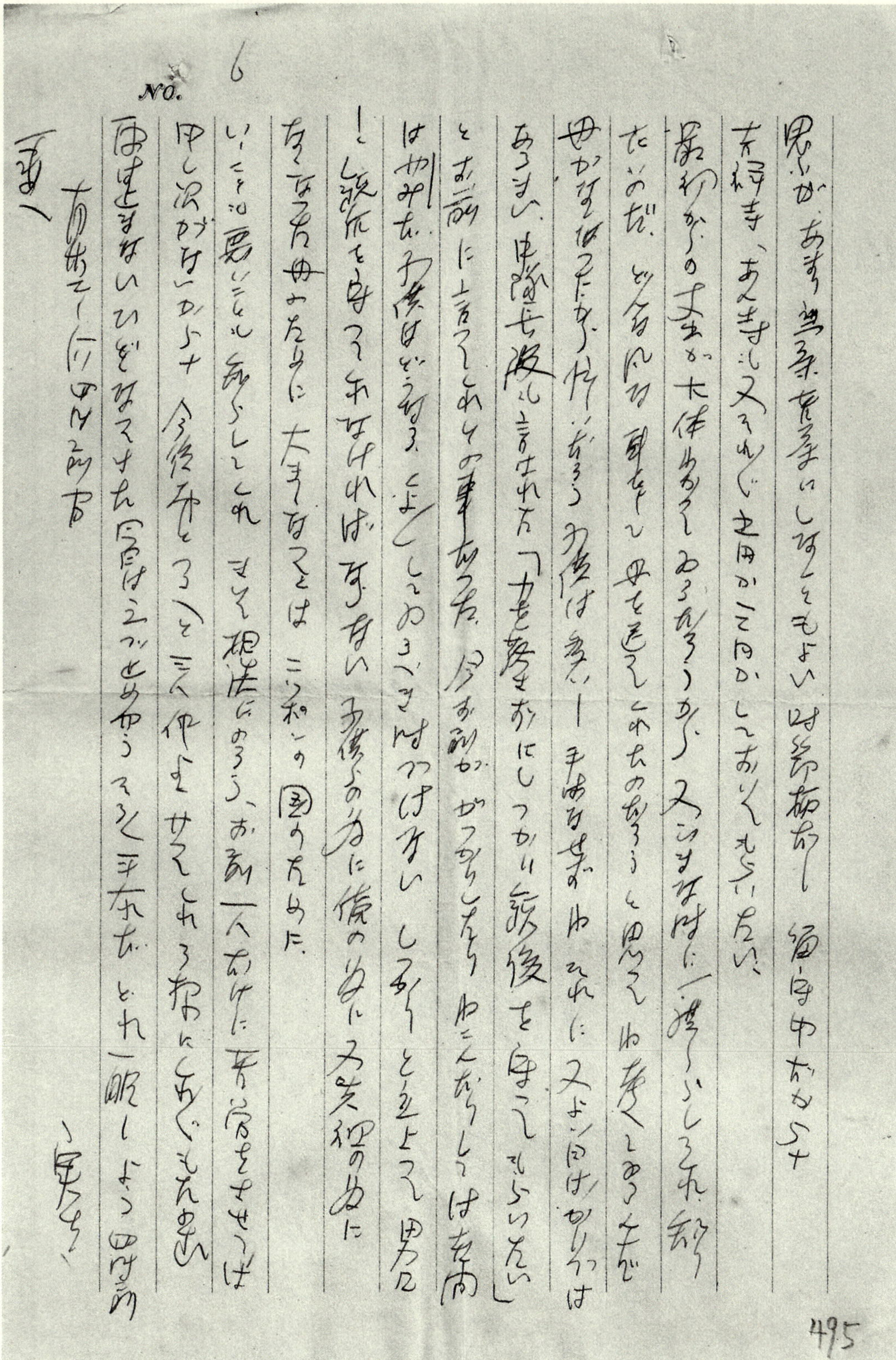

No. 6

思ふが、あまり無理苦労はしなくともよい時節柄だし留守中だから
吉祥寺、あまり又こわれぬ土用が一日かしておいてもらいたい。
最初からの土地が大体わかってゐるだらうから、又こんな時に一工夫してくれ給
たいのだ。どんな風な事をして母を困らしたのだらうと思っては悲しくなってゐるんで
母がなくなったから悲しいだらう。子供は多い！手荒な世の中、それに又よい日ばかりでは
あるまい。中隊長殿に言はれた「力を落さずにしっかり銃後を守ってもらいたい」
とお前に言ってくれとの事だった。今お前ががっかりしたりなんかしては困る
は如何だ。子供はどうなる。くよくよしておるべき時ではない しっかりと立上って男ら
しく銃後を守って呉れなければならない 子供等の為に僕の為に又先祖の為に
なくなった母のために 大事なことはニッポンの国のためだ。
いゝことも悪いことも話してくれ また相談にのらう、お前一人だけに苦労をさせては
申し訳がないから 今後子と三人仲よくさせてくれる様にくれぐれも頼む
母は逝きなくなってけた写真は二つとも貰うてゐる 平気だ どれ一服しよう 四時前

有難く一同によろしく

妻へ

実

495

NO.

五月三日 今日も又 朝から雨ふりだ 毎日雨ばかりで本当に嫌に
なって来た。演習は雨ではないけども馬屋や砲廠へ行くのにうるさい
何といっても兵の方がよい。それに雨の日はにみんな寒いから居室ばかりだ
点呼をすまして 昼 二所に出ておる砲を砲廠へはこんだとなりの隊が汗
休かに帰って来たので不用に[illegible]元へかえって来た 足かけは平大れて送っておって
よごれた。然しこれをもっておるんで ぬれて失礼帰って砲を洗い会をする
年次は男ばかりは古兵ばかりで一寸案に[illegible] 就床をよんでおった 一時半から
如何[illegible]の結の自の馬検査の結果を発表された 室の中が寝いた
うちの今隊は悪かった、終って一時[illegible]して又[illegible]から[redacted]の李[illegible]を
畫す。[redacted]の婦人[illegible]のかわり方等を、雨天なので室内でけいこした
十時まで馬屋へ入れたで雨がはげしいので馬がぬれるので カスをつる
みんな馬の体をこすって水、さをやって帰るひるめしだ。一時半
二時迄寝た 午后は被服の手入れで休みの様なものでやすんでおった

502

NO. 2

あまり寒くて又出かけられません。キングをよんでみた。二時半又一回と

医屋へいって歯をこすってやり四時から姫の手紙に行って帰る

り夕飯 庭膳と手尾の沈ん房市家を書てみた。先生から法母の

死 葉さんも弟の指揮で花卿清河国内寺で葬式をやられたとかいへ

あった。旧刊本京又出かゆを、胡吉氏から雑誌「宮田民」を一冊と

送られた。批判雑誌を見ておった。手紙が来ておったので世なりけい

君 加藤さんの手紙君と須之内さんから藤先生から陸地から母の死

を告げた便りと隠語があるからよく君の心を察せてかくて居り

加藤さん内山さんも来てくれて、それをおんしたら不意になるかと おそく 之丸

つづけあなたのそばも当につゞけしおった。母親が君の身代りになって

いたのだから之れを出してやれと言返してあげて居った。

もう離してまた方がよいと思ってくれたのを知らぬ。内山さんも知っていながら思い

が、須之内の件も念んと言に手紙で知らなかった。どうしてたらよいかと考へ

503

丁

NO.

存へし、迷て居るが思ひ切て紹ふすることにかりしまた
彦さんの言ふ如く家に居たら却て煩はしい方がよいかと思ったがもう
早くから郎氏も望いと申して居たから早くどうなったか聞きたかったので
私が困つたので おすて訪へ おすゝめ沢だ たるも出来ず よほど悪いが
何ふわに居るて却て此頃に成り困切りして失ふのだが いろいろ人に聞きて
れ 色々思ひ付て見れば 死んだ時の様子や葬式のことようを早く
知らして貰ひたいのだ どんな風に送て貰ったか その団体が会葬
して賑く盛大だったとかいふ事が少しは満足なったことゝ思ふ
知がすんで却て思ひ出して 世の気もらしいがさうなれるかね。
今会日に半紙をかいて 半切四通 細部木想に 近所 酒屋などを
おくって満足して木てゆっくり 送ってやったらかいておかうと思ふしだく
と思ふので ことに知らせたいことがあったら にしも付けてとこう 子供にも
元気で遊んでゐるだらう 度々加わるか 君のおよびの話を待って居る

504

NO. 4

十月廿四日、どんよりとして居たが雨は上つた 点呼をすまして銃の手入れにかく
こゝへ来て風が冷たく寒い朝だ もうそろそろ十一月に近いからこんな陽気かも知れ
なかろう、手入れを終ると顔を洗って朝めしをすまし一服した、天気になった
雨雲がだんだんとにげていつて晴れて青い空が見え出して来た 久しぶりに
見る太陽の光は又 せいせいとして気持がよい 今日は演習日だ、少々の雨でも
行く事になって居たので 早く演習日の様な天気になってほしいと思って居た
がうまく久しぶりに天気になってありがたい 八時に用意をして出かけた
秋風のそよそよと吹く中を銃を引いてあをかつてとつていった いい気持だ 足も
軽い、此頃 雨がざんざん降って居たので道はどろどろだ 歩くとハネだらけになる
田舎ごろの様な道だ、飛行場を通って城の下へ来た 今日の演習は行軍
ばかりで射撃はなかった 左へ廻るかで城内へはいるのかと思って居たが
城内へははいらずにハドパの方へいった 今迄漢江の船が上って居るのかと思った位
増水して一パイなものだ もう へたく うんて水がへつて下の方に見える

505

増水の宿ははんのかじの宿かけらしい 江岸で一服した 支那人の子供が ナンキンマメ
と言って ブリキかんを下げて売りに来る 少し味見をさせて言わすと 十コから殻平の袋
のせつ。大人の大きさ 店の前 さかんに あたりみに並べて居てよい位だ 五銭を一袋買っ
た。沢山ある。香ばしくておいしい。船は沢山岸につないである。船の まん中頃に
ハリセな海をはって居る。小さい 帆田船の一バイ 積みつけになって居る。
水の溜りが穴を十五尺二十尺の巾で引いた様に見える。揚子江のどろの赤土水が
一服して又行軍をはじめた。ぐるりと城外を一廻りした 中々広い 今迄通って来た
支那町が皆つ思わない 相当に大きなだ。こんなものを売って居る。
どこへいっても道はいるで すべて仕様がない 〇〇の内の方へ出て来た。そして野錦
金華の方へ すゝんで来たが 又掃子が鳴って あともどりをして 〇〇の内から城内へ
はいった。城内は日本軍に占領になっている。こんどの戦に出来た
内地の宿の者も どんどん入って 一方で 冬物が来た あたたかいやつ
いつも命令書ありますと言うてある。こんどの冬物が着いたら

506

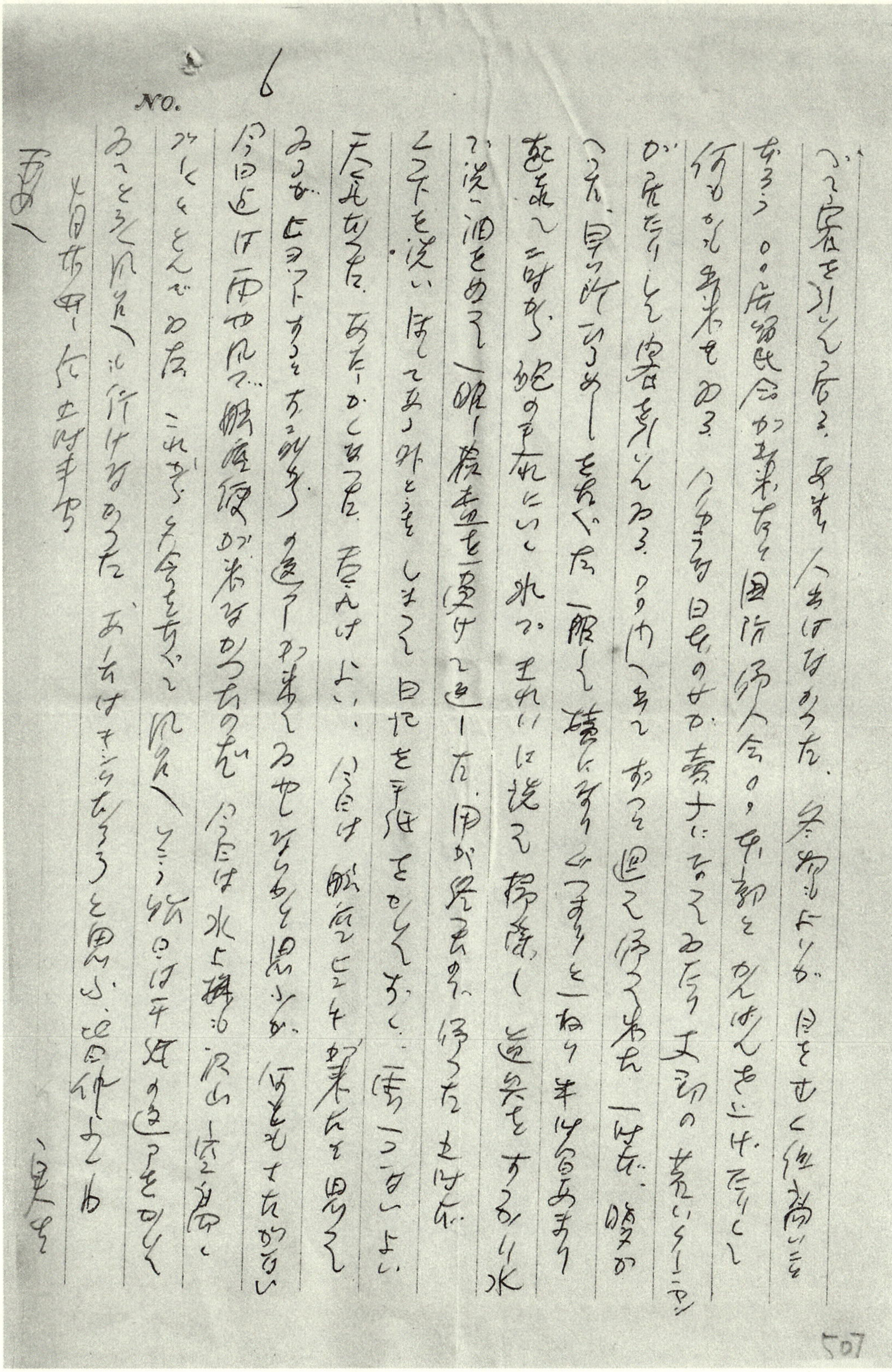
NO. 6

べて客を引いて居る。あまり人出はなかった。参拝よりが目立く経商い云
なかろう。○○居留民会が主業たる国防婦人会の、本部を かんばんを上げたりして
何もかも出来ておる。八十余日目の女が責任になっておたり 丈和の若いクリーニン
が居たりして客引いておる。ろう内へ来て あって迴って行って来た 一時だ。腹が
へった。早い所 ひるめしを食べた。一服して 帰るつもりで一ねむり 半時間あまり
乾燥し二時から 船の手摺にいって 水で 汚れいは洗って掃除し 道具をすっかり水
で洗い油をぬって 一服し 検査を受けて 返したり。用が済んだので 帰ったらば
くつ下を洗い ほしておいて 外とうをしまって 日記を手紙をかく。雪つもらないでよい
天気だった。あたたかくなった。これはよい。今日は 脚立に午が来たと思って
みんなヨコットするとすこし疲れての運動が出来てうやむやになると思ふが 何もしてないが
今日迄は雨や風で 脚度便が出来なかったのだ。今日は水上機も沢山空へ
びくくとんでおった。これから夕食をすぐて 風呂へ入る。今日は午後の運動をゆっく
りしとる 風呂へは行けなかった。あなたはきっとなろうと思ふ。皆仲よくね
十日夜 九時半
良夫
貞子へ

1

十五日出の航空今日廿四日についた。二十五、六日両日しけの為
日ばかりだったので来るのが大分おくれた様だった。兄さんへよろしくたのんで
と早く手にはいって居たのだったが、十日に出したのが十五日の夜夕食の時
ついたとかいうで知れたと思いこんでいたらしい。十一朝兄さんの手紙を見てすぐ出
したのだがあの手紙はとうとう母の死目にはあえなかった様だ。残念だったが
どうにもならない。あきらめて居る。それより送ったパパの写真が死目に間に
あい母と対面したのが何よりうれしかった。僕の代りだった。そんな事言うまでもない
のが写真だ。仕方がない。でも大きくうつしたから母にもわかり、よく見えた所
こと言われたとのこと、うれしい。とってもこんなにはなれて居ては対面なんか
思いもよらんことだからせめて写真でもお目にかかれて此の上のよろこびはなかった
お前の言う様におそくなってもうれしかった。お前がいなければこうはいかない。くわしく
こまかくかいてある。母の側に居て死に目にあえて居る様に思い、一ぱいに
胸一パイになり目があつくなって涙が浮んで来た。ありがたう。よく兄の涙
兄からも死に至り葬式に至る迄の有様を知らしてわかって、うれしい
りっぱに出来た由の若弟共立会にすこしの手落ちを察することが出来ず
六回忌の時にはよほど良くなって藤兵衛達に様に言われたとか

コクセ

436

2

それで東京の命も安心して帰つた様だ大変喜んでいた　金谷次郎君の
室夫君にしてもらつたとの事　又金谷の方へ礼状を出しておこう
円に厄介になつた　俺が居ない間に言ふた事がお前一人で本当に言ふに言えない
苦労かけたと思つて居る　朝倉君は途中で手紙を寄こしたのが悪かつたと
言はれてゐたがお前の方では気はついて居ましたとの事　俺は見て居た
訳でもないのでただ朝倉君の手紙を見て　それを知つてあるとは
思はなかつた　かえつて気を止めたのが悪かつたとかしてあつた　俺は
神経を立てるかもしれないと思つただけで　気を悪くしない様に朝倉君に
手紙では中々親切にかいて来るので　大変かわいいよい人になつたと
思つて喜んでいるのだが　どうしても分からない。僕　訳がわからなくなる
なり　手紙の様子が被害妄想の人ではないのか　お前は毎日見てよくわかつている
ことだろう　決して自分を汚したりする様な事のを見せたりしない様に　口では親切に
言つてくれるから安心だと　たよりにしすぎては　とんでもない事になるから
よく気をつけて居てくれる様にしてくれ　母上様はすいかから胡瓜に至る迄
いつもの様な事が二度目の慕代　かみ返しにやられたらしい　様子ではない
胃腸が主として使われるのが大　心臓は気の小さい方なつたのかも知れぬの

497

3

心配がつかえて来たやうとうとう倒れて失ったのかと思ふ。リンゲル、サイダー、葡萄糖等
をかゝへ居られた母さんがしまいには何も通らなかった。たゞ糖の注射を無にして
しまった。母ではとてももつことはない。たゞ注射で目をあけて居たに過ぎ
ぬずとえ。助かる物ではなかったのだ。五三へ弟が帰へてうれしく一人に気
がおさまったのだらう。そして思ひ母の甚がおりたなに どうぞ思って居た
こと思ふてやっぱ弟にあってうれしかったことだらう。其他皆姉妹には
あってたのだから申し分はないなに俺大にあいたかったことは言ふ迄も
ないことだがおまへのために生延して居る大切な体なのだ。まーて遠い大陸へ
来て居てとてもあへまいと思ふお前なことではあったと思って居る
母の言はれた通り二人の身代りだ。俺の身代りになってくれたのだ
俺にもしものことがあったら[illegible]ならぬ おまへもそう思って
あきらめてくれ。俺等も通常だ。俺も二をよんで泣いたよ。母のあつい心に
泣けて仕様がなかった。先生も此う土にをなげて居られた様だった
母の遺言 治卯と仲よくしてくれと 弟も安心して居ることだらう
母の言葉にても分かぬ様 安心して行かれる様に 必ず仲よくしていこ
うと思ふ。弟も直接安心して眠ってゐることゝ思って居る

418

4

お前と云ふは何と云ふも俺の傍迄はと思つて来たことだらうが　此の世のなしものは
どうにもならない　折角お前の命がけの祈りも叶はなかつたことは残念のない
ことだらう。俺はよくわかつて居る。今度こそは母もお前を恨まずたよりにしておつ的で
なければならなかつたとのこと。俺はお前迄うれしくてく　うれしい涙がこぼれる
撰りのお世話人にも本当に何分にもならず十分に有難いと思つて居る。七月末からゆつ
くれて十月九日迄長い間命がつゞいたのは一重にお前の　かいほうによる所だ
お前なればこそ俺の今迄孝養をつくしてくれたのだ　俺はもう九州にのこることを
はない。俺は死なぬが　有六日午前五十分とかいてあるが　何日の何時
かわからない。五日の祝日の十二時五十分頃がさつぱりわからないのだ
海組御さいかをつとめて母の霊をなぐさめて居てくれることを母も冥
されることだらう。電報で御、板田、小林と皆来てくれたとのこと　婿殿も無理
をして来てくれたのだらう　うれしい　大阪の次郎夫妻が心配して只菓子を送つ
てくれたとか　母もよろこんでゐるだらう　俺が平素の[illegible]が死んだと同じだ。一人の[illegible]
だつたから十文れ位をわたしておこう　本当に世話になつた丈
梅田にも先の池会寫真をとつてくれたとのこと　うれしい。又出来たら送つて
よこすことだらう　丈の一みにしし待つて居る　母の霊に会えるのだと思つて、

コクセ

499

葬式は中々派手にやったらしい大切な俺達の恩人の母なから十分のことを
もーしてもらふのはうれしい 俺が居たらと思ってみた 俺の不在中なから 仕事は
捨て目に葬式は出してくれたのだろうと思ってみたが 中尺 それに多して派手に
立派に出して下さったとのこと、女の人は四山立って下されたた 私供の行って
居ない所は又かえ多しておことをしレたら 知らぬの女主人で田に急死
されて 本当にどうしたらよいかゆからないだろう 俺の系浩では とりかえが出来
ないのだ では弟が初めたら 指揮して出てくれたとのこと まだ弟なら は
気いことも何も知らず 若なりが又あとから 知よてくれるだろうと思ひ 家は50の
准け料とは大した立ったけ 大佳が ミミミふことはきめて下されたのか 皆某って
姉妹は一しよに相談をしてきめて下されたことだろうナ 甚合体はあるしナ
人 心所は本腰とのこと、 香料若ろ1 320 もらったとのこと びっくりしたよ
知とかくあることをだろうから又停って見せてもらふし 活きまたりが
根田流し中家の加も大人のちとなられた時けどうだった 手傳にりくしよし
ゆかってみただろう 何だが 田の方が派手なたか 俺は 大の田のなたふなから
十分出来るだけのことは出して立派に送って上げたいと思ってみたが
俺の居ろす中 なから こってりとは行かなりが 大て捨て目にして出ての

500

コクセ

6

だこと、思ってみたが相当な事になったなあ
一年半程も近藤先生 土曲りの文吉叔父等がいろいろ相談をしてくれた
ことを思い 黒部の叔父さんが良く床についていたら 病人なんか来られなかった
のが弱点だ、いつでいろいろこのことについて 話をしたいが 又帰ってからくわしく話
すことにしよう。思い通り言い出して骨を折って 親父の為に尽して下されたい 故郷の
方々に二つとを言う様になってから、俺が旅行しても立派に 故郷の人々の協力で
あいのしとなったことをよろこんである。病気中でも死んで 親父とおいらの金が
かかったこと思う 金もうまく工夫が出来たか それのみ案じて居る。
母の金にあててつけたとなると 着物も兄妹に思い出してつけてやれとか、母の
ためばかりだ 伸子 つけてくれさえすれば それで申し分ない。母も兄弟達を大して それを
言ってあげたので 前以て知らせてみたのだ。母が重たくて嫌だろう。もうかんの辛
抱だ 俺の来る迄 土曲りの父を第一として大事に看病したのだったということを 安心した
ところへ行くことが出来なかった。十分病をはらしたことも出来なかったれば 仕方がないよ
土曲りも、そうだろうが 仕方がないよとなんで言ってくれる様に 大分もよくして
くれるとか 云って 母の言葉通り 伸子 言う 俺の帰る迄は おやじに立派
すまないと云ってくれたらば 一生忘れないと言ってみることを 忘れずに 航空の道を守っておく 父

九月廿四日

コクセ

妻へ

（大阪市此花区今開町一ノ七四佐藤ナリヤス宮在方橋本イル）

[redacted] 二十五日朝くもりだったがだんだん晴れて行って上天気になった

六時半起床して点呼をすます もう此の頃はかやをつらずにねるが 一匹二匹かとんで

来るが ねむたいのでかまわずにねる 何知らずにねて夜中の方 又かやが出て来て困ってきた

館の千大丸に行った 帰って顔を洗って朝めしを食べた 一服して新聞を見て居た

今日は馬具を出して 古きものを取りに行くので 八時半になって 六人と出て行った 草を

集めたり 道具を作ったり 馬をつけて 輜重兵の車を借りて 二台で行った 九時頃だったが

少し行き過ぎて 帰って来たら 騎兵さんの多く沢山馬にのって走って来たが 一匹の馬がびっくりして

走った 右側の新陸軍へ引っかかって止まった 危ない所だった 車と車とがはち合って

止まったので 危なかった 立派な兵隊さんに立って けが人も有ったかわからない

其のために馬が後ずさりをはかして 血が出た それ一寸ばかりで 目の前へ行って手当

をして貰い 馬は何ごともなくて 俺たちは二匹の馬に引かして 二台の車は道へあげ

はずした 軍医部へ行った 鉄の兵士が出て 脚をすいたり 二度したり 包帯をまい

たりして居た 二三日は少し安静にして 一生けん命に助けて居る しばらく見ていた

484

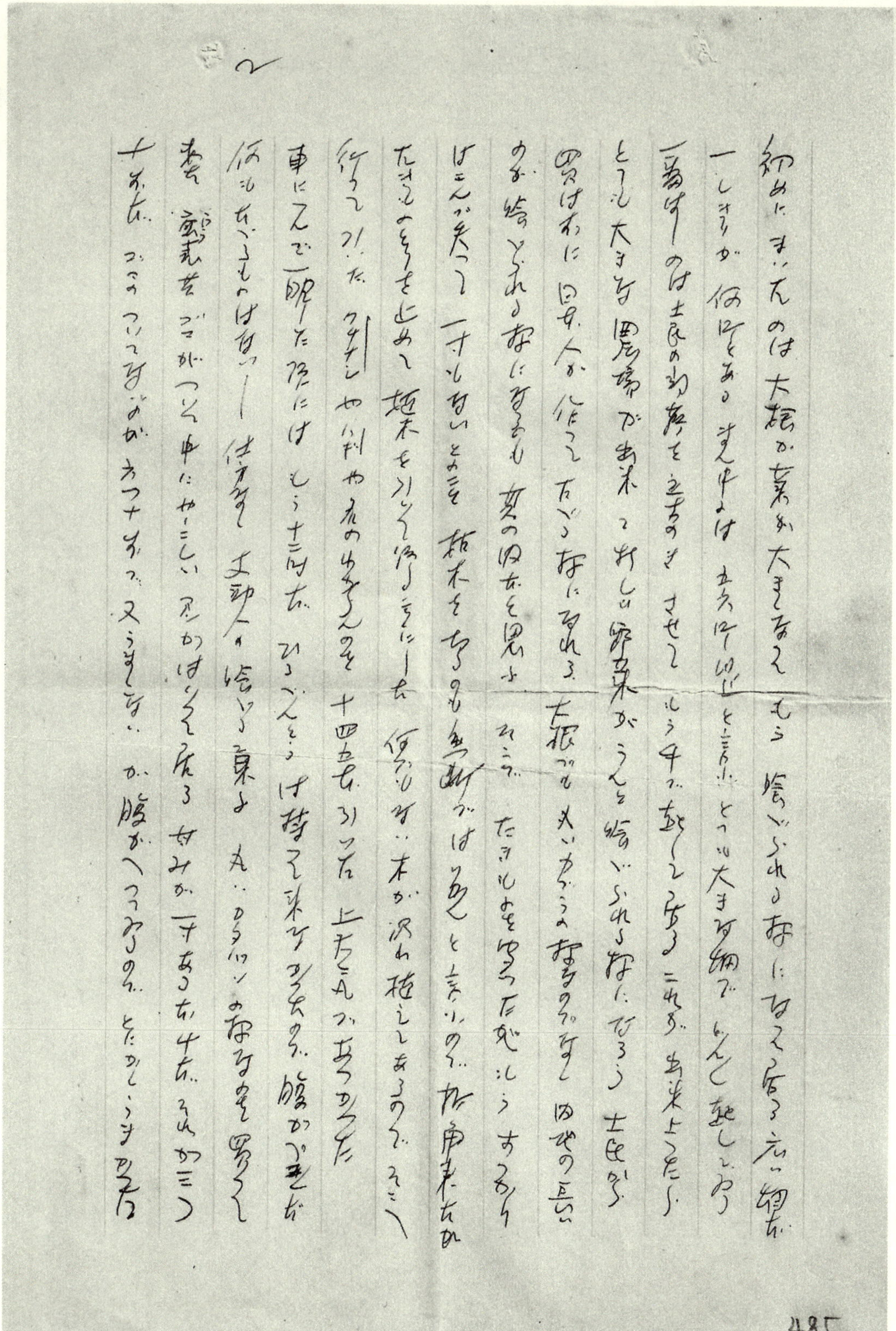
2

初めにまいたのは大根が茎も大きくなってもう喰べられる様になって居る広い畑だ

一しきりが何町とあるまん中には五六町四方と言ふとっても大きな畑でどんどん耕しており

一番はじめのは土民の労働を立ちのきさせていう手で耕して居るこれが出来上ったら

とっても大きな農場が出来ておいしい野菜がうんと喰べられる様になろう土民が

485

3

之が上等の菓子など土助人は言ふ　左うきまでないのだ　文部省人ものがあつてよいのだが．
え？所では せつかくの野菜だ．お菓子を とつとうしカビては よろしい．それでぶしそれで脸が一寸
よくなった．茶を 之づけとつてみたので．ではあかげて帰つて来た 旅行者が 沢山込みにやつて来て ハッタジ
を 片すの羽の下へ[redacted]両人へけんあるこれから八ヶ岳に行くのだらう 帰つて島を放して呂鹿へ
来たら一匹迎へて居た 泣たいめしをくつて 一服した 外の者は島の手入れにかかつた 俺達は二階まで
僕が雑誌をよんでゐたのだ．二時まで 早めにで 枕木をすつかり 借りた蚤も 島の道具を水で洗つて
返してきた で一服して 海嬰へ 土用干の雑誌が 出て僕にくれる 写真がよく出来たよろしいので明
日 絶壁へ行つて 来れたら帰つて来た 秋晴れのよい天気だ 明日手紙をかいておく
航空郵便の返事 今日あたり来るだらうと思つて居るのだが 明日か あさつてになるかも
しれない 返事が来れば 母の考へも出るだらうと思つて居る 待つてゐるのは長いものだ
夕方からとにかく床について 寝つ鋤は二りとまた上作をやる 列車とのすれちがひで 静かにして
雑誌をよんでゐたのか へりくつみ 雑誌をよんでゐた 列車が 発車した時もの廣告 ...で
母に大分よく書かれたとからかつてあつたので ホッとした 手紙に早く出すよしい 又明日かこう
[redacted]

手紙（初三信行 西村 橋口さん）出せ

486

4

[redacted]しきり寒い位の日が長時間手入れに行つて待つて洗濯全部をも頼し
て呼吸停りたお母を見て ハッとしたのは病室でねむりた母の死だ、いよく駄目だと
の事を思ふと嫌な気になつてしまう。祖母の手紙がどうもおかしいと友だちと考へてヒョットしたら死
んだのかもしれないナと考へてみたのだがやはり無理だ。併しお前をば思つてない 丸で夢の様だ
うその様な気がしてならない。長い間全部かげで かいほうして呉れた お前も苦労のしかいがなく
て張合がなくがつかりしたこと、思ふが 生れたものは死ぬのだから寧ろ前だ くよくよせずに元気
を出して今迄よりもっと頑張つて来た 死のことをかえて世界はぬけはなれ 死のことはくわしく
[redacted]病院で出した手紙で知つたことと思ふ。何事も辛棒をして 体をよくして 帰つて来る様に
思ふからナ しつかりして一家をよくして 子供がまだ小さいまだ 火の気も
よく注意をして まちがいのない様にして呉れる様にたのむ 母の死後は大勢の人が来て呉れるから
ごたごたして何もかも忘れて居るだろうが すっかりすんだら 先生を大の消えた様にかランとう謝し
しておくであろう。病院では言ったように 福とすりに来てもらふ様にしてはどうだナ、その方が
安心でよいだろうと思ふからナ 弟一が先にいったのだ 只もよい。葉れたは来ぬからも

487

皆来てくれたことだろうが、修なはいろいろの都合で行けなかったこと、思って居る、何事も
思いおきはなかったろうナ。稲田は来てくれたろう。兄ての校長上にも[illegible]来られなかった
だろう。俺の事で母の大病そして死亡、葬式とかさなってお前には相当こたえたかと
ことと思う。俺も生きて居たらよかったが、そう思っても[illegible]行かないからナ。併しよく耐えてくれた
母上もよろこんで満足だったろう。感じます。[illegible]を[illegible]言ってある。俺も少し
お前たちはこれだけまあありがとうよ。しここまでやってくれた。お前の[illegible]の力が今日に
なっているのか。十月迄し[illegible]のだろう。俺は多くの人達に感謝をして[illegible]かわからない
「今般、三人という人が抑留記に載るので、朝から室内の方のドブをきれいに掃除をした
明日見えるのだ。隔離中、大将の人でもきれいにやっているのだ。[illegible]得て来て
服装をかけた。いくらかからもかまわれず、いろいろのことを人に守られては悪いことなど考えてみた
一回、俺は総数の囚[illegible]の掃除に入って、[illegible]を引いてホースではいて掃除をしてみたそして
十月三日付の手紙を何べんとくり返してよんでみた。手すりにつかまって[illegible]に何度
休みやすみ一生懸命[illegible]みたのだ。疲れた。とにかく[illegible]でも[illegible]もてみよう。帰って

488

6

くつ下を洗って一晩乾燥室の[illegible]二枚寫真にかゝって来った、只足袋にして着すことにしておく
毎日日記をかいて居る手紙を待つらしい俺の寫真を見て母にも見てもらったり力付けられよろこんで
呉れたりしたとよろこんで居る　ハヘミが　お父さんがない　と言はれては俺はどうしたらよいか分るネ
ハヘミに抱かれたら俺のたのしみは何も無くなって来るよハッハッハ　もう忘れたのか
田んぼもよく出来て豊作のことよかったネ　大根人参も大きくなって来らが其で　特権をしてやる
とかくあったほうが気がらくだ　いつものことで仕方がないネ、俺も親戚から何故何々とって仕事を
かくとあくまで又あらぬ事を云ってるのは母の顔に善通ならどうかなるかも知らないが　それは一寸酷いネ
とったのもあり　其他また何も頼みもなし　思ひ家に居たらもっと沢山とれると思ふのに、仕方がない
写真は梅田から送って呉れて　しかし其の後にアツ太が来たことと思ふ、松田清人君にもよろしく伝へてくれ
たとのこと　又あらまし礼状をわしておこう　祭りも十月　日でもすんでゆっくり休んだとで　鏡はよせ
送って家へ帰って来たとのこと　ありがとう　（ひがん）どうした気がすっかりのこと分からないな
其も家の人たば　頭も駄目も　何も出来ないけれど　出征して生きて帰る人たちだ　知って
居るのは少しその人は分からない　後の手紙で知らせて　失ふ一寸勇気がなくなったと　知らせて　失ふのたのしみ　情ない

りく

489-1

次に硬貨のことおつて今では しまた日に今頃で 十二社に同じ客になる九人片側にゐて
ゐる 父と父に信を移むるてゐる 今迄と同じ本に仲よく助け合つて居る 元気で働いて
居られるかしら 安心をする様に思へば 橋本家の安田と意見が合はずに 今迄の家を出て別の
家へ 女優二三人と合宿をし かなり立派な働きをして 女優を書いて居られる。母と三人の家は
青柳 松本をした 古い人であるらしい。弥生も手紙をくれた 中々面白い 優しいなかなか
元気で働いて居られるらしい 子供達がよく手紙をもらつてゐる 横大路（京都）の奥さんの
お母さんより 今で付いて手紙をくれてゐる 奥さん達の手紙はなかなか 一しよにかかつて 又いまもかかるだろう
手紙を出しておそすぎるはなしはなかつた同じ日に たまたま 後ではお互にきいたことは 一しよだ
今会に一晩して 下宿 今度四人に 公と一つ 居った アイスクリームの代りで うまかつた 今日には牛肉と
イモの ソースをかけてうまかった ウイスキーを四人に一ぱいづつもらったので 皆楽しんだと 四合
わけてのんだ 信さんには 仮の酒の方がよいらしい。しかしうまかったかん 今夜と降りて来た
昼すぎ七時迄 帰る通りを歩いて 又近日に 旅館へ 母も二三の居りの紙を出ておこう
思つて居る 又手紙をかかれたしいか 一日を送れば 又その先でかこう 又

守人

妻へ

[redacted] はなはだ

[redacted] 今日もよい日になった 朝はうんと冷たくなった
露も多くなった からだがいやと思いに言ってもいけない
昨日は俺が来るだろうと思ってまってたら案の定来なかったので少し
がった 十日に出した航空が届いたらしい 返事は風雨の為に飛行機が
来なかったので心配したがでも少しくらいあったのでよかった
それに 少しく母の様子が初めから終り迄 かくさず あらよくわかった
子供が多い忙しい中をよくこんなに書けた お前たちはだ
母もお前には思い様にことも上手で外の者には誰にもさせず
お前でもこれは出来なかったことと 斯くお前の言うことがわかって
もらったのでよかった 今度こそは お前が行くかと 母上もお人に思われ
たかも知らないだろう 命を捧げもしこのかいように 本当に俺の今迄で
したことと思って満足を一心おきなく永久の眠りにつけたことと思う
葬式も立派に出してもらって何も言う事はない 今迄の母の様子をして
来た思は中々言えることは返せないが お前らの沢山の人達のはからいで
盛大に 又国防婦人会も参集してもらったり 女の人たちも十四人
も来て下さったとか 母の位が有難てから喜ばれたものなのだ

514

2

此の頃はいろくの物が中々高いてうだから難儀ばかり 破産今しか 今迄ぶう
よけいにかゝる様になつたのだらう 春料屋りゃく 三十の日とは何にいつたのか
と不思議に思ふ位だ 一万円也の品物の値段を見てゐない僕達には
はかも見当がつかない 米の相場も何もわからずにすぐ上り丈済される
ものを給つてしまつてゐるからね 但の人でも前日から いろいろ出来ても、う
て居らになつたことと思ふ それでも母は死ぬと言ふことがわかつて居た様だ
死んだら兄弟達一もしてくれと言つておかれた位だけだ
然し無限を言つたら元金をかけたして貰つてもらつた一人の依頼は立派な
送りをしてもらつて それ一弟も初めてだから結局良かつたことと
思ふ。誰でも生に何りんもあることではない。又或る思ひ事がが十
送つて来る道は大そうだつたことと思ふ あとは完のあとの様に静か
に暮していつたことだらう 今僕らもよく解つてゐて力をおとしてゐたとか。
無理は言ふもうたがはれはあるとも言へず あきらめることも出来ない
のだが十思へば可哀想なものだ 親類の人達も言つてくれて安心が出来
とつ、五十通りの文と手一とを言作つてとりに来たのお様に来て用のときは印
ふを書き書ふ事にしてあるとの事で安心だ。父の用心か座仕了

515

コクヨ

3

たからものにはよく用心がかんじんをよくして行く事に大切なのは寸
分のわからぬような所へかくしておく事にしなければならない
足手は大勢の中で僕をかへって何んな事よりも失くれ いよく神に行き
すべての事をしなければならない、何事もがまんをして仲よくしていられる様に
僕もうあきらめて居るから力はおとなしく一生けんめい出して居る。昨日の通りを
四回も五回もよんでみた、その思ひ出す事もあるのとかいてくれるのと思ひ
今日は兵隊さんが来て銃を演習に使ふので皆かくして全部を其の外へ
いつもけいこをする時の物のほかへ皆で行って銃を洗って合つをしてから其を玄関
金庫、米櫃、かめのなかなど、ろくすっぽへ紙をしいておく、明日から演習にもって
財産のけいこをして行く 今日は銀座の飛行機が来た 運送けいこをして銃をもって行った
座敷をまで一時過ぎ一回した。一時半から銃を殺到で大隊全部宿舎の停車場
の前について一時間話をきいた。帰って剣の手入れをし 荷物を整頓して四時から銃の手入れ
にかかって帰って来たから全部をたべて夕飯をすましてから洗っておいて一服し
日記を手紙をかいてしまう。来月は冷かしいもう寒い頃で丁度よいおけんにならない
早めに風呂へいって来よう。そしてすぐよんで兵隊だ 今夜は不寝番
だ。夜中の二時から三時まで番をする時間を 明日にしよう、

コクセ

516

4

[redacted]今日はくもった。昼頃迄はよかったがなんて雨気が
出て来た。昨晩は一時まで参加して起された不寝番だ。寒いのだ
中々冷たい。外とうをきずに居たがどうも冷たくなってしまって居られないとうとう
外とうをきたがそれでもぶくぶくして寒かった白い息をはいてみたが火が
冷たくなって来てしまって丁度よかったが外はよい月だ十日位の月で
明るく昼の様にかがやいて居る風は少しあるがひえることはすごい
十月の末に之位の寒さを思ふ位だ去年の今頃山に居た頃には之位に
寒いとは思はなかったがこゝは夏涼しかった位だから冬は風がまって
頭首に寒いこともあらうと思って居る。皆にもよくいって居る。
寒いからまとめて防ぐこともあった。今夜は静かで雨にもあはなかった
近所の人もありいろいろ一つつけてあとは寝てしまった
六時半まで寝た。それ迄に顔を洗っておいた。水は冷たかった。
晴れになったがまだ夜中かと思ふ位だ。目をさまして置いて気持ちい
かった。月は早く出ては行く。失って三時頃まで少しになって空の位だ
った。でも無事にすんで終って上番をすまして終の夕べに入れたい
今日は又起きて居るか他の人が別に眠い。故に思ふ。後悔と云って寝れ

コクセ

517

もう終り頃に日の出だ 東の空がまっ赤になって来た。
帰って一眠りした 朝めしをたべて横になって新聞をよんで居た 明るく
なって直ぐだ。今日は済んで早く来れなかった 八時半から早く行って砲敷へ
晩目（つい）を抜いてばかりにした所の病院へきれいにそうじをした
大気がして直ぐに別れてしたが直ぐに休みが位だ ニつしか出来なかった
佃ばかりになって 帰って来た すこし 腹空が来て居ると言って写すので
事務室へ人が行った お前の廿一日付のが来た 一寸よんでみたが
返事しになる食事をし何か急用かと思ってよんでゐたがくわしく
のことが書いてあったが 二度みかけた所があるが、どう考へても分らなかった
俺が居ないお前が大変に出かけない。いくら金がかかっても本当に
送らが出来ないのは 何よりも残念だが いくら一段と長くはっきりに
思ふか何んかして 手を足して たのまないと出来ないものだから 何でも言う
はないを作っておこう、人にまかして これだけのことが出来るのはまだよい方だ。
出来なければそれまでだが 頼んで手の金はいくらかけても 母にもしらせ 今から
ないことを考へて・金銭を一ぺんでも沢山とそろへて上げた方がいとしとくになる
のではないかと思ふが そんなことばかり言って居るなあ わけにも行かない——

518

コクヨ

中にはまちがひが有之ましからうと思ふが　これからつく後には
もう何もかも終っておかくらうよかろうと信じた父さまへといふことも有り
言ったいことも有り　お前も信ど見ださねうと思ふが　ままえ此迄は何か
もかまへずして　おまえて居てくれる故にして下されで　其の後でもかくみたが
一度に大手術にかかった　二つ大手術をしたのだで　病院にいた為の車か
外に出て居るが　泥をおとし　掃除もし　帰って来た　そして分合った早くと思ふ
で　迄一をかした。そして下さんをかりておかって方殺　意表になって来てた
あなたこそ思って居るが　いえと　いる上に又さる言が先生お方　お前人にも
に喜んで居るを見ると申し訳がない。言ったい時は母がなお喜ばれたのに
ひどい苦労をしなければすまないのだ　何でも運命とあきらめて　しんぼう
をしてくれ　早速　服をたのみにやった　明日来るだらう　思ふで　日に千円をもらって
今日は○○の味わしてとてもおいしかった　下宿屋にて食べた　時に一つ一つ
いふた　あづきのあんだらうがとた　これが見えた　いよいよこうと思って居る
まだ私は明日　行く人よりもして居る　男にはお前の人苦しかをして居るの
だと思わせて　おしゃくしゃして来るよ　頭が変一つで来た　今夜はゆさい
が　早くゆようて　手紙出来てみるか　いふひにいいうとこだからか　又

七月　母

No. 1

十月だ 今日は秋びよりのよい日になった あたゝかい日だ

今日は演習日で点呼をすまして から砲廠へ行って今日演習に使ふ砲車の弾薬車をすっかり外へ出しておいた 明るくなって来た頃で顔を洗ひ食事をした そして昼めしをはんごへつめて用意をしておく 昼のおかずは梅干に牛肉のつくだにで用意をして隊は陣地に出て行った 朝の内は一寸寒かったがだんだんよくなって来た 風のない日になり 隊は午前に表門を出発して演習に行く 街道を(井上街道)をとって飛行場の北をぐるりと廻りして井上橋へかゝる 今日は○○隊は小銃の実弾射撃で用意をして居た 井上橋はかこかたむいて居たが昨日修繕をしたので 冬の様になって居た クリークでは土民が魚を取るのに川を横せきに竹のすだれを立てゝせきが三ヶ所あるせいか魚を取るのだろう うまく考へたものだ 棉花の畑は水牛でまですき起してすゞめでかしく こまかくこなしてある 何をまくのだろう そら豆ももう二三寸位の大きさに伸びて青々として来た 野菜類も青く大きく出来て居る 野菜はよく出来た所を見ると部落へはいるとワタを

526

No. 2

手まわしのキカイでかえとして居る、綿はうまく出来る物だ、木に花が咲いてそれが
ワタがまつ白に出来る、中に種が三つ四つはいつて居るがそれをロクロの様な物でくるくると
廻すとタネがとれる　あとはふうわり上等なしの綿になる　それを手車にかけてうどんを作る様に
なつて居ると、い綿になつ、はやすぐ気のない事な物だ　手早く出来るものである
天気がよいので一寸出て居ても汗ばんで来る。中休みがあるとその時に汗をぬぐい
しまい、こんだ二三日演習につづいて戦争の前のけいこになつた。近の低い山の上へ
砲列をしいておつけいこをした。今日は空砲（から砲の事）を持つて来たのでそれを打つた
ドンと音だけするのだ。それでも実弾気分がよい。一しきりやつて敵を追撃することになり
砲車をひつぱつてかけ足で走つた。そして小山の上へ又砲列をしいてこつちも空砲を打つた
外の隊も打つて居る　後の方でドンドンと音が聞えるし隊の近くで銃砲を打つて居る音も
四方で聞えて居る。実戦のないよい演習日和だ。あつくもなく寒くもなしで
それ一しきり又演習をやつて中止になり馬をつけて下の平地へ皆集つて二列で並んでしを
たいまつになつた馬に水をのまして、それをやつてから草の上へ坐つてしやべつて居る

527

No. 3

皆んなでさあけてめしをたべた腹がへってうまい。牛肉しぐれ煮と梅干も中々おいしい
友人がイモの干うどんを切って持って来ておいたので、つづけて皆もらった。小包で送って来たのだ
そうだ、内地のだが あまみがあってなかなか沢山つめてあった。めしもすっかり喜んでたべて見た。
一服しておる午后はふらふらとこの城内を廻って帰るのだそうだが、俺達は只見ているばかりだ
帰る所は 一日六人当番をとってよしを求めて帰った。帰りには一寸汗が流れる位あつく
井上様が一服した。土民達が畑を耕して耕作している。女等も手伝っていた。政府軍を通って
兵舎へ帰った。一隊長がシャツ一枚になって銃と剣の手入れ、今を手入れしているところを一度洗い
一服した。机を中へ二段にしてものを置く代わりに入れられる棚に作った。具合よくなった。一服
してこれを書いている。今日は下痢があるらしい。よいよ大分くなってきた。今晩は又三四人位しか
眠れない。内地の春だ。寒いと思っている。寒かったら毛糸のシャツを出して着ていようかと
思っている。今日送った。一ぺん着た毛糸のだが、好品だ。あたたかいだろうと思う
あなたの家から言ったとおりに送られてきたが、今からではあっても良いと思っている言えない
お父さん達のことだが無理をして風を引いてくれてはいけない。もう少しの辛抱だ。[illegible] 明日 [redacted]

528

[redacted] 今日 初霜だとても冷たかつたが日中は又あたゝかい春の様な日だつた
昨日はあれから夕食を早目に済し一応支度をして皆に分けておいて四時半に工兵に
あつまつた じつと冷たかつたが新品の毛糸のシャツを着ていつた そして交代して市内についた
一昨日代つて今度は牛肉の天ぷらソースをかけておいしかつた 主婦は工兵隊にて見張をし
て居た 勤務する日は朝早く次第夕方すぎまで森にかくれて居る 風は冷たく心は清しい
始めになるからは又急にいそがしくなる 月影がとこの様に明るかつた 足がこごえて来て
みたいの位の九ケ月の様だ 歩きかねてゐるので もれしとも せなかが寒く何だ又急に寒くなつた
のだろうと皆が黙つて思つて居た 午前四時が二時三時 照明弾にはもう工兵隊の中に
あげて居る中に空が明けて来て出てこられた それは初めてだ 位は之れに寒くなつたのかと思つた
える 俺達は相当に寒く今日半日 朝が七時になつた 手伝すこしも来ない 東が明ると直く
助けて来た 起きて又まゆにつたらく 霜がふれのだ まつ白になつて居る 寒かつたはづだ
と皆が言つた 朝日も冷たく銃を持つ手も冷たかつたが日が出て来てからはなんであたゝかく
なつて来た 交代して帰り それから 腕の中があたたかくて 顔を洗いに出た 風が吹いて

No.

5

ええ、昨日私つくは二時間休みで居る田にあたたかく春の様な日になり気持がよかったん
今日は幽西寿昌で弁当御供下勝の毎日一回のお清があった后遠は王足袋で行ったった
が皆集ってとあ法や写く名た、委にあり多代まで会席をした后は春の様にあたたかく久ぶ知
をまとえてみると何はんでくる位だった。で土地に代々の者が来て三弓多代して帰ったん
多会たつ天一階の下生白の梅を二たあきり弱しとしいとあったのが来れたとも うそし 嬉の味くしみうんでいった
おまけはマラリアに力で久た自太地で苦しんだと言って居た 明のおかゆ是ルってやり一しよれに多会をたべたん
ブリの作ったお汁をおすけもがうまかった一パイの人だのお木にとをい気持になったん 大分へいって 出た下沼紹の
パンが一つあたのでたべた うれしい日にをかって居た～平信が来たので 世所にいった 弁がくわしくかいて
来て私へあたえ一面よそだ 又あすゆっくりよみなさいと思って居る 或る方所の様子がよく
あって、陸軍でよそであった お中に梅田君 清水さみなさを 三宅ありまみさん 田、三枝夜あった
虫へで言い之れを言っておそれ又手紙の返しは明日書く事にしようねむくってお人也しとる
氏年のしやつをぬぎしまってあたえ又キンに去りする事にしようあたたかくしよかった
もうそろそろ[redacted]今年は家の事を思ふと一日も早く帰りたいと思って居る えくれたよ[redacted]明日

様へ

いせ子

530

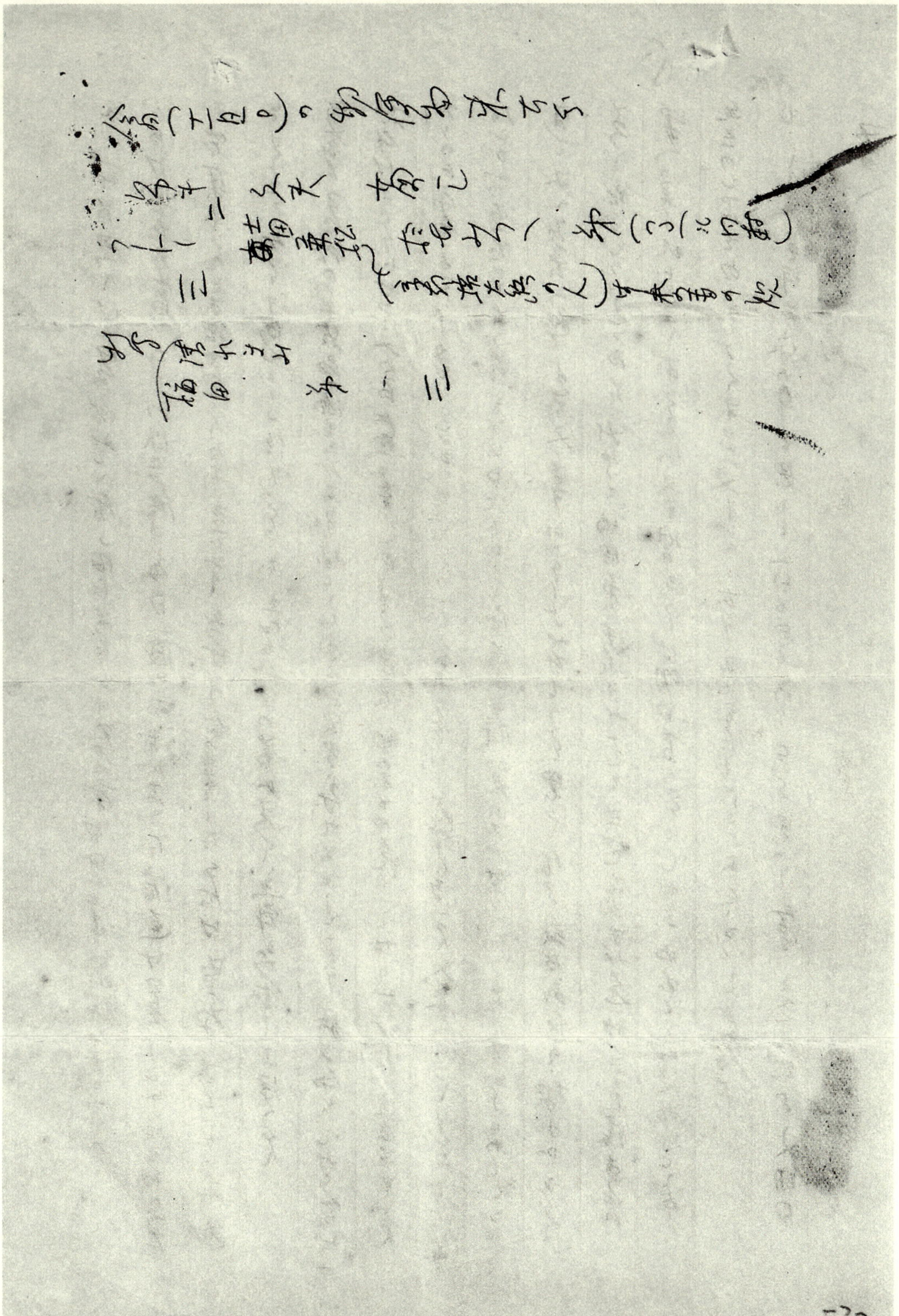

No. 4

十二月二日晴. 今朝は霜が. まっ白して冷たい. なかった.
やはり起きて一番先に工兵隊へ行って居ると寒いし冷たいので
フトンを外へ出して天日をかけてやるとあたたかい 工兵の服は え寒くて
なったのかと思って居たが兵舎へやると私ども暖かくて気持がよい
昨夜は一とも感じたよ 兵舎のフトンの中へやるとこんなにあたたかいのかとね
でしょうす. 一時うに大はまかつてねて起きて位なったよくねたものだった
で点呼をすまして役所へ行く. 今日は鉄線の財務の方で早速で
手入れをして行って来た顔を洗って食事をすまして一服して財務がよんで居るが
出よと言って知らせて来たので用意をして鉄線をもって外へ出る. 何か知らして
の道具を持って五六丁先の財務場へ行くと. 飛行場の世の財にあり
準備をしてはいそれをして居たら大隊長殿が来られたそしていろいろと鉄線を
打つ方法を実地にして見せられた そして財務を始めた 今日は風のないあたた
かい春のような日和で 本当に財務日和だった. ぽかぽかして気持よい

531

No. 12

俺達は此回でみんなブーおつた土堤の高いのが此所に俺の様に丈の人がかくれてあるくのを見るとそこへ敵が人形の形をしたものを立てて黒い丸をかいた紙をはつてある二百米こつちからおつたのだ黒の丸が小さく見えてわからにくかつた ときの者はドーンとおつて落ちるようねらつておつた 土嚢つけておつて一しよにかけあしで百米先へ走つた そしてそこにも又おつと言ふが作つてありすぐにねて又おつたが息が苦しい位で体がおちつかない よくねらつておつた 土嚢もつて帰つて来たが結果は四発しかあたつて居なかつた 四点だ 十発で四発しか当らなかつた 情けなかつた 黒の丸へ当ると五点なかの外へ四点しか当らない で交代と銃の手入れをしたりして休んで居たら又交代とおつてみた 十時半になつて俺ら外一人が先へ帰つて急いで昼めしをたいて一服して十二時半に出ていく分隊して道具の準備をしてみた 汗が流れる位にあついよい日だ此しの訓練の者は一生けんめいに何かやつて居る むこうで皆の来るのをまつて居ると二時半位に来て又此所が始まつた 中で手榴弾（手で投げる弾）をほつて見たり ほつと火事になる タマは来りして見せてもらつた そして又つゞいて

532

No.

試験が始まって全部終って其の結果を発表された 一番上は十葉で三十点 次が二十九点、三が二十七点、四が二十六点 五が二十五点で 四番上手な人は多くなった、五人は中隊長殿より ほうびの品があるのだ その中へはいろうと思って一生懸命になってやったが 四点だけ駄目だ。一寸も無駄な事は無かったが、今日の試験は終って 一日待った 多分だ 点をとれないなと思ったが めげずに一所懸命に一点づつあった

日記をかいて 入浴へいった。で 慰安会の日 甲乙の 徳を一つづつくばった。優等 ノート一冊 ハミガキ ヨウジ ちり紙 石けん 等がはいって居るのだ 又エハガキを送ろう で 写真に水をのせてくれたのに これを以て居る 家の手紙に二三とよんだ 大変いいなかり 華やかれなる時の事よく出来なかった 香料も沢山貰ったなかなか 安寧致し様等に 救ます 大念仏も沢山貰った 母の徳の深かったことを知らせるものだろう ありがたいとよう言う人がある

来れば 中々寒さがある二度と思った 始めてだ 一生懸命だった。身を大切にしてみなさんも 頑張ってる 気をつけて 頑張ってくれよ 私はまた十分に体が健康してるから 安心してくれ 手紙を待っている なんにも 又後から 了

二月 夜七時 平吉

533

No. 4

十一月三日、昨夜から雨になつた。夜明に目をさますとトタンをたゝく雨の
音。あまりあたゝかだつたと思つて居たがとうとう雨になつたのか。昨日は清水さみ
さへ、筆記者へ兄の返事をかき、土田さんへ推送返事をかいておいた
目があいた、ここで冷て居る兵隊が兵舎の中で起て、俺は食事当番に当り
起た兵が寝台の上、板をはいて下をはき食器を出しておいて、炊事所へいつて
きた兵舎の毛布をとりにいつた。僕て顔を洗て一眠した。今日は明治節で休み
だつたので祝賀用の酒の肴があつたので、炊事へとりにいつてきてわけた。リンゴ一つ半、
洋か一枚半、みかん二つ、紅白のおもちの菓子（饅頭）一つと酒引換へ一本とを
持つて一人ともかけやりめしをつけて朝めしをたべた。一眠してから早速返事を
かきかかつた。松本君の妻君から寄せ手紙をもらつたので返事をかき入念か
もらつたの果物などをもらつたので又りんごで記状を九枚かいてすました
貴でしや入念か菓子を沢山前々からもらつた為のおかげ十、母の便りの取れたと
思つた弟からくれしくかいてあつたのがよくわかつた。赤一色からも届かなかつた

534

No. 6

昔つたのならば何でもなかった。全くすまないことだがかうして私はしてゐた。

そしてやっと一時半になって式へ行く。甲慈寮外へ集り井上部隊一同練兵所の広場

へ集合し、部隊長殿のお言葉が有る。東方明治神宮の方へ向って最敬礼をする。

式終って馬屋へ行って水をやって来て帰る途だ。空は青空にぴりっとした汗。

それにお茶の汁をかけた様なものをパンでかじって一杯のむ。今夜は誠に今日の記念

日に統合部隊主催の運動会が別に広い兵営の近くの運動場であり選手と

して隊長が山口伊勢ノが出て居る。どこでも出た行けたのだが沢山の私達が迷ってをかし

ゆけば、思はず大勢の人の出席を也国防婦人会の競技もあった。嬉しいだらうと思って

行きたかったが、止めたのだ。一杯南の段階とのんびり気持よかった。本級をた

べて一服。手紙をかいた。こんなにたくさん書いた。一つ手紙一年で手紙をかいたり

弟への返事をかいたりした。それから風呂へはいって一服した所が、ここで僥倖。

そして梅田へ一週礼状をかいて馬の手入れに行って来た。所だ。そして手紙を

かいて居る。会合だ。もう少し私も言って居る。今日は婦人へ礼状をかいて

535

No. 6

おこうと思って居るが人の話では今晩倶楽部会が夕方からあると言って居
たから、そうすると遅くはかけないかもしれない。毒一寸四すから、だけれど夕方へ出す
れば来らず。旅日には忙しいと思ふなどとも皆けず、休みを利用しなければ
ならない。又其の時に手紙がくるから、あと人遅つかせくるので、中には忙しい
国朝の日上って来つし日はつらくなりなと。くよ夕方近づくらず。今日の運動会も
盛大に終って、去年よりは思ふ。昨休日用品を並べて沢山あったのでさん／
あてで送る方が今迄のを一まとめにして綴っても大きくしてまつておく事はあるまいなど
それを此の前何十枚と送った写真っきの外ともあるから送ってかなりあとに御写真は別
にしとしまっておく。気の折にまた帰って入ってからでも作って一冊にまとめ記念に残し
てかまいたいと思って居る。それで、秋になってから、去年、思ふ中出来たのの中りとりたるこうか
弟にも無理をしないように皆のものにしてくれ。弟の人事もわかって安心
をして居る。俺は帰り日と三十五日に会所を出ると言ってみたが、そこの所の旅程は
まあーこれもくどくになる。今は之で止めて余分を生かしてならばまたことにしよう

実

夏へ

十月三日夕五時半

536

No.

十一月四日 明治節にする人だ。昨日は大工が 建築会が初まり 一ヶ所へ
皆集まって めいくの かこし草を 一人づつ交代で やった 中々その道の達者な人が
沢山あって 流行節でも 手振は 出していた 出る程な 上手な人が 有り 流行歌
でも うまい人、中国芸 なかなか とある 歌皇に 一切中 上手
になった 俺たちは何も知らぬが こう云ふ時には 何かの役にも立たぬ
今日は又ひどい霧で 一三日足は しら 何も見えない 僕の見ないしまで あった
長身をおちて 体操をし 腕の手入に行って 丸中は入れて 行かね トランの陸
起きて 雨のおちおるとしてが おちたらよる ひない きりだ
顔を洗って 朝めしをたべた 一服して ちょっと外へ出ようとして 本三ト家の
所へ かけ出したが 皆に何するのやし ほっとり 使役にいく 今日は 炭焼きの
人夫にならうと 高座でおそれたが外で 炭焼のかまをついてあった
それで 沢山の 材木を 生のまま 切って 入れてあった 俺も 炭焼は 見るのも
するのも初めてで 中々 珍らしさもって すっこしのお前を 思った 兵隊の人が

537

No. 2

沢山あるからいいのだ　思い出したのは、木は近くの家の周囲にある
せんだんの木やかきの木をきって薪く使ふので便利だ
まりの中では別の畑の中を横切って木をはこびにいった昨日切っておいたのを
土居たちは早くからその仕事に行った　又そのあとをこうて小麦や大麦
エンドウ豆などをまく　高い方は地は家の中にいる砂地だから畑が
くなってきれいな土だ　畑の道中で一般の土を肥と共にまぜあり　それを別に使って
家の外ではワタをきったりうちをほしたりしてある
倒してある木を運ばれた　焼なれば宣かった。まりした土は陰になってしまう
かうしてはれて明るく見通しのきくようになった　いう空だ　家に帰って今日もし
今日夏物を運ぶので皆集めて遊びの服に又手伝って行った　手伝いの間に
木をはこんで家あたたかに暑くないので汗がたりんで来た　陽気がよい
太陽は雲の中へはいったりでたり　[illegible]　のきまつ日が
遊んでいる時も　[illegible]　沢山汗してかくしてあるくようにしたもんだ

538

No.

かへつたらかヒヨコが五六匹歩いて居る　水牛は木のかげで草をたべて居る—
野良犬はウロウロ走り歩いて居る　女らは外で何の木をたきつけに
すなに小さくなって居る。一日はええなぴってあるけばうんざり来て小さな大
大分仕事は出来て来ました。一日で完成させようと言って居た一日の仕事が吹
つたので帰った。今日は明の手紙と写真に届いた学校を手を送って来て下さい君へ
の手紙をかきあげて来た。それをかき初めて居る。それから会が来た
手紙が来て嬉しい。此に写した状写は梅白から一通来て居る手紙を送って
下さい。どこかで来たのが見たい。又今度かくことにしよう　よい日になった。
手紙を送って来た。名古屋の満洲市からだ。此の頃はすずめになって
神道の教師をして居るとかいて来た　よくしてくれるのだそうだ——…
大分今日は一ぺんと言いたいがずいぶんでとてもおかしい。一週に百羽近くつぶすのだから
ますますふえる。骨のすまたいそ入れてある。なづけもおって…手紙をよんで…
一週間してから大阪へ行くのだそうで安吾支へ手紙でも書こうと思う。

卯一 吉田 右

No. 9

十一月五日 晴 よい天気であたゝかい 昼飯をすまして銃の手入れについて
帰って洗濯をし全了をする 今日は半日の休みで 遊びたいものは
出て行った 一服しながら 六人の中の皆が協力して不用品を出し 三つ目の
包を作る それと共に手紙でも先日大田君は出したいにくいと言った
内藤の○○兵が○○するので 作戦の広場へ送らにゃならぬと申し出た為め
の者が皆はあへーして○○兵のあいさつ 井上部隊長殿のあいさつあり 奉仕を
三唱して別れを告げ 内の隊は元だ 今朝起床して兵隊の隊に
三人のあいさつがあって挙式をしたのだ 荒井が寂しいと言っていた
らしい 三人の内奥村君とは一しょに今日迄居たのだ
彼らの心を思いやると俺達の時にも又あるのだろうと思い しみじみと感じた
兵隊は又いつ時にもあろう それもあまり遠くはなかろうと思ったりして備え
個人送りをかねて 手紙をかねがね家へ礼状を出しておく
で遊んだ 今日は酒保に酒があったので 伊谷で一本買って来ることにした

540

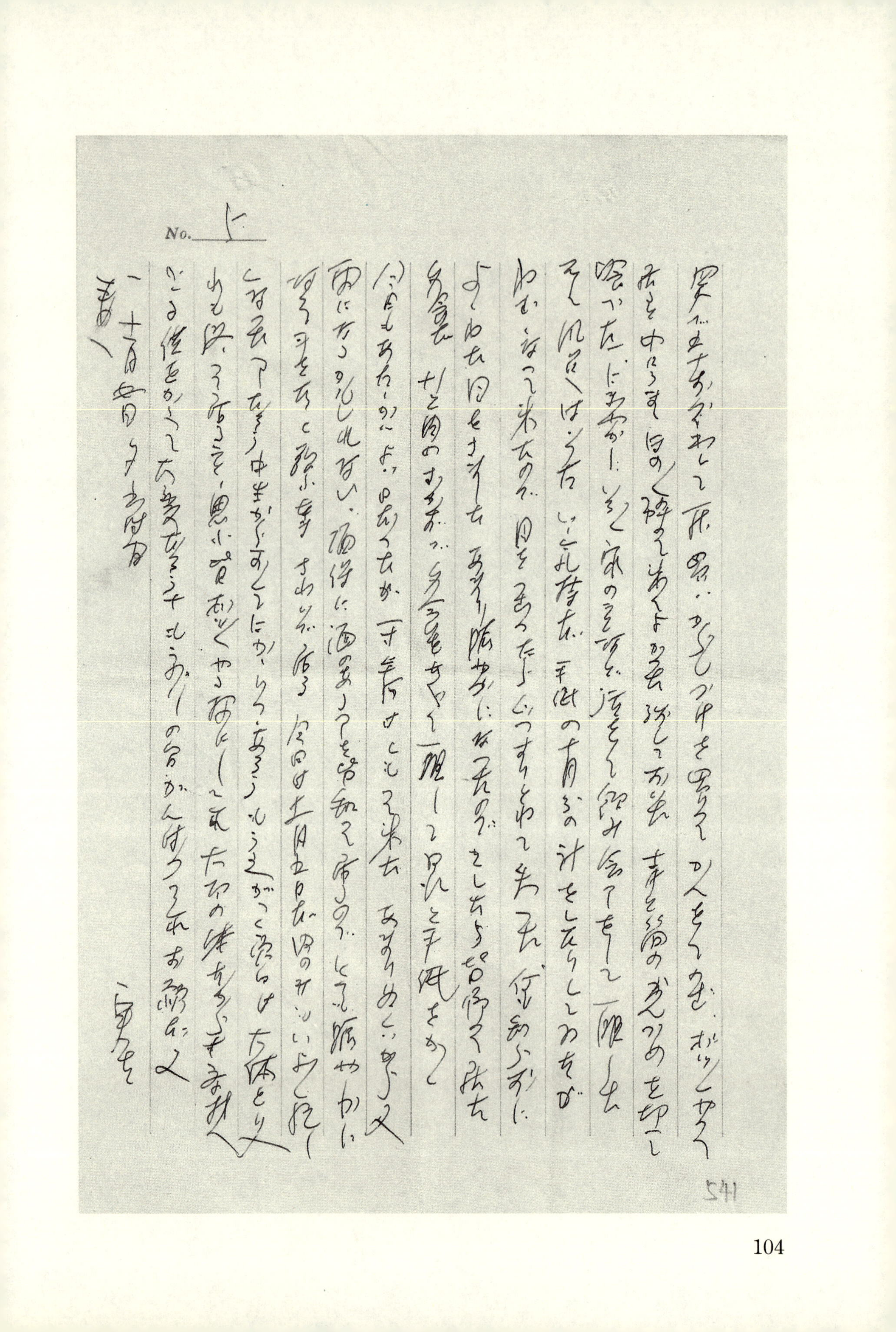

No. 5

寒さも大分寒くなって来て[illegible]

[illegible]

十月廿日夕方

[illegible]

[illegible]

No.

337	7 [illegible]	10 房子	73 [illegible]	7 周吉	11 加才	18 [illegible]	31 [illegible]	16 [illegible]	18 [illegible]	27 進	52 [illegible]	78 梅田	52 良扶
120	6 [illegible]	5 [illegible]	12 [illegible]	12 [illegible]	12 [illegible]	10 [illegible]	6 [illegible]	10 土田	8 [illegible]	10 [illegible]	8 [illegible]	8 [illegible]	11 [illegible]
72	3 [illegible]	14 [illegible]	3 [illegible]	4 [illegible]	5 [illegible]	6 [illegible]	7 [illegible]	5 春子	5 [illegible]	5 [illegible]	3 谷	7 [illegible]	5 光三
61	3 [illegible]	2 [illegible]	4 [illegible]	3 [illegible]	2 [illegible]	2 [illegible]	6 [illegible]	2 [illegible]	15 [illegible]	6 [illegible]	7 [illegible]	4 [illegible]	5 [illegible]
36	2 [illegible]	1 [illegible]	2 [illegible]	2 [illegible]	2 [illegible]	2 [illegible]	2 [illegible]	3 [illegible]	3 [illegible]	4 [illegible]	6 [illegible]	4 [illegible]	2 [illegible]
31	2 [illegible]	2 [illegible]	2 [illegible]	4 [illegible]	4 [illegible]	1 [illegible]	4 [illegible]	1 [illegible]	3 [illegible]	2 [illegible]	1 [illegible]	4 [illegible]	1 [illegible]
18	1 [illegible]	1 高村	1 [illegible]	1 [illegible]	5 [illegible]	1 [illegible]	1 [illegible]	1 [illegible]	1 [illegible]	2 [illegible]	1 [illegible]	1 [illegible]	1 [illegible]

258

[illegible]、[illegible]、[illegible]、手紙、小包 計七四三通
小包 一七
十二月十五日[illegible]

542

2	2	2	1	1	1	1	2	3	1	1	3	3
池田	[illegible]	[illegible]	西村	[illegible]	[illegible]	倉田	白井	浅沼	[illegible]	[illegible]	[illegible]	[illegible]

25

1	1	1	1	1	1	1	1	1	1	1	1	2
[illegible]	[illegible]	[illegible]	[illegible]	[illegible]	[illegible]	[illegible]	[illegible]	[illegible]	[illegible]	深田	[illegible]	[illegible]

16

1	1	1	1	1	1	4	1	1	1	1	1	2
ミヤレ子	[illegible]	小松	[illegible]	[illegible]	[illegible]	梅田	[illegible]	深田	[illegible]	鈴木	鈴木の	[illegible]

17

1	1	1	1	1	1	1	34	1	1	2
[illegible]	[illegible]	[illegible]	鈴木	[illegible]	[illegible]	[illegible]	[illegible]	[illegible]	[illegible]	[illegible]

14

十月ノ支出收入

支出ノ部

十五日 二〇 タバコ二五 一
十七日 三〇 娯楽物税 一
十九〃 三〇 〃
二十一〃 二〇 忠臣蔵のキップ 一
二十三日 四五〇 送金
二十四日 一〇五 十二キロ米
二十六日 一四〇 写真十枚代
〃 二五 〃 一枚
二十六日 二〇 映画 一
計 四七一〇

收入ノ部

十月廿一日 一〇、二四 俸給十月分
〃 三十日 三五、〇〇 [illegible]
計 三五、二四〇

差引 一一、七六八

今迄の差引 六〇、一四

542

十一月廿五付

大市署
い指導で
を収めた

縣では興亞の聖戰に奮鬪傷つき病んで歸郷療養中の勇士に對し〃その後の健康狀態は如何が？〃と官、私醫療機關十七ヶ所を總動員して來る十一月二日から八日までの間に、もれなく健康診斷を行ひ職業戰線への再起奉公あるひは一層徹底した治療へと萬端の相談に應ずることになつた

二十九圓の
對し授與す

諜
視察

古宮中佐は
家ホテル
午後宇治
實情を視
館に投宿

思ふ存分奮戰
新羅勇士から本社長へ

松阪市鎌田出身新羅實藏勇士は井上部隊に屬し第一線で奮戰をつゞけてゐるが二十四日松井本社長宛に左のやうな便りがあつた

小生も皆樣のおかげを以て益々元氣に東亞新秩序建設のため努力致してをりますから御安心下さい本日は嬉しい郷土ニュースーパイの南勢新聞を御惠送下さいましてありがたく厚く御禮申上げます早速拜見戰友たちにも見ていたゞき一日大喜びでした、身體は何の故障なく何時の討伐にも欠かさずに參加して一生懸命にがんばつて居ります、陽氣もよくなつたので行軍も戰鬪も非常に樂になり思ひきり働けるやうになりました

一個〳〵に赤心の
松阪の慰問袋

松阪市では第一線の皇軍將士に贈る慰問袋三千百五十個の調製割當てがあつたので飯南、實科兩高女生並に女子靑年團員に依賴し一個々々に銃後の赤心……

山中に車座
やくざ一味送局

津署に一網打盡檢擧されたやくざ一味
一志郡久居町元村、賭博前科十七犯ー北角晋五郎（六〇）▲同郡戸木村、同

543

No.

はいつた、おなさんに写したら
[illegible]と思つておちたか、宮本郎に
二千人を見てうれしかつた
あつのが同じ[illegible]
ありして 宿をしへつた
二人出征した 鎌田の為め
~~卅~~ 太ー東一君は 鎌田の[illegible]君
[illegible]
[illegible]
[illegible]
[illegible]
[illegible]
[illegible]

543

No.

十一月六日夜着くの航空便 汁休子行った 早お手には入った おばあさんに写したら

昨日届いたはがきだったな 気がつかなかった。どっさり手紙来てるだろうと思っておったから安本郎に

お母様からみりんのお送ったのが遅く着いたのだ 気がしく まし二年分を見てうれしかった

早速よんでみたくかしくおそろそろがよくわかった 毎日おに首ってあるのが同じ気がいくつしかない

あなたが信じ同だと言えた。よくわかったよ おばあさんにもよんで写して 世話いらく 消息して下さった

家族は皆元気で居ると写えてうれしい 一つ不見舞だけ 三人出征した鎌田の畜か

三軒共不幸がつづいているとかいてあったが 常吉は失 僕は~~田~~だし 東一君は鎌田の養子

でも生きてなったのかそれとも又病気か よわせでもなくなったのか どこからもたよりが来ないのだ

嫌だナと思って居るのだ 今迄に東一君は何も言って寄こしてこなかったのだ 手紙をと思って

居るのだが誰か又病気でもなったのか これがつらいから辛でも返事をよこす様だナ

東一君も知らせないのだろうと思ふが誰がなって居るか さっぱり見当がつかないのだ

わからないが 鎌田さんに来ていた便りがあったな 様子八日迄にはなくなったのかしれない 今日

からは大した 鎌田を見て居ったらしいからの花が 吉行君のもらっていた ねのだナ

543

No. 2

僕らも一日お互のためにつとめる事にしよう。又二人の為に行って僕達の生活をよくわか
り合ってゆく様に努力しあって行くのだね。努力につかれても行けばよい
君の方はつらい手紙で母に安心と世話を言うが出来ないので僕も残念だが　君が一人よろしくしてくれる
なければならない。ずいぶん心配をするだろうが　心配をしないように出来るだけみんなで毎日仕事をやって
居なければならないが　やっぱりはなれて行って　手紙ばかりを待っているものと見える。まあ仕方がないよ　君もそれ
母に別れ兄とも離れて遠方へ行った大分だが手紙をしまって出来ない仕事を言って出来ないが　どう
するにも出来ない。まあしかたがない。けれども仕方がないよ　あまり無理をして体をこわして困るよ。大
事な身体を大切にしたいよ　分ったよ　手紙も香料やるのがのこしておくりわかってよう
こんで言う。俺が居なくても思いやりのある親類の人の力にすがってゆけば出来ないのだから何でも
も考えはず仲よくやっていてくれるあなたのせ。俺もあれやこれやの手紙を見ていると嬉しくて泣ける
俺が居たらもっとはやくにしなければ早く良かったが今ではいとも思って居る。其の代り
俺が出征して居るが表面からは会えないが　又面白も言ってたから着物も送ってくれ。又
それだけ多くなった訳だ。気は出征のすがたが　母にもよろしく二人で世話をしてゆかねばならない

544

No.

出征して了へばそれまでだ。其の代り大変な恐い役いたさい思ふがまあ一生苦労をしつゞけて
了れるのだが、出来るだけのことをしたがよいと思ふ。お前に餓ゑるかもしれないがしかし泥には行かず
お前達に出来るだけはよいとしなければ、勇ましい。お前を見くらべて言ふ。誰も一手下に
大事な言葉にして呉れたことを感謝して居る。いくら言はれても出来なければいけない。分かった。お前は
俺のつもりにさういふ大役を甘んじてやる事なんだらう。弟もどうしても初めてであるから何と
お前を引きづりおろして只と差別にしとるな。洗ひ日だが、俺たちは大した出来もないから大して如何
呉れたと思ってよろこんで居る。立派な葬式をして貰って母も地下でよろこばれるだらう
俺は満足だ。偉い自身のせいだ。なかなか言ふに困ったす。俺はいかにもよろこんで居る
仕上げも土を盛って初七日、立派な墓を拵へて呉れたその事一番ありがたいことと思ふ
母のいいおまつの兄弟達もして呉れたとか母も満足だらう。二十人前からの送り膳をしたその事も大変だ
かったこと、思ふ。初七日は其の日にして、二七日、三七日、四七日仕たと終り、かつ日もすんだならば十
分しておくとあるのだ、よくやつた。給でもやつてもいい大きな事となるだらう。俺のつかた殊に感謝せず
を見取り、母もよく終りして呉れたことを、それでよかったらう。感謝何すと言はば、よしと思ふ。悪いことが

545

No. 4

あれば御前に言って居るのは お前一人だからな。中々むつかしいものだが でも大変であらうが
終へ三年也。これからは位いくらも出来なければならない。寺は西方寺 一日来て西寺 五十年来君でこゝへいこしてのことだらう
調査会に西寺三千円 西寺五百円でしては田をして置り前だらう。俺が居ったら少し位しか出来ないにきまってゐる
これで一週ますだ。生まだ十二三か月だ。二年。思ってゐる。御苦労だった。弟にもよく言っておいてくれ。
郷村の道からなる 今様な平和な気分でよい家にして貰ふ様に。お宗の役来の方が勤皇が立った
との二を安心した。田の方もすべてするらしいが仕方がない。又本当とやればよいだらう。あせった所でどうだし
あまりの話、豆二ヨ。男女の運動会もすんだそのことも勝負も高はつきして自分は一寸しか出来なくて困ってゐる
らしいが拓川へ出かけたとのこと。弟も派出所が開設されて行って居ることかしでは案外に話けるだらう
もう大分寒くなって来たから、それと仲よくして来る様にするのだよ。院長会議士部会 泊りがけで来る
行ってみたらしい様子。家では又何を用ひるかわからない。仕方がない。勝男も大人になって来て 好きで習ってゐる
の人住居が大地を離れての為だらう。世話をして今年は少々例の母が中に来て暮らしい様だな。
御地の大かみの引のよいのが出来たとかで、次の用心をよくして まちがひのないやうにしてくれよ
るすに来ても安心も悪くない。亡じますもよくして出かける様にした。今秋のもうこみの最中であらう

546

No. 5

子供らも母がなくなってお前らが皆畑や田へ出ると淋しく遊んでいるだろう 一番可哀想なんだ。絵でも見せてやってく
夕方の手傳いをたのんでやり 風呂へ水でも汲ませたり 御飯の火でも焚かせたり 相手にしてやると する者が出来れば する様に
なるのだね。今迄は仕方もなかったのに 仕方がないからまあ 少しかまって 手傳はせる様に教へてやる様に
俺が居る日曜日などは家であると 少し自分に合ふ様になってきた。今迄の時勢の流れよく分かった今の所
どうにもならぬ有様と言ふ様にまでなってしまった。えらい人ならば困るんだ。自分がこんな様をしたいのだから
大勢の相手にも世話にならぬと言ってそれならよい。暮しよければ 不和しないのだから皆がこういう風に見てくれよ
御のことをわかってくれたならば 婦も手にはいれば よろこぶことだろう 父にかみつかれたと思って あきらめよう。
人生では よいこともあろう 悪い時はすぐ去るなり 仕方がない 送金したのもついでのことを安心した
赤ん坊ヒレどを送ってくれと言ってきたけれども 困った迷惑だが 仕方がないから 買ってやる物
に高等を持って世話して送って上げるのだ。人は悪い時ばかりではないから又 来年は悪い時に力になって
やらねば 金ではないのだ。お前とて出来る丈けの力になってやれよ お願いだ。困って居ることであろう
今日は四七日と一寸だ まあうちを勝手へ行って世話したとのこと。もう四十日になるのか 又 早い人あったに一ぺん
にやるのもしれないとのこと、それだけすめばもう百ヶ日だ その時分には 俺も胡法の九月もしれない

547

No. 6

返信帳を作ってもらったとの事 良いのがあるならよく見てわかり次第しらしておく様に十
村の五十銭未満は非常にうれしい事だった。今迄は来ないなんて言われなくした方がよい 次のことだ。
市役所から 三ぶんを三日出すとのこと 又まだ礼状を出しておくことにする 先生の方が早いよ
中日会社へ行って見たが困るだろう 今度は手紙だが十分度々来ているとのこと又は本の要求の所へ出した
なかなか億劫をおこされ 常から言われている通り一回休みをやって永来の土地に礼をすることはない。安心して
手紙を与えてくれ。定期の方はそれでよろしい。せっかくはあってもすぐ書けるはなかなか俺の作る迄は
前田あずけあてにしておく様に。定期はそのままにしておけばよい 日はおくれてもよいのだから十
いも屋 前金も今迄通りでる様にしていって居ればよい 百日以上になれば合田へいくんだから一寸
はいけないと思います。又俺が作っておけばするつもりよいから左分をはかってまわしたことなら
俺のしなければならんことをする[illegible]したのだ。俺が居たら目をまわしてみたことだろうがすぐ
やってもらって来なさいよ いいかい。今日は休みだ 朝から平日とかわらない行いをした
勝屋の迄了承されて上京し又京は白沢で少しかりて出た。もみは乾燥器を使ったら
よいと思うから毎月に一度きめて見てくれ。場所が分からんがよいと思いが皆伴としてくれ

十一月十二日 正午頃 別だ

実

妻へ

548

No.

十二月十二日第四平成

アトリ 三（民村殿宮、久夫 梅田 アサノ、キミヨ）

米 三（安藤兵全 中坂弥松 房大）

村里 二（西野新多北 胡吉）

548

No. 1　　　　a

十月六日　今朝ひどい霧りで　二三間先は白うとしてかすれ見えない
なんで寒くなって来たのであつい日となった。あまりあついので去年の天気を知らせ
近く大雨になるのだろうと思って勉強をすまして紀録へ入って全部で今を出して
れ(流)すみりつめていよいよ休にいることになったのだ。大て月に面はいし難に
なってゐる。昨日夕方にやめて　めいくの仕事をまかされたのだ。
朝の仕事が終つて帰り　顔を洗つて　朝めしをたべて　飯する時。日が去る
ゆっくり出来ない。食事へいって　勉強具を受取って来て　勉強へ行った。
元朝めしとつ　マヤツ粉をつみこんだ。それを外へならべておいて　七時半頃に
終った。あつい位の日だ。一服やって　鍛法をよんでみたが今日は変ったので　七時には
みんなが来た。それで整列しまずべて休んでから　午前体操に出ていく
積荷を終えて　七時半頃出発した。あつい日ざしを浴びながら行く頃には
今度見たら　汗が出はない　つもりがない上靴　休中に雨とならなかった
雨になってきた　車が大変ゆれてきた。道の両側の畑もすっかりぬれ

No. 2

なって居る。十二時、太室 ワラ葺の壊れたのもあり、新物にはじんで牛
ですこ こまかに こすって きれいになって居る。之へ大麦や高粱を まくのだ
麦は早く出来るのは芽生にのびて青々として居る。見た、陽気がよいから よく伸
びるのだろう。リンの花は散って失った。果実揃ったんで堀あつまって実成して
くなって来た。皆青々と大きく茂って居る。士民の畑には大セリ、葉が多い
よく出来る。雪 汗を流し、城外へ 道を廻って ドンドンへいく 水も同等にへって
いく。その船が二ヘイ 真ん中に浮んで居る。そと船の上の水上機が 次々に水の上へ
すりて白波をけって跳び上っていく。一つ二つ三つと 次から次と 泥山は水上飛行キ
が三台づつ 出る。かい青の なだ目の 岩を 飛翼をひらく かいやがて だとを
とび居る。一離としばらく それを見とれて居た。演習をして居るらしい
ハドバも 眼下に 大勢人女・男子人が 往来して居る まっ青な眼に 肉色の首を
風にとられ 人力にのって 大部の荷を ーシャンは人足を引く
馬と車とを 別々にして 苦手をして 眼につく。この前には陸 橋と同じ高さ

2

550

No.

なったが十九日三十日も水がへったので急ぎ陣をさって危い位だ。つないでおいてあって

俺たちは船の中まで船の外へかりだされ夏衣等の人々はしめった船で

の丸ところの女達が船へ船を外へ繋ぎ様がないと言ってすりくるのをすまなく

手牛をつめてすませた、すかりのれて甲板へものせ沢山の子を皆のせた汗だくだ

ごみみが次元のが陸へ一晩して行ったは少しも歩いて行った少し明日早く又

今度へ来て馬もみな上陸するのだ馬は早く御くれたこれを歩いて行たら途中トラック

にあたので出て行かと一走りに行って来た土町だ よろこんだ

明く日に午前中干をかく之が又行く途は午後からおせないが自分の内臓

も行のがしなる 夏衣に云をかりて行って来た たのむのだ すみるのだ

今後後とると十日中位かかるおそれるだろう 予も先に危らしく それから先に大陸へ

いく汗を流してしまよう 汗でびっくりにして居る 真三まで行けかくおいて之が船の中

で又陣地で次々にかくしていると思って居る 今も又第一走上の陸 上へ

行くとか言ってくるが行って見ないとわからない これを許して安心をせよ

五一子

551

No. 4

4

十月日 いよいよ討伐に出発の日だ 午前三時半と言ふとま夜中だ
起きて用意をすますので 星空のよい夜だ 炊事へいってめしを貰い皆に
わけ食事をして 昼夕食を又とりにいく そして支度を出発の用意が出来上ってから
四時外へ集合 くらい まだ一寸先も見えぬ ぼうっとして かすんで居る
自動車は昨日の内に船へつんだので 馬だけのこして 俺達は歩いて 五時頃に
表門を出発した テクテクと歩いて 街をあちこち曲る、 自分の道具をすっかりもって
めしを二回分下げて歩くと 相当肩がこってくる。 朝ぎりの深い中をバンドへついた
馬の番をして小口から順にのせる。 夜がしらじらと明けていく しかし霧は中々晴れぬ
に居る。もう馬をつんで居る頃には腹がへってきた 仕方ない 朝めしが早かったからナ
馬は頭がいないから手間がかかる 人間[illegible]迄かかって それでも 積こみを終えた それで
糧食と共に船へのる。小さい船なので 一そうにはつめぬ 何ばいかに分れてのった 俺達のは
この船は支那へ行くときにのった の丸で なじみ深いものだ 霧がはれたり
かかりして 船は進みにくい 沢山の船が上下するから 霧の中をむやみにいくとあぶない

552

No. 5

八時四十五分快出帆 いよいよ 四十何回目かの試作に 掛けることにする にすでん ボールと窓を

ふと船は何時か一列に並んで白波をけって前進しました 動のゆれは遅くしかげでは飛ぶ

それは丸で背甲板へ上って日光浴をして居る人の所を右に見て広い陽底の江を上る

どこまでいっても同じことながらくの水である。ねむい。昨日は朝から早かったから、しかし甲板の上

は多少ゆれたから横になる所もない 船は其の為め進まず何回も川の真中にとまってし

まった。土民の漁船が下っていく 其の上には水牛にのって遊んで居る小僧がのんびりと

して居る、はすの釣ひの水牛も川岸へきて草をたべて居る 水が大分へってきたから帆

がせまく張ってある。川岸は波でダブダブ洗いおとすので、くづれていくので なんて危い事だ 一方だ

船の中を見たり景色を見たりしてねむって居り うつらうつらして居る内に十二時になった

腹がへってたまらないので皆一しょにパンかをおして座わりしをたべることにした 船の甲板でめしを

たべるのはとても気持がよかった。ヒヤヒヤと風がふくし 大分たかくなったのでよい

食後一眠へ座ってうとうとして居た 一寸ねると汽笛がブーッと大きな声で鳴

るので ハッと目をさましたりしてしずかにねることもならず うとうととして居た 一半後に又とまって

5

553

6

No.

みんなが又出発した。東一二ふの所。○○も夫に後に見える様にはなとうし今度はおこ
ない同じ所だと思ってみたが一しよがなかった。今度は又再び後の日になってかけた所
方がよい様だ。かた人はって傷ふみた三うと云は半隊に目的地の○○についた。船は其の中た
上げて少々は鉄舟で何回かは之で世ぶをにすぎ、俺は船内の中にで砲を兵の役をしてみたが汗だらく
になった。上陸は近いがよいが水がへったから上陸するのには骨が折れる。水の引いた所は也
かりまで鉄に好る急ぐ路で裸になって引き上げて行くたが玉の様な汗が流れた。あつい夏の様だ
水上子らに好て鉄舟で大艇が来くと何回もしは之をみた絵車をすつかりはこんだ後には
もう日が暮れ江の岸についたに日帯をしてのん決めた。多くを船の中でねたねたし。
最後に上陸し砲の所へいった。それから馬が来るのがもう夜になってまっくらになった。水上を何回
も往復し馬を乗せ上陸地は川岸一面一丈以上も引いてあり、しのは之て所々以下だ。泥皇をふんだい
て水上を走って馬をおこし所々のも又危険は仕了だ、てゆくも車なて全部兵って失った
船に乗った者も寝せなかった。之から先がどうなるか案じられるが何がなるうれしくて
またまたし我々を健かにしたけた兵何しお前に。川岸の後は寒くなった。之から出発して又明日に

十月○○日夜

妻へ

…より

554

No. 1

B

十二月×日　すぐ出発の用意のあったのはもう十一時頃になった、寒くなって来たので服をきた
そこら辺の石の上にごろごろ横になって星を見ていた　今夜の内に敵に近づいて陣地を占領して
来たのだそうだ、十四日頃に出発に当る道では狭い広い川原を一尺半位の中にヨシアシを刈って
道の様にしてあるだけだった　凸凹がひどく　闇に静まって居る故に　度々足をふんで　よろけたりした
それにヨシアシの切り株が出て居るので　つまづいたり　上へのぼったりして　中々歩行の度へひっくいしたのは骨
が折れる　三度目はよい所をおさえてすすむが　それも出来ず　まっくらな　夜の川原の中を　降り上ったり
つまづいて歩けば道を開拓したが　途中少しばかりあってそれへ土をおろし急の道にしてあるのがわかって
一番先の砲が横にひっくり返った　それから又急な坂になるので馬は　まごまごして上れず砲手が支えて
押し上げた　二番目は俺と二人の砲車で　うまく上ったが上り坂とすぐ谷の底になって上った
急な坂を下って来ていると砲が転倒か人間もひっくり返るような所　広くて川原の中でちゃんと
自動車道のある道は車が判って道の様になって居る、先へ行く俺だけ夏の様をもっ
てみたが中々出来ない　後をとらえて兵だけの様に　ひっくり返って後を通って後を通して
出て居たが　一つ出ると又　兵の後が　ひっくり返って　中々引合がかかり　おくれる　一方であった

ア

555

No. 2

其の男は腸はへつぺろし 何れがうもはない 三時頃にカンカンパンが鳴ると言ふ

小さな声に言ふから引つぱり返す。途中より歩いて二時に着た。黒い路をあてもなく歩く。どうも今晩は

眠られない。心配して遠慮なく行くが出来ないと目が覚め仕方がなかつた。一晩中は草臥れて寝る。此処に

出て見たり見送つたり 眺めたりして居た。寒い夜に何時の間にか寝た。手を引き上げて居る

のが汗ばむ位なので、途中にも汗が出てし 止まつたり 急に疲れたが 元気を出して あとについて行つた

て、専用道路に出る所に又一つ大きな建物がある。一番初めに 専用道路は大分に増設

が通つて居るので それから横切るので 又改め、元気を出して よく見たが半分位ひだ

上まで、仕方がない。又出て来るのをまつし 割合にゆつくりと歩いたが 本当に疲れて来た

ある事は出来ないが もう攻撃開始には何時でもない。今に会ふか 今日は会へないか分らない

あいにくと初めになつてゐる。朝から見えぬ 月末の情なく月が見える 晴れ渡つて居る

当然で所を聞いても攻撃に間に合はない。先に上げた人の方から前進することになつ

て、中途で先頭に専用道路を出る。この道は敵の占領地より 前の様に押すと 池は

堀の側を通して見る 左の目下に池からくれーかが 白く鏡の様に光つて見える 右の方には

8

556

No. 3

揚子江が白く光って居る。とうとうどこかまっぱら方角も何もわからない 時間がないので急ぐ

僕達は嶮しい路につくと岩石の場所をこえて下り後に又上り次に なった を思って居る内にいつの間にか

山の中へはいって来った 大きな山と山との間に道がある ○○○ 右左を向いて 場所だ 道は広くてよいが

大きな岩石がとびだしているので地下を思いはさせていた。ゆるいなだらかな道に出ていたので気が

はってみるとゆるいことはない。足が着いたけれど後のがわを見ると先へ行って居てみてから間にも道の

山の方へ横になって月を見て目をつむって見たが中々ねむられそうもない。月夜がまっかっで大きな

山にかくれたとしても見つかりして困る 僕達僕とのが一番先になった 次第に事故があって

後になっていたのだ 道には大きな岩が右左にあって先へ進んで居るものが ここに立って数へられる

危ないから 月に光って居る影の僕達を動けるのを出して走って行く 僕達もおくれまいとおくれずに

走ってる 細道は見なくても走れない 一人は又走って行く 後に前を走り通した。此の谷間を通って行けば

一里ある頃だ 右手に揚子江が見えだして山はどこまで？ても見えない 谷底へこえ下る

腹がへってきた ゆるい 急になって来った。やっと角を曲って曲りくねった道を急いで進んだ

前が明るくなった。池があるらしい。山と山の切れ目に見えだした 大きな池だ いよいよ故郷に

557

No. 4

行つた前は一面敵だつたが何も見えない道を右へ山のすそを廻つていつたが池へきた為に田の

中を通つた馬も中々通らない、田は幸かたいのでよかつたが あぜを三つ越す時には二匹がひつくり返つた

先へ走つて居るのは俺と二をもう一つだけだ 俺が一人で砲車を起して見たりしていつた そこで湖岸へ

出た頃にはもう夜が明けはなれ、明るくなつて来た もう動かないと云ふ 一晩中歩きまわしかわりに

こゝ迄来て知つた道は上陸した所から一里半余りだが 往路で中々骨が折れた

山の中をとつて大きな湖だ 水は満々となつて居る この湖の向ふ岸は敵だ こつちは安全

だ 旅団の砲兵陣地に参加した、周り全部が見える 池のふちを山にそつてかなりの所をぐるつと廻つて

一段上の田の中へ陣地を占領した 敵がまだおつたろうと思つてみたかと云ふ 一発も打つてこなかつた

この時はもう夜とならず、急いで陣地を作り早速一発ドカーンとお見舞、それ迄に しように来て居た

つの隊が見ておつた、狙明中の空をとつてうなる砲声 敵陣ながけくずれていくのがいい気持だ

済ますと一発と打ち込む度、夜はすつかり明けて朝になつた 丁度打てる方が東だ まつ赤になつて

来る 打ち込む所が所々へと人手が出ない まともに打ちぬける いくらか絶景に見えた

て居る 其の頃 海の数十し 如何にも上空へ抜け出して これも天盛人に ムーデンを落しし

10

558

No.

山の姿は土煙を上げて居る陸の真中ーールまにつゞいても歩いて来て煙火はいつぐすた

後の場合江戸ばの○○暗が増絶をドドドンと、すかし敵の姿は早くタマをつけすに打つ

る。それが砲頭の上をこえてとんで敵陣へとんで海陸空の大射撃だ 山上は小口

から土煙がもうもうと上つて壁の右まがい位一物のすき間もない 敵を見つけ失落もとでまっく

まちかまえずに如どうするもすべなくぼう然として大の砲の不意に飛び砲弾が落ちまくったので、トボトボと

ぬかれて助けもなくて失われる。右から○○部隊が○○高地を占領したと連絡がとつて居た

それが来たる又たを打たれてまた○○部隊が占領したと云つて来た 萬歳だくた

天気はよかったのでもつて居るが雨にはならないと思つて居た 七、八才の空爆は引きもきらしにつづける

れ後送の傷人がある時にはドカンと山のすがた土煙を上げて居る 敵陣は近い池の畑小ながら

砲撃では火とはなれ 砲弾のおちるのパパンパンのおとするのは平ちで敵にも当り パリパンとか

ひびきは地がふるう位で物すごいものだ 空中の砲弾は敵陣を見て火はドカンとなる

後送は後送でかけ足でにげる奴を見つけてはめったやたらにおさえつかつた 焼き打ちしてにげ

る。山の中から火の手が上つた 大事だ あちらにもこちらにも敵兵が上がる学だせつて

559

No. 6

行くのだらう、昔の日本の山[illegible]の手によって[illegible]された島の中に[illegible]

にゐるわけに骨折つてゐるのだらうと大[illegible]偉大の財産が残された[illegible]

へつてきた。[illegible]も何も[illegible]なかった。[illegible]に一つつくられた。ふだんは[illegible]

[illegible]の[illegible]の[illegible]に[illegible]子の[illegible]に[illegible]

[illegible]へ[illegible]、[illegible]は[illegible]

[illegible]には[illegible]

[illegible]。[illegible]に[illegible]。[illegible]田の中に[illegible]井上[illegible]

[illegible]

[illegible]

[illegible]

[illegible]田の[illegible]上の[illegible]

[illegible]

[illegible]

十一月六日[illegible]

[illegible]へ

[illegible]より

560

12

No. 1

（今日は半分まで）

十月×日雨が又降って来た 風がまして吹いて来る 今夜の泊る所を考へると恐ろしい 夜などひどく降っていたし 地を考へると 如何にする 仕方しない 然し 家を作るいますは ない 日のくれ前だから 夕食は直ニ食べた後 暑かったので すかすけ山中の前に行って見た 小雨が風にふかれてからぬ 頭にあたる いやな雨だ すかすを取りに近くに行った 寒くなって来たなくなく 一寸毎の様な洞のつを遠く 馬の休む所なし 行くには 十丁もあろう 一尺位 それに一尺位の草が一面にはえて居る 雨で脚が下で ぬれるので行けない 丁度大石の入口近位あろう 一寸に行く気がおきない

途中で山中に会って少し先に 僅かばかりかふる一日の事で めしをたべた おかずは豚肉と 飯と 菜っ葉などが入れてあって 初めてめしらしい夕飯をすました 嬉しかった 暖かい 石イに なった 明るい日に 泊る所を作って休めるように上の人から言はれ どこでも草を かった 天下をはっきりして出して張った 僕の地 班長のは 雨が少しひどくなれば ぬれない のうちが仕方がない 之でよいと思っていなかったのだから 十段位いけれは 屋根を 作ってうまくしてあれば 大丈夫だろう 六人で五つ別々に泊る所をこしらへた 次だ

561 13

No. 2.

雨がひどくなって来たので、草の中へはいる。上に天ぷらかけて居るが雨は大丈夫だが天ぷらが小さいので足を伸してねられない。まるく寝る。あおむけに寝ると草の上を出して寝て頭から穴へつっこんでじっとはいって行くがなかなかぬれると草が頭へさわって気持が悪い。雨は大きくなって天ぷらの上をピシャピシャとたたいてやかましい音を出して来る。穴の中はまっくらだ。自分の体一つはいるだけで身動き一つすることも出来ない。頭へ草がさわってやる。天井がひくいのでどうにもならない。まっくらの中で雨の音をきいてねて居ればぬれなかったが中にはぬれないものだ。雨さへ降らねばよいが。外はじゃんじゃん降って居る。今朝の旅列の警戒勤務の要領を注意して居るのが聞こえてくる。俺も立つのでノートをしまう。本人の形然来か本人のでわかるな。誰も来ず出来がくじを引くしれないらしい。呼んで居る。俺は三番だと。乗が四番だ。俺の次は中村だ。十時からだと言って居たから俺は十二時から一時近くまで立つ。人に降られたら外と身ぬれて失くし着ているもの がない。毛布は一枚づつ持って来たがかぶってねられるが外で立って居るのにどこでも雨をよける所がない。前は湖で、後は田の中、後は山だから、こんな所はない。ミ、よく居るのに感心する。

14
562

J

No.

池一つない　大きな湖はあるがそれはないかえたむ中にかーあるなかなか　すいぶん遠い
川は皆びしよぬれになると思いやれ　り田になる　風を引しなかろう　波でも同じだ　俺の身に思
つて居るだろう　風もなくしまつてなつてる　頭の方まで寝の宮を通って雨が一しずく頬へ
注たくあたるに気持が悪い　南は俺の下の方の物まにぬって居るので皆ただまし汚ないまま不了
雨がもるので困ると言つてしかつてテントを上へはつて居る者もかさくとせてやる
夕方の音も　何もしないーでかしたなる　今日一日朝から夕方迄は　ぶいぶいと砲声の
キャン銃の音かーと居たが　とたんに失ったなが　何も聞こえなくなった
毎日の様に二階建へは　夕方かえて来たそうだ　途中よりそれをうって居たよ　わかって
おった家近い所へ　ピエンを運んで来たと　先へ来た人の話だが　今日夕食の水がまをとりに
行った時には　責がそれを借りて来た　攻撃をして思った様に追人なかっ帰って来たんだ
雨の中をぬれても皆がぬれて湖水の水を汲んで来た　この湖水を敵の上陸だそうだ
その時渡辺鉄舟（渡辺さんの舟）をほどいて　ひろって帰って来た　もう用がないのだ
半分だけもう何里も先へ進んで居ると言って居る　もう目をあらくしまつて何も

15

563

No. 4

只ねむった。その中、ふと目をさまして見たら知らずに居た。俺を呼ぶ声に目をあいたら
立哨の交代だ。ふと耳をすまして、雨の音がしない。それに雨は止んだらしい。
ごそごそと起き外へは出て来た。まで、みの虫の様な姿をして用意をして
歩哨へ出たのだ。べったりと暗くて居るが、雨はふらない。それならば今日は楽だ。
ぬれずにすむと思った。外はまっくらだ。銃を持って立って居た。たまにパンと反撃が
あっちの方で銃声が湖沼向うの方に遠いので安心して居る。交代して二時間すぎ、一時雨はふらず
外ともぬれずによかった。何もかもありがたい。今は何ともない。俺らの方がなかった。十
霧って居るけれど、風だけは中々あって、班長の天幕をぱたぱたとめくろうと音をたてる。
異状無しを終えて又頭の方から外とうを着たまま、ごろごろとはいらしていた。
外とうのボタンをすっかりはずして元帯を解きかがって、地下足袋も巻脚絆もはいたままで
目をつむった。お前の事、子供らの事が思い出されてくる。母の事、そして頭の中をぐるぐる
まわって眠られなかった。雨が降って居る。そして家の事を考えて居るうちにそれなりねむ
かったが、又しばらくして寝入ってしまった。まだ風の音は何も知らずにいた。

16

564

No. 5

十月×日 がやっと晩方になって俺を呼ぶのか 目をさまして見る 草の間が明るい 雨
夜が明けたらしい 幸 雨がもう降らなかったらしい 夜明前は一寸寒い位に思えた
ズボンがぬれてるから掛けて外へ又出ようと思ってはだかして干して見た 雨は止んだが
今日のまだよく分からないと言って寝た ハンだよ 俺は分かった 今日は兵に一晩ゆぶれる
朝めしをたべたら馬の居る所へ行って見た 俺が行くつもりだったが 家を作ろうと兵隊が言う
だから出来て 何の材料がないから山へはいって木を切った 小さい竹の代りにするのだ 深いごみの中で
ぐさが生えてる 手をつけて 倒たおしにねた 木をたてて縄をおいて なせへよせて作った
加藤と言うが 長くて草をかった 陽土へ来ればすぐだが 小さいナイフでガーゼで切ってぐるりのかこい
をこしらえ 上へ天こうをはって その上へ草を一尺 刈りたおしをかって 屋根をふいた 一生けん命だ
右一つ残しておいて 出来上った 今晩は暖かで ゆられよう 手足伸し(すっと)が出来るだろう
下へ草を又かって来て敷いた 出来上ったその上へ外をえかって 一寸部をさして
ゆうと言う寸法だ そこへ朝めしの飯のおかずを持って めし一しょに来しました みそ汁だ
うまい。こんな所で 何んまずいものがない 何んでもうまい たいぶんまでなことは言へない

十時だ

17
565

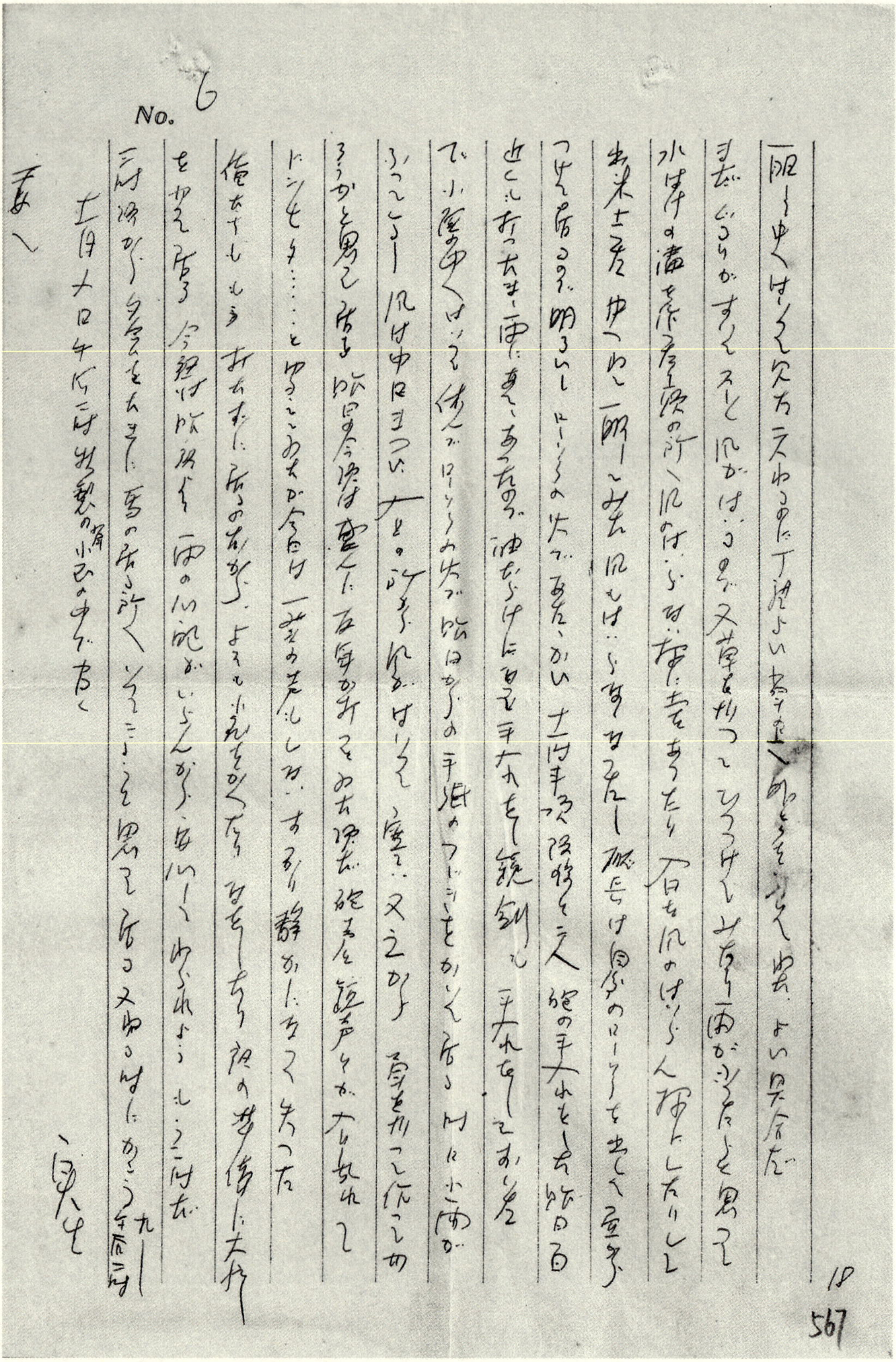
No. 6

妻へ

18

567

α

No. 11

十一月×日（Cのつゞき）班長が馬の居る所へ様子を見に行ったのでその
るすに又草を刈って台へ風の来ん様にうちをしやうと思って居たら帰って来たので
又ほかに話をして居た三郎も馬のを持って来たので台へうちをする風が一つも
はいって来なくなった. あたたかい様ではない. 風で草をゆする風がおおいことゝなる
雨が又ふって来た、二時頃 炊事をもらいに行くのだ. 山本と云人でハンゴを持って
湖水のほとりを通って行った 一昨日の夜明前に来た道だ 雨のためひじょうよく
になって居る この池の水もふえて へって居る 山のすそ道は水があふれ多く 木の切
れやごみが 草の上に残って居る これは 二十尺位へって居るのだろう
毎日道路へ出て 火をともしう 上だ道に 馬が二列にならんでつないである
道路も雨が 馬が多って居る. うちの部隊は一番近い所に居るのでよくわかれ
ここへ来たのも 初めてで 右側に少しの車. 右に馬を 道なりにならべて居る
橋を渡ると 天幕をかぶって寝て居た 二人が皆寝て居るのを起すのも気の毒と思い
山本はハンゴを洗いにいくし 俺は食料を貰いに 行く 中組にある車の所で

15
568

2

No.

ゆげで鰹節末をとって かまなに言て 十円粉みを菜に使い 昔いかメ毒
売っていた 汚る道が 勝利の鯉を食ふ人が魚をかうと言ふが 甘かった
この附近の池に居たらしい 一尺五寸も二尺もある 鯉や田魚には甘い 好きキレイな魚
をとらえもらった 頭が暗い夜とうに魚が舟が動かなかったと言ふ位で 寸土が
てんぷアルなきうが とた角取り出すには違いない 手でとって竹でたたいたりして
と云ふのだった 大きいのばかり 四五十匹もあってあった それを三枚にするして たべておった
この人は部落から甘からう 魚も大きいばかり ふきう一寸ある人たちうと思ふ、両手に持って
何云ふ橋本や梅本、伊藤の三人か まぶい御馳走だと大きな声で 早速うきこをとって三枚
にするして 一番大きいのを橋本がかしこに作りし— 梅本は たけにするので 好味にして居る
俺はいい人を立って 何なとかぶんを見ておる— た—みがわ舟て たべのうへすぶる
すぎれ帰り 土手に尻をはり ちみに作るかな 十ん十丁だが 畏田なるもの
大田た中しか来なかった 石油缶へ 水をを入れて たつけをたいた いには ただ
わかめを取りして 前のみそ汁うこしらへをした 火を焚て切っておいたりして

20
569

No. 3

一晩て寝た 三はどこでも 小さな二人 火をたいてみるので あたゝかい 顔が見えるのです
よいのだ 道の両側に山の出て居た所へ 出ように テントをはってねる所を作ってあるのでどこも
かも同じだ 昨日も 丸つを三つもらえたが 今日又タバコを 二つもらった 今週の分だ
まで 今日は皆にあるので安心だ 其の日に かけかに出たので 別のパン一個入れておいて
女の人だった 十一をたいた すると今度と来たので 女の人と二人 嬉しそうに 二人二つで
冬をたいた 持っていたけど重いので 回りにとなかなか 火のそばではなの任出郎賊
すーみをたいた めしは白飯のたきたてだから うまい すーみもあたゝかくやる親らしい
小骨はあったが肉があって えんがいをは思はなかった すーみをたべるのでまた
の十月の末から十一月の始め今頃は ○○の湖池で 五六寸の子をすーみにして 梅木かぶ
ふと思いだがあの時もうまかったが 今度も又別にうまい あついめしで食う甲斐がない
思いがけない 御馳走で いふもすがはらう二人 魚を取った主人が来たので すーみが
うまいかと言うので とてもおいしい 塩で只よ とせがむ ついうまいですと感心し 俺とこの
すーみをやつと言って 待っている 土地の男人は すーみなどと大してうましないものらしいが

21
570

No.

これは又凱だ、うまいぞと言って大よろこびだ。にけも鯉はうまかった。しーみたした男の
につけもうまい。又しおじがたいたけもよくみえず、すいの様のて思いがけない物音で
すこしも気をすすて一服し、せを持って又陣地へ帰って来た　チュンチューの音が聞こえてくる
又敵を見つけて撃てみるのだろうにかかれとろくしとみたのを見られたのだろう困った、又
即ち山兵と近道をはって山の中へいったが途中しれかついたらいこの引が一つあった
てかくなってみた。びっくりして山兵と又元来た道へすがしにいった。見つからないのでとうとう
帰るの所まで来て見た。又敵を家の中を探しもあらずおうすくえなくなったので止めて
陣地へ帰って来たいつかおそしたのか中がすく一寸も身ひしなかったから上あがらか
なからたのだ。明日明日となってから僕は見よう陣地では待って居た四人が意外のすし
みやげにけにけに他の物音が「うまい」と大よろこびだ。ちーみは泣ってもうまいと
言って居た。涙をて居る内にふとなった。頃だ今迄は応所にあたたかく流れる
僕たちがみをたべたいと居るすた皆が山をこえて　わらをとりにったのだと言って
中よを四本すつ又あった。所今迄付かな寛あた、かいしてフンワリとして心持かよい

22

571

No. 5

明日はいよいよこの討伐も終点に停るらしい様だ　朝早くたって広州をたってへいかね
ばならん　一寸早く起きていいと云ふ事を言って居た　其の時来は台湾まだと船長が言って居た
外は寒い　しかしのが中へは入り　船長が机を取って着て引いてくれたが　あたたかい
一眠して　一寸ぐっすり一時迄かくして居た　外は風がまだつよいせいとも吹いて居る　中へもどこから
ばっくり来るのだ　こうとるはってくるがたしかにそれは有りあたたかい　山らの上は気持がよい
陸地と山とが　流れて居るのが少しばかり見えてくる　すぐ一目ばかりおかしい　いくらでも
話が出来る　山々も目をひっぱる様　ごうごうと音を立てて居る　六人で四つの小さな一列に野の
下に来る人が居る　船の今朝は山の下の所　今日午後して大寒のようさ　と合うのかまぼこ
小さな船を小屋等で作ってある　田や風は大丈夫とこちらの所作っても一晩しか
ゆられずに明日はもう来るまでに更に一週間過ぎたと　骨折り甲斐があるのだが　討伐が
すめば又も苦しい故ゆられば大丈夫　明日の日中にはどこか上陸した　船つき場かもしれない
又船へつめば田の中でゆられるか小さい船だから　ゆかばゆられれば甲板の上だから　寒い
何れにしても川舟の上で目にする景色ので　今迄のなにこそはなかろう　兵隊　何れはよいが　文

22
572

6

No.

母は世を去ってからもう三十二日目だ 十日いもまだ帰り日も 五日の御念仏をする
つたらうと思ふ 僕の言った通りにして居るのか 又兄や親類の人たちが考へて
せがれが皆の言はれる様にしてもらってくれ 僕の言ふ通りにしてもよいが十
分な悟りで来して母のことだ 今日迄長い間かいほうして居ると思へばよいから出来
るだけの事はしてくれ 母も地下で皆の好意を感謝して安らかに眠って居られるこ
とだらう もう二三日すると又三十五日だ 忙しいだらう 秋もそれもしらかって居るのだ
らう 大平生はもう行って居るだらうし 御方も仕事をやってゐることかと思ふ 今年は弟
が帰って来たが 兄が絶対に仕事を動かすこととも出来るだらう 無事なんとは又
上京で助言をしなければ動かない時もあらう 何と言っても力作り牛使いが出来
るかだ 兄のと お前もよく信じたことと思ふ 其の後大部の整理順に
作ってある人もあるだらう 今度は女だけだが十 歳位だ 勝男をあづけたか
三人は元気で学校へ行ってゐるか よくお前の言ふことをきく様にさせないといかんよ
怖くて子供も泣って来ふよ 来たって頭にはいらう すまで居るだらう 又明日も書くことにする

十二月十八日 陣中の机 暮嵐の中にて 兵隊手帖

勇之助

妻へ

24
573

e

No. 1

十一月六日 出発してから四日目になった 起きて目をさました。小屋の中はまっくらな
からすっかりわからなかったが 戸をあけて見たら もう夜は明けて居る。天気だ。寒い朝だ
昨夜はあたたかく わらの上によくねたが それでも 夜明方には寒くて二時頃に目をさまし
て私等もより〱火をたいて眠た 小便に外へ出て見た 寒い夜だ 星はとても
はいって又毛布をかぶってねたんだが 寒くて困った、天気だろうと思って居たら案の
定よい天気だ 寒い日だ。いよいよ今日出発なので いつもより早く起きて起床に
なったので起きてから早速道具を馬へつけたり 毛布、外とうをつみこんだり 小屋を外して
天幕を外したりして 朝食の炊事 小屋も こわして焚った。わらをたいて あたった
其の内に 朝のみそ汁を南が持って来てくれたので わかめと大根のみそ汁で又火にあたつて
あつくして 汁をハンゴへぶっかけて たべた うまかった。それから 夕食をはこんだり 砲身を馬の背に
積んだりして 用意は出来た 二人連れて 行かう 三日目だ もう何うしてならん 折角作った
た小屋も小口からこわして たいて失った。其の内に出来たので つけて出発
した 今日は又 攻砲が始まり どこかの砲が ドンドンと打って居る 物すごい 砲撃だ 山から 銃の

25
574

2

No.

音も物すごいターンパンパンと山へこだまして盛んにやって居る　それを見て俺達は
帰り途に着き　三日前の道通りかけて胡明郷に通え湖水のふちをぐるりと廻って帰えれ
兵もえらい元気だ　小走りに走っているので俺達もかけ足でついて行った、こっそり通れん
田の畔もなるべくよけなり道路に自用道路へ出た　それからは道がよしこうして馬も来れた
所へ来た　ここで一服して皆揃うのを待った　火にあたり一服して又ここでもいろくの材料をつみ
こんでおかり終り朝日が三日目に出て遠山のかげにあたり冷たくはなってきて居た
あたたかいよい日だ　攻撃中は雨で往生したが帰りはよい天気になって一服して皆揃って
大休止をする　それから兄は寒くらの中を歩いて来たんだがどこか何かわからなかったが
右手を見ると湖水の向い岸には相当良いかぐの部落が沢山ならんで居る　帰りは
馬も入れる位が軽く広い道を言うと大きな山を上り下りして帰って来た　右側の湿地には
その跡にすってたのが敵の砲弾が何本ほり込んである　水のある所に砲弾をもって
敵はたおろ時に砲弾を池の中へほり込んだにげて失ったのだろう　それから冬にするを
水がすっかり引上って失ったから水ずたまりタマが見える様になったのだがそれを見て

26
575

No. 3

いくつかの山を上り下りした、あついので生つきを綿手へつつこんだが汗がでて来た
来て見れば近い、軍用道路は画と云ふたが想中たけ相当悪いと思ふたが来て見れば
二十五分で河原の所へ出た、急な路でつなで引きずりおろして汗をかいた、想中のことを思い
出して大したことはない急な段だが大したことはない、砂利をおりて何のことは
ない、ニーで河原の石っぱで休んだ、あとから来るのをまったが中々来なかった
川原の石の中へごろくねころんでみた、あつい位の日だ、その日後々に女ってきたが
皆揃ってから又出発し川原の中の石をかった急流（にごり）な所を行た、岩は何回も引つ
とり返されるも返見れば何かなし平気でころく引っぱっていく、左右大きの花をかりて
どんどんしてつりと店の細いのすし川原らしいことして一寸あまりで川岸へついた、行きたは
目ざすのが七時目おそいのは十三時目まりもかかった、他行員の左側陰は得は悪である
から二時間半位が川岸へ出て来た　位の日はきつい　ひとと（?）ふりて寒い
銃を川原の中へすえて一時たった　今日はニーで又足くをすることになった　家はあるかとそこへ
行けばゆるれる。正気は川原へテントをはってねるまで用意にかかってみた　銃のわろをおそして

27
576

4

No.

皆座りをただ腹がへつてぐつたした。めしは少ないし、タンニン出来なかつた。たばこを頭
をとつて携帯らが味よく食べられたが、たつてあり、うまかつた。大根のみそ漬けもあり、座りまくべて
又も神や外とう天まで私物等をかるつてゆる家へいくことになつた。細い通りがあつて
向う岸には沢山の部落がある。向うべの家がある。土の方だけ根者だいのため水がうんと
わずかなつて川の池のすべがかしく強い。船が五六あつて渡しをしている。向う岸には兵隊が
沢山居た。でも行く時ひつそり通る所をさがしいつて左手に一軒一見かきの家があつた。そこに泊る
ことになつた。これで居るが川沿でゆつくりを思へばまだ、ごみを落して女人めぐられる掃いた
ひどい水をしみにてものはらいけりを渡して向う岸へ三丁先の池がよどんでいるのだそうな
俺は今日の朝すかすを共に川岸へいつた。あすの日今もぶつて帰つた。力を落してハンブツめし
をたべてゐる。俺は力をこめてみたが又すかすをたべて共にいたしあが渡しにのつていたんが
水のつれあとの所は似ろしで二尺も三尺もブンブン出かけてなつて矢ふみそろや木がおいてあるか
と見に来る支那人の船が来れへのつて向う岸へいつた。たまたま兵隊が来て居る隊保も
あるらしいが何もないのそうだ。又一走の中隊の人も居たかい守りしてみたが今夜は二泊かつたと

28

577

No. 5

言って居た、なアーいって何もない、ソーナンと力を出しもうして又わたしたのであるが友人が言ふので
魚などは川岸へよってくれと言って のっている人が下手で思ふ様にいかない 水ぎわには沢山魚があす
上げられておる。大きいのは一尺位もある腹白だった魚だ 小さいのでも二尺位のもある 何百と云ふ数
知れないほど居る 船でそこへよるが陸からおりてとりにはこられないようすがわからんのだ
ひろはれに居たが惜しい位だ居所が船が川岸の近く近どうにかできたら揚子江の川風でびゅーと
泣きまぶれて あとかたりを初め いくらでも上らないずり 上ることも出来ない どうしても ふかんのだ
又私の所へ下ってきたが川の真中でふとまわるばかりでどっちへもいかんようになって来て困って
来った。兵(隊)の船をよんでも言葉が通じないので来てくれない。漕いで下って来た。近くなったので
土民の船をたのみてようやく引っぱって貰って友と兵の上る所へ来た やっと一段で居たのが嬉しかった。
長いことかかった。又と来て待ちよ めしはもうなげておる 一寸をたいてみた。明日の水がないので山本
山本と三人で馬にのせる水のうつ(ズック)の桶の(代用品)を一つづつもって又陸上にのって部落の中へ行って
畑から池の水をくんで帰った 馬が死を引いて帰って池で水をのんで居る ハンゴを洗ってゐるもの
米をかしているもの等引いた 水を一ぱいづつもんで帰った 又明朝にのって出るこの隊を危地に

21
578

6

No.

ついて一ぱい家へ行き皆と一しよに茹をみそつけたのをたべた。おいしかった。鰊一ぴきづゝたべて一服した
し班長と柳木と三人 林か前段のお墓まいりに行った 剣をもって班長は下士伍長は兵伍長
で 柳木は自然でついた文句を言にのって道に野辺にさく 野菊、スミレ 又赤いみの花さく草までを
手折って ビンだを四本ひろい八九百メートル先の山へいくと広い道がテンと出来ていた 白いおし木標
が立ってあり 草花が上げてあった。山の下に大きな池があり そこへおりて行くと四十メートルすぎた所 広場の
ごろごろの中を二人汗みどろになって兵が中々骨折った。池へやっとついてビンビンを洗い水を入れて又上って
来た 汗みどろだ 前へたおこれついて持ってきた草花を上げ手向けてを三ち上げてしずかにもくとうした
十一月八日 この保安寧の日におばあさんの誕生をむかえたのだ おとなる無事だ 三十九才位だ 云ったこう位
の係でもあり 大へんお気のどくな方だ 兵服四でもう立派な兵隊さんの大隊長だ 今ごろは今月二日近し しよに
兵士の方が大ぜいなくなったのだ。ずっと今度の戦争に護国の華と散られた。一ヶ年何ヶ月もしよに
苦労を共にし来た人だけにおしい惜しい様に思ふ。家族の方もさぞ今ごろおなげきの事だ
日ばんつぶりして知った。大勢とこの山の上に眠っておられるのだ。どうぞと思っておった
三人いっしょに入ったのでいる時の事を思いだして涙を合ってしくなったり遊んで家へ帰る

十一月八日夜 家の中でかしこ 蝋燭のあかりをつけて。

良七

妻へ

579

七F

No. 1

十一月五日（〆のつゞき）。寒い夜になつた。家の中でも今日は風がさむくはいつて寒い

ところを二枚重ねてあるのだが中々寒さにはかなはない。室の土台にどうかんがストーブの代りにし

火をたいてゐるのだ。一しきり燃えてあたつてゐた。あたゝかい一服していゝ暖所に酒を一ぱい

これ中の方便は所だといふものも骨が折れる。米をたし水をわたしにめぐくしみたいなん

何せんのだけ全く使はせた、金川君の立つ中に池の井戸の水汲みにもならない——江の

ところ水では何時何でも手をたくこともできない。安定に遠い所へ水をくみにいかねばならぬ。水す

大かまどがわかしての水がよいかと言つた所だ。決してよいとはない池の水だから十

せき。クリークでも橋があるのだが、おそく失して一寸土瓶の渡し舟にのらねばならぬ。雨が岸へ

よつて流れば三尺しかのをまたねばいけない。いくら急いでも急ぐことにはいかないのだ

足はどろどろになつて林が路の茎草をのりこえた時には植木はすでにてんだろんぼになつて傷をし

ておた。水のいいたるそばつるがから鳥けがしないのだ。林が財政に惜しいことをされた

荒いのに大陸の土に葬られた。太い生木の墓標に陸軍衛生兵材林義助の墓と

立派な字が書いてあり、横には昭和十四年十一月六日、北支一寸の横には井上深石部隊を

31

580

No.

かいて来る前にはサイレンが二度、野菊が咲いてあるいて、やっとかも上つてあるいて、さらに危道が
又ひんぱんに思ひ出すのは先方へお茶が賑やかになる寒い山の夜 土の中に静かに眠られてゐる三
たろう。何んと云つても何ことなかおくれの毒ない 息子は子供無ふのことを思ふと人のおやは思へ
なくなる。みじろぎもしないで天上をじっと見てその上へゆこうんでゆーくを見て d の手紙を一遍かいてことを
二遍かいて居る また外の者は火をたいてなたで居るとつつ寒い、僕はいってる。
今朝はゆるい。もう早く出ようかと思つて居る 明日は敵へつゝこみ出来ない 又悔しい 日記をかくし
やることにしよう。今度の討伐も無事に終えん。今度のは大分先に帰らない出たから想
もう少しと思つて来たが一緒に来ない 無事に帰ることが出来るかよかった。
もうこれは敵につゝこむ時に気をつければよいのだから安心だよ つゝこみも近いからここへ
来た時の様に損するのではないから大丈夫だ。討伐も毎日々愉快だが 幼い悪ひといけば
危をまとにしなければならないから十 神仏のおかげで今日迄元気だ 一回も討伐も戦
しかけたことがないようなんで居る 毎日祈っておられるお前たちのおかげだ これ
今後も一命を捧げて頑張るから安心をしてくれる 都に大陸の秋は寒い 又明日帰って
から かこう
一四日

32

581

No. 2

十一月×日 今日はいよいよ帰る日なので又例によって早く起きた 寝られず起きた 昨夜は 33

わり迄は寒いと思って居たが ゆっくり見たらたしかには 前の晩の寒さよりはあたゝかい

った 何と言っても氣ながらず おようとしおたら 明朝は七時に川岸へ来いと言って来た

ので 頭のすみをたいておくことにして、布でまつげを石油をしみこませてたいた 奇りを入れて

ちゃんと味をつけてすいた 明朝又めしをたべるときにすればよいようにしておいたので

ゆうのかすいれし失た 筋違なぞろう めしをたきそうて 割を頭からすっぽりかぶって

下は畳来りの時に持ってきた みしきしき 畳の上へ 大きなしきしいたから大丈夫だ

ゆっくり毛布をかぶって 足を包み目をつぶった 風もあまりはいらない 家の中では

はっぱのあたりが頭へはあたらず めしかったら 目をつぶってみたが かすかすみには ゆられ

なかった 塩気か寒気が強くみうのが気になって ゆっくりねられなかったが まとめにつれて かう

ゆっくりと思える 夜晩一晩ごとに ねぐらが変ることで よけいに ゆっくりねられないのだろう

冬の時節は日本には寒い日をしならなければならない 毛布一枚しかないていけないから

入れ以上は着物に着て 仕方がないから 家のことなど 思い出して ねる曲にねた

582

No. 4

起きたら姉さんが早しから おかずをこしらえてみてくれた。七時頃ゆられながら起きて下さいと
で外へ出て見たがまってらだ あたたかい おかずで朝めしをたべた。体がぬくまった。
昨日もらって来たソーセージが刻んになるのしてれんありおいしく腹一ぱいたべられた
明くる朝 布やふとん毎布を包んで包んで右岸道に川岸へ集合した。明くしはて
日の出前の川岸はまっかにかがやいて居る。車をおろす 少し雨がやんでなくて
あるので又みんなが草を下へしいておいたり 夕べも出し入れしたり 相当手仕事である
みんなからは孫たちのを仕掛けておいて 自分らの荷物を車へつみこんでおいた
船は川の中頃へまでまえみる馬がのせにかかった。工兵の船が軽快で早い
敵前上陸用の舟艇の肩のも同じものだ この船を見ると思い出す
三つに平均をして 荷車もつみこんだ 俺たちは又船の中に乗り込んだ。早いものでもの丸へ
いった。船の底へおりて待っておると上から荷車や外の車が一つずつおりてくる それをすますから
まえさんを寝かせてすこしの間 船の中は船の底は寒かったがなんとあたたかくなっておふとんを
のせた甲板へ出るとどうしてあたたかいよい日になった 思ったより早く来た

34

583

馬は早くつみこんで了ったらしい。もう一隻の○丸と木の船とは先へ出帆してゐた
其の外の多くの人は乗りのって待って出帆 丁度十二時だ 腹がへってぺこぺこになってたので
握飯を出して三人分のおかずを並べて弁当をたべる。おいしいもんだが 船にぶらぶらすると こがまだ
牛肉しいたけ、にんじん等が うまく味付けしてあった。なつかしいものをかみしめて味はふ
食事を了ふと暫く甲板の上は人で一ぱいだ。めづらしい景色だ 風があたって寒いへ
のぼって艙へおりてきた 日があたってあたたかい 風はかなりはげしいからよかった
わしだが平然として此れをみておかしい。今夜の泊りは大分おくれるだらうから今夜かけ
ないと又明日になるかと思ひ みちをしるとこれをかえて船の前のきめるか…
なくトランクにのせ船の横にかかえへ ひどくゆれた。船ではあるが それでも中々大きし
ゆっくりとした此の船は馬がはいって所ないからよい時にあすこすこしころがってねてみる
位して寸分あいからぬように思ふ。○へつくのは二時か四時頃になるだらうか
て七時頃に出発して兵営へつくのは八時半か九時、先づゆつのは町を見ればよい
大分ゆるので今夜の内につくんでおろすのは他にないし又艙へ近いから仕方がない

35

584

No. 6

一睡して目をさますと、日本が見えて来た。青森だ。甲板へ出て見た。マッチ箱をならべた様な小さな家がボツボツ一面に見えて来た。函館だ。[illegible]なつかし。函館はしかし立派になった。二時半到着し早速車をやとひ[illegible]より早めに[illegible]にはすまなかったが先に公会堂に急ぐ。宿舎の[illegible]大喜びしてたくさん電話道で方々に先に[illegible]をふりまいて、よく電話をかけてもらったが[illegible]早めよく知ってゐて宿舎へ泊るのを断って居るのだ。道の[illegible]三才に[illegible]汗が[illegible]今度会へて来た志賀の中には沢山出迎へて居られた。それから旅館へつき、[illegible]を水洗ひし中へしまって荷物をしまってふとんを[illegible]於きえとみになっておたのだ。それから下宿の[illegible]で二つ、油と茶碗一ぱいのんで風呂へはいる。[illegible]の湯はいれまで五日目だ。汗をはらし、ふやけたシャツをかへてさっぱりといゝ気持だ。おくといゝ気げんだ。手紙が来てないのでお前の[illegible]十日着出のかへておく。[illegible]が出来る人と思ったらしい。からくあった。アートであるそれを、増田君の方へ、[illegible]一週[illegible]中島、小松、宮崎、宮子が訪ねし。お前は有難いが三枚目のはお前の写真がかくれた。送る。朝と晩の散歩と、これだけ[illegible]お前が好きなお前を見ず暮らし於て長い[illegible]をして[illegible]別れて居るのか。[illegible]にした。あなたがいない床の上、ストーブの中にはいって寝それへ帰ったならば平気な気になって、やわらかいストーブの前の中にいつまでゆっくり[illegible]文

十日火曜日 午后九時 宿舎にて

妻へ

一男

36

585

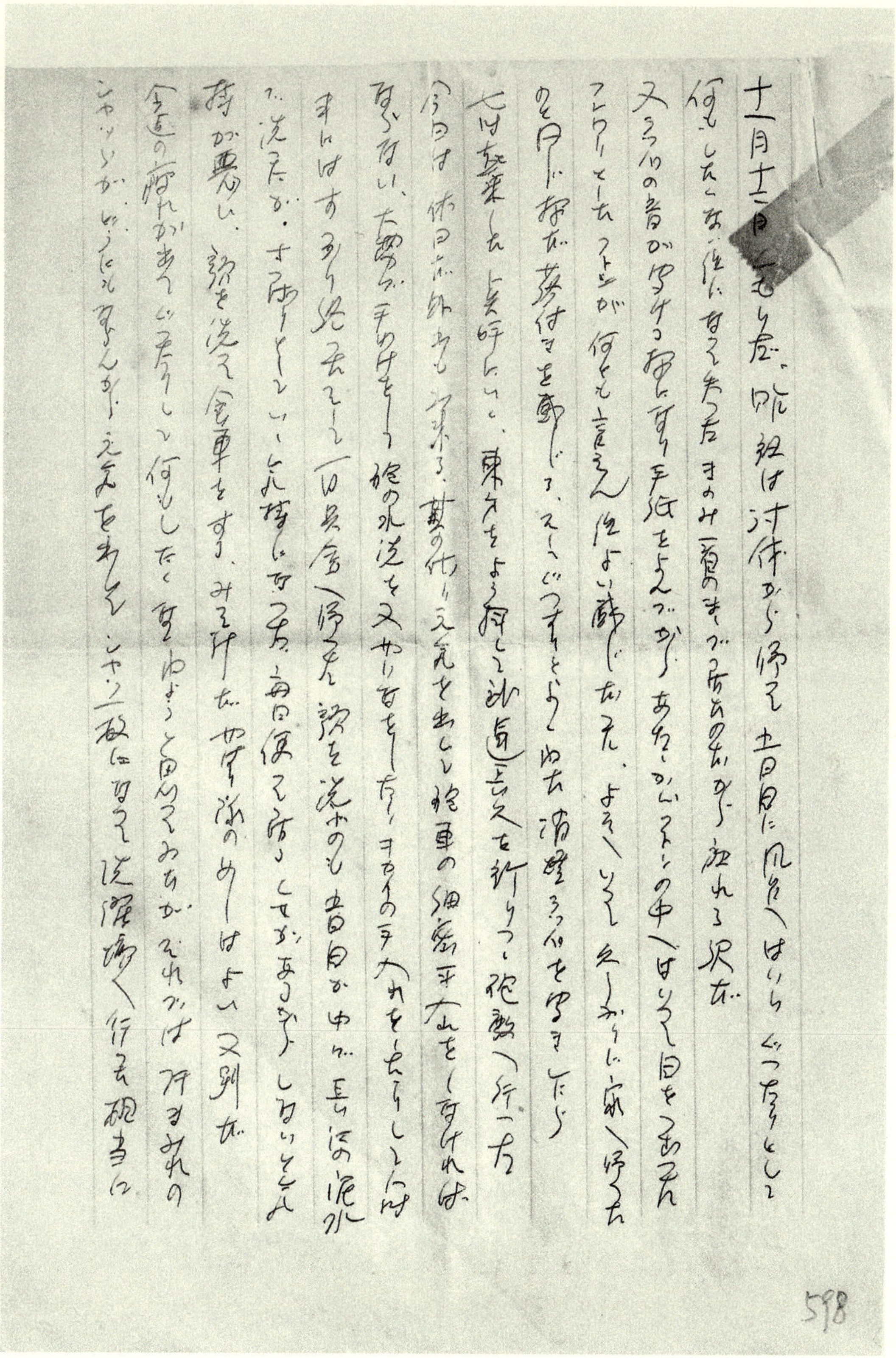
十一月十二日[illegible]日。昨晩は竹伴から帰って十二日目に風呂へはいらうぐつたりとして
何もしたくない位になって失った まのみ一着のまゝで居たのだから疲れる訳だ
又ラジオの音が聞けて晴れやかに手紙をよんだが あたゝかいフトンの中へはいって目をつぶれ
ばフワリとしたフトンが何とも言へん位よい感じだった、よろ〳〵として久しぶりに家へ帰った
のと同じやうな落付きを感じて、えらいぐつすりとよくねた 消燈ラッパを聞きながら
七時起床した 気持よい。東方をよう拝して武運長久を祈りつゝ作業へ行った
今日は休日なれど演習。其の代り元気を出して砲車の細密手入をしなければ
ならない、大砲が手伝ひして砲の水洗を又やり直をした、ヨカイの手入れをしたりして午後
からはすっかり冷えきって一日兵舎へ帰って 顔を洗ふのも昔日か中々だ 長い淀の泥水
で洗ったが・さつぱりとしていい気持になった 毎日使って済ましてゐたがあまりしないと気
持が悪い。顔を洗って食事をする。みそ汁たくあんのめしはよい又別だ
全道の疲れがあってぐったりして何もしたくない 寝ようと思ってみたがそれでは汗まみれの
シャツとかがどうにも気分をわるくしてシャツ一枚になって洗濯場へ行き硯箱に

598

2

寒い冷たい風がビュービュー、かつ雑巾、ハンカチ、エプロン等を一生懸命に洗った。靴も
洗っておいた。先日おくってもらった作業着まっ黒になる半ズボンを洗い水をつけてこすったらピカピカ
になった。で一服しながらと落ちついた。昨日お写真を見て俺の所をなつかしく想像
の返事を出すことにした。比較的気楽に書いてあった女の手紙は何よりよみがえった
女の便り何よりうれしくわかってうれしかった。よくあんなに書いてくれた。ありがたう
自分の事は少しも心配はないのだ。俺はどうしているだろうと言うような事は少しも
考えた事がない。お前が治ってくれるから安心をしているのだ。然しお前の事は母が
なったから困っているだろうと思うようになったが、皆よく大和ですごした。切りぬけて
切り抜いて行くには違いない。お前は何も案ずることはないのだから時々思い出してみる
七日七日のことも分かったし大体お前の側になって歩いて行ってくれるのだ。うれし…
指令母も苦労して作られたのだ。出来るだけのことをして上げた方がよい
職場の返事を書いた。それを陣中でかいた言通の対策がそのアトの意見をして
おしつおいた。又一つ先にとつおいと行くことなろう。その前一寸あいだがあるだろうが

599

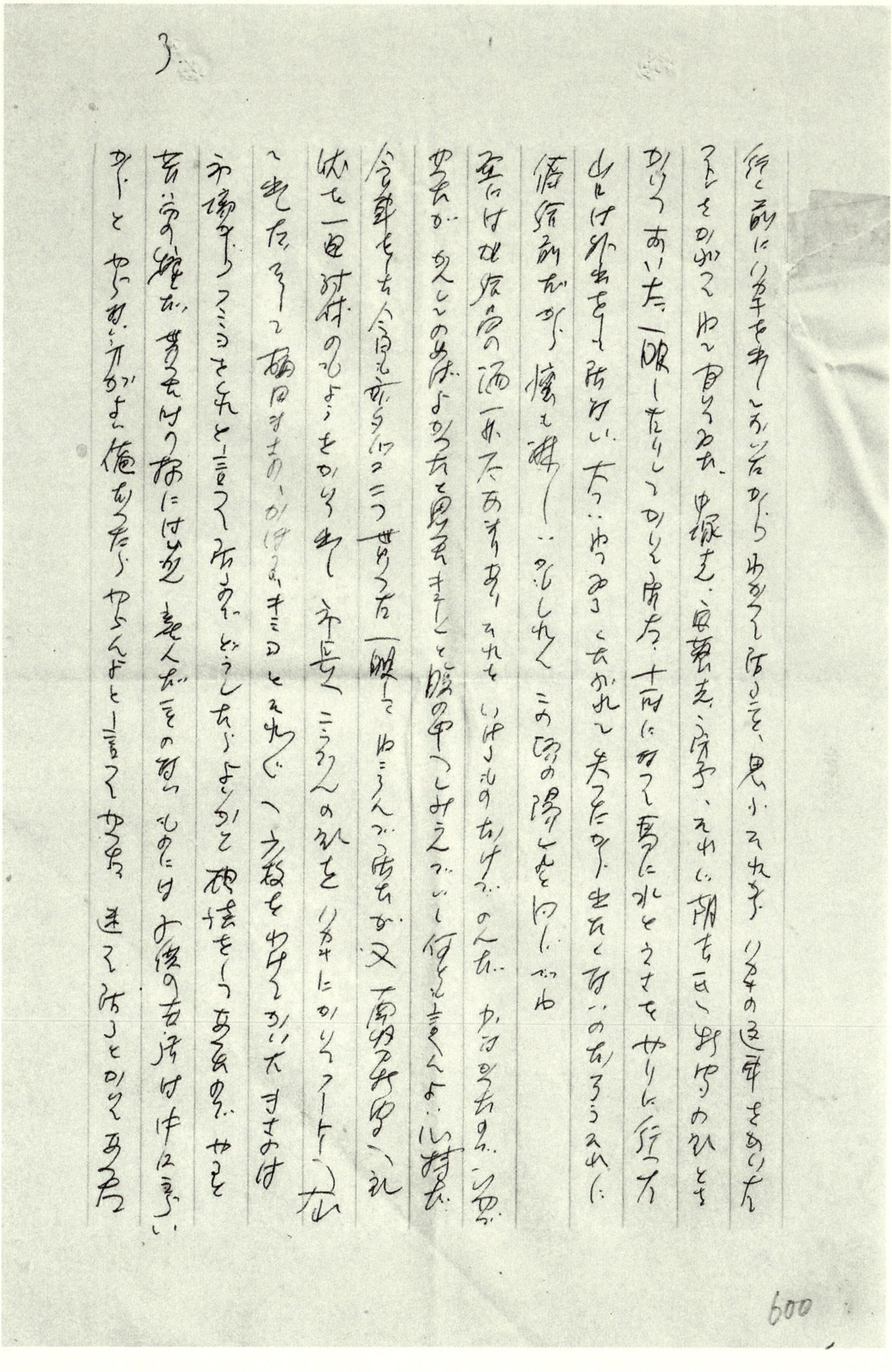

4

君子の手紙には小供を引とって世話すると言ったが満洲へやると言って俺が手はなさない。だが止めたとかいてあった。何んもうけていらん小供はないが、世話が一人はよい兄妹でも小供を世話して丈夫になるだろうかと言ってやったが、まあはやりなくて増田は手元にでやれなど分かって来たら送ってくれればよいと大人の小供のように思ってやるのだ困ってるとかいてあった。かあちゃんへもきさまにはさよいく手紙をくれる。大変字が上手になり文もうまくなってる。まあ増田君母の事をまだ何とも言ってこない。知らんでいるが、唐二の方かうか言ってしかを怒しとけと考へてやるのだろう。安藤には久しぶりですとかいてあったが同じことだ。久夫もいよいよ一人前になって世の中へ行ったと手紙が来たが、あれの字も俺以上で俺がまへよめないなる字をかいて居る。俺はうまいが俺どころじゃない。そうして君自身久夫の京城から許のりを三枚送ったが、あの家の字を見るとわかる。一寸よめないだろう。丈夫でがんばって居るだろう。伴丈とは違って寒さがまっていず、伴先して居ることだろう、そして注意をして送ってと一通かいてやった。でとうとう昨日世界大手紙の返事も大体百通かいたり送っていただいて一日かかってすんだ。先った。そして最後に日記

601

をかくだろうがもう十一月十二日だ　秋のさびしさみた日を過して居ること、思ふ　今日は数列(?)
に母に叱はれて大分しおれてすましてゐたが　仕方がない　ボツボツやることだ　来ん(?)居るかどうか
俺の居る時のやうには行かんが作りが半分なから楽に出来るようにならってくるだけもうよかろう(?)
と思ふんで居るだろう、ためすようにすれば楽に出来るだらう　勉強をしまやない様にし、
覚えれよ　子供の頃(?)にあづけたとか、飽き易いとかつたこと、思ふ
子供らしい可愛想だ　今度あまえにあまえてゐたおばあさんがなくなつたから
あまえるものもなし　遊ぶ友人もないから淋しいだらう　もう二月もたつたらそれでは寒く(?)
なるが思へば　かわいさうだ　毎日寺へ行って遊んで居ること　思ふ　これもうまく言って
いゝの(?)便宜をさせるようにしても手術をすましてから　お父さんは帰つて来るのかと聞かれてはすまない先生
にひとこと思はせて四時かどうかたのんで帰り会をたのんで日記をかゝして居るころへ一通
手紙をかいて出してやろうと思ふ　時には自分の思つたことを手紙にかいて出す
ようにしてくれ　字もうまくなるし　けいこにもなるからな　俺の出す字がよめるのなるかな
思って居るが　よめないかも知れない　久美(?)ちやんにもこれ渡しかずにおとなしくせよとね

十一月十二日夜七時半(?)

良夫(?)

英(?)へ

602

6

今度ゆつ子が二人出征し 二人共不幸を見るのは どうだろうと かんしん あゝ今迄
奈一先とこんなことを思って居たが 久太のことを心配すが、久太だと 二人共不幸を見たこと
になるが ひょっと 奈一先生にも不幸があったのではないか 大部心配して居れ
外には 言ったことがあるがと かねてあり どんな事があるかと思っていらっしゃる
あまり遠いので 見まい 消しもして 空き 困ったことだよ はっはっは……
遠足して 信用へ行って元気にやって居る様な 房子も 無事でいれば 子供が出来ましょう
十歳母 様も 子供が出来…と思っているだろうが、これはどうも仕方がない
前の先も 早生まれすに元気で居る様子 清橋だ 東陛も 無事だったことはないが
昭三先へ 御無沙汰をしているがよろしくと言っておくれよ 子供らも大きくなったこと
だろう と子もよい年になって 一生けんめい手助けをしていること・思い一ぺん会いたいは
なった と子を見たいと言ってみたて と子に言っておくれ アッハッハ…
子へも元気でやっていること 弟も主人も体を大切にして養生をしてやらねば 遠
しっかり頼むと言っておくれ 大事な体だから 仲よくやって呉れ 又

宗七

十月十六日七時

東ゑへ

603

No. 1

十一月十二日 月 くもり、どんよりとしたとても寒い冬の様だ
六時起床して点呼 体操をやって砲の手入れに行き 中々寒い
昨晩は急に不寝番になって一番先で点呼終ってから一時四十五分迄立った
雨もようの様でどんよりとし時々雨あり 剣にぬらんかった 一時四十五分交代して寝た
が急に又ゆうれいが出る話のことを思い出して居た
朝の手入れ終って帰って来た 顔を洗って 朝めしをたべ 一眠りした
九時から呼集して 砲廠前の広場へ集まった しかし大隊長殿の精神訓話
があった それから列を作って 銃砲をもって 寒いのだが かけ足で 兵舎の東の広場へ
大隊集合して 第一回の単独教練だった 広い平野だとても風あたりがよく
ピューピューと吹いて寒かったが 走りまわったので 大分ぬくまった それから オイチニと
一生懸命に教練を始めた 寒いので 力を入れてやったので 寒いのもどこかへ
とんで行った。 が 手だけは冷たくてかじかんで指などどうにも自由にならない
広い所で走ったり 歩いたり けいこをしてから 銃剣をはずして 遊戯をした

604

No. 2

跳へとび競走で四組に別れ四列になって木馬とびた。二回ずつが初めは
二等 二回目は四等で駄目だった、二ヶ月って失ってとなくなったり大きなおきた一方
がこのおかげで寒さはけしとんで失って紫みず紫なって一服をしてみた
演習止めになって馬屋へ寄って水、えさをやって兵舎へ帰った。
ゆうべんが雑談した丈でみた、附四五日間一つわからるたのがわからない。
其の日夕食しが米たのでつけて会食をする。空のおかずは牛肉と汁のたくあんだ
午后の演習は又楼になって飛んだか劍の検査があるのだ。めいくは手入れをして置
初めにもう今日は見た生やり、雑談を見ておたらわむしなりうとくもわあえ
失者、叱られて目がまわって何かおたいな、たび目がまわない傷だ
午后は砲車につける防の道具の手入と検査だ。今隊にて弟づこ、道具を
はづして水で洗い かわいた所を間でふいて みしアの上に整頓する。寒い
夏二の砲被は滞りがち位だが冬はとてもれかよとあたり寒くて出来ない
位だ。附属品を手入れして失い一服して又砲車の手入れにうつりて附手る。

605

No.

中隊長殿の検査があった点呼すんで遠足を命令かかって遠ーにいった
多の手入れはすとなって今日は先日の討伐で討った匪からうを出して多をせわした
太鼓なが早い俺が(?)の時分に出来た先い仕事も片付いたので多く俺達帰る
俺なけ、早いのかと思って居たが日日寒くなると言って居る今年を正説(?)してきて
只ことに手紙を出して居るそろそろ会いたい今日は天気がよかった御馳走だ
又足が今日迄の様に演習や教練が始まる、今後の討伐はいよいよその時迄
一生懸命に体を訓練しなければならん、支那の討伐の様に雨にやられると大いに
体をする、土民の部落もあると寒さに遠いが何しろ一山の中とさつけ
始末に負えない、去年の今頃はのののの大討伐で山の中にはいって居たのだ
今年は兵営があるので討伐が浴を得たら去年では冬に討伐す遠くに居な
ければならない、なるべく先に帰って来た今年は名称はあるがいつも寒い時には
家られるが母はだ去年の冬は皆に会はなかったが今年はうまい
餃頁になることとてし寒い日がつづく、家も作って居るかほうっくりゆっくり休んで乱るなに文

十三ー夕五日

No. 4

十月十四日 くもり 時々小雨、昨夜は あれから 風呂へ入って ねて居た
昨夜は講堂に寝て払暁前から ずいぶん寒かった 起きたら どんよりとしてゐる
点呼をとって 体操だ 隊へんの声をしぼり出して 一二三四と 体操をした
砲廠へ入って 今日の演習に使ふ砲を出した 皆かへて、俺たちの砲は 三八年の対戦車に
砲は故障したので 今日 ○○の廠へ 直しに行くので ついでに出しておいた
帰って 対戦車砲にかへて 昔の地下足袋が十文三分なので 小さくてはいらないので
今日十文にかへてもらった 十文も少し大きいので 仕方がない 顔を洗って 返す足袋を
水で洗っておいて 食事をした 一服して 皆に付すから 演習に出て行く ― 俺たちは
砲を引いて ○○部の○○廠へ 直しにもっていった 土民兵 一生けんめい うつかで仕世
事をしてゐる、支那一日中に 大きくなっていった ○○廠へいった 料理の方もにぎ
やかになって いるな 品物が出て居る ○○廠へ つくと 砲を 太のみ一服して 休んでおれ
俺に 藤田の村田さんが 来たらと言ふ 前から来たので 会いたら 体ますの 中里氏
(かわしご也)の と谷の角の 増田君だ 顔は 知たことはないが 名前は知ってゐる

607

細見君が来たらしい 妻の 岩手からとの 旨の返し 増田君という家でとらへて大変い
たい。道中がつらいと言って居たが 3人共によく見つけたものだ。増田君は アイゴエンの 界の
かりかの前へ 船輸をしたと言って居た ここでまたイの修繕をしてよかったと言って居る
今日の診断 寄下君のことを思ひ出す トラホームだが 目が悪くなり上海迄下って入院
もして居ると言って居た。自分が何んだ位 大きな男なのにと言って居た
長い言訳をして居た 故郷の人は有難し。兄弟の様に思ふ。待って居る身に力をつける
金の東京を作って帯ったそうで土産話に帰る。食堂、料理で、ビールが沢山出来た
にぎやかな道を通って帰って来た。俺は銃をあづけてきたので弱かったので身軽のことをし（?）
俺達は近くを歩いて行った。道でトランプをひろってのこしとつかなったが と道歩いて
よって後から来た。のだと云ふ 兵舎迄歩いた 飛行機 飛行機が 上空に来て居った（?）
飛行機を多く飛び上っていて 大きなものだな 早く帰ってかえせ 帰っていくと思ったら
地をはなれて高くとんでいく うまいでもんだ 感心をして見ていた
兵舎へ帰ったら 一時だ 皆食事をして居た 冷たいめしを食べて一眠していた

608

No. 6

全部取ってもらった便通は逆におくれたので 二時半近く休んだ。翌朝起って起きて
みて見た。うまく合った。又針金をすっかりと完全につけられて安心しておいた。
で済まず 気管の付近に比べて この首の付近に 破損した為の附属品を出して
おもしろく実に調べた。俺だけは 鈍をうってはすました つまもあるした 肩ではが これとあるのが
引っ掛けをなて出して 肩ではを作り 四時半頃に済明かり終えた 給食を入れたりした
帰って来て津田さんが持って行った土匙のいろいろも ワラン上へ入れて見たら 今日切って 当分を
作っておいて頂くように言ってもう出来ないのが止めて風呂へ入った。今夜は大した汁
にすまう。あったけで加減は良かった。相変わらず 暖い体の人だ 風呂へ入るのがいやな
になった七時頃に水をのませて 給つ飯ら 上れ手紙とを書く
今年中か来春 本家ずり。然し富民よりも 又けたした。家の子共 母の死をわびて来た
母に米をのませものを借りんだと言って親が思ってるとかいてある。誤解をして居るのだ。弟は、
「米を医者がのませてもよいと言って医者がのませたから のませたのだ」とは医者の手落
だ」とかいてあったのだ。俺が言ってみたのだが 弟が借りんだと思って居るのであろう 又明日かく

十月十四日 夜 十時半

妻へ

良平

十月十四日被十二時書のお前の手紙昨廿五日夕方に手にはい
りました 元気でおくらしなので大へんうれしかった 皆元気でいて元気で
御き秋のとり入れも今家は皆刈りこがし 東京は天気もよくこわず都下
で上天気続きを二つて居ることと、出来のりがかけは とうくとしてるので
すんだた居ことと思ふ それでも今年は弟が居てくれるから 仕事をするにも
張合があり 力仕事は弟がしてくれて楽になるから ずいぶん違ひだらう
仕事の余暇も弟が手伝ってくれるし 今迄よりか手伝はほど楽になる
だらうと思ふ 又其の内に皆そろって仲よく暮して有すことも出来やう
それをたのしみにお互がいに大丈夫で元気よく働くことにしやう
武郎が たんとしっかりになって来て 大分そうに動くとのこと 良ちゃんも
大分元気だといふて お前とのことだが 力がかりないと 仕事が無理になるから思ふ
なにも米ばかりで困るろう 油が思ふなに安く たいとのこと 入手を心していくぞ
野菜をそえて十分に取りも四分して過ぎよし 御冬みるとのこと よかろう 送ことを

610

2

すると親ネツがあったとのこと 又仕事から一寸ばかし休んで帰っていたが無理はさせ
られないから よく気をつけてやる様に言ってやるがよい 中々気はよいけど 元気をつけ
て貰わないと 二十から三十位よく知って居るだろうと思っておるが 倒れて来たら困る
から十でも平和に元気よくやってくれるのでよい 又よろしく よい人を探して嫁さんを貰
ってやらねばならないが 父母からはどう言う本人で断られるか さよいって 折があったら
父母の近くで探しておく様にした方がよい きけば よっちゃんも結婚をした
とのことで お目出たい さよいって 手紙でも言ってたこともあったが それでも よろしく
結婚をしたのか 嫁さんも中々安心をさせたことだろう 大阪の人を貰ったが
十一月に大阪へ行ってかけていたが 近くの若い人がはなかったのか 何としても結婚
をして一日も早く家をかためなければいかんのだ 俺の帰る時にはどうしても迎へに
いくと言ってくれるとか うれしい あんな朗らかな人はなかったよ いつも家のことを下
んこのことを面白かして 俺に何時も忘れさせてくれた人だ いつも近くも俺の頭に
残って居る 又子供をうらない せず 来たたけのものは少ないだろう 退屈をかこう 俺は

611

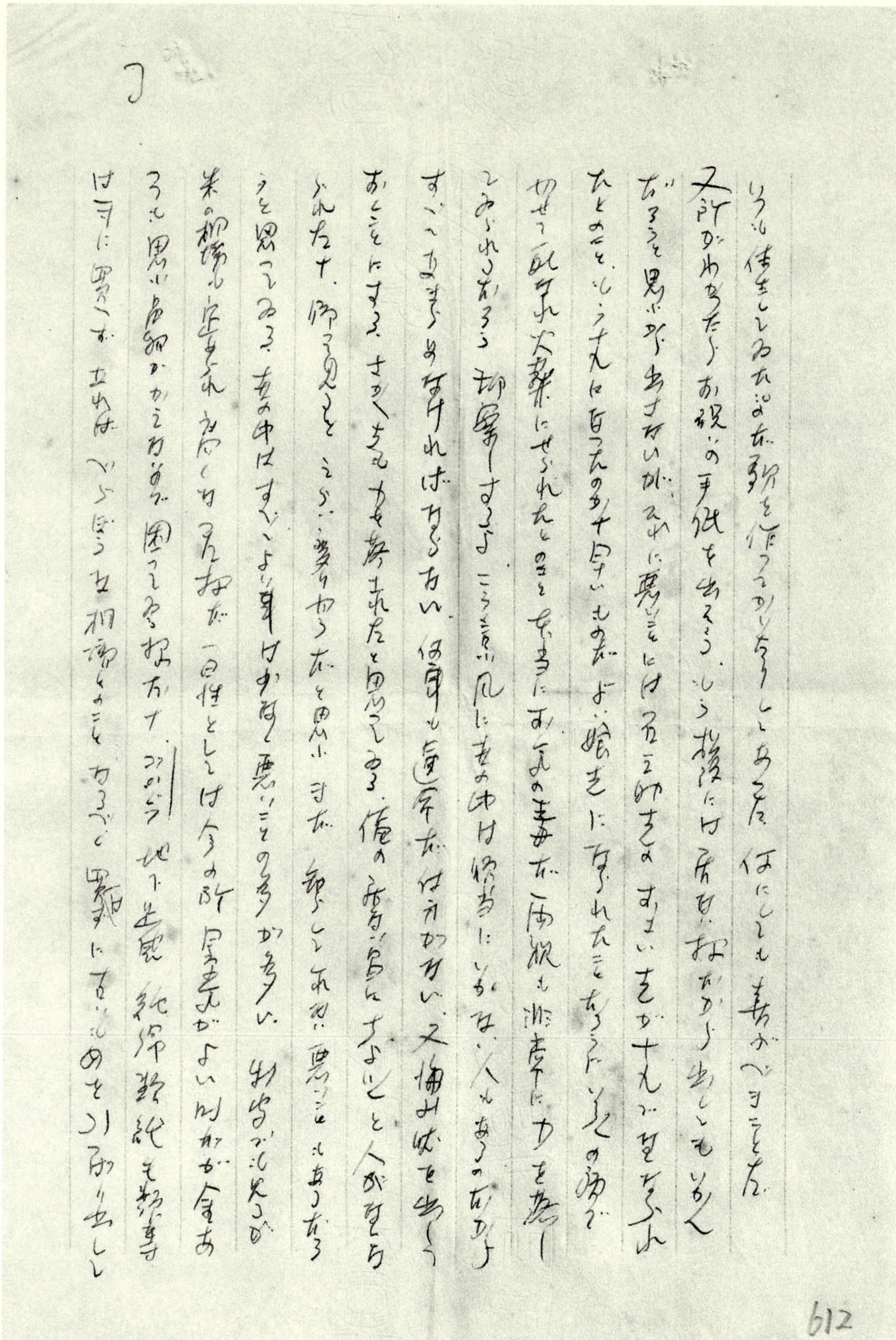

いられ仕事して居たばかりな事を作つてばかりしてゐた 何にしても喜ぶべきことだ
又許可がおりたらお祝いの手紙を出そう しかし俺には居所がわからないから出しようもない
だろうと思ふが出さないが、それに悪いことには五月中まるですまいが十九で望なかれ
たとのことを、しかしそれは言つたのか千字いものだよ、娘達に取られたことだろうといふ話で
切せて取られ大義にせられたとの事を本当にお気の毒だ 両親も非常に力を落し
ておられるだろう 御察しするよ こう言ふ風に世の中は順当にいかない、人もあるのだからよ
すべてあきらめなければならない 仕事も遠慮などはかない、又悩み心を出して
おくことにする さかくちえも力を落されたと思つてゐる、俺の考へるにはよいと人が望む
られた、帰つて見るとえらい変りようだと思ふ まだ帰つて来れば悪いこともあるだろう
うと思つてゐる 世の中はすべてよい事ばかりでなくて悪いことの方が多い 判当でも大分
米の相場も安定され高くはならない 一日位としては今の所景気がよい時が今あ
つた思ふ 品物がかえないので困つてゐるらしい このごろ地下足袋 紙 衛生紙も払底
は手に入らず それはべらぼうな相場とのことだ 要らずに高いものを引張り出し

612

皆に会す様にした方がよい事変がおさまれば又元の様になるだらうから子供らは仕方、
がないから風をひかん様に出来るだけあたたかいものを着せてやる様にしてやって呉れ。金は沢山
つかって居らんのだから、それで毎日すきまへいって遊んで居るとのことうれしい。すなお
でお前それ丈は仕合が出来てよかろう。勝男も段々速あげ牛乳をのまし役に立つてるとを
のこと、おまいさんの状況が分かる。手紙にも家へは一日一回位は行くとして行って見て居るが皆仲
よく働いて居られるから心配もしない様にとかいてあった。父の顔を知らぬ人の力で大きくして
世話して居る。ずい分大きくなったことと思ふ。写真を送るとのこと早くあいたい。抱いて見たい
俺がだいたやうに泣いておるよ。この人がかわいいと言って気にしないでよいだらう。困るナ
こんな丈夫で手まくいって居るとのこと、母が病気になってから変ったらうな。大分自分の
事は一寸やっていて又子守りをしたり家の手傳いをして居ると、よく言いきかせて
自分の事は自分でする、人の世話にならない。一日に四千材料が得ったら、ミつと すまない
はするやうにくせをつけさせてするやうにしなければならん。母が病気になったから
しっかりした女になったから仕方なし、さればならん人が、この時によくするやうにくせをつけ

613

毎ヶ様にしてすかゆはやしんもみしほすわめたとのこと　仕事が忙しいから中に用
で用事が休むひまもないだろう　今週母がしこれた合もしなければならんからな
朝早く少し遅く勤め通したが　相当なこと、思って居る。秋の甘い栗は皆同じことだ
今年は不作があって　しまりがないとあれ又　それゆゑとこれ　不作が又　由五日あれた
の故　同の週位なろう　それだからもう秋のそりもすんだことと思ふ　今年は天の節大
が悪く雨が多かったから　困ったと思って居る　それ　麦田にかかる居る役と思ふが
俺のなすって　ちょっと行くとのこと　よかったなが　便りをなけことを思ふとよかろう、
康子が生達の代りに　手傳いに来てくれたとのこと　志なけでうれしい　見れば三日性なるか
様子なくすのに　返事わまれへ四五日し居たら身を使はあれになって来自くすっと良く
になって病人となって大変だろう、お母様に心配をしたくれて居るのだろう　うれしい　すかないか
あせ豆あづきも沢山あったな　男手がよくて少ない遅に　手がまわらんのかと思ってひっそりし
居るのだ　二人の味と油のなましのなよ、時生のへの送金したとのこと、何ふかいら　何とも
言ってこないのか、弟の二人は何とも活かないと言ってるなか　手紙様が届かなかったのかな

614

No. 1

十二月十五日 どんよりとして居る どうも二の頃天気が悪くなって 太陽の姿を見
ることは出来なくなった 昼は大して寒くはないが夜は相当に寒い。
寝て居るので朝もうすぐらい 七時に起きて点呼場へ走っていく 点呼、体操をして
班内へいく 今日も演習だ。便所掃除当番を外へ出して すぐとすいた
終って洗濯、朝めしを食べて一服して 八時半に演習に出る。銃を引っぱって
飛行場へ出る。ハンガー機が沢山 放られて居るのが 一列に並んで居る ずっとプロペ
ラをまわして居る せわしくて仕様がない すっと近くだが ひびいて来る 演習を行なった、
どこまで演習にいくのか いっぷんを見て 銃の前をとって行った 二人で、組んで居る 大きく見える
空へ上ると銃をふる ばたばたと言ふ音になる、基地 いかにも と遠くで ひびく音がした
今のが空襲かなあろうと話をして居る 俺達は俺達で演習をしてゐた
兵站部(スイッチ)とかいうトラックが来た。何かを皆で下ろして今日もバスが二を通ることに
なったのだそうだ。バスが来ず、城内の○○の内部、次が軍需工場の○○部隊の
○○○部隊前、飛行場へ来ての○○部隊前 旅団には 林が井上部隊前となって居る

615

No. 2

その中、今日から この近へバスが 出来ることになり 朝晩は毎日町まで出ることのことと
兵隊専用のが無料だ 急行の様だ バスだよりが ちがうだ でも こうして歩く
ことを思へばどんなに便利か分らない なんで便利になって行く
町へ出る時にも又公用に行く時にも どんなに楽になったか分らない 新しく来た
ンノを見てみた 行くとは兵舎のバスになるだらう バスがくれば のって次は [illegible]
いますし いかなる方も 叩き乱れのない [illegible] に [illegible] と 太郎ちゃんの 安全も ますます
出来るだらう と 満足したものだ 其の日 飛行機のヒコーキも おりてし バケツに行った
何百かの バケツを 拾って来た 又 バケツを つんでみる 座たべろ かくれんぼ 入れて
みた 僕達も 座に すわったので 絵を引っぱって 行って来た 絵をしまって 兵舎へ 帰る
座は ヤッと 牛肉だ おいしーい 此の頃は 御馳走がたべられるやうになった 一日に二回は
まるで 牛肉か 豚肉 又は 魚が 大好きだ つけもの もあるし よくなった
座の前に 大きな 家へ 通って 来た 母の 病気の時 薬を 飲んで のませなかった と 言って
弟が 呼んで 行ったとかいふ かくして 出来た 隣のへも 謹慎の礼を 仕手で 出しておいた

616

No. 3

午后一時半から砲兵前の広場で先日北支へ来られた「かんいんの宮殿下」の、聖旨傳達式が行はれた。畏くも天皇陛下より有りがたい御言葉を賜はり又大元帥陛下よりも御言葉を賜った。井上部隊長殿のお言葉もあり式終り各舎へ帰って一服した。前半一位は宿舎に俺達は各自からのくいきの絶えまって刻を待った。目前で歩き出して行ったりした四時半近しを中止し各舎へ帰り持って帰って砲の遊底を手入れした。でくつを洗って一服し兵へいて分解して内部の手入れ一段落して送る事にした。夕食は皆で奥太又おいしく頂いてから弟への手紙を書き上げて先ず日記と手紙をかいて居る。今夜は水をのまして来た体によいとして寒いと忙しいだろうな。子供らも元気で遊んで居るか。お寺の農繁見舞へいって居るか。相当忙しかな事だろう。今日は風当が強かった。大きなのがなくなったのでたけなったらしい。お前達もようすっかりよくなって元気になったのだろうね。うれしい。法人寺さんもすんだか。つるし柿の土産も、それからは急に寒くなることだろう。此地は相当に寒くなって来た。風を引かん様に気をつけてくれ。又明日かくよ。

617

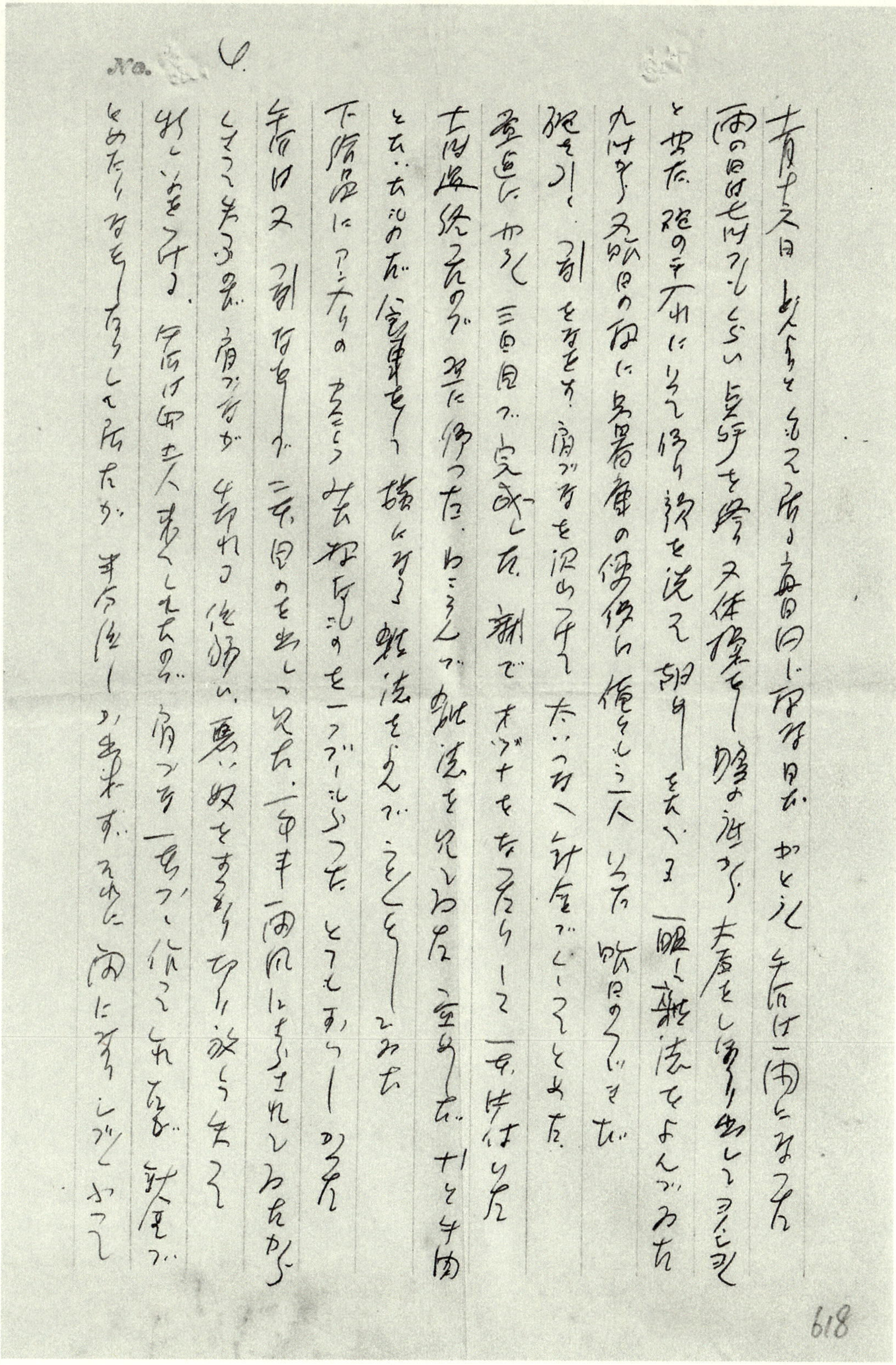

No. 5

来たので兵舎の中へはいって来たが今日は田村さん故林少尉殿の告別式が
砲兵隊の広場であるので早くしまって兵舎へ帰った 雨のしぶく降って来る日にみんなの
上ってくるをみてゐると家の者達で雨の中仕事をしてゐるかに思ってならない
豪雨になったのだ 外での告別式出来ず 格納庫ぐらく白布をはって祭壇を作ら
れたが止まらない雨なので又外らと将校集会所へもって行かれた。
兵舎へ帰って一服していたが時間が来たので用意をしてしぶく雨の中を二十四人
そろって将校集会所へいった 家が小さいので全部はいれないが代表者だけ入った
僕は一番まへへいった 苦楽を共にした人なのでしらたはいって居た もう告別式が
大勢来ておた 奥に祭壇を作り白布でかこって一番高い所に肉太の額に
遺骨が安置せられ其の前に献花がおいてある 菓かんな盛花がきれいに
沢山かざられ供物は酒びん するめ かんぴん 夕かご かんづめ おまんじゅう等
所せまし積かざられ 線香の煙りが細々と上って居た。
四時から告別式が始まって一同敬礼をし 兵隊の坊主四人のお経が

619

No. 8

はじまった洗礼をまた一つすましたのがたい 静かに お酒をやめました。西の林少尉殿の戦死を惜しむのかわりとしておいしる。酒一滴なかった 井上部隊長殿の弔詞がよまれた 多し故人の偉大なる功績をたたえてあった それから焼香が始まる お酒も上げられて私も拝む 一同黙祷して別れた。お互に一しょに行く居た 気の毒なとつくづく思ふ

奥さんは呉服店だそうだが 子を置いて行かれるのは困るのである

僕と一しょう話をして 女房のことを話しをして居た 早くも安心して生活して居たとしたに かなしい いんねん深い、兵隊 忘れてかわりもちょいと遊んでやられた但だ

一服して居たら今度は パタン 三人に一かんづつ 配給 美としておいしかった 牛大尾 牛肉のかんづめで少し 沢山あってのだよい 二次は 缶詰でいっぱいなので 腹がつぶ 会話にもならない 夕食後一服し 日記を書いて居る

皆さん 又いど少しうちを打つ 音もさわがしい たんく くらしてる 来た 今夜

九時頃宮田部長と二人 林少尉殿のお通夜に行ってみた 明日はここを出発して内地へ送られるそのこと 家族の 通知だ 又明日 お通夜のことを書くことにして風呂へ入ろう

十二月十六日 夜九時半

勝之

妻へ

620

十月十七日 よい天気になった 冷たい一ひどい寒さだった
昨夜は夕食后 間食にぜんざいを炊事から もらった メリケン粉を加へて入れたので
塩気まるで無し 中々酒保に売って居るのよりおいしかった。食器に一パイあり 酒保の
ものの何は大丈夫だ。腹一パイ夕食をたべた後で又風呂がわいて あついのに入ったので
うっかりしない位になった タバコを吸っていつ雑誌をよんで居た 七時に馬に水をやりにいき
七時迄 事を見て居た 点呼后 一服して 宮田班長と二人で九時迄 将校集会所へいって
時間があったので 入室して居る 辻補充兵を見舞によった もうすっかり元気になってきた
九時から将集へいったが すぐ曲組は 隊長殿の謁接室などのこと ほれ 室へ はいった
今日の告別式になってあった画 室と世界 程 花 供物で一パイだ 香煙が室内にたちこめて
居て 外の隊から下士の代表と兵の代表とが二人づつ 来て 将校は全部が 甘上部隊長殿始め
大隊長殿 各隊長殿 室一パイに並び 一つ一つ敬礼し 各隊長の挨拶が 別だけかく
お経を読んでいた 中々上手だ 其の来たばかりの話 将校だ 三十分ばかりして 終り 部隊長殿の
焼香 各将校の焼香があり 下士兵代表は 其の後に 又お経があってから 個々に焼香をした

621

No. 2

林の財政と ものを言はれて妙に思ふ。皆一しよだ。所ちがふから。そして 二の おつかさんと云ふと
家が母のおつかさんして居る様に思ひ、母と思ひを郷土の上に母のことと思ふのことを考へて居た
了度明日も、郭都教育がある。が、特傳りて居る。各大阪から得材が貴くみられた中に
佐々木の結婚、人並口が財政としてものを言つた。今時、正月も、酒地へ出発の前後会つたやりで 女の
に付持くゆくり酒も出来なかつたが、今腹えて元気なつた。あすから大百合さんの方との話、浄老
は来たあつたかと思つたら、先輩りは来ない。浄老がよろしくと言つてくれと言つて居たとのことづけだ。
元気で暮らしい。すつかりの中でむすしく行きも出来なかつたのだ。止めて苛井併、雨の中人が中を
孤長文人待つて来た。又傳ったの早で行つて酒と考へようと思つた。夫人方へ行つてゆた。
今朝はよい天気で、あたたかい。陽の内は冷たいけれど、きりだ天が、だんだんはれてきて会ひ見られなかつた
日の話が見られた。上海体操、仕教へ、今日から行けば郭都教育に使ふ仕事を持つて帰る
七月四日今に林の財政の遺賃が、こを出せまいのが、一同 去日の前に友人で見送つた。いよく大陸
を去つて内地へ行かれるのだ。彼が今日本の親にはやつていくだらうか。幕たく思ひは何とも
外地の人は人的に寒くて作られこそが分らない。思へば思ひ出すかれの為にしてくる

622

No. 2

帰って沢田会員拉になって戯治をよみ九時すぎ毎日のつとめ 良寛寺へ入りて四角 館の入口で書生
なさすこし前日は仕揚げをしていた外の人には前づけを作ってもらって さらっと伸んで来た 一日仕事だった
あたかくなった。館新聞では解説紙面が始まり 井上靖氏が大仏殿 外宮の人たちに実地
にけいこをして下される。今後この記録で映画の演習のしかたを一つの型に定め次にする者の実際に教へ
るなに先づ解説の人々が実地にけいこをするので 今日から五日間 絶えず一回の事を教育するのだ。
来た時紙治兄と会った [illegible] 眠いといって画の紙治をよみ切って去った。くすり 生徒会名簿
事を洗って少し今日は正月 前後 皆は仕事を休み事の後で 紙をもらった 鏡、劇を手入れして自由
をして過した。あと、あんまり日に当った 今朝はひどい霜だった 今後は寒いかどうか 去年の中へ毛の
シャツを出した 又妻のもようで 気付いたけれども去年入れを出して見つけた [illegible] 今は寒さに違いない
飛行機がやって来た 兵舎の上をとんで帰る。飛行機の音がすると ぶらぶらして見ていると [illegible]
今日はこれでおしまい 又明日 夏から帰ったら ついでを取って 足から又週刊明日では一寸
四時半頃に用事をして参上にいるのだ。見ましたとおり 一週間かりにおなすって来た
かなるった。自ら日は沫で目を通して居て [illegible] 仲よく一日をお過し 明日、

十七日三時半

623

十一月十八日土。晴。春の様な暖かい日になつた。昨日はあれから雄猫を見て

ノラがどこかへ行つてしまつたらしい　暫く返事一寸にゐて来た

もうゐる。工夫の用意もしなければならん時だ。ゆすぶつて来た。下段に夕べこを

こつちへ酒を持つて来たあとので。工夫にいて返に[illegible]イツ[illegible]をかぶつておいた

用意をして居る為に猫のことを思つて大へんよい気持になり仕度をして四時四十分に

出かけた。菓子の袋を持つて表門の二番についた。夕食をすまして[illegible]にすつた。[illegible]は冷

たい。七日頃の月が上つて明るくなつて居る。空の様だ。しかし寒い

風は余りないしでかなり暖い。夜中から明朝には相当冷えて来るか

ら二十を二足はく。先のシャツを着てゐるのだけれどもこたへがなくなつた

それに今朝すぐダンロが消えたので　火鉢を抱いて居たので　工夫部屋に居る者は

あたつて寒さ凌ぎに過した。出て居る時も寒い[illegible]だけ健なる時間

なかつた。立つてることはなかつた。野良猫が三四十匹ついてゐる二三匹近辺では

いるのだから猫を抱えて　鉄をさり過してゐて平気で居るのだ　おかしくなつて

624

No. 5

夜明にねておかあさんの夢を見た 七時前に起されてかへ出た まりかもやが
一面に立ちこめて居る 朝起きる 日は未だ出ない 交代して食事をした
幹部教育にだけは絶をあるだけ引っ張って野外演習へすぐて 教育が初まつ
た 隊長殿以下沢山の人が熱心に実行された 依んな人食口が付いて来
しばらく演習して居たよと聞えてくるだ 演習をやってゐるなどと言って居た
写真機を持ってフイルムは内地から送って貰ふとか言って居た 又今夜に
終業して帰ってたらなんであたゝかくなって来る 春の様に風は暖かく あたゝかい日になるだ
並めるあたゝかいのを食べて工兵所に居た 兵隊も揃って沢山とんかつやってくら
だいぶつみこんで遊んでいて空襲は来ない日には南東から遠くにかーんと
いつもんとおとすけど、音が来てくる。午前の交代で立って別に変りなし
十時の交代時刻になる 今日の交代は明日の休みが出来れない事になるのだ
雨が降って居た、交代して兵舎へ帰ると会がつけてあった。皆へかへってたら
伊藤が加藤達が来てからまたもとまゝ。道具を片付けて居たら

625

No. 6

かしわと竹の子をたいたのをはんごうに二はい持って来た　いつにはいった油あげと
てんとかんそうよりよいと言ふので　すばらしい一円五十銭が油あげとかん　てんを
煮て居るのだ、深澤君、橋本伊藤さん　来たとかん　其をのんだ　何のこと
と云ふ気持になった　夏だ　にらにねておそいのだ　疲れて居るしよくねむれる
いい気持だ　八月の太陽さへ遠しない　ためしを食べて一眠し　風呂へ入った　昨夜
はえないのだ　よかった　熱い風呂に入れるのだと云ってよ　何のことよいかげんにまって居
って来た　そして一眠し　風呂と手紙を書いて居る　風はすずしく今夜はあたたかそうだ
が夜中は寒くひえて来るのだろう、少し疲れて居る　早くねようと思ふ
演習に海水浴もあるのだ　どうかわいい山のすきまで一人で人の顔を見たくて
してやりたいのだ、明日は休みだ　ゆっくりねようと思って居る
母の方も今頃はいいだろう　此の間送った写真のネムニ二通　こちらにも思ふ
大切に保存して下され、絶対にお前も体を大切に　思ふ　体をこわさ
ぬ様にして下され、お前も　家族に向かふみんなに仲よくしてやれと申し

十一月十八日　夜七時　書いて置く

実より

妻へ

626

今日来た手紙

村田梅田、油科木、二 [illegible] 二 [illegible] アートし [illegible] [illegible] 梅田 [illegible] 八

十二月十九日 今日は休みだ

昼寝をすまし体操をして [illegible] を読み 食事をする

昨日あたり天気がよかったのだが今日はあさ、から雨もようだ

休みだ [illegible] 外出をする人もあり、その [illegible] は大方出かけた [illegible] ねて

雑誌をよんでいた、洗濯は [illegible] 手紙は二枚 [illegible] 退屈 [illegible] になって

困って [illegible] 横になって雑誌をよんでみたが [illegible] すきなのもしじ

[illegible] をみにいった [illegible] 空の [illegible] がありり

[illegible] 寒いから小さい小アーで一本で [illegible] 人であった

[illegible] よもまいをならけものだ

[illegible] 水で洗い [illegible] はりをつかーと [illegible]

夜一 四分からだ 大士 [illegible] せりをかってかしやをのんでたました

昨日から [illegible] 五つ [illegible] 二十 [illegible] 大 [illegible]

[illegible] 又 [illegible] と思って 今日 十 [illegible] と [illegible]

627

No. 2

のむ酒を買いにいった　升　一円三十五せん一本なげん　一円五十せんだ　安いだろう

帰って来たら皆で一杯やってみた　早速かんをして　梅木山岸潤郎　何好

川上と五人で　はじめた　梅干入れの　ぜいやっこ　つけのピン　こつつ葉で、腹

台をのせてあつし料理をしいて飲んだ　かしわをもちもうまい　深山をって届けて来た

なつめと窓はあれだがなく見るかすぐなくて　それでも相当深山だが

中に蚊がよって来るのに困ったかと思ったがとうとうおい——！　酒の人をしたら　やめろ

空腹が母のことを思って来たら酔ってまた主人耳を貸くの人が良く又来ってくれ

いい気持になるが皆居ない　中山歌ってくれない　深山が来た　顎もすっかり

ただって来い又十（休業）を切ってしまった　之で又　おいしかったとうとうこれ　あけて

めしを食た　俺はボーっと大根のなったので　せんの方がおいしかった

腹は一ぱいになるしいい気持だ——　春のなぞにぎやかになって　ハナウタを歌って

座た　風呂がわいたので　はいった　あつい　よい風呂だ　すっかりして帰って来た

親が熱湯を見てのたがわすれてきてそのまま　腹をまし　ゆっすりねて来た

628

No. 3

にはそれお彼へいって安い城跡で日本もあるか部落では二脚もあるかな
花は小さいとりなが大判になりますが 安くつくよ こうしてたべてみると
おこたえて目をさますと おやじ新法が出来て 梅田からきても 八月号二冊
おやじ一回、油断ならず おやじ回答は残し 安い部屋から よんでみたが 山ばけ
ごちそうは又とり出し 奥さんにやく 大勢で ごちそうをたべて 酒まみれにまめにやってあり
今夜はカレーけれど又ごちそうだ またまたの酒が沢山 神々のでしょうのみたくない
腹一ぱいになっておやじをよんだ 手紙が来てから 八通来て居た 旦那手紙
をかえて居る 方に行って おんなの 又今から よんでみよう 明日は返事を 八通かくおは
まあ又 おやじ机より来ての返事は いろいろたくさんあるのだ 又明日から行 一八
どうぞかれ酒でにぎやかな酒の宴 ませう しかしこう二三日 また体調かもしらぬ
（ところで 又一ヶ月に私がになるし よってみたがとうとう今日は雨に すっかり寒くなった
あなたがいかに 明日は雨になるだろう 降り出して又よく雨になってしまった 依然
三ぶつ一バイのんでゆく 一日すんで来て 廿四日から 又復習だ がんばろう

629

No.

十月廿日 今日は病中なんなさけない昨日の弟の手紙にかいてあった
遠くから母のめいふくを祈ろうよ 昨夜は八週の手紙を皆よんで見た
一つ一つが面白いことを言って居る 昨夜はねむれなかった あの頃と同じように居る夢を
見たり又母と同じようにどこかへいった夢や又 ちと一人がまた病気で寝て居る所や
変ないやな夢ばかり見て居た 目が覚めて居たが夜になるよ 窓の外に青空で
一パイの星だ 月夜が明るい あたかも暗な夜 ねて居て 汗は出ないで よくね
夢を見たんだろう どうも悲しい 一つ一つにおそわれて こわい目にあったよ
久米のいげえが 俺は病中にこんなに何か悪い気がして居るを 思出に知らせたと
一口に申して りんごだとか カステーラだとか ポート様の注射だとか かいてあった 思ひきせよ
うと思って 私の持つけが いやな気になった 其の後では 何かいったことを言って居るのか
弟も 二三日にしてるとかいてある 俺がいくら言っても来ないのでこんなかったとか言う
これので 久米も 一寸かいてあった で弟に言んが 六日未に病気になったが今絶だ
とかとあるが 何でもいって ねてみたのが 昨夜迄一寸も知らなかったのだ

630

No. 5

姉は嫁づいて困って居るとか書いて来た　早く帰って来てほしい　話したいことを又相談にのってほしいことが山程あるが帰る迄どんな生活をしても待って居るが　一体今の様な気持でしてゐれんかとかいてあり可哀想だなと同情した、若い時派手な生活をしただけによけいつらいことと思って居る　どうして居るのか　生活に困って居るのかと面白(?)つかと思って居るが　弟の力では何とも言ってやれないとかいてあったが、なにしろかいてある事から分るが　困って居るのは事実だ又帰ったら何とかカになってやろう、今の所こんなにはなれて居っては[どう]にもならんと返事をかいて出したのだ　姉自身はせつないまで三位(?)手伝とて方々へ家族(?)イヤンに出かけたと面白いことをかかいてあった　大阪の店などはまだ男の子を言ってない都合へつとりで居るのだろうが商売で中々忙しいらしい　初めはしかみ万事(?)材料(?)店は写真入の状態(?)等で　弟等は家のこと仕事のこと字のこと等がくわしくかいてあった　何か入用ならよんだいつって(?)と姉と毎日けんかをしたり笑ったりして居る　夫婦は仲がよいがけんかをするのだと言って大にあてられて往生した　細い(?)はこまいのだ　困るとか　兄さんのかいせんみやげとは父通りにして欲しいとか　今迄にない面白いことをかいて来たので　去年の事を忘れたのだろう

631

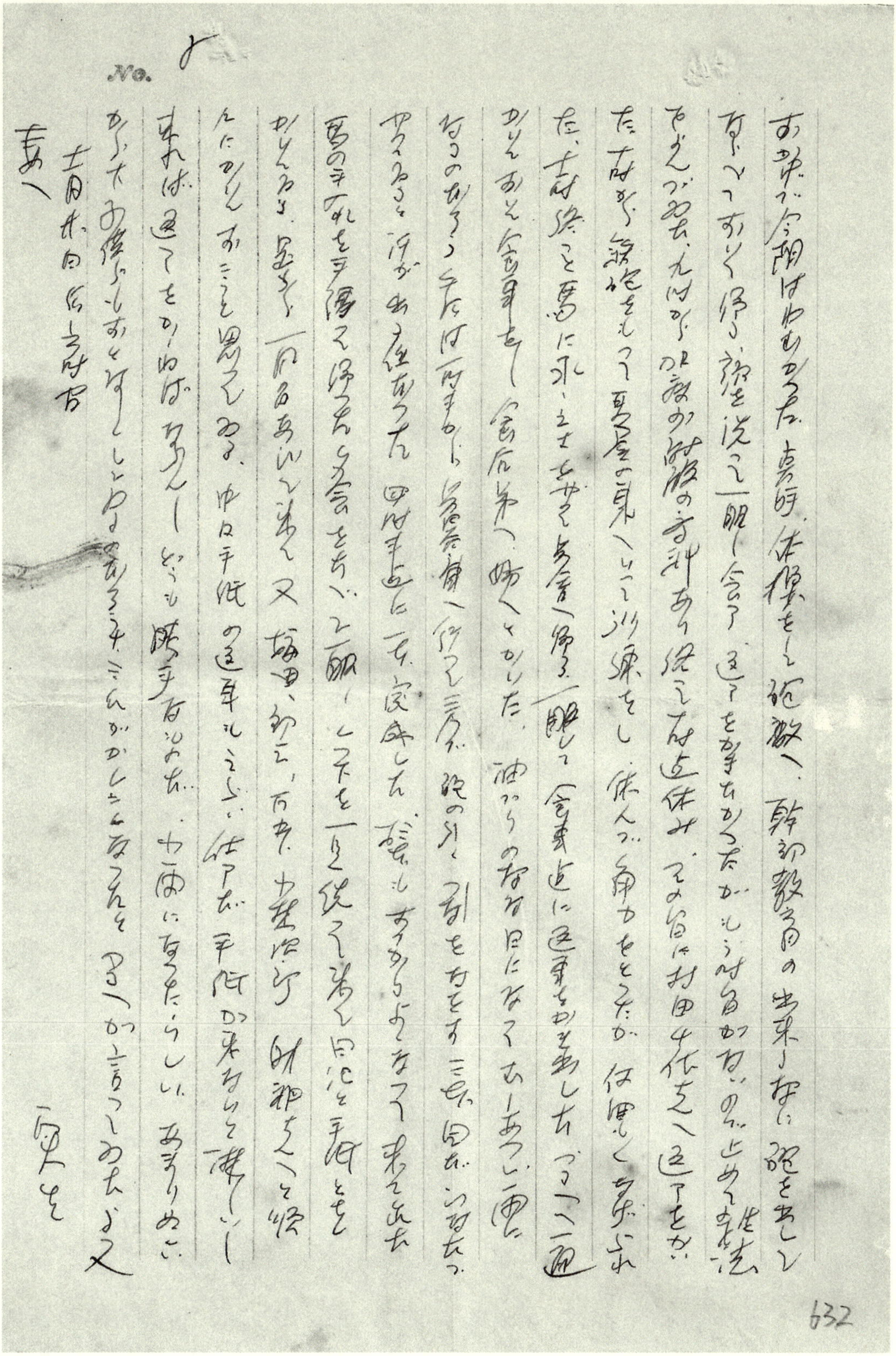
No. 8
632

NO. 1

十一月二十一日 雨だ。昨夜 夜中から降り出した雨は ますますひどくなって、ふきぶり ゆうべで 点呼が 夜明け前には とうとう おりて 雨の中で 目をさました ぶるぶる 車輌を流さんばかりだ。ひどい降りだ 点呼に 明日の就工兵を言はれたが 雨で 困るだろうと思って 又目をつむった 七時になったが うすくらい。点呼に 兵舎の中で すぐ工兵の準備をした。今日のは 城内工兵にいくのだ 城内の今ドにうの入口 大変寒た。○○内へいくのだ。三人 毛布を大事へ 全んなら 頭やんって 級の手入れをして 食んが 体に雨は 止まない 困ると思ったが どうにも仕方ない 顔を洗って 出て来たこの みえすいだ あついめし をたべた。ありがたかった 一膳の 冷たい 皆手入れが停った で 用意をして 八時半に 小雨に なった時を 自動車隊の前へ出た 迎いに来たトラックが 来て 二十で皆揃ふのをまつ ○○内と 台内と 二ヶ所に いくのだそうだ で 二組揃って トラックの後 いよいよ雨は又はげ しくなって 酷くどしどしと あたる。道は もう水で 灰色だ。昨夜は よほど よくふったらしい 麦畑は 雨毎に青色をなしていく 台内で一組おろして 佐藤達はそのまま 城内へはしって ○○内へいった トラックよりおりて 毛布を入れて 歩哨の交代をする。今日は 歩哨係らだ。

633

NO. 2

この工兵所からすこしはなれた所へ三人別になった、味噌の倉庫と製氷所の番をやるのだ

あること、ここは初めてでわからない。表門の（城門）口には立哨するのだ。道の向側には太郎の

巡査が四人位な鉄を持って立って居る。これは支那の人を調べて居るのだそうだ。茶色の[illegible]

服で金ノトを割りそうである。貴所の向側に休む所があってここで食事をし休んで安心し

て寝るのだ。夕肉を切ったり野菜を切ったりしておかずをたいて居る。よく流しをしにくる

ビショヌレになったが雨は小止みになり雨がっぱをぬいで中へかわかしておいた。上等兵の指にきた

なにともよいがいろいろの用がある。雨も上り後方に炊事があってここへ倉庫を取りにいく

のである。鉄の流れのを捨てさせ、広い炊事場だ。何でも工兵所に来て居た

兵が一しきりになった。ここの給与は少ない。店の様に少しおかずも沢山はなかった

者が十六人居るがみんなすりでも食をたくさんおかずもかしてあげません。其の代り小便の

ななだきやた林ずけを持ったが、安心して並めして食べた。雨はやんだり降ったり

してはまたやむ日だ。ここは今仏寺の中人と私行宿舎の者と トラックの通る

は少ない。動きが少ないに来て居る。製氷所へ行って居る所へ巡察にいったり

634

NO. 3

冬全の準備もし、終車へ乗れるのをあづけにいったりしてみたが なんとなくふらふらして
仕方、又ひどい雨がふるのかもしれない、静かに休んで皆さん方の事が思ひ
出されてならない、みんなよく手助けをするようになったとつくづくありがたく思へて
やってくれとあった。体がつらいときなら大丈夫も言ふ人がなくなったのだから
思へば可愛想だ。お前もみんなやら家の内外のことばかりまとまってゐることを思ふ
無理をせず がんばってくれる様にたのむよ 弟もあまり無理に出来ないと言ってみたが
また体が元気になってみなりのたよう しかし家事をする様に言ってくれ、これから仲よく御
多少出張にするよ 今しばらくの辛抱だ がんばってくれさへすれば又一息だから今迄のことも
思ひ出作りは楽しからず 弟が居るから二人分の頑張った頃の事を思って体よりか
皆でやってくれる様に、どうぞ大切にすれば丈夫になれるから 大切な体だ
気をつけてやってくれる様にたのむよ そしてお体もよろしくたのむ。兵士達になるだろう、
夜は雨のためにあたたかかった 思ひ出すと一緒 その中の子供所で頼った
雨はふったりやんだりして居たが 道はぬかるんだりしたが よくがまんしてよかった。

635

NO. 4

夜になった 雨は中々止まず しんしんと降りしきって居る よく降る雨だ うるさくて
仕様がない 夜がふけるにつれて激しくなって 窓の硝子を打ち ゆすって木の葉を
おとして居る 雨が王宮所へしけこんで来る 炭をたいて 火はあるが中々寒かった
王宮所の前に蓄音機があるらしい れこがしレコードの音楽 流行歌が にぎやかに鳴って
居る 歌の言葉はわからないが いい声で歌って居る 其の時 君が代が歌はれて居た
長い間聞いたことのない君が代だ 世界に類のない国歌だ 心の中しーんと
引きしまって襟を正し 言い表しようのない気持ちとした為、しずかに立って 一生懸命に聞いて
居た なつかしい国歌だ 内地で唄って居るなに思わず 足の先から頭の先迄 ジーンと
すき通るようだった 如何に落ちた 今でも国歌君が代はよい と皆と泣きもした
夜中ごろ 夜明けはずいぶん寒さになって ふるへて居た 炭火焚けば 息付かなかった
なったが 是迄の心ではない しけがおさまり七時になった、一寸明るくなって来たところの
部隊には乾米ろくがなくて 居る、点呼 朝食をして おそく 炊事へ入った、これから米
こ居る 早い所だ、めしを汁をつくって 皆につけて 一日分配して 食事をした

636

NO. 5

十二月廿二日晴。今日は中々雲が出ない 小さい雪が止み無く降りしきって居る 前の大工人
巡査の派出所へ来て 銃を洗って来た そして製氷所へ三人の食事をはこんで行った
子供らが大和語を日本語をまぜこぜにして居る 子供等は覚えるのも早い
十才位と言って居た 木村は こ この位の子供が居た。可愛い子だと思って よけいに勉強をし
て居る ここんの事を思いおこし こうして一しょに遊んだら うれしいらしく ナツと しんみをした
朝めの仕事を習いたりして 用もなく居る 大部の子供等は中々よく働き用事もまじめにして
事務所へ帰って一服していたら 文化の工員が雨の中をトラックで帰って来た 荷物をまとめて
おいて一週目自分の責任の者を申し送ってすぐ まいに冬ったのが皆トラックにのって
兵舎へ帰る。毎日の雨の中をトラックが走るので 道が凸凹になって悪いことは此上ない
ない 今日は経理部隊長閣下が 村井上部隊へ行かれるので 文化部に工員整列を
して御見送りをした 兵舎へ帰ったら 早くも来て居られて 幹部教育を見られたと
の事だ。兵舎へ帰って 鉄兵をして 此れをすまいた 休んで日記を手紙をかく為
皆 手紙かく 帰って来てにぎやかだ ろうくを 消えたらすぐ ひるまべ 二一時 しょう 入浴に

637

No. 6

直ちに申込して居たが 俳書をもらへるので俳書をまてきをよんでゐた 雨は中々
止まずしきりに降つて居る 俳句をならつて一句の時迄 あまりないので文ゆつのを上あて
本をよんで居たが 四日から 午前は いつもの紙袋の外に子の肩 一字を作る一字
自分で皆三合で自分の室の上で作つて居た 一つ作つたのよいので 一生懸命にやつて
終へたが一日に 文をよんでゐたが 今日はじつと室の中で ふつえて居た位だ
四時頃から紙数へ出して 紙袋を出し乍して しまつた 今日で数日が経つたと言つてゐた
雨の中を帰つて来た 久し振に本をみてゐた 一杯買つて来たので大の側の様に一しよに
ねそのんだ ブリの焼けとネギの汁で 酒の肴はあり 自分のと酔つていい気持になつた
で言はれて すい風呂へ入れ 湯かげんもよくして 寒くあたり湯へはいつて
よい気持になつた 自分とよい加減 よい風呂でもぬくめて帰つて来た 日記のつぎ
をかいてみるとどうしても 酒を買つてのんでみる 今日は静かな 歌も出ない
日記をかいて よい所迄ゆつくりしようと思つて居る 雨はしずかにとぶつけてある
これからは一雨毎に寒くなつていくのだらう 今迄があまり暖かかつたから十分だ
十月廿二日夕七時　実
妻へ

638

NO. 1

十一月廿三日 今日は新嘗祭だ 本部は休みだろう

朝から雨はやまない 三日目の雨はまだやまずに降って居る。うるさい日だ

それとじめじめと寒い 壕へ入って居る位だ 上壕も倉でとても 夜の手入にいく

砲廠は屋根だけでしけるので砲がびしょぬれにぬれて居る。

帰って顔を洗って朝めしをたべる 今日は手入れだ 雨はいくらでも降ってゐる

寒いので雨布をかぶってゐて、兵をよんでゐた。それから砲の道具を手入れをした

外の者は馬にのって引き綱を作って居る うっとうしい日だ

手入れをしまって終えたので ふんどしと手袋とくつしたを洗った 冷たい

でゆでたのをよんでゐた。今日は赤飯だ 祝日だから 魚の大きなにつけで

うまかった。めしをたべてゐたら 今日午后二時から この二十日に 師団です

説明会に出る 銃剣術の選手の者が発表された 俺はないと自分でね

たべに出て来た すみと思われ [illegible]

営内の人たちが山の方にある中へ 若い人達がいってきて 駐日なんだと思う

639

NO.

たがどうしてもねむれない。山口も佐藤も山岸も不満で四人は皆眠れないので困った

新聞を見て居たがねむれなかったので毛布をかぶって目をつぶって居たらやっと寝た

よく朝ぐっすりと、点呼するのにいって目をさましたら銃剣術のけいこ

で出よと皆がさわいで出て行った。雨はやんだがまだ大隊本部の営の広場へいった

道具をつけて幸い水はついて居なかったのでよかった　太郎の上田班長に始め

からいろいろ教へてもらったが寒くてぶるへて居た　道具をつけることと当番もすまし

習試合のけいこを教へてもらったらし居中にも少しも大きな声で号令

をかけてけいこをした　重い道具を付けて歩いて居たりして二時半迄やってみた

今日の分が終ったので帰る、あとで来ての若い [illegible] 始めに [illegible]

又家をやりたくなるが道具をつけるとこのへんにすぐくる [illegible]

兵舎へ帰って来た　加給品のミルクとキャラメル一切れとあった　あまりのあまさ

とてもうまかった　今日のけいこで疲れてわいわい言って居たが又 [illegible]

四時に夢の平和について　話の平和は今日の午前したまま　よかったので

640

No. 3

まき火の始末をとりにやったり水をはこんだりしてゐた 終って行って休んだ所が
公用が帰って後ん今日はブタ肉とネギとを買って来て呉れて皆がこれを
ろうそくと切ったりブタ肉を切ったりして火をおこしてゐた 湯をこしらへて来て
まどで火をしての手料理をした人が あとかたづけをしたのでまーしくとしみえてよい人様になる
ブタ肉もネギもとふを入れてたくさんとてもおいしかった それは皆で夕がたゞし
人が少なくて酒が残って皆の為に胡麻持った 汁をかけて夕食をすまして
風呂へいった あついぐらいだった 一寸時々温度が温まった いい気持になってぬくぬくと
酒をこみた時寝てゐるので日記もかけずに寝てしまってゐたら 具合になった
点呼がすんで ゆっくりとしてゐたら又外の点呼ぶにされて帰ってきました
でんとうをつけて日記と手紙をかいて居る 時って居るので 寝みなさいよといわれた
秋元さんが来た事。思ふ 力瘤を出させるが仲よくしてゐるか ともさんも
みんなにおとなしくしてゐるか これはおとなしく寝ついたり 御前の
手助けをしてゐるか。よく言ふ事をきいて様に言っておく事。もうねようと又明日かく

廿二、何文字より

641

NO.

十月廿四日 雨は無いも空が晴りそうもない 天気よい道でもどろ々
ながい砂地なので じく水がしみていて 昨日は全くにますますしても一寸ぐーんとふえてん
すいかもが皆はずして 好了で 空から侵入を思はずなが すいかの弾薬が
あるので 張り切って居た。何日ぶりもまのあたり大喜び 太鼓づけのしんでずらりかられ
点呼がすんでから一時間ぐらいたつので ぐっすりとねむれた 一ねむりに朝になった
点呼をすませて 砲兵について手入整して後 朝めし前に顔を洗って
今日は久しぶりに演習だ 今隊教練であった。八時半迄 戦法をよんで
みた。それから昼を飯をすませて又行軍は二じ 中隊長殿もまーし
皆一生けんめいにけいこをした 先日来大兵団 幹部教育をして 大分んと
見せられた 新式の仕方によって 一つくなる居た。それ迄は奴な具合だ。
ドどを寒い 一しきり猛訓練を初めて、中隊長殿もまって進んでを
した。黒になってから 大分、寒いのも忘れて 走りとい 出たしとも大にあつい
かった 無にになって つまにたふれて つかまっても へたりこむ事もあり面白かった

642

No. 5

吉本君が又しても今度教練のけいこで十二時頃演習を終り一内なく銃を引っぱって帰った。翌日は十時四十分位におきた。腹がへっておかしかった。大根と魚のたき物がうまいので一服して講に対する戦法をよんでいた。午后も今時たちたが僕たちは銃剣術の選手で、こんな選手たちが二時すぎてので演習には出ず兵舎でねた。外の者は演習に行ったが、そして二時すぎ又昨日の様に道具をかついで兵部室の広場へいった。外の隊からも択出者と教官により又けいこがはじまった。型を習ってから突くけいこをした。大隊長殿も来られ、しまいに一般について教へてもらった。とても熱になって面小手胴をつけると寒いのも忘れる。まるでおばけみたいになった。腹一パイの気合をかけて突くけいこをする。教官や助教がついて別に教えてくれるのだ。中々うまく突けない。何回か教へてもらう。君がうまく行かないのと喜くれ評判しよくなる。けいこを終えて帰った。下士官の人は又あとで試合があると云った、

643

NO. 8

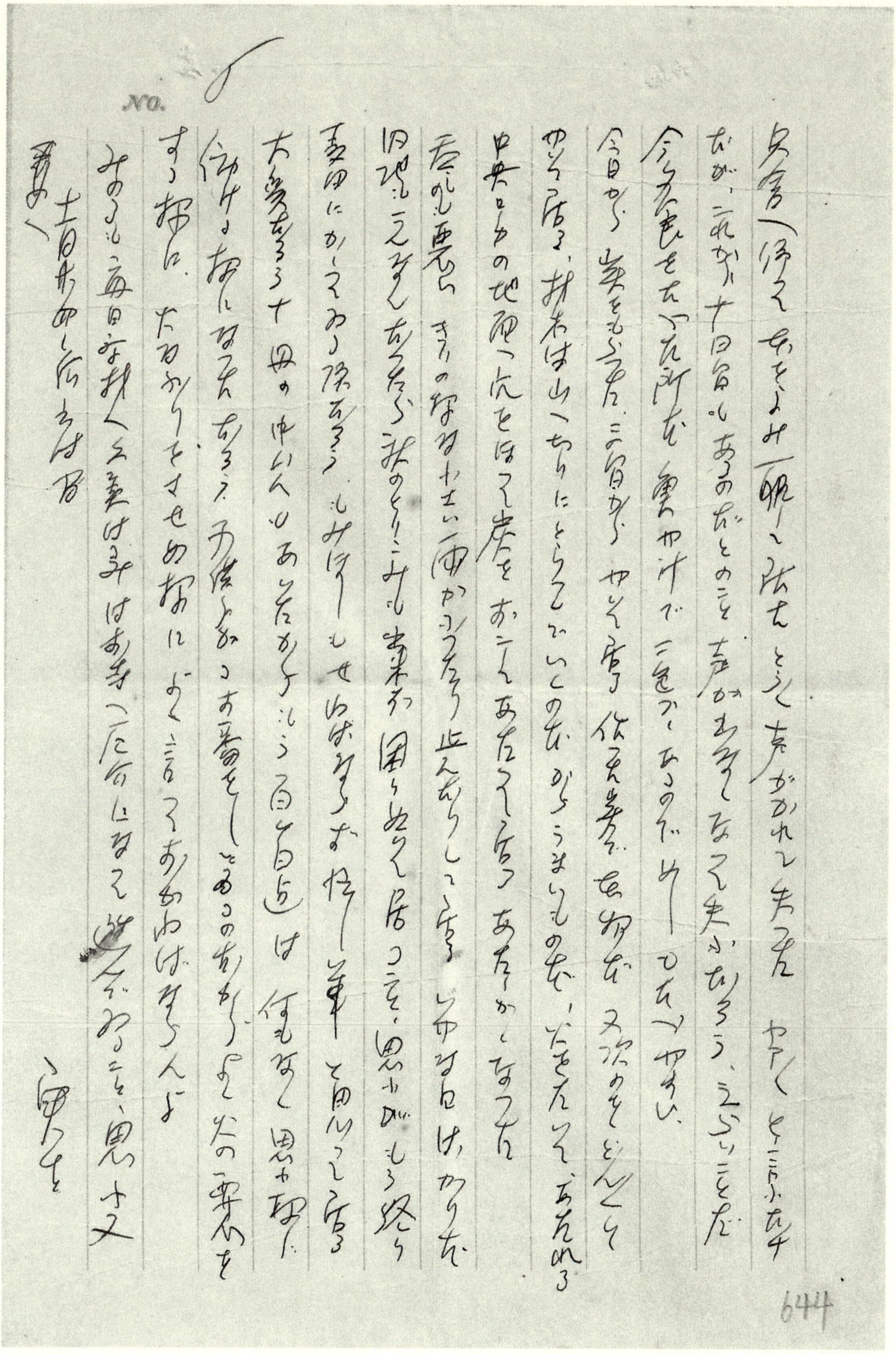

兵舎へ行って兵をよみ一晩ゝ泊ってとうとう声がかれて失ったやっと言ふだけ
だが、これが十日目もあるのだとのこと声がおちてなくて失ふだろう、こまることだ
今からせきを出した所だ雲中汁で三色でいるのだめしでたべやすい、
今日から炭をもらった、この冬からやって居る作兵業だ安物だ又次のをどんどん
やって居る、材木は山へかりにとってでいくのだがうまいものだ、火をたいて、あたれる
中央の地面へ穴をほって炭をおこしてあたって居るあたたかくなった
今年は雪から きりの様な小さい雨がつづいて止んだらしいが今日は晴れた
内地は正月になったらみんなとりこみも出来ず困らないで居ること、思ふがもう終り
東日にかしてみる隊長から、もみけしもせねばならない様だと思って居る
大変だろう十 母の中心はあなたかずらう日も過は何もなく思ふ様だ
佐竹の様になってならぬ様に力強くお番をしてあるのだから父の安否を
する様に。大切りをさせぬ様によく言っておかねばならんよ
みのるは毎日お土産人気は分はお前へ一足に出て会ふこと、思ふ十文

十二月廿四日夜　父より

勇さまへ

ゝ母上

6

ネんたのまれても なかつたとか 仕方がないよ ひろづたけ送つてやればよい 大阪の次郎さんの所
御耳だ、会社から工場長仕合と、いろいろ心配に思つたとのこと、どうしようもない僕には見当も
つかないが 秋がすんでから困つたか外のひまな日に早く郷にいうてもらつて寛之に相談をして
相談の上言はれるようにしたほうがよい、ぼくらのではなし 繁之なら、本人もあろうから、
次は朝吉より野村の大須をいつてもらい 先方では新一君出征のため工場も大分弱乏
がつたとのことで今年を二俵にしてほしいとの返事をよこしてかしくなつた 今年は先方に寛
之に一任して一俵でもいいというでもよい事情もあるから 言はれる様にした方がよい 僕も朝吉さんの
大く返事を出しておくから 今年の秋末の方もすんだとかくかくあつた いろいろと心配したことを僕の思つ
とたことを書いて女の人だが お前のとこへも行かれたそうだな 仲よくやつていてくれるかどうか心配
をするな など言はない、もしも そんなことがあつたらと思つて 女の人だけ おせいさんもよこして
お前にもあつた 繁之らしい気を悪くしてみてくれるかわからないが お前からよく話をしてやつて
くれ 今迄が今迄であるので 仲よく行かんようなことがあつたら困ると思つて心配をして
言つたのだろうと言つてね 寒くなつたから気を付けて病気にならんようにしてくれ 迄はこれで

十日木之 正午 書

良吉

妻へ

651

今日の手紙（今田一郎先生から）久保きよ

十二月二十七日晴　ひどい霜と氷の朝だ　冷たい

点呼を終り例によって体操をして元気をつけて砲廠へ手入れにいく中々冷たい

帰って顔を洗い朝めしをたべる　これで腹の中があたたかくなった

霜でまっ白だ　土はカチカチにこおりついて居る。風がないからなんとかしてたき

火にあたって休んで居た　九時から大隊長殿の精神訓話があるので

今日は兵舎の前の広場へ全部集って大隊長殿のお話をきく、寒さがただ

なんと日が上ってきてあたたかになって来た　お話が終って兵舎へ帰りだに一あたり

あたって　それから銃をもって教練に出る　冷たいので　手がはじかんで来た

かけ足で　ぐるりと兵営の外を一廻りしての教練をする広場へ行く　又二の広場

は別に冷たい、そして風がないのに広い所は中々冷たい。シャツ一枚になって先ず

体操をした外の隊と体操の競ぶをたりして居る　腹の中から声を出して

かけ声をする　終り　銃砲をもって　オイチニと猛訓練を行ふ　冷たいのも忘れて

努力一生けんめいだ。十時止めて　例によって　二班に別れて遊ぎを行った

645

2

大きな騒ぎになって すぐにごはんをし ワンと犬になあいた 走って行ると イテかとけん

るので すぐって ころがしのしあん両月て大笑いだが 兵人は アツイと言ってころく

倒れそうになってみる 元気で寒いのも忘れて又一服してから 教練をした 中隊教練だ

銃をもって歩くのを歩兵と早しなに見える 士気進して 教練を終り 兵舎へよって

馬に水とまぐさをやって兵舎へ帰った 昼めしがすんであるので 支ならぬにたいた

火にあたって一服つけたが いつもの実習をして居た 火にあたっていろくの話があり

にぎやかだ 一時まで外の者は手入れにいったり馬にのったりしに出て行った

俺達は二時から例によって銃剣術のけいこに行く 今日はあたたかい日になり

風はあるが大したことなく 道具を肩にして 本部の広場へと早速シャツ一枚に

なって山本と一本始めた、同じ素人ながら面白い 中には思ふ様につけず苦しくなって

る 俺だけは不かしして あけいこにせず 体操をしてから 大勢でけいこをした

今日は二回けいこをしてひどって 先へ帰った わこしを体かけとってめてたい

工兵上等兵なので 兵舎へ来て一服した 昨日城内の工兵がりっぱなになったので

646

3

代々に今日表はへいいのだ 近頃はとても寒からうと思ふ 祖も戻る砂糖に浴こる
から思ひついたが合服を引っぱり出して鏡の前でつけ手袋をしておりたので昨日が
送てくれた写真の与謝の三宝被をみてなり 梅田からの良日をみたりして居るが
一寸けいこをもう来ただけではならぬ 気合を入れしゅうして居るよと云われるのだろう
元気で居ったら かならず行かねばならぬ事が大丈夫だ 安心にすみて大丈夫だ ゆって居ることと
思ひ日記と手紙をかいて居る 今日はイモに遊びがくるとのことだ 俺の居る内にくるか 又
工兵になったあとになるか いつも思って居るがとんければはいって居るかたのしみだ 早くくれば
よいがと思って居る 今日のはがきは遊びで世界へイモに遊んだ お前の様にうれし
防空班の手紙は出来きたん アトンの下にはりつめた 最近に返してをかしおりし
お前の手紙を又よんで見た 前まではなまに会への事なつた大切乗しするよ
元気のシャツを着こんだ 一寸前 元の外套（お母さんのおなもの）を貰ったのだ ぼくんみるが
昨日あたたかい秋彼岸からだの為にもおだ 家の者がそれらう麦田にかかって居る
さむろう牛が牛分になったや思いなに動きまい 困ってみるだろう 十又明日かく
たて一兵営日

647

4

十月廿八日 くもり 少しだけ日が 寒気 霜があって朝は冷たい
昨日工兵に行く途中手紙が来た アトー二衣 珍らしい倉田中尉から 兄さんだ 新し
かった しそれもまよすみんかって 嫁達をもらったことは わかっていなかった 兄さんはこの前
小包を送ったがこなかったらしいとかいてあり 返事でなかったのが大分惜しいことをした
手紙で通知がなかったので 寸心知らなかった それで又近日に送ってやるとかいてあり
うれしくおもふが 俺の帰るをまつ様に 小包の来るのを今日か明日かと待って居る
それに兄さん達をはぶいて来た 又今日も一人に二つづつだいうて 沢山来るのでうれしい
立派なのがまじってあって 工兵の間食はせまくて来たが 早い許 帰る様に よいので悪い
のを二つづつにして 一つづくじを引いた 俺は二番だったので 一番先に引いておい
た かんづめが沢山はいって居る様だ 外のものは皆あけて 大きいわさだ 中にぎっしり
か一匹づつはいって居るのもあり 珍らしかった 奥さん自ら作ったものと見えて 旦那さんに
とけて くさってたものが多く 優秀アトー等も よごれて使えないのが多かった
俺はあけるのを止めて 又明日帰ってから見るのを楽しみにして 工兵の用意をして

648

5

まつていた 何かはいつて居るかららしい、十日道五里も歩いて まいにつくれ
冬じをすまして後に雲(?)風 少ない静かな夜で 月も十五夜か十六日で早から
太い座の松に明るかつた 夜がふけていくにつれて 大地ひえこんで 足の先が冷えて
とゆめ枕にねた 宿所にはストーブが あつたあるが あまりかんかん 五つ前には
うちをあたつていた者が 霜がおりてきて 一一水がはる といつている と言つたから
家でもその月を見て 東京の方を思つて居るだろうと 東の方をながめていろく
すこしのことも考へて居た こうしてまたについて 顔も少しらくになつて終つた
終だけたえかで 少年と帰る 早速うまらい中を イモ焼をあげてやたいろく
のえのかはいつて居た 一つはたまらんが 一つはあくびか家があつて 最日は家へ
かえつて 東京の人が来た 三宅のも 家のもこまつて居た まづ俺は
よい方だろう ペイカンのはいつて居るのもあり よく悪いのもいろいろになつてる
顔を洗い食事を取つて 居たかゆあたい 其の後午前の演習か卸す頃に
なり 林蚕と出ていつた 今晩家族で 紙を二つ取つて [illegible]帰へいく

649

6

林の附隊の指揮で演習をした　今日は割にめんどくでよかった　土曜迄に終って
又銃を引いて帰って来た　兄さんへきよちゃんへ送っても又イモを焼いて私共を二三日かし
ゆはだめずだいがわるいのだ　食事をして元気をつけ目を通った　ねむいので
一ゆりにねて先にて時に起きた　銃剣術のけいこだ　白熱けん来た　起きて道具を
かついで出た　今日は初めから張切れかもかわず　出来た。けいこ　らくしに行って中止ぐらい
それ思い部はつけないのだ　情けないしまいに油断をしたが勝負あげはせずに御土産
りんご気になって後帰って来た　一眠くなったら加冶屋だ名ヨウカン一つに二三
つづく、小包のみつ豆を取り出したパインを加えてしてやった　ヨウカンもたべた　一服して
風呂で千竹をかいでる又とんぶりとして寝た　一曲になるか風になってよく
寝てしまったらどうなるだろう、今日は早い所分会風呂へ行ってらくすりねようと
思い出すたびにおかしい　御伽出して居る　銃剣術もけいこ　疲れるもんだ
千葉の兄さんも出て来てほしいとおもってあるが、都合早く会えるのを楽しみにして居る
もうすぐ会えるのを楽しみに　今日はこれで止めて又明日かくことにしよう
十一月十八日夜九時半

良也

秀子へ

イモン袋

東京市牛込区弁天町三ノ六

矢進喜子

ユデアヅキかんづめ　一

便箋　一冊

仁丹　一

氷ざとう　一カン

ちり紙　一ワ

扇子　一本

鉛　一ダ

糸針　一組

ノート　十枚

以上

東京市品川区大井森前町五五ノ二

ユデアヅキ　かんづめ　一カン

みかん　かんづめ　一カン

あまり立田煮　かんづめ　一カン

フルーツミツマメ　かんづめ　一カン

牛かん　かんづめ　一カン

ドロップス　一カン

ちり紙　一口

ねりはみがき　一

ブラシ　一本

ノート　十枚

便箋　一冊

以上

[redacted]あたゝかいよい日になつた、氷もはり出すことは[illegible]にはならる

今日もうすいのがはつて居た、点呼をすまし体操をして[illegible]へ行つて手紙を書いて来た

昨日はあれから射撃教育に使つた的を取りに行つた。沢山の人の中に招待の[illegible]も

今会長をして居た長谷川高三が前にあつた昨年杭州で会つた切り 其の中で二回位

顔を見たがものを言ふ折がなかつたが今日は一時半久しぶりに酒を共によく呑うて暮し

暮して元気な顔を見るとははれ〳〵して居るのだ。会ふことが出来ないと言つて居た風呂へはいつてから

手紙をかいた。研究所へ、まさちやんへ、仁田の主二人、東京へ一通、外状を二通と計四通

かいた。手紙のかくのも一寸たいぎした。次は点呼をすまして早くねた よく〳〵すりと眠られた

今日は顔を洗つて食事をし火にあたつて一眠し九時頃城内の修理所の隊へ絶

車をとりに行つた。二十前うちのが車をとつて来た時に道具を忘れておいて来たので取りに行つたら

りつた。行きには九時半のバスのトラックにのつて ちよつと修理所へよつて行つた。寒い

左右の畑は一面の小麦畑でもう青々として居る。よほど早いだろう。外のものは何か生えて

居る。草畑も日本の長い大根をとり入れてあとを又起して青菜か何かをしいてある

2

しうえん今通り完成してトラック道路が十文字にあるいてよくなった 城内はりつぱだが中口
にぎやかになって人の往来がはげしくなったの隣へいって寝るものをつけて一郎と行った
買ったことをして 人形のざぶとんやふとんも陳列へかざって売って居ったとは 殺伐な界で
四時頃帰ったが 一休みして 太郎までじゅうを習って居った 中来たが部屋の火を小さくして
なった 城外へ出て歩く道路をトラックが走るのを見て隊へ帰った 十時半だ
次にあたって一郎と屋外をならべて 手紙を書きました 伊平はおつを前から集めて
あたのがあったが 寝台を掃いたり 窓を掃いたりした それから二時半から 日本体育校
査のため 仏室へ行った。ようしつのが室内でストーブをたくあったのがぬくたかった
今日は六十六、四だ 先日の六十四に比べると二、四キロの増加で 目方(メカタ)にすると
十七ナ七百匁だ ずいぶん肥えたなあろう 毎日かかさずはかっても目方以上ふえていくのだ
来月になったら十分になるかと思ってよく働きよく遊んで居るがうれしいよ
帰ってから一休みしとったになった ストーブを据えつけて居る 兵舎へ二つ 建物中へおいてある
三時から道具をして 太郎の横へいく 銃剣術のけいこだ しかし仕方あったがあった

593

3

たいへんよく日が照て汗が流れる。騎馬戦をしたが今日は勝てなかった。四時迄終り
兵舎へ帰った。一息入れて後の手紙にいき昨日見た幹部教育の記をとりに行った
帰ってくつ下エリカを洗濯し干し乾した。夕食だ。夜はにんじん牛蒡等の味噌で汁
山あおむしと漬物がでた。夕食は支那の揚子江魚のに味付のたいたのだ。うまかった
食事后一服してから少し飲伏をかいた。元気あったが一新一段にしかりた、ずっと一層に生活
に自て居る人々おしたし一四一枚になった。すっかりかりに泥をかりかげ風呂へ行った
あつい風呂ははいってあきまり。まだ水をのすにいて風の静かな静な晩だった。帰って之をかく
居る今夕は活動を見にいけたが大分少い。トラックが来てくれたのだ。おしゃれ好女、とちょっ
と思かつあれ今日立かんばんを見て来たのだ。帰りにおそくなって＝守住君と帰っては先に上め
たのだ。一年半見ないが見たい。今般帰ったそのにあまりよかったなと見にゆこうと思って居るが
いよいよ寒さもあつました。十月になって来たいよいよ寒くなるう。毎日毎日して取り入れ
れ終えて麦田になってころだが今年はどうかもう取り入れたことと思って居るが
なんと寒さがきて来たから毎日十傍に風をひかん様に気をつけてくれ。ご真呼だ

594

4

[redacted]二

朝の内は曇って居たが たいへんよく晴れて来た 嬉しい
点呼をすまして体操をし 一週のサボりをして達こうか 手入れを始めた 停了(?)詩を送い
食事をすまし 火をたいて あたる 雑誌を見たりして 兵舎へは すこぶる 保障して居る
朝日平たのむうと思い、九時半より今日は手紙で 絶叙へ行く 久しの手入れだ
絶叙の案内一節で 全部をいじって居るのは相当に困ったい からだの中迄じんじんと
ひとこんで行って相手 少し休みして 寒いので 角力をとったりして 遊んで居た
十時頃に止めて兵舎へ行った 皆は集まって 梅田君が送って来たキングをよんでいた
昼めしは 牛肉と対のたりたが 沢山あり 腹一杯たべた 又半月の体重検査は
ひとと同じを考えしなければならんなあ この体で今十七貫七百もあろうかと思い居た
兵舎に居ると体は冷たい しみじみと寒い 毛布をきてキングをよんで居た
午後は 郷にかり集まって ストーブのエントツを作って居る 又となりの班では兵舎の前へ
植木を植えて つきやまを作って居る 殺風景な兵舎だが植木を飾ると又何だか
家らしくなった 我々の前の合道 塀が二つに分れて 右左へ行けるようになってゐるが

595

5

二三日かゝって一つの大きな塔を作りて又みせまなった 遊が雨でやられてなくなったのだ。城田のこわれた家の瓦やれんがをトラックで毎日はこんで道へしいてある。これがかたまるとかたい良い道になろう。なんく見当も完全になって行く その為毎日大ぜいかれへ手助けをして居る 寒い日など七ヨーキけ 大分もとんであたり滑稽なる

今日は二時から銃剣術のけいこに行った キンいや使役で人がいつのまにか毎日へっていくし四五人しかなくなった 大分かぶれもなまれたのだ。いましない様になった

ニヤン顔になって渋々伝達部をもかっ道具をつけた 型のけいこをしばらくして仲宮同志 试合をも見た 今日で 大分になるが中々うまく出来ないものだえで かねば上手になったのかと思い体怪しいものだ 皆々かれの編兵長か持い兄は小さいが中々上手な若い兵だがよい 熱心ながら十 上手だもんだ 二十三位ながら俺とは通りも遠いのながらも俺も自分では大きれから一人に此 及けんつもりである

二十二三の若い者相手に切るを目のかたきにするのか 仕方がない

輪戦試合になった 手広い輪になって一組がでて最初試合をするのだ

596

6

教官が見て居て勝ったら教へてくれる 次からは勝ったもの 準白にかゝっていて 四人しかきまる
勝つ人があるのだが少しも苦しくて倒れそうになる それでも負けてはと思って
一生けん命頑張る 今日は大分調子よく勝てたがしまいにはきれいにまけた
帰って又体操をして帰った すると姉が帰って来て 食堂で大にあたって休んでいた夜が今日の夜
後で鯛を買って来た 一尺五寸位ある大きな鯛だ 二人で頭をとって刺身にして見たが
中々うまく出来なかった 一切そのみだけだが今日は 刺身で 酒保は休みだ サンミで
一人〳〵のんびりするのだろう どうにもならない 稲田がさーかんに作って呉れたので日記をかいて
手紙をかいて居る 十一月も今日でしまいだ いよいよあすから十二月になる
紺野も近よって今までとは少し寒くなって来た 麦田にかゝって居ることゝ思って居る
稽古も調子よく出来たが 運動をして腹痛をおこした なるべく 子供らは又ない
困って居るが あと一ヶ月で正月になる 今年もおしまいだ 新しい年も目の前だ
皆仲よく暮して居る事と思ふ この頃は手紙がちょいちょい来ないので 僕も一週に一通が
二回だ しかし あまり来すぎては沢山だと思ふ 兄さんの手紙を待って居るのかな

[redacted]

実

兄へ

597

十一月分收支計算表

十一月十五日	酒会七	五〇
十五日	ソラマメ	二〇
〃	マンジュウ	二〇
十八日	ホマレ五	二〇
十九日	ホマレ十	四〇
〃	酒要	一三〇
〃	ビール一本	二〇
二十二日	貯金	八〇〇
〃	マツチ一	〇一
二十五日	酒会七	五〇
二十九日	マンジュー	一〇
		計 一一六一

十一月二十一日 俸給十一月分 一〇二四〇

十一月二十一日迄ノ収入計算

収入 二九一、一四

支出 二八五、九五

差引 六、二九 残

659

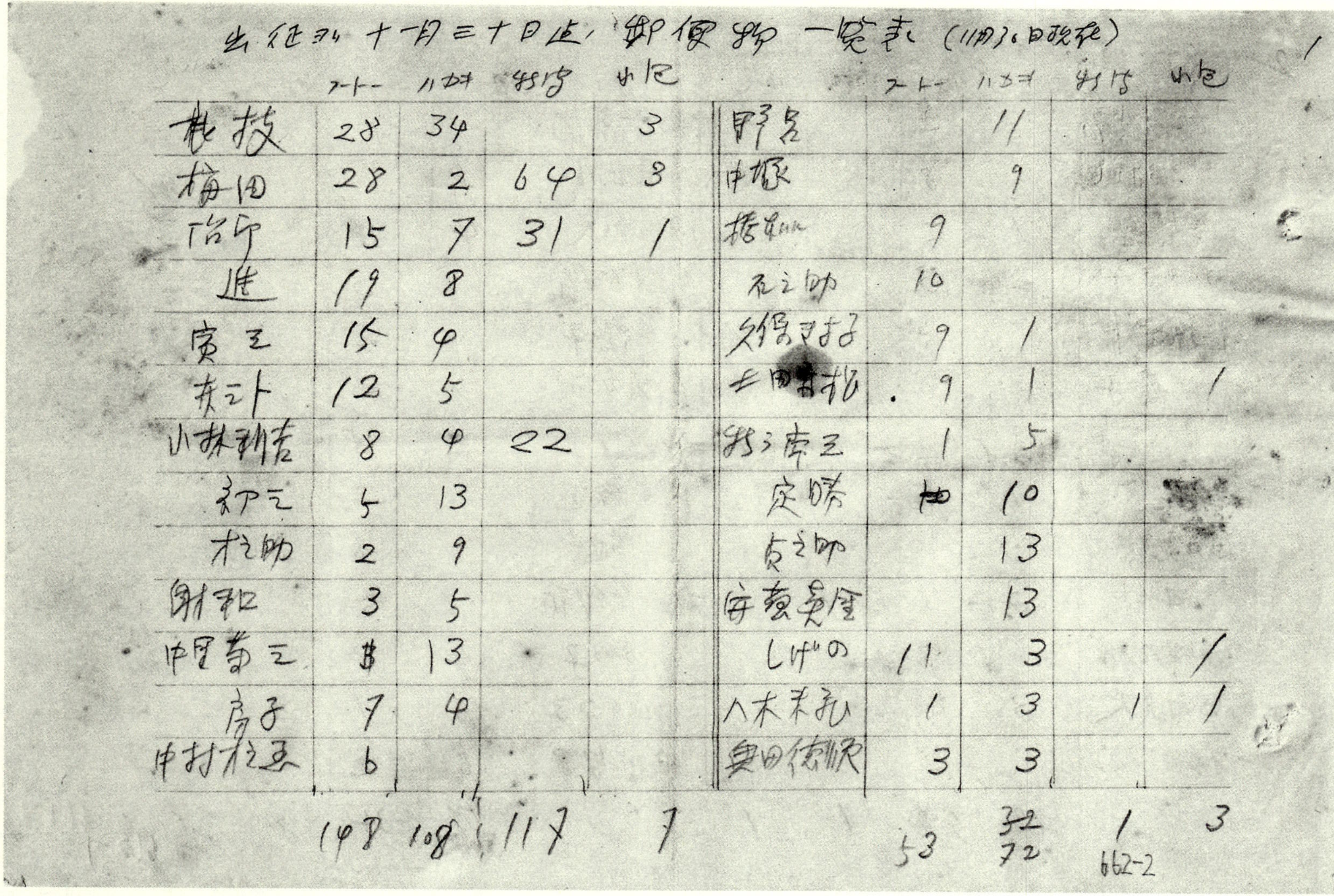

出征ヨリ十一月三十日迄ノ郵便物一覧表（11月30日現在）

	スートー	ハガキ	封書	小包		スートー	ハガキ	封書	小包
桃枝	28	34		3	野呂		11		
梅田	28	2	64	3	中塚		9		
治郎	15	7	31	1	播磨	9			
進	19	8			花之助	10			
寅三	15	4			久保田まき子	9	1		
来計	12	5			上田松枝	9	1		1
小林利吉	8	4	22		梅ヶ原三	1	5		
初三	5	13			定勝	10	10		
松之助	2	9			貞之助		13		
射和	3	5			安藤真金		13		
中野菊三	8	13			しげの	11	3		1
房子	7	4			八木末弘	1	3	1	1
中村松五	6				奥田徳次	3	3		
	148	108	117	7		53	72	1	3

1

662-2

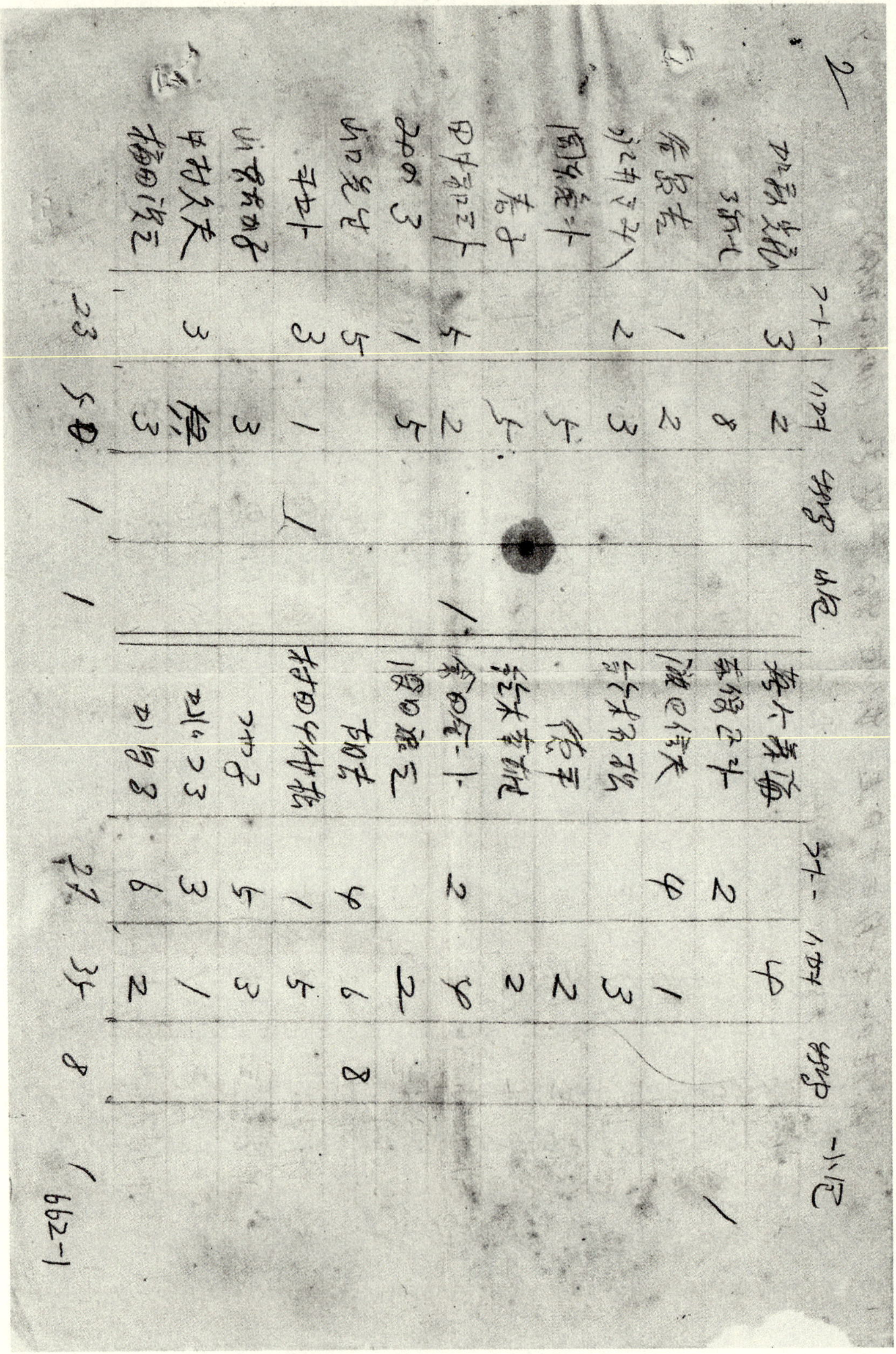

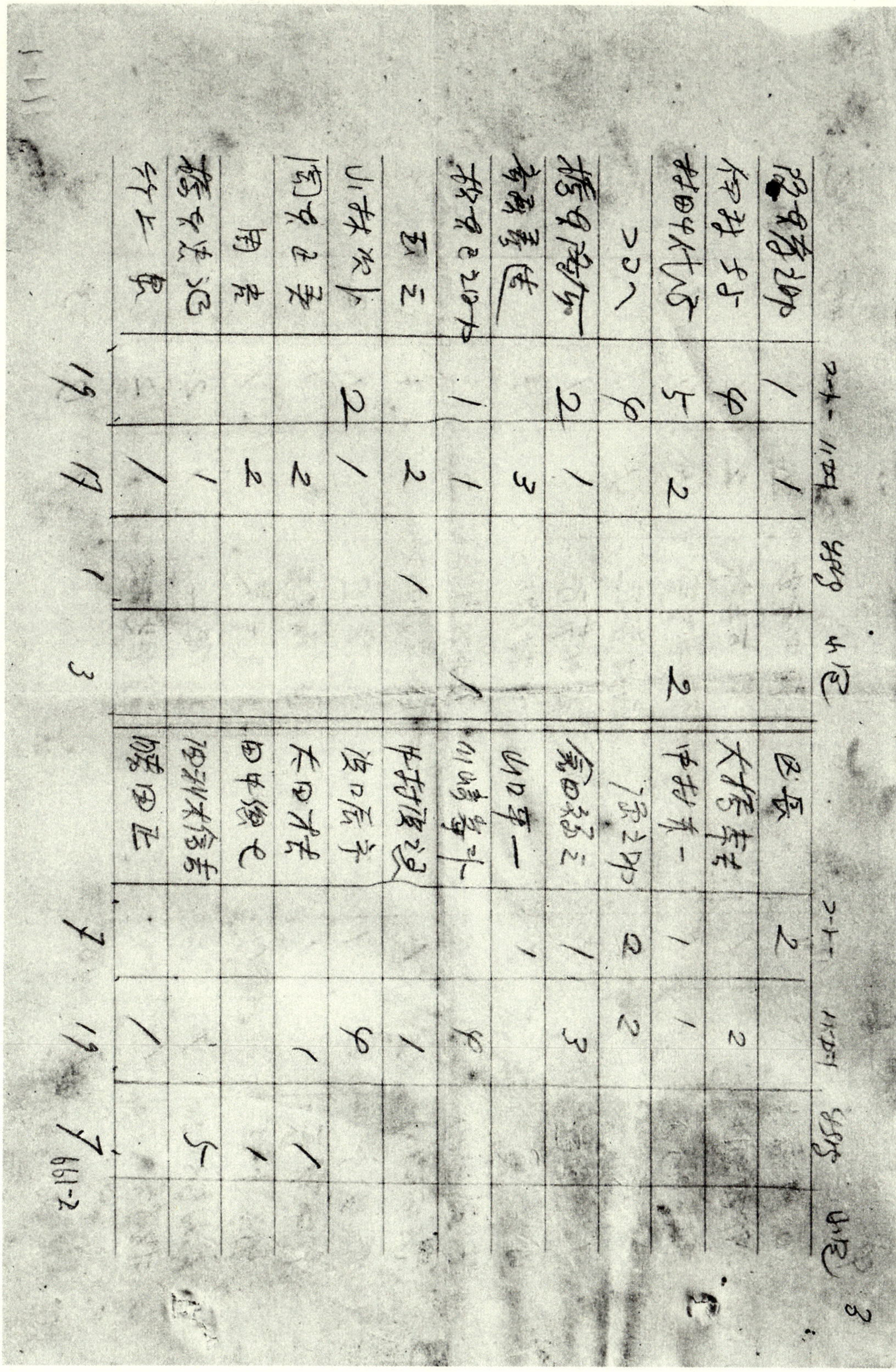

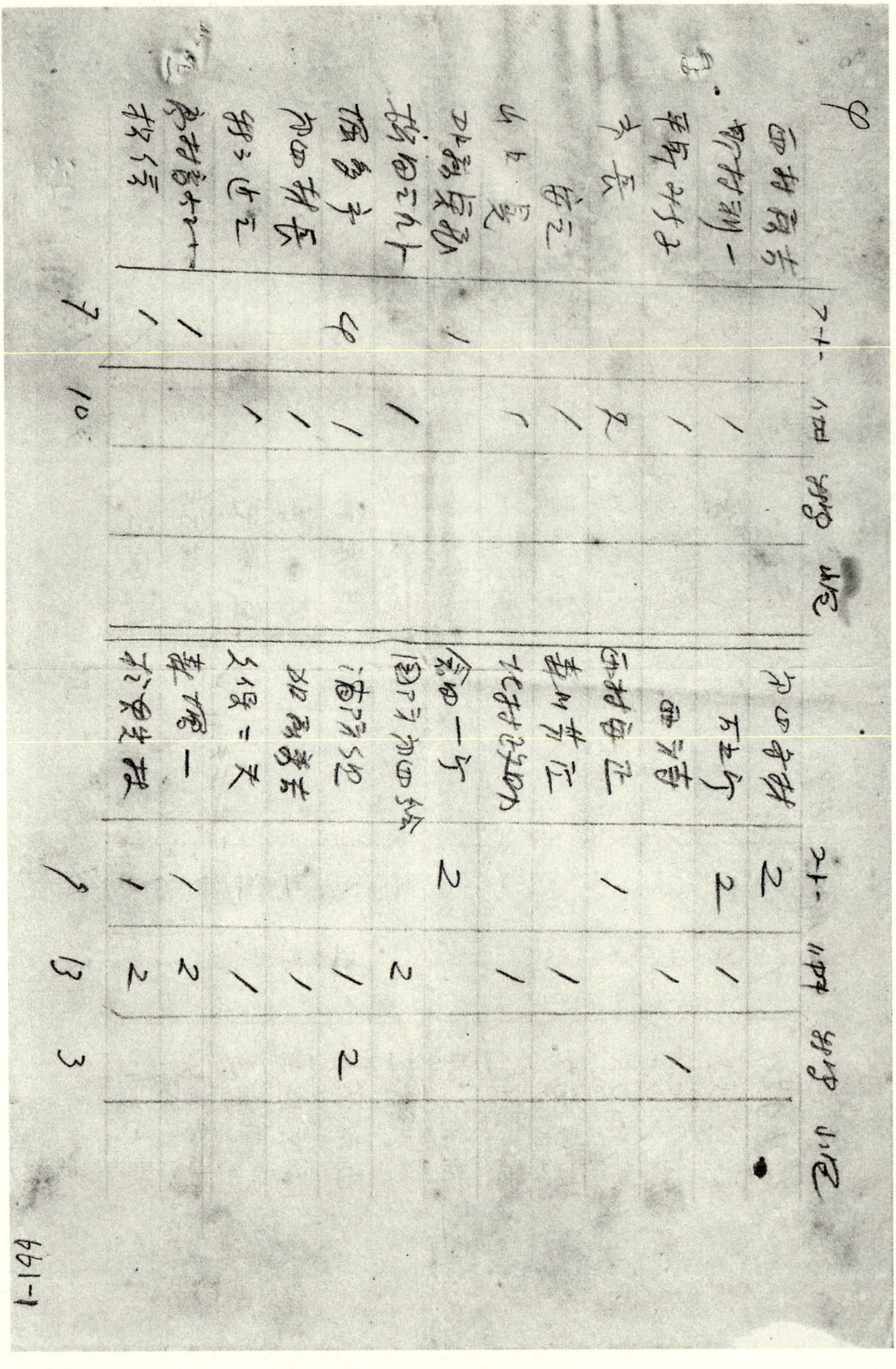

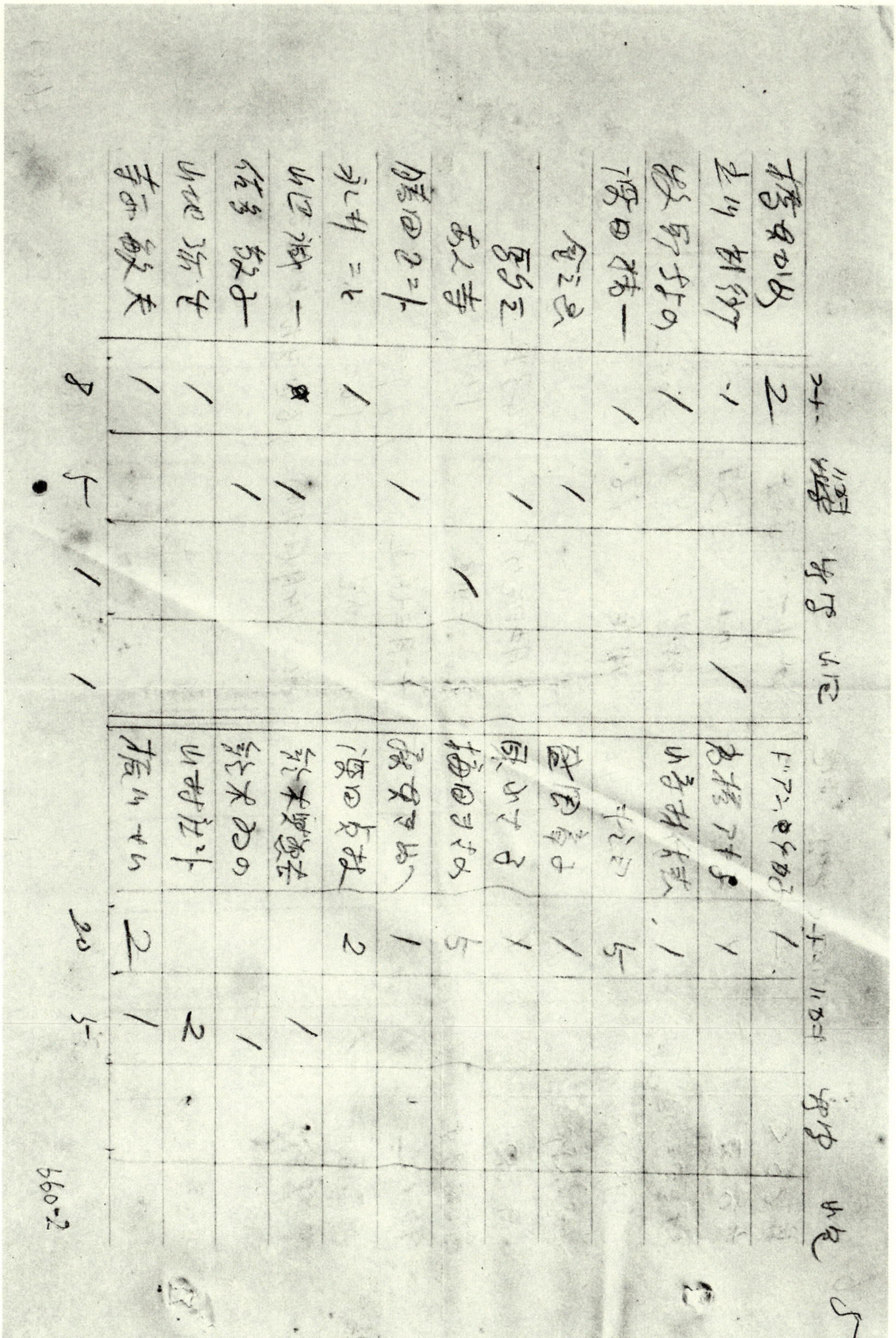

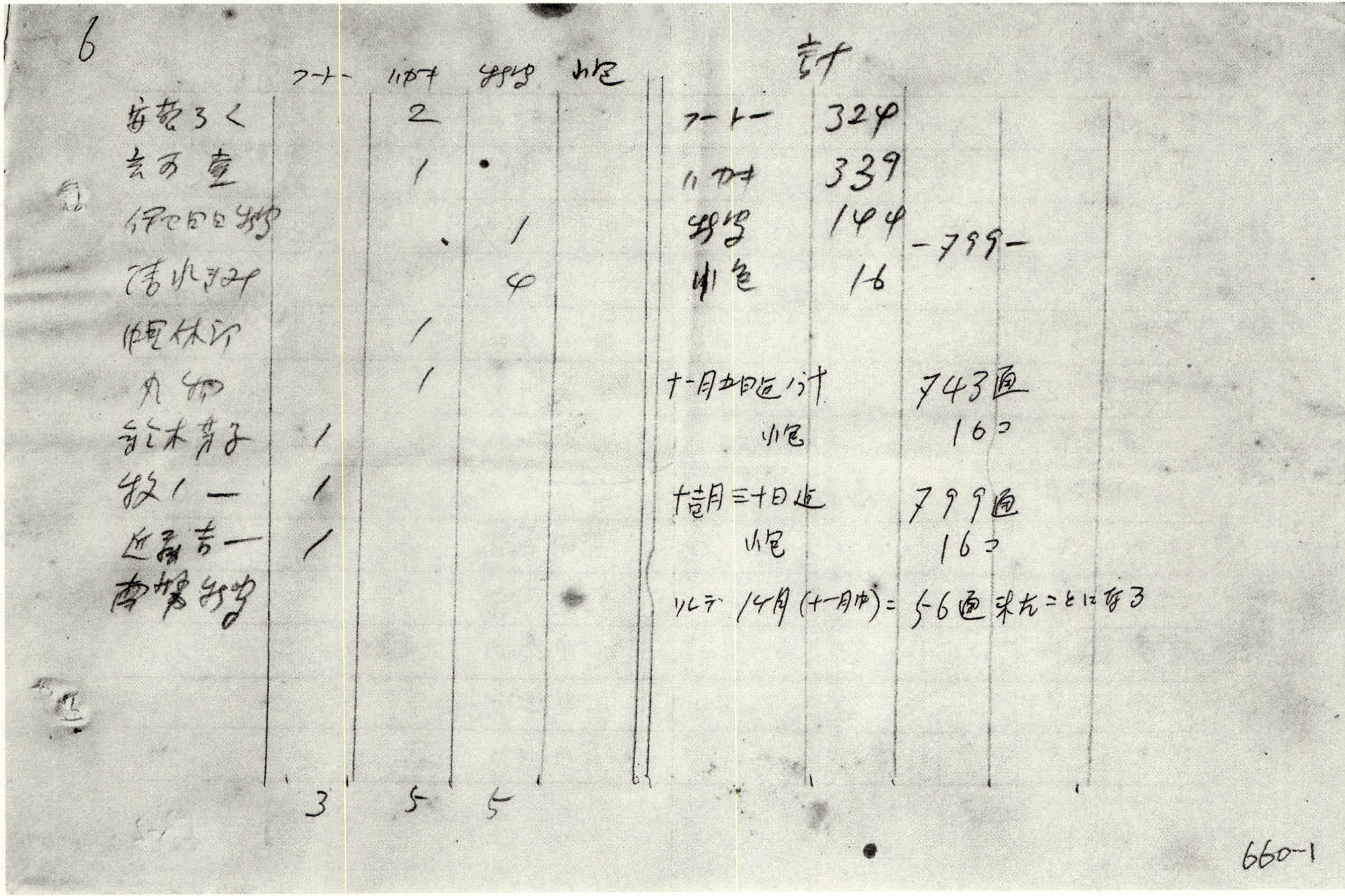

6

	フートー	ハガキ	封書	小包
安藤ろく		2		
云可壺		1		
伊で田日出			1	
清水きみ			4	
岬林沂		1		
丸山		1		
鈴木芳子	1			
牧ノ一	1			
近藤吉一	1			
雪嶺出				
	3	5	5	

計

フートー 324
ハガキ 339
封書 144 —799—
小包 16

十一月五日迄ノ計 743通
小包 16〃

十一月三十日迄 799通
小包 16〃

ソレデ 14日(十一月中)＝56通来たことになる

660-1

[redacted]しもって居るが途中からひどい風になって寒いこと全くのだた
今日迄あまりぬくた過ぎたが雨が止んだらすぐ冬だ　手がはげかんで来て
寒い。点呼をすまして廠舎へ帰れにいく。夏涼しかった廠舎は
相すごい位の風があたって寒い。往復走って来た　班では火をたいて居る
顔を洗って朝めしを食べぬこととした。一服して居ると日に早くも全列の
演習に出なければならぬ日が程なくなって来たので　朝は何一つはなされ
全列は今隊教練で砲を引っぱって演習場へ出ていった　どこへいっても寒い
基本の演習を教へてもらった　土の中から出みおしい戦争をする様に
なるという太陽の折も来って以て　後世の戦役時代のことを思はせ
よそが変って居る。寒い風に吹きさらされて広い演習場に居ない全兵
を知らない居ることを考えの中迄ひえこんで様になる　一週して又
遊びをした　思いっきりたり　赤目の腹真走をした[redacted]
機先たが全体を見下ろしなくまったくを大知って大きく出した

586

No. 2

何も忘れて飛び廻った事もどこへやらとんで失った。飛行機も
何台かとおりすぎたりして居る。めって居るの寒かろう。飛行機を
兎が横切って走る キジが居る―野生の動物が沢山居る。開けた
ないことが出来るだろう、中休みをして草の上へ座って冬いちごをすって未だ居る
に就かさせて 一しきり演習に出た居を大木に十余年演習を繰り砲を射。
って帰り昼からは副になった 兵器をもって出はなたて射法をならって
おたんす中は泣きたい日だもう足がけ三年になろう 今迄は去年にくらべて
あたゝかい居だが十 もう十二月なもの 寒いのが当り前だろう
午后は雑嚢の千本が出来上って居る。俺達は又例によって二時から五郎
の広場へ行って銃剣術のけいこにいくんですんのだ 今日は寒いからよ
こたへるだろうと思った だんだんあたたまって来てから道具をかついで出かける
こんな道具を前にして行くなよは 大和の者だが寒けいこが又格別にでも
行く 奴に見えるが 二人の初めから殺してもらってみる俺達もだが兵はするのだ

587

けいこが始まる前に体操を必ずする。手首足首体の節々をやわらかくして
おかないとだめだ。じゃ、敵になって道具をつけたとき、寒い時のように助教の下士
官の人をけいこ台にしてけいこをしてもらった。寒いのも忘れてヤアヤアとさけん
で来て言う。それから最初に取ったのに助教の人にほめられたが、中にかける
ものではない。ほかに先生にほめられたり情けない。ほめられたのは本当に情けない、
そこへトドになって来ぶ何処かけいこをして二時半頃から帰った。太郎の手紙を
それを見て嬉しくなった。そこへ（兵隊さん）を参したので、鉛筆がなくて来たのが残念
と大声で叫んだ。兵士はつておかしかったり士でもってやろうと思ったがよかった
帰ってから、君子さん、奥の方で手当てを入替えに早く風呂へ行って手紙を書く
もう夜も一週間まで待ちきれない。明日は休みだからよみかえして
手紙をかいてもらった。右別がらの十四歳のかあさんから来たのがうれしかった
七時頃先生の許に出たい。月謝が満月ごろでそれはかまわん。但し風は冷えて寒い
みにしみて冷たい。僕もこの手紙をかいて、寒いから早く寝よう
今回の手紙（封筒）小林利吉 梅田次郎 ノート二
（小かみ 書留書き 添付で）ノート一（宮之、謙吉、進
良枝、勝美せい 小林利吉 文

588

4

[redacted]今日は休みだ 夜中も朝も冷たいくと思って居たら氷がはって
ゐた、冷たいはづだ今年になってからはじめての氷だ、雨のあとのやぶかい所に
一分位のがはってゐる。土もいてついてかたくなって居る。冷たくてふるえてくる
去年に体操したので元気がついた 元気はよいが寒いのがかなわん
今日は この谷の工兵を呼で 城内の○○内工兵舎で 手入を止めて 頭を洗い
銃や剣 その手入をして 外とうもまいて 用意をした 火をたいて あたった
食事が来たので おつけ皆 みそ汁で 飯をたべておいた 腹の中があつく
たくなった 眠って来たが 毛布や洗面具を 大きく包んで 用意をし
ておたら外出する者は出ていく 俺達は眼鏡検査を受けに迎いにきてく
れたトラックにのって 一里 冷たい風を切って走った 今日は休みで 沢山の
返事をかこうと思って居たので すっかりあてが外れて 失った 城内へついて
おりた 身体をしっかりとしておたら 兵隊が 身体にすわって来たので 私が代表は
引上げることになった 皆よろこんだ うまいことを行ったと言って 大ていは今日は

589

お前が交代に来る日かと思い来てみたが 間よく やって来て居たのだ
で昨日来て居つたものを今日の分と二分 トランクに一パイのつて 又お屋へ帰つ
て来た 帰りは冷たくて腹の底迄 氷って失くなるかと思ふ位だった お屋迄
て帰つて帰った 物に当たものは うまいことをしたと言って大笑いした 冷たさは体
を火にあたゝめもって 遂夕をしまい 眠てから ねどこをとり ストーブの中へ入り
えで手紙の返事をかいて居た 先づお前への返事をかいて 中村胡青さん
小林次郎さんのことを相談がてら黒部へ返事をかき 其の次位になってあい
ゆーをとって又ねどこへもぐりこんだ 堀川のおせいさんへの返事 進さんへ
は あとまわしにして 寅之助さんへ 返事をかいたりして とうとう一日手紙
をかいて居た 冷たい外はふい日だが 手水鉢の氷が中にとけず そのまゝだ
詩檀には入ってはいってめくたくなってはずめて起きた おまへの返事 梅田
へ 又寺の若太さんへ 之への返事 それに石三郎さんへの病み状をかいた
その四枚になって手紙になり 手紙にかいた そして三日分がやつて居る

590

6

炭やきのかまどを見にいった中々うまく二つ出来ている。炭やきを見たのは生れ
てはじめてだ。一かま三百五十〆も上等の炭が出来るのだそうだ。うまく出来るものだ
帰ったら夕食がつけてあった。けと牛肉とたいたので あつい夕食をすました
今日はよそはかなかな暖かだ 朝を寝いえで風呂をたいて洗濯して畑を耕して
の手紙出して散歩をやった やあとこせで中々にぎやかだった。三十分位でさわいだ 宴会の
播木君外出者は帰ってくる 久しぶり賑やかになった 休みは休みだ
暇てからみちるへの手紙を一通かいた ひよっと気がついてみたら せい子への手紙
をどこかへやってしまったので出しわすれたかと思ってみたのにまだつけおかしい
と思ってみたのだが三か所探して送るのをやめた 手がかりない いよいよ冬だ
氷はまだない 足がはやくまだしょうがない 二つ三つの試験以上は
あるし いう寒さでも心配はない もう四年目で 大丈夫だ 今年は正月を
近づいて来た 正月が近くなると寒さも一層ましてひどくなろう。
でも元気で働いて居るから安心しな 俺のことは心配せず留守をたのむよ 又

[illegible]生

妻へ
[redacted]

591

十二月一日、いよいよ十二月になった 十二月になると急に冬になった様な
気になる。いよいよ正月近くて三十日しかないようになった
氷もはり雪迄まっ白になって居たがよい日だ。風があって却って寒いが
昨日はあれから畑宮部の日用品代金を一つづゝ払った 五円券が二十五枚は
いって居たので早速ミんへ送ってやった この金で五六十枚になるから
沢山になって大よろこびするだろう。同じのも紙類があるがよごさめない様にと言つ
ておいたそれ 日用品もイモ代もきまって面白く覚えるので
不自由がない 夕食をたべて風呂へいったら手紙が来て居た
料理 梅田より一包と 米 手尾の沢口居や霞から。ノートしは梅田と婦
からと 貞枝さんからと三通来て居た 料理をよんでから手紙を見た
貞枝さんも今年の秋 栄訪様を使ふのに困ったとかで 女の母のしかみを言い
私とを同じなにみられて却って気の毒なをかくあった 婦からは例によって困るく
の一てんばりで 無理をして働かねばならぬことが書いて有った

2

働けば かうした中にもよみが来て働いて居るその二ヶ月 出征前の大手術をする
り張り切って来たらしい葉書に来た時の様子はどうだったえられはなかったが
俺の想像以上に苦労をして居るとかいてあった 八木沢先生 印刷屋が紙の
統制で営業が出来ず 赤字続きで 一年あずけです それに婦人の仕事もなくしたり
しなかったりで困って居るらしく 仕方なく姉は 煮物をして売って居ると（通兵や
着物でも売っておったろうと思って居る）張り体で何をして働いて居るのか
兄の無茶な生活が苦しくなって来たのか 梅田が気をきかして家の畑で出来る
ものを さよいに持って来てくれるので 身にしみてうれしいとかいてあった
近所で 相談にのって何とかしてやれば 本当の人のためだが 今の所 どうするにも
出来ず あきらめて居る 弟がは相談にものれない おとなしすぎるので 只 人が悪くて
俺の帰るのを待って居る それ迄は がまんをして 女の子の縫いを立てていくと
あれ 一つの妄想にすぎて来た 一層思い切って田舎へ帰ったらよいのだが それ程にも
体裁が悪くて出来ないのだろう 勝気の姉だからなお それがよけい苦しんで居るのだ

653

3

昔せいたくをして来たおかげに あきらめ切れないのだろう
間借りをしてゐるとかくあるが何も贅沢もしないのだから間借りでもよいと
思ってゐるが、何にしても大みそかも捨て正月を前に仕事でゐるやうだ
つや子からも手紙がはいってゐたが中々作文も上手になって居るのにびっくりした。
梅田のにもかはるときみよと二人のがはいって居てかはっても きみよも二人共作文が
うまくなった。さよりも俺の方がけいこをして居るから自然上手になっていくのだ
みんなに手紙をかしてもらったりが 内の外や中の仕事に追はれて中々数へ
を言ふ所迄行かないが出来ないが みんながかくこれになるとよいのだが
下手からなれると上手になって行くのだから しかしもう忘れたけれあはないだろう
一生けんめい余材で勉強さしておればよいとし考へればすまん、一日一回字材
から作ったら必ずおさらへをさせるくせをつけるなには なんとおろしくなる
から英目の事を英目に覚えこむようにしないと成績がおちていくからナ。
所が梅田の手紙の中にいって来るのかと思ってゐた 母の写真の写真が

654

はなして行たのでうれしかった。西方寺の和尚が来て居られる。母の棺、左右に
沢山の生花、供物、果物、花輪沢山かざられて立派なった人の様
あれを見ていよいよ母はこれで此の世におさらばかと今はっきりわかったような気がした
それに母の大きな写真、俺が服役当時母が面会に来て呉れた時に写したもの
でうつした。そうしたのを母は大きく引伸して飾ってあり、なつかしい母と呼び
たくなった。十三年前のできなかったたけに元気のよい母の顔。あゝ今はこうして
数々はいってくるのだと思うと情けない。妹、福田も早くから世話をやいたのが違って
へようが悪いかと思って黒実をしてみたらしいが、俺がお前に良く似ていると
ことをしたのでとうとう是これになったらしい。棺を二枚と大写し一枚と三枚あるん
葬式の行列は、初めて見たが、こうした事を惜しかったが、どうにもならない
式場は参列を見て母の面影を思い出そう。女の写真を見ると葬式の時の
ことを良く想像してみたりした。俺が居なかったか困ったろうと思った
でも中々立派な葬式で母も満足しているだろうに違いない

ねへやでいろいろと考へていたのでいつまでもねられなかった。よく冷える晩だった
朝は寒い。点呼をすまして体操をし銃の手入れにいったが中々冷たかった
帰って顔を洗い朝めしをたべた。今日は演習だ。朝、出発にさきだって一週間を
朝会がすんだら井上部隊長殿の精神訓話があっていろいろのお話を
きいた。今日の練習が半時間おそくなって七時半になった。今迄ですぐにかえったが
七時半になって明るくなった演習は八時半からになったのだ。部隊長殿のお
話がすんでから兵舎へ帰り火にあたって一服し今度は班で銃庫へ行って銃を出す
外の道路で高原の方ではけいこをしたし士民の部隊をいくつもおんくみ
いったりした。冬ごもりをしているのか士民たちは皆あつまんで僕達の演習を見て居る
のんきなものだ。畑は麦が土だいるすをするかりまいてはえているから仕方がない
のがずらっと火にあたりませんもどってずらっと一時間へは来て演習をして居る
十一時半に演習を終えて兵舎へ帰った。で運車をかまえにのった。そこへ来たのをかいて
先ずもう梅田へ来て昼めしをたべてから又つづけた。梅田と師さんと

5

656

ガーゼワイトの送ってはまだ来ない、君が早く送ってくれなければならないからで 困る
二十号の絵ができん、去年、キミの弟子へ 年賀を一枚づつ出しておき 平展の[illegible]
展示室へ送ってきたらしく すっかり終って年賀の追加四枚（林さん 相沢 久二 [illegible]
さんへとかくおった、あともう五枚かいて百五十枚にしておこうと思う
四日までに今日は銃剣術を止めて今後教練に出る、絵を引いて馬庭の横へ[illegible]
演習をした 風はあったが割にあたたかった、今日から二の角へ二寸の絵が一ヶ月
分かれも後ことにする、演習終ってから[illegible] 絵を抱えて外の[illegible] 資格と三人で
平和をもって帰って来たので眠い お前への日記四日手紙をかいて寝る
今日からストーブが出たけど お腹になった 豆炭を燃やすのであたたかいもう少しで
情勢近の寮 たけっておになった 長い会に二つ たまって 皆あたっていた [illegible]
ないが会があまりとなるから 違っていた、それで会ったはんだ 帰って[illegible]
又別に加熱油を出しておこうと思って寝る 今日は [illegible]
は何も言わず 休みだ これで 昨日の 飯の[illegible]は あとの[illegible]よ 又

十二月十八日夜

実生

華人

657

1

十二月二日　ひどい風がぴゅうぴゅうとなって中々寒い日になった
昨日から七筆になったので　うつかのなつ時房にはもう明るくなって居る
今朝はくらい内に友軍の飛行機がブンブン沢山とんで来たが目をさまして見た
くらい内からどこへ行くのか空中に中々寒いまたろうと思った　うつつにきいて
みたら今度は敵用機が上るのか下るのかボーンボーンと気留をならして居るので
又皆目をさまして見た　それからは皆目をさまして見てりんとにぎやかに
なって来てとうとうもうねぶれなくなって来た　起きてまん行ったら丁度起床
ラッパがなって居る　まだ早いので又兵舎へ帰って火にあたりして点呼に出ていつ
た冷たいことは某のの朝だ　体操をして元気をつけて今日から遠い旅散へ
行かなければならぬ　隊時さんで走って行った　手入れをして停り頭を洗って食了
をして演習に出て直一服して火にあたって居た　戦法を見たり　昨日作ったん
十一月中の郵便物の来た各個人表を集計して見たり　十一月分の金が出た
りを表にしたり　先月作った千貯金の一覧表を　入れて家へ送った

663

2

昨日は夕食后ハガキをかいて居たが風呂へはいった。夜へ加画が決定録を
十三枚かいておいた。ハガキを沢山買ったから又かいて送りだ。ハガキの書ける時は書いておきたく
つもかけないから自然映画が遅くなるのだ。仕方がない。風呂を出てから前にかいた
お前に会うの手紙の続けを又して書いて見た。丁度七十通で小包七とあるのは
五六へ——となってゐたが間違いだったから十六が正しいのだ。十月中には五十六通
来年になると寒い方だが一息のことを見るとかんなるたけ楽になるだろうが
ストーブをたいて居るので部屋もあたたかくなる。まだ火にかけて居る。しかしこゝろので
俺の寝る所は丁度中央ぐらいの所なので風が強くとはいって寒いのだ。近の部
へ天マリをはって目のあたるように掛けられた。その代り人が昨夜はぬくかった
九時まで今隊附将校の演習で患者が宇口へ衛役が沢山いないので大人
しかなかった。馬室の北にあるうすの統一で演習をすることになったが寒い
のが馬場を一廻りかけ足をして来た。そして大きな丸をかいてシヤツ一つに
角力をとった。それで寒いのもどこへやら飛んでって失って演習をした

664

3

中でも又木馬（もくば）とびをして一汗かいた一服して一しきり演習をして銃をしまって帰る
兵舎へ帰って銃とくつ剣の手入をしておいた今迄今晩の工兵吉のだ
並み迄にまだ間があったのでシャツ、パンツをきかへて洗濯をした下一迄とと．
それで並めしをたべた今日は飯らしくちらしずしを一パイづゝあったよくえば手留
わかったものが御木たくと思った大根づけや高野どふ其他いろいろ沢山ありずいぶんよくまいって
おいしかった大根も鹿児島の長い日本の大根がはいってつけものだたすかりし…
すゝにしたりしてたべておる故郷の丸い大根はからしとすりが日本の長いのはかうりがよい
魚も太郎の川でとれるのをこう頃はたべる様になった大きい魚は三四尺もあるがそれでも
小骨だってぶいぶい食事に加無沙汰気まゝのりかきを頭へ二十枚かりて一ゆりしたかゆられず
雑誌をよんで日記と手紙をかいておる男が今日始めて三年のハンケチをはいたあたゝかい
先生の家へいって行く時に去日作文備へ女友があってもあってこいつもりだ風をひけば
困るから十兵舎は来ないだ六時まで朝の七時までだ明日は休みで帰ったよいのです
ゆっくり思っておる雑誌を見て兵舎をたべてから六時頃に寝ていくのだ又明日にしやう
二日夕五時写

665

φ

十二月三日 日曜日．休みだ．昨日は夜から班長上りが二つと十ン豆の入れたパンをつくってたべた うまかった もう此の頃は パンは二一で作って居るのだ 兵隊の炊事が作って居るらしいので中に上手だ．兵隊の中には何でもする人があるから何でも出来る．夕食をたべて六時に室に出て行った．六時までにまとについた よい星の夜だ 冬の夜だよく冷える．炭火をとって来てあたって居た．10ヶ年の七十カへあてるものをあて．冬銃来でいる 毛布のハンテをはいたのでポカポカとあたたかかった 寒いとは思わなかった 夜中から半分の月が出て明るくなった なんと冷えがまてなって来たが そんなに寒いとは思けなかった．去年雪明が送って呉れたおかげだ お前の状がしみじみとうれしかった 八時頃からねたが 疲れが眠かったが少しもやられなかった 夜明前にはぐっすりとねむれた 二時間がおりで ハリとと居る 冷たい 七時まで立番をもって終って元帥をもって来香へ引上げて来た 結末をとり 毛布のシャツ類をめいでしまっておき 火にあたり 顔を洗ふ さっぱりとしたので火にあたり 合了の

666

5

来るのをまつて あつい みそ汁で 大根おろしをおつて 食事をした
今日は休日で遊びに行きたい人は皆それぞれ遊びに城内へ出て行つた
俺は例によつて出る用もなし ねむたいので 大に一ねむりしてから ねどこをとつて
床の中へもぐりこんで居つた あまり外出をして居て 静かになつたのでねむれ
あたゝかいので いい気持になつて よくねむれた 起されて目をあいて見たらもう
昼だ 大半位が食事をして居る で 起きて昼めしをたべた
九時頃から ぐつすり一時間ねて居つた まだねむたいので一休みしてから又床の
中へもぐりこんでねつ居たが 今度はもうねむれなかつた 外はあたゝかいよい
日なのにもなつて より外出日和だ 遊びに出る事は よかつたなと思ふ
夜勤出番は毎日作業を続けて居る 俺はもう点呼すまでかつてすんだので
用事がなくて手紙を出そうかと思つて一通を出す人でもよいので 又御無沙汰見舞をかいて
見る気になつた 昨日も家に行く途に又五枚かいて おいたので 今日は
大阪方面 其他をかいた 十四枚かいて すつかりかいて失つた 昨日から二十五枚

667

6

と一晩目が十四枚位かいたから五十四五枚かいたから新潮はすんだ方になる
と思ふ　今年が古いと思ふ故に前へかけないから出せないが今度は沢山書けるので
思ふ数に書けた　併し五・六枚位しか引けなかった　で又目をつむってゐた
と奥の部屋は豚肉を買って来てみんな呉えにやる　夫れ　酒を一ぱい飲み歌を大
声でとって活かかだ　ちゃオンキをかけて蓄音もあるし　たかかな歌ひレコードを
安くしめてゐた。三時半頃起きて風呂へ入ってひげをそってさっぱりとして
帰って来た　コーヒーアップキを食べた　詠へて風呂のあとはいでおいしかった
眠して日記と手紙をかいて　又山へ行くなら酒だけは寒いからうろふ
だろう。いつか今ら酒だけだから今らないが　発行様には沢山のバクダン様が
主人でゞもとつけにかうを回して居る　無さゞめするかもしれない。
外に帰って来た　又回してもかに当るだろう。手紙　今日も宴会して
会を立べやつ。もう何も無く雑誌でも読んでゐてみよう　大晦日迄休日だし
家の者にも早く寝かなければ　体にも気をつけさせて呉れ

十二月二十九日

安人

妻へ

668

××月×日 昨日は休みだったが急に山へ又出かけていくことになったので四時半

頃に舎前へ集合して 出かけ 作業割りをきいた 皆 倉庫で出かけに並んで居たが

又急に出発をおくらした 倉庫へ行って道具を借りて 馬車へつけたりしてすっかり出来た

ので 兵舎へ帰って来た まだ暗い 飯をたべて待って居た 休みだが皆外出から帰ってに来

出かけだ わっと大さわぎをしてみたが点呼もすんで 又ふとんをかぶってねることにした

とて今日は一日中ねて居た。ぐっすりねれば直ったが気付けてねられなかった

今朝は早い 四時に起床だ 星がいっパイの冷たい朝の夜中だ。皆とび起きた そうじをして

持って行く荷物を用意して 顔を洗って 朝めしをたべた 炎の道具をもって厩舎へいくし

外とうや毛布を車へつみこんで 馬の飼葉を積みこんだ 厩舎へ集った そして五時半に

出発した。霧がかかって 寒い人もまっ白だ 夜明けにはつきものらしい

冷たい夜明けの道を急いだ 寒いが 歩くほどあたたかくなる 女は馬からおりて

よいこらしてあとについて小走りに走った だんだんつまらしく明るくなって 日の出前に

なり 東の空は赤くかがやいて来た 馬の馬をならべておいて 面とうめしをはこびへ

669 1

2

つめてすいた それでいよいよ船へ積みこみを始めた。寒いがだんだん日が上って来たのでよかった
船はそれの3の丈で小型なれど横づけにする便利さで俺は船頭子分で荷を橋で上っていく
強力車を下へおろして片づけがつめてあるというのだ 沢山材料があるので中々手間どった
気も多い それでもすっかり終ったのは午后二時だ それから皆船へのりこんで並んでやった
ボーッと汽笛が鳴る。船は動きだし今度は下りだ。早い 下流へいくのは一日がかりだ
流れが早いから船は矢を射る様に早い。甲上の上はとっても寒い ブルブルふるえて居たが、
皆暑い所へ行ってたしして休んでみた 俺たちは船の風呂へはいりこんでみた 四尺角位のせまい
風呂だが流し場で腰かけてみたせまい所に六人居たがあたたかかった。風呂はまだわいてみない
もう渡れそうで来ない。腰かけたまま うとうとして居て 雲 その由 ○○が見えて来たと言うので外へ
出て見た。昨年も十一月の二十九日にかにここへ上陸して正月をした所だ。丁度一年
ぶりに又この町へもどって来た。町の風景の目には忘れた様はかわりないが山などが一年
たった今日 やっぱり雪が沢山つもって居る。町の方も上陸して驚いた様に 皆んなが出来て居る
道もよくなり バラックの長い屋も立派な倉庫が沢山たって 見違えるばかりになってしまった 一日ぶり

670 2

した小高い山の上に 洋館建の家も 柳も殆んど荒れ果てゐた 日の丸の旗が 風にひるがへつて
居る。六時頃だつたのは それで又日が船出来た 船に乗つて 船をおろして居た 夕食は船でとる
事になつてゐたが よかつた。船に乗つて 道をおりていく 大勢居るから 別れに向かつた
日はくれて沖に出る 十月の 台風は 山の上のことで よけいに身にしみて 寒い
船をおろして 馬たちを 馬が一匹 ほしければ 達者な人の 中々手間がとれた 馬を遠い所へ
はこんでいつた 次の馬小屋があつて居る あまり寒くなつたので 船の所へ帰つて 全身の上下を
出して着た シャツも二枚はいた それであたたかくなつた 少し休んでみたので 三、四の
人が来た 牛を引いてゐた 僕は休んでゐたが すつかり寒くておりた
社会に出て 下りてつかれてしまつた それでたいてい 外套を着て 馬をはこんでゐた
ですつかり疲れた上は 一日に何だ 風はなかなか寒いが 今朝は四時に起きて 朝食を通して
相当くたびれて来た 元気をきたので 寒くはない 朝に来て 去年ない
終わりに一日遅れ 着いた 今日船から 手紙を書いて 元気で 写真を持つて来ます。海岸へいく
去年の暮れに 二・一上陸 だつたのに どこかへ ふみこんで どこかへ出た所だ 今はもう又明

4

のに小さなクリークを内へ内へと潜っていたが、戦争よりは荒れてよくなってみたので、どうしてには
乗ずたすんだ、途中に小さな船でせまいクリークなか十人か十六人で漕いでいくのだから時間が
かかった。このクリークは戦争中は淋しかったが今年は丈助人の漁船が何十か何百かと思ふ位
沢山にはいってゐる。長い帆柱が立ってゐて林のなかに混雑してゐる。長いのは十間もあるらしい
思ふ。周荘へわたってゆく所を教へられてついた。戦争中は新しい家もあったが
どこへ行っても兵隊の為に荒された所もある。其のものが丁度一年だからない今度
った。戦争の前より今年の前六日にここを出発して○○へ向って四五里の道を六六日
かって離行軍した方の道へいったしるしがわからないが、クリークに沿って歩いていった
船などが今度ゆくのに丈助人を外へあげてからそーっと中程にしてあった。○○へついて途の
すぐ下船した。ゆく方の陸で土民が出てきて案内をしてくれた。疲れて中へはいった。せまい所へ沢山
ゆくので足を伸してゆくことも出来ないが、口笛で野原へゆくことを思へばよい
もう皆ゆるいし疲れて居るので外とうをきたまゝくたくたになってわらの上にころがった。皆同じだ
何もかも重い。一分も早くゆきたいので外とうのボタンをすぐ脱らずかゝってゐた、

672 4

5

一日が明けっ放しなんで寒さしく目をさまし右肩のみきのまで地下足袋もはいたまゝ一寝りしたが
夜明けになってきたら霜がおりる一日が空いて居るので風がはいる一目をさましたらねむれなくて
なった。満洲同じで寒いと言って居る文元布を頼ってかねてから見たがせまいが寒くてなって
ふるえてくるとそうゆうねむれない寒さがどうにもすまない何も言うものがない目をつむってしまう
で居た併し寒いと思って居る内にねて失ったらしい起されて目をさましたのは朝になってゐる
×月×日晴よい日だまっ白な霜だ。夜明けは寒かったはづだ。ねむたいねむたいなア
ゆうべ寒かったので目がさめてゐた。朝食後点呼にいった広場へ集って点呼をすまし体操を
した元気が出た。吟ないて、帰って炊事へ朝めしをとりに行った炊事は大きなかまどをしてゐる
大勢の食事だから目を廻してゐるみそ汁とめしを貰って皆につけ先づ朝めしをたべたんだ
楊子はハンガを洗いに行ったが身をきる様に冷たかった。井戸の水があればぬくいのだが
井戸は探して見ない八時半に又集って鐘が鳴って直に水くさを刈りに行くが炊事へめしの当番
に呼ばれば番人のだ俺は行くのを止めて帰って来た日が出て風のないあたゝかい日になった
秋日がやさしめに丈助人の外へ出された通りやはりめしをたべてたべて居る大勢集ってゐる

673 5

（今日はガ會田にヨーカン一本、タバコ二つづつもらった）

僕達が困ればのび火にあたって遊んで居た。あたゝかい。今日位こんな日があればよいな
互に立って居た。今朝めしの支度を先に始めて見ようと思って居る。田舎にしたすぎない
昨日兵営から持って来た牛肉をたくことにした。外に買って来てもらったものだ。小豆と人参で
切って三度に菜を細く切って、菜をかいて水で洗い、切ってたく。三つがないので三つではたけない
が、それでもうまかった。豆をまぜて出来た。それから豆を取りに行った。大へんいろいろの便りにて
のび強て居られるのはめずらしい。空へ水を出して、暖かくなる様に。一本の引出しておいた。あたゝかい春の様な
よい日になった。昨日などは二度も雨がふって、三度も支度を付けた。便所掃除したりきれいにしておいた
それから夕方頃から手先の肉を切って汁を細くしてかつおを入れた。醤油が酒を取って買ってきて
これにのびなんをまぜて平たい皿に一パイの茶。肉も煮ておいしい。一パイよい
またんに食べて会をたのしんだ。あとの味がおいしかった。日がくれて、まっくらになっていて
今僕は又独りで寒さの為に水を沢山入れた。一本もみたく家の中に、火鉢には
6
よいだろう。やはりきっちりしてみなければ風がすうっとはいって寒い。風呂も何もない様ではなかろう
あつまるが、今日は早く出しておいた。ものかも知れないこの家の大掃除が、これをかいてみてやろうと思い

十月五日夕方の一時にて、

一郎より

平山へ

674 6

十二月六日晴 今朝も山が霧でかくれてつゝんで居て何もない事無し

昨日は夜になって点呼をすまして小屋へ帰り炭をたいて一あたりして寝れて居ても

やれないので すぐに寝台の上へ横になった 今日は沢山のわらを入れておいたので フンワリとして

暖かい、毛布を丁とうを上から着て居ると暖かった 夫々わらをまいて敷にしたので 内心地

がよかった 寝れて居るうちにすぐ眠ってしまった 今朝は寒いので早く火を燃して寝られた

が夜明け前には相当冷えて来て寒くなり小屋に起きて居てはブルブルとふるえてねむれず

火にあたって居るものやいろいろだが いつ迄も冷えて来てどうしても寝れないので七時頃に

起きて火にあたって居た 東の方が明るい霜でまっ白だ とても冷えるのでたき火にあたって点呼

したら めしまだ七時半になってしまった しばらくに点呼に集合して行った 一日と点呼をとり体操を

して小屋に帰って来た めしをして食めしを食に行ったのだが めしがおくれるので中には思いきなに

は行かない 終日は二の大隊の人々に仕事をさせてしまったため出来なかったから朝は昼

から起きて点呼がめしやけをたべて居て一日中かかれ休み日だ と言って居た

夕食を遠って役得ができない 近く次山来たのでよけい早目になる 四時から起きてたべるもら

675

2

つまり朝めしは八時半迄に済ます。点呼が済んで掃除に行つて顔を洗つて来ねばならない

にごつた水だ、小屋へ帰つたらあさめしの来るのを待つて休んで居た。みそ汁とめしを

持つて来て呉れたので朝めしをすませたが一眠りして目がさめたら九時には未だ又テントへ来て

クリークを舟で渡して造営作業へ行く。今日は馬の毛を焼く。焼くのは夕方の手入れを

するのだ。各分隊に別れて夕方を初つて手入れをして居る。画見たこの時は未だ見しいが

やがての山になつて張る。別に本部の所が出来て居るらしいが、休日でないと本部の人は

行けないとのことだ。その代いくと何でも売つて居るそうだ。二つ目の兵隊専用の方には

酒保には何でも売つて居る。食堂では御定食向でも出来て中々便利になつて居るが

此処は便だけは兵営のあるの近所の人を出せないが、やはり不便だ。それと比べると

俺等は便利な所に居る。沢本町でも大分遠い小さな所だが知れて居る

夕方の手入れをして五時頃に帰つて来た。又船で渡してもらうのに天気がつゞくからありがたい

つて居るがどこには舟がないのでよい。沢山の船がせまいクリークに沢山はいりこんで

ぎつしりと並んで居る。昔の黒船と言つた様な日本では見られない様な

676 8

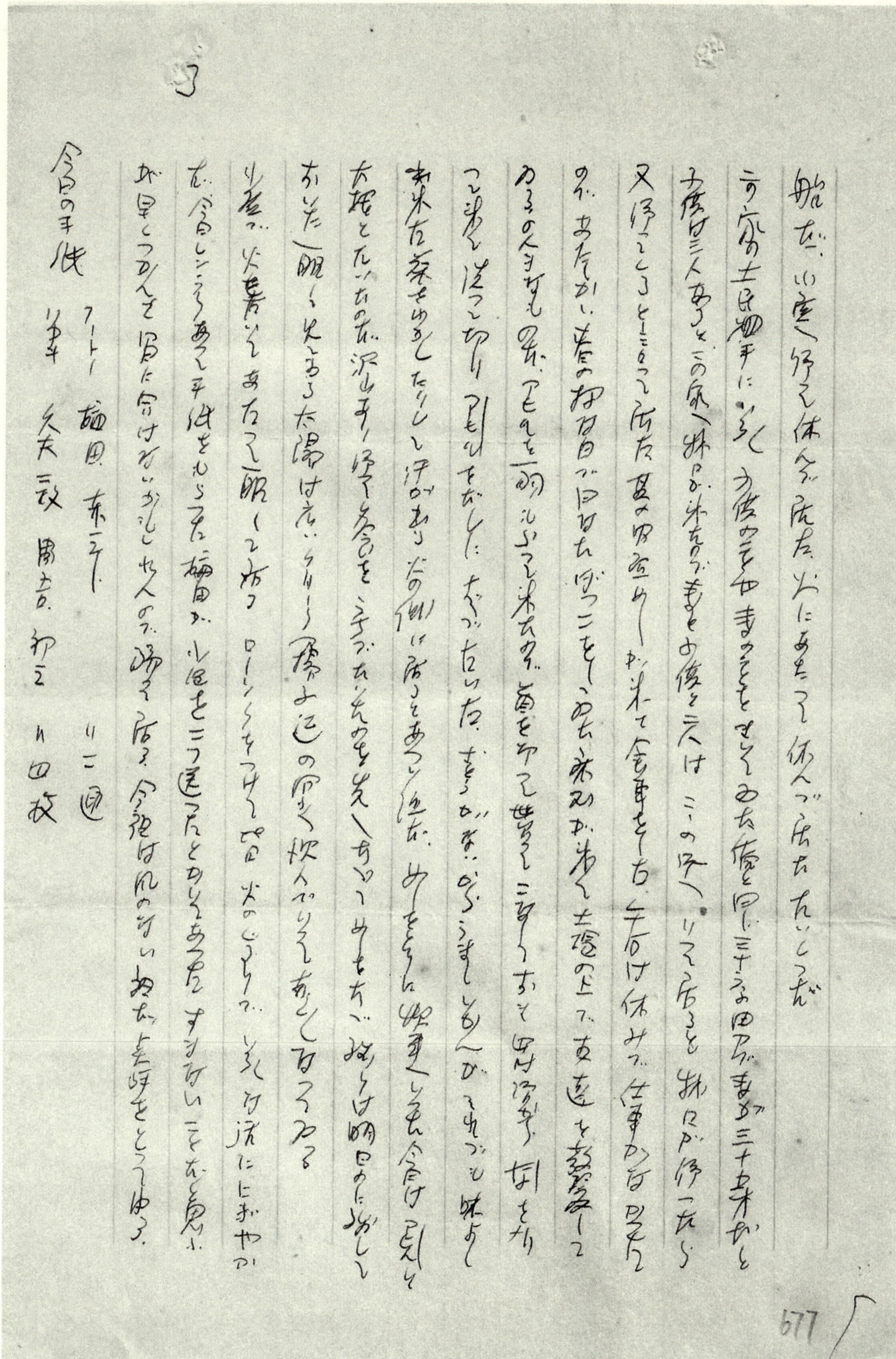

3

船だ、小室へ行て体が冷たいから火にあたつて休んで居たたいしたんだ
す家の土民四年にいろいろ子供の事女房のことをきいて居た僕と同じ三十六位だか三十五才だと
子供は三人ある そこの家へ林兄が来たのだからお修と云へはこの家へよりて居ると林兄が行ったら
又行つてくると云つて居た其の内炭やしおれで食事をした 午后は休みで仕事が出来ないので
のだ あたたかい春の様な日で日なたぼつこをしつつ居た水兄が来て土塀の上で友達を寫生して
ゐる人もまけてゐた 之れを一羽ひろつて来たので首を切て焼いて二羽つけて
つて来た 足つて切り肉をだしたんだけれど骨がない だらうまいものだ それでも味よし
未来なそをめしたりして仕がある 谷の側は居るとあつい位だ めをとれば焼きしらしいそれ今日は見えて
太陽とたいたのが沢山あり 行つて今日をうすでたいもので先へ立つて めもなく彼らは明日のたのしみにして
あつた 眼にしみる太陽は広い 隣り辺の雪が焼んでりんとあかしてゐる
りまで 火暑いであたつて眼くて居つた ローソクをつけて皆火のそばで 手紙は清ににおやつ
だ 今日しんこうあつて手紙をよう広 福田から小包を二つ送ったとかいてあった すまない事だと思ふ
が早くつかんで開けた今は寒いかもしれないので帰つて居る 今夜は風のない暖かい天気をとつてゆく。

今日の手紙
ノートノ 福田 東一 り二通
りま 久夫 一枚 周吉 祁二 り四枚

677

ヤ 四

十二月七日晴 今日もひどい霜で朝は中々冷たかった 昨夜はさむくて餘材作業にいった 林友達が中々話しなくて帰って来ないので心配して居たら 他の人は中隊に帰って来た 五時頃まで待って居たが 暗くなって食事をした 道が凄く大雪であって 足が痛いと言って居た 又もや火にあたって 一時に寝てしまったのではない 病院になるらしい 今朝炊事をとって帰ったら 今日山へ行く事になったとの話をして居た よい天気で暑い様な良い日になった 帰って以て 銃を洗いに行って 火にあたり 薪を集めて作業準備をして朝飯を食べて集合し 隊長を待って 向ふ岸迄行って 続車へつみこんで 用意を終り あすより日なので 元気よく上下を出して しまっておいた米を出して 十一時に出かけて掘り その口を出した あつい位の日だ 車の中を通り 大卯川へはいった せまい道に沢山の人が手を出して 雲や何かそこらを歩いて中に眠っている者は死の様な者のに生れて 唱歌を唱ってせまい路を行った 口をはずれて畑を作業した 元気一杯で 行ったり入ったりして 大分そこから立っていよいよ山に向った 段々近づいてあった 道も固まってよくなってみたが 山を少し下りして 谷の傍について見た 所に行き着くになった

678 / 0

5

あつくなって来て山ばかりで揚子江も何も見えなくなって失った 少し一休みしなければになって

と兄の腰をかけさしまっておった それでもあつく 山の中で日あたりのよい山のすそで

昼めしをたべた 素だまだ。やっとになってめしをたべた あとそろのが暖かってきまって。

馬も兵も皆とまってどこにも顔が汗なかゆくて塩がふき出て居る。一里の行軍の間

だけでぴったりになった 一時間休んで出発した山を横切っていくので山の段を小回り

上り下りしては休むことが出来ない 山の中畑の中田の中に道を作ってトラックも通って

居るよい道路だ この道の附近には部落がぼつぼつあって池の水も中々きれいに動いていた

途中ちょいちょい友軍の兵隊に出会う ちょいちょい休息をとりながら歩いて行くと

やっと目的地らしい〇〇の部落へついた 先に来た兵が居る ここには友軍が居た

銃をならべて一服した 目の行動だ 又 重くなって来た 近付いて目の下の動きが急に寒

くるまで来た 出た所だ 早速宿舎をさがして又来た 田をまいて 今日の口に

山の方へ陣地をとってもり始めて敵は居るがおれたが 今夜はここにとまることになるらしい

多くの部隊がおくれて日が暮れて来た 空の少し前から あそこで腹がへって梅干お茶のおかず

679 11

[redacted]

の強い陽をあびて歩いたのです。女の人の用事もすませて ハンゴウのめしをたべ終
と米をもらってめし炊いて、少しへりまた大きな石で、まるで水路のあるなれた一寸この人にはかなわ
れないまるで見れなかった。此の島たいていハンゴウをたべるんですよ。僕は三丁位はなれたこの部落へ
ゆく所を作りにゆく目的で、ずいぶん辛かったが道具をもって行く。大きなまわりの家だ
めしをもらって下へおいた土地によって……よい。大きい部落だ。部落をまわって
…して用意をしてあります。ここにも大人のみならず この山へこえると島陣なる方へ出に
ある一月ばかりしまってめしをもらってたべ大へんスポーツと江戸っ子だ。めし殺を準備しておく
近くの土民の家へ大が借りに明日出発が早いので、めしを頼むと一合のいよいよとなる。これ丈のだ
土民のなかでめしをたべそれ何も思はない七十の老婆が、牧畑に水がなくなって火をみて来る。それでいい
今めをたべて汁をたべて寝る所がない。一人歩く火にあたってる。土民の家の上で星をみて
居ていよいよ明日から旅を始めるのだ。一人歩くから四日何もせずにここへ来たわけだ。
明日からは出来るだけおそくまでつもるのだ。面白いこの方法でみんなあそんで居る。字も少し少しか
知らない情ないのだ。十四才で一とし(?)の日にも知らない。汁をたべて小屋へ帰ってねようとする時だ。

十一月七日 ほう村 土民の家で
敦
妻へ

680/2

十一月今日、富春の様な暖かい日ばかり来る雨は少しもない毎日の行宿

近くにはそれへこいだ朝はいつも半日に霧がかかる冷たいが東の少しの日なたは

気分をよくかい今日で五日目だ脈搏はずっと近今日のめをたいへんだたのが風邪一の

よい所へ一日ごろをねたか大きな天コドがあそめりし石が沢山あってたまりのをえて

風を防いだが中に実かった土質少ないとして草良へころとめて元の敵がある

なければ中に少しれないたくさんあったが皆ぬる頃には消えて失くなしてれでも

草の枯れでりこ家のことをお前の後のこと早かったのこと見えがよく考へてみる自

にねてかたが一ゆらして目をあいなかりつ寒てくてゆられずなつたお前と一しょに御ん

なる事かつまへの元気のよいお弟を伸ばしとび出て来るのを見てよろこんでおる事

と見ておる毎日目がよく見えて失ったこのごろは兵役の話にお前たちの事ばかり

思ふ様になった私の弟それも終ったらしくなりにかえった家の方も人の生活

に多く終ったと思ってるが遠方で友の手紙を見たら今度の運動勝ち動かす

の兄弟はしるしない思ひ動かず兵もないが自分のことの様に百に三四四四

13

681

2

なをしに来られて先般頃が兄へ感心なと言ってゐたとかいんあったが
家内の親切にはふれ　私が出る又兵衛ぐ縁なくすまなさらぬ洗をすてずまう
と思ふ増田も又四月に日本に帰ふ様に小包を二つにして送るをかいてあるが兵庫に
居る為に一年にはゐるがどうも落ちてゐる不自由生活をつゞけてゐる何んと言ってあるのに
遠慮なく思って送って来たのだろう並び四畳間なからず一年以上の新聞と雑誌中に手
普通の会の為来るのではない金とも来てゐるのだうれしい親切な人だが彼の居
るのにもう来るよりが底ヨ知らずが来ては所内の好意に無にするしと思ふ、
冬着えるんで旅行に行ったりして居るとかいてあったが北京は雪だろうだ寒いだろう
当地は三四五日は冬で外国の様だ独は支那の冬だが今はあたたかい
近ごろ今朝は新聞記事を前ストアに出ておたが皆雨りしたら寒くてやりきれない大きな
たきをあたためつゝに到頭に湯をしてゐるので同をすましたとても寒いのだ
ないあれこれ又出して見たがもうどうしても出られないだけ四月末頃だがどうしても
ここに来て申し訳れてゐるがかいめいつをきて元気一枚がふえてゐるけれど一寸も

682　14

あたゝかく めしを食い、地下足袋も脚絆もまいたまゝだが それでも寒い

ゆうべ寝る前もうあきらめて寝た寝床をはなれて去つてゆく人がおりて大いなる

みな半分以上起きている。外は星空で、びっくりとする位寒い。風はないが

吐く息が白い。みな外を歩く。朝めしをたべた、あたゝかくなったが外はまだ

くらく、細い谷の道を月が照らしているが暗くて見にくいのだ、火にあたって方がいい

近所で、それから皆を追って外へ出た。約四五丁の道を手さぐりで歩く。他数の者が

行く者たちと荷物をつけて出発の準備をしている。頭を先に行く者も出来ない

ねずみの頭のすぐ馬をつけて居る。もう明るくなって来た。七時半出発。いよいよ便地へ(優)

することになった。両側の山の中へ田、畑を横切って進んで行く。急に迫った道で

田もこのへんは水がたまっていて、ところによっては自動車の轍が半分にたまった所もある

ではかりの山の段をすべって上らず、つながり合って上ったりしてるなかで、おかげで寒さ

も忘れて兵士たちは山の荷物が、夫の馬を追いたて、馬の足も歩きまわってたれ

細い山道を木の切株を抜いて、広くした道だから中々歩きにくい。いくつも通りの

15

683

苦労が多い 前には大きな山があって 日は出てゐても 影になってゐる ─
それでも 其の馬は 泪すなどし どんどん 苦い中には 田の中へおちるの田 所で止まる
もして 絶望的に 皆かって [illegible] 引っ張ったりして 僕が 二千米位の所を 歩いて行かされ
地平の田舎道は 道路工事に七時から行って 夕方まで [illegible] のだが 初めての道だ 思い
出は 何がない のしと言ふ 山の〇〇晴が 出て に見えて来る 様になる 〇〇の兵舎も 山の中
に小さい 種がいつも 出てゐる そこで 昔い 切れ 兵舎が 居た これは 兵隊の [illegible] ちょっと
寒い夜が 松吟附近の人は 居るには居るらしいが わからなかった それにもう 代わりが 要ってゐる
郵便 苦人の話は 部落の人が 会って見た所で わからないのだが 大きな 人が居た
かった 常に山の中へとを進んで行くのがひどい ごろごろの中で 死の音を聞いてゐたけれども中々
前に行けない 様になった 敵はもう前の山だ 立ち上がり 銃声はしない 静かなものだ 一丁程
演習にでも来た様なものだ 陣地近いのに 一苦労して 敵の見える所迄出て 陣地をしいた
シャツを脱いで 汗を拭いた 汗が流れてあつい それに山の中腹 後には大山が有る 日が
強くなって 寒くもあるかい 〇をとりに 近くまで行くが 畳の所ではないで こくになった

16

684

5

夕方を用意したり士気を出して十時過に出発した。敵陣は一時頃とのこと

それ迄に皆かんづめを切って温めをたべた。君の様にあたかも白山の上でべんとう

をたべるのはとてもすがすがしい。只晴しは良い。戦争中とは思えない位のんびりした

遂に一時。攻撃開始！　うんとおって敵の中へ砲弾を打ちこんだ。敵の兵舎へ

打ちこんだり、兵舎は部落をやいて兵舎のまわりにおちるとすぐ火事

に成り合間は一寸酒もない位よく見えるので山の頂の部落がどんどんとやけて黒煙は

晴れた青空に一パイひろがっていた。うろうろにげまわって居る中へ又タマをうちこんだり

勝一パイ射つけた。そして今日の戦争を終り。四時半か五時か今日の内に又昨日の所迄

帰るのだが急いでけんどこの虫とも上り下り始めについて走り廻る。戦争中少しの用のない人

たちは大分山の上へあがりはなくて敵の中へこちこち砲弾をにらして見ておた

帰る頃にはもうまっ暗となって兵隊が歩き廻って走り廻ってるのが丁度よかった

何でんかかんかなしで、それで引き返りしたらその馬が道からどんどん落ちて

上りが非常に多く、後へ落ちたりで前へは一寸も出ない。そうなると人間の方が強い

17

685

6

ヨイ具合に一寸づつよくなっていくから 二三日して又元来た道を考へ直し下さい それでも 18

目のくれた後につかれた。もう少しくたびれたがそれ位では直らないいつかを世へやって送っておいて位の

手紙を一人して 今夜の事はよくあるが明日の朝にまたかける事が来たときに来いと下宿屋を

とりに二人とか来ていたし、女の子が何かあると待つて失いまつくらになつた。もう夜だ。今夜は

ろうそくの光が 二つの点に立つ目なので 昨夜の小屋へは帰れずそこに居て小屋を借りて

中の事を思ひ出しては眺めたりして待つて居た 二三分会がおくれてくの暖でいた

たにあたって一眠して居た その寒い所に一晩居たが 寒さには随分夢中に当って待つて居た

火にあたって又時々燃した ここの灰の上へむしろを引いたばかりでござるを見て

せるがなくてかぶれない 寒くて仕方なかった 其の中で火をたいて居るが たして寝ない

疲れておつかれがつ中にゆられて女の子がゆりした が毎晩の様に四時頃になるともう

寒くてかぶれずに起きて火にあたって 翌日の昼をかりて居る 割木は沢山にある

ので 火のそばに居ると ぬくいが ゆるしたが 宿の内は相当にキカン食の音がしていた

ひどく寒くて寝ると思って 起きて来たまでは絶えず吹いて 外は寒い 夜明けだ

十二月九日午前四時半の例で

勇史生

妻へ

686

No. 1

十二月九日 今日も快晴 申し分のないよい日になった。六時に点呼を終ったので一服して
から○○○の村へめしをもらいに行く。昨夜は工兵たちが徹しめしをたいてくれたからなく
る留守番の今日になんで行ったので早々に行かんならんのだ。まっすぐで遠いと見えず
畑の畦みちを歩いて行った。畑の傍の人も早く起きて出て来るのに出会った。早い
でめしをもらった。みそ汁も出来て居る。今朝歩哨に立って居る時に歩兵の人に聞い
たのだが近所の人で二、三度来て居る人があって、昨夜の話を聞いたら一よに去年来たので
るそこで居る人があると、取れよと思って居るだろう 秦之（氏とでもの名の人だ）の息子
の指物屋 私のインチキの健兵を作った男だ それがまだ居ると言ふことで
鎮守の近くの歩兵の兵舎へ行った。まだ六時半だから地面に寝て居たのか。やっと起きたら居れ
足をゆすってホタイをまいていた。ちょっと話は出来ないがもう大丈夫よいのだと言ってゐた
想像ボスだれで居た去年の九月に○○○の対岸で一緒前線の人たちと会っ
たのだ一年以上の対面だ。大きな声で話す。二十分あまりいろいろ話をしてみた
前にも十五日に行ったのを知って居た。前線も よし子さんを見つけたので出し来た女（話）

687 (1

の部屋位宿だけは申し分ない洋服だと気軽で家の手紙にかいてあった
どうみちよし子さんを喜ぶのだろう いつ済むかと心配しておいであろうだから
七時に着くのだ又会ふことを約束して帰って来た 今夜は一しょに寝るだろうと言って
笑ふのだ。帰って皆と食事をして夫々の荷物をまとめておいた
汽車へつみこんでおいた 皆知ってる 田家は出来た 八時半に出発してここへ帰って来た
すった 出発前軍医さんに写真をうつしてもらった 記念写真だ
帰りはよい日であって汗がびっしょりになった 沢山の山を上り下り 馬のあとについて
走り廻ってくたくたになって来った 昼めしは某の部落で止まってかんづめを
あけて食事をした 腹がへって居るので中々うまかった もっとめしがほしい位だった
間に着いて帰りを急いだ 畑道はあつい 一種馬を川へおとしたが人は無事
何ともなかった 危い所だった 次の道をクリークへ出た 如何と思ったら道が帰
って来た 皆仕上して来た 出発からの道を走り返すのだから 相当苦しいのだ
兵隊は下り坂を走るのは疲れる 平地ならよいけれども山中

8

No.

太郎所へ来た。氷をたべて居るもの、[illegible]をして居るもの、とってもにぎやかだ。太郎らが
山の様になって居る。杉田が行って来たので皆見て居る。やっと来たなと思って居るのだろう
で父の部隊へ行ったのは三時だ。会いに来て失礼、汗がびっしょりになって居るので川風に
まって手拭は汗塗となるので、ひやっとして気持が悪い。早くいってから洗濯をする
で、おそく揚子江の水で顔を水洗した後であった。出来上ったので川へいって手拭を
洗ってさっぱりとしたはずだがど[illegible]になって塩がふいて白くなって居た。で父の堤防の下の
家へ行った。男女が荷物を又はこんで苦力のようにして居る。大人を待って呉れたとよろこんで居る
又坂草場を掃除した。又でみなきれいになって居た。何時も作ったりテーブルも水ぶきしたりして
暖火をたいてあたり、湯気をかいて居る。寒くなった。又冬着のかえもない。今頃は白雪付いて
ねられる。布ぶとんをほすひまがテイに暑いに出た皆で保宮にのぼると言って居る。様はず
仕方がない。疲れて居るから一ツ一ツのまとめばせしかれば風の日も土曜日はいらない話し
三日寸も洗はずに、気持が悪い。女の内に合にあって生かチューをかんして飲でも
と思って居る。明日は何するか、又別府所へ行くか、明日に成れば わかる 今夜は自ら寝よう

父・[illegible]

689 21

No. ㊥

十二月十四日 毎日よい天気だが昨日から急に寒くなつて来つた

昨晩は夕方六時（半過）に先生を呼びに出かけ この近くの店 飯六食

でよいのを食べて、酒も酒屋であるのが すぐ喰われて来るので 行いたが 往方

至つてまた日本人の店が出来て 是にて 往の（当りの）五目飯を取つて着た 生二を 吹くして

皆との食 中々美味いがもう しばらくして 寒くなつて一寸 腹でよさ立た あたたか

又にあたつて 皆行かのぼりへ 到て のんびり よく おそ七時半頃になつて かつて帰った

が 出来たのが 始まるもの 坊と少しくして 今をたべた 生は 大変良い所のまれが

去 七人来て それから のまないのだ それでよいかれ 見人に 日のしと 遊って来了

又にあたつて いる話をしてきた 今日 時に なされた まてから女性 附の道を

片山塚へいって 片山を送つて 今日の 水浴品を 買いにいつた 年から

日本酒を 今日 出来た 二つに分けて おいた 今日は のまず又明日に

しようと 言われたので のまなかったので 火にあたつて 今夜は みんな 話していた

あたたかくて 相明るく 明るいので 鉄らずにねてあた あたたかくて よかった よくねた

690 22

No.

よい天気だ 点呼をとって体操をして写生(士兵の営)へ行って来た
今日は早くめが出来た 昨夜苦天酒をのんでみそ汁を昼にのんで何年
に出会った 今日は手入れだ 素当などへもいかず拶子だ 船にのって砲数へ
いく 車と大で砲の手入れをした 元年の上下をぬがずに居たが寒い役に
めっきり寒くなるものだ 今週があまり暖かったからだろう それでも雨かぶ
らんので よい土曜日手入れをして行って来た 夜の方も手入れをして居た
帰って犬をおこして眠っていた 口笛をかいたり フートーへ表書をしたりしていた
そして梅田へ送ってをかいて見た、二つは手紙をかいてしまったが 仕方ないが
ひまを見て置いておけばよいと思ったので 直に昨日の出来事の続きを書く
あずきを又かいて 一パイのんでおいたがしかしだ だだ食事をしてから身運動に押手に
で四つ手あみで魚をとっているのを見ていた 大きな網を川の中へつけて上を
通る魚を上げるのだが どろどろの水でいつ魚が通るかわからないのが特に
げて見た 大体二三寸の鮒(二三)それたなけだ 一尺五寸位のを求めとって

691 23

No.

晩の海の歌にしようと思ったが思い切れなかった。あきらめて帰って来た
で東京宛への手紙を一通かいた。ゆあたとし仕方なくもうかきたくなったが上手く
ゆかない。ゆかた一枚ずつゆき先生起きて目をさますとまた床の時間だ
俺は起きて残りの引き続き細い大根の葉をかいて池で洗いちょくちょくかけても
おしにしていたつまみの小さい果をもう三人分も来ずかずかきんたんで又しよ
にかかへ入れ込んで少しだて残り三人の分を皿に一皿ずつ並べてみた。ちきたん
ぱっと浮って楽しい心持になって今日を食べた大根のてんぷらの茶漬けで汗が
流れた。腹一杯食べていたのを利に洗濯しておいた。合卓を片付けた大根で
おろしを沢山作ってまた大根が畑からとってきてすぐおろしとてもおいしい
冬になりの名物で皆集って大にあたりしてる活に花が咲くにぎやかに
なって明日はかし屋を四方来くスキヤキかけってもしや家を相談をしておりました
上手に日記を手紙をとかしておいた大丈夫か外へも送ってをかりくおいて
思って昨日疲れたが今日休みのおかげかんでまたかり皆元気になった

十一月十日午后八時

恭一

一雄

692 24

No. 1

十二月十日 月 晴 今朝はとても冷たい あつい氷がはって居た
この頃は寒いのでどうでも二回小便に起きる様になった 七時半起きて点呼場へ走っていった 昨日は夜から大きな山が火事で焼になったらどんどんもえてゐた 側へ行たらずい分はなれてゐたが思ふまっ赤にもえ上ってゐた 三千米位はなれてゐた
点呼をすまして体操をして元気をつけて帰った 食事前に川へ行って顔を洗った 揚子江の水も冷たい 冷水を口へ入れたら歯も手も顔もしびれて行く様だが顔を洗って とても気持がよい 顔色もよくなった 一気持よい日の出を見て食事をして仕事にあたる
こう寒いとこの頃から着てゐた毛糸の上下が出せなくなる 寒いので着たままだ
仕事に皆で行った 今日は中隊砲手の演習で砲廠へ行って砲を出して馬の来るのをまってゐた 冷たい馬をつけて赤屋根のある山の上の陣地の下を一廻りして 山の下へ放列をしいた そして二ケ中隊長殿全員が演習をしてゐた 大隊長殿も来られて この間の休体の時間のよかった所悪かった所を明かして帰った
演習は一時過迄やってゐた 腹がへってゐたにすぐ砲廠へ帰ってから砲車を手入をして

693 25

No. 2

おいて米が炊った 豆もつと炊たい 前に礼を言て家へ帰って来た
めしを炊たくなって居た 食事をして一服してゐた 今日は肉を買って来いと言ふ
あれかおをたべやうと言ふので 一人二十銭づゝ出して 俊峰 横田 小生ら三人で買いに行った
俺と班長は炭を買いに行きして 用意をしまって居た 其の間に 貞之助さん迄へ
礼状を一通かいておいた 秋のとり入れについて 炭動きを動かすのについて 弟は離れて
居ない うまく動かせずよく止まって 貞之助さんを 一日に三回も四回も 呼ぶんだ 貞之助さんへも
いつも気よく来てくれて 話をしてくれる しまいには 貞之助さんのを借りて 世話 松吉が
見て よく出来た人だと感心し 男も女も知ってるらしく 話をすると言ってたと来てた
君がしらして来た 返事を出したが 貞之助さんへ 礼状を出しておけとかいてあった 俺は二の
前お前の手紙 気がかりでありますが 働いて居たのが 一ヶ月で二百円位出しておいたのだが
今日は一寸いやな事もあったので [illegible] ておいた 其の間 かあちゃん 納豆 丸十銭で売って
来てくれ 二本して 九十を 器に細くしてから 米洗って 骨を水でスープにしておき
とうふ三丁（二十銭）買い [illegible] 五十銭買いに行かれ [illegible] 二つかみ位で五十銭

694 26

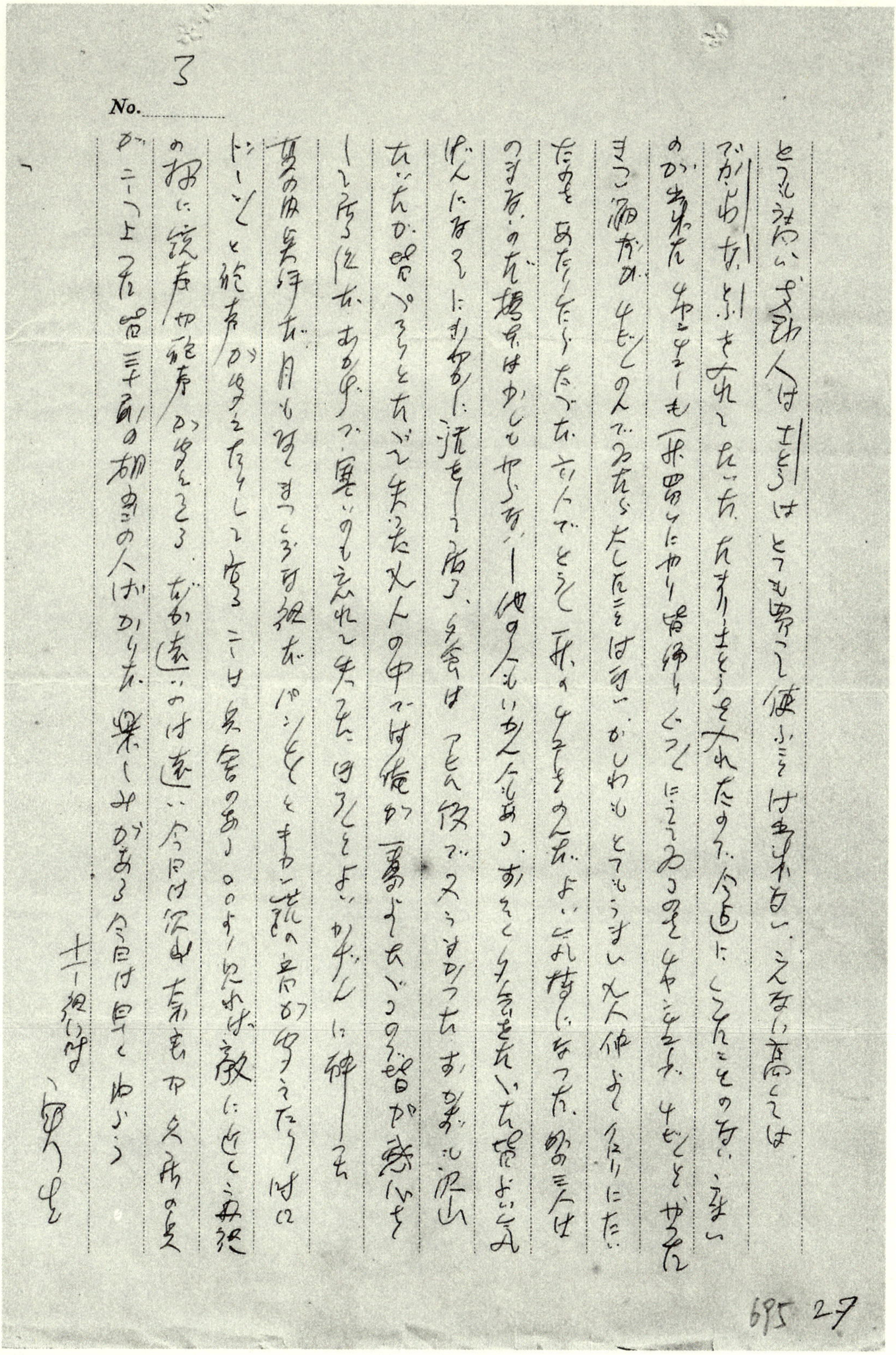

3

No.

十一日夜

695 27

No. 4

十一月十二日 今日は曇って居る。晴になるか雨になるのか 冷たいことも冷たい
昨夜はとうく六人あまりでサヤニナニーを飛んで来た 皆よい気持になっていろくの話を
しずって焚火にあたって遊んだ。広大無限の様に遠い山では火事がもえて居る
おれが酔払ったので暖かくよい気もちになってぐっすりねて失った。
今朝も起きれて目がさめたよくねた様になった お天気なので運動場へ走って行った
運動をすまして体操をし又かけ足で帰って来た 火にあたって川へ行って
顔を洗って来た 川の水は冷たい 火にあたって居る時に食事が来て朝めしを
たべる。じめじめと寒い日になった 先生の上衣とネルのシャツ上下、十三日を八日までとで丁度
よっかずんだ 風をひいてはいかんと思ってきっしったが一寸もめげずになった
八時半に運動場へ集まった 今日もこの前と同じで今泳財様な能数へいくせまい
クリークには沢山の木小舟がはりこんで居る 物を売ってよるくはこぶのらしい
英気の船も一日来て居た 客船の様になっている船の上りはもなるちゃある工兵が
水も一日とぐんぐん目に見えて引いていく 上から見ると底の方に水がある丈だがそれでも

696　28:

(5)

No.

際つらしらず。今大きな艦がはいつてゐるから途中にはまんじゆや食堂があり文郎のクーニャン
がまれ、な眼をかつけどをして居る若い。文郎の女は美しい 砲艦へ行つて話をきいて
演習に味噌用ド所へ行きかけたら命令が来て演習を止めて待てと。で又しまつておいて
自習出来へ行つてまつてゐた。犬をだいてあたたく、うまく寝たいのが、あたらすれば床られない
其後に兵舎へ帰れとさつて来たので又話しをききてゆうびん所へ行つて来た 陣地を見にいくので
先へ行つた。道路工事にも今隊で大分出かけていつた 相当悪い所があつたらしい
え、行く所の方は、めずらしいのらしい 早かつたのでだにあたつて一眠し 弟へ手紙を
かいて見た。明日兵舎へレンラクに行くのがあり 幸い 兵引いて来たので 有田当しあ
り取りにいくのだつてそれに手紙をことづけやうと思ふ。年賀状も百五十枚ばいたまでしまつ
てあるのだが出しても出ない──。晩めし──は牛肉と菜のたいたものだ 大根漬もあつた
大根を引いて来ておろしを作つたが、おろしは中々うまい。冬でもよいものだ
食事をつ一時近くにあたり炊んが来た 皆の布団かりておいた 明日とりにいくもの
に、渡すのだ。一時から砲廠へ行く 今日午后は砲の手入れで、隊長と二人で掃除をした

697 2)

No. 8

外の者は畑にのつたり、四五人はアヒルの毛むしりをしにつたりしてゐる。夕方のおかずは
アヒルだ。アヒルの味もしも中々おいしいよ。沢山飼つてあるよ。ぶたとかも沢山遊んでゐる
兎九羽とここは時々何か分けたまでゆかく皆よつたので十分にこつの大福もちを六つ食べた
。まつてゆうだ今日もこれを五十個ずつのがあつたといふく話をしたのだが、あつ、お茶をのんで
太郎とニヤンの待仕せを机に置く言つて何で来た。せんおつけは十僕の分少しにベイナなう、ぶん
十五だがねい、何で大きなであたりは紀中紙をかいて居る。どんなことして居る
室に風がひどいのでまだ寒しなあ。え所で雨になつた。野田のたらう。大分天気がついた
から雨もしれない。今日はアヒルを買つたが十羽を買ひにやつて、アヒルの肉をたいて食べやう
女学生は今日は止めた。最近にはまだ時間がある。矢張アヒルの肉を切る十羽で
ねえ、上手なのでうまく出来ないが、それでもうまい。今日は何もないからそれでも
見ようと一面にて本なら、ゆりに暮らしたいので、ゆつくり本をよんだり手紙をかいたりする
ことは出来ない。吉田が作つたらう十坪温室に行つて居るが、少しでも元気な
みんなも元気へなつたらおお正月も近しなつたなら少し楽しよう。さんでゐるだらう。又明日

十二月十二日夜九時

良夫

妻へ

698 3C

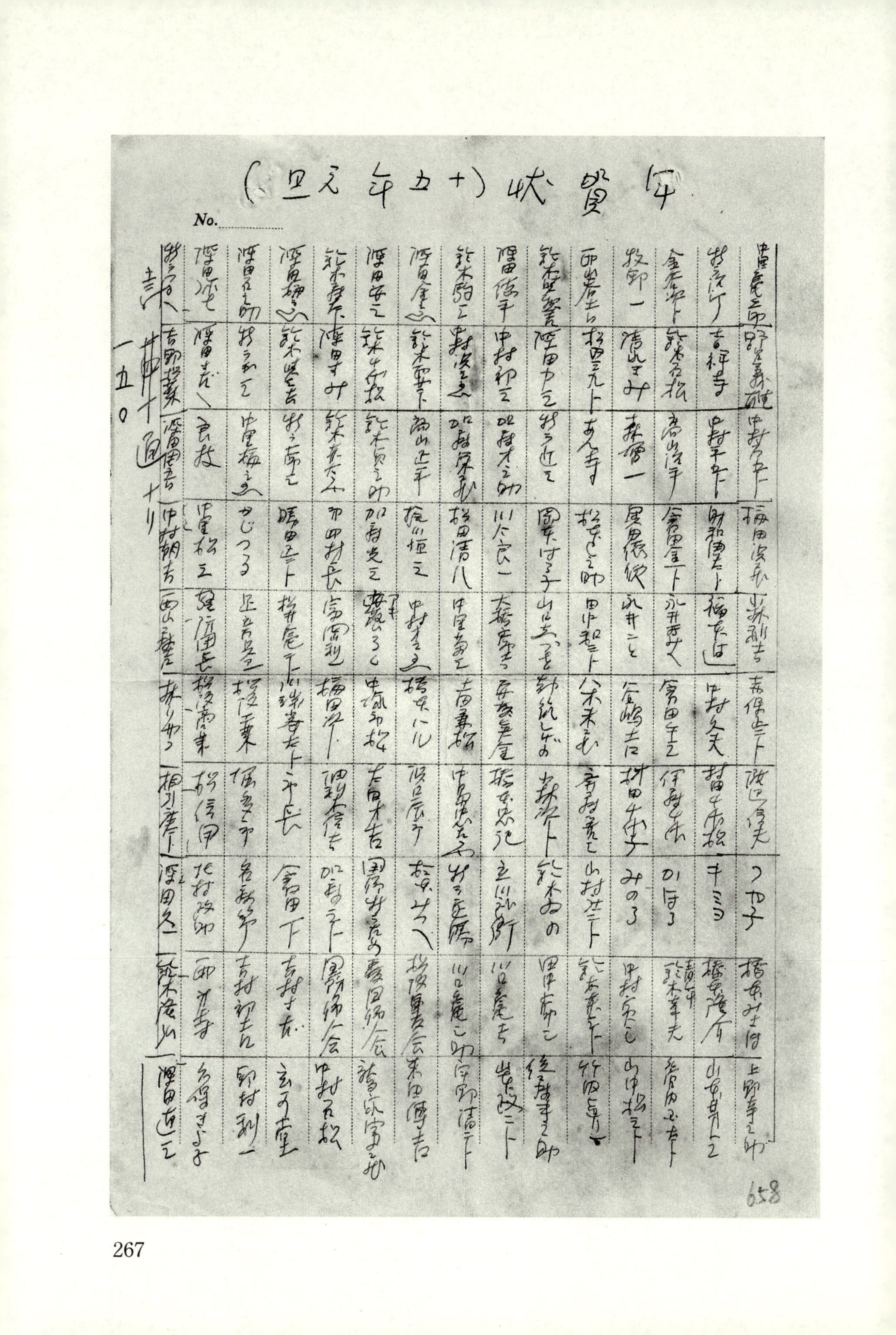

年賀状（十五年元旦）

No.……………

一五〇

計 百十通 十り

658

NO. 1

一月五日快晴 春の様な日だ とてもあたたかい 昨夜は いつも見えて居る方の部落

は今日で三日目だ 今夜が一番よく見えて居る 炎台まで赤に見えて空を焦がして居る

夜中に歩哨に立った 昨日迄の敵陣、高い山は一面に火の海になってもえてゆく

陣地のあちこちまで赤に見えて天もこがするのではないかと思う位 前一面が一と火の海だ

敵ももう底をかすめに去って行ったのか 銃声一つしない平和な夜に戻った

火をたいてねるのだが 寒さ知らず上衣を脱いでねてみた 今日は昼まで外へ出た

今日もよい天気だ 下の流れ池へ行って顔を洗って来た 山の中の朝はとても気持がよい

荷物をもって陣地へいった後 通じて居た敵の山も雨になったら消えてみる この一帯に

山一面に占領したのだ 後続兵が引揚げてくる 下の広場は兵隊と馬で一パイだ 賑やかだ

俺達も陣地を引揚げて城内へ行軍になった 毛布荷物をまとめて馬車につみこんでおく

かり用意をしたが大分時間をまった 昨日のとりしがあったのでみそ汁をたいた

一服してから 三泊四日居た この陣地を引揚げて山をおりた 両方湿地帯の中の堤

防を彼のあとについて来た 弱い橋を三つこえて 近くに 〇〇の米城が見える いい所だ

699

NO. 2

遠くから見るときれいな町だ　城壁が見えていて城内が寺の塔の様にあり　白っぽくに
悪い風が日光できれいに見えると云ふ例によって城内を通って賑かな町へ来た
魚や野菜類をもって来て売って居る　却々賑やかだ　道はどこへ行っても皆石畳だ
岩や石の山ばかりなので石は沢山あるのだ　何をするにも石を使って居る
城内の今迄の蒲団へ靴をぬいで一眠した　家へ帰った様に落ちついた　草の上に坐って
パンを出し役侍に頭を刈って貰った　よい気持だ　靴を水洗いして毛布や布団をもって
家へ帰った　今度は少し長い間ここに居るかもしれないと言ふので部屋の中は片付け
たり荷物を運んだり棚を作ったりしてまり大掃除をやった　きれいにはなつた　ほこりまみれになり
顔や手を洗って石鹸手拭をもってたえて出た　二人で太郎風呂へいく　あたたかい
本当に春の日の様だ　今日は湯もあつく気持よい　三日から五日目で垢をおとした
天然を一足洗って来た　三階なので二階へ上って見た　二階は風呂が二人くはいる小さなのが
沢山ある　えらい人がはいるのが一部屋に一つ立派なのがあった　三階は会堂の様になって居る
まだごみで一パイだった　二階ではこの風呂が一番なのだろう　下を見ると城内の町が

61/100

一面に見える　四角い広いよい所だ　上へあがって眺めのよい所をぶらくみた　女郎料理やもあ
った　此の今ぶんものを掴んでたべてみた　大ていのものはある　○○の所のことを思ふと勝手が
ちがうような気がする　所はよいのだらう　ぶらく帰って来た　手紙を待って室へはいって眺めて日記
と手紙をかいて居る　これは近く郊外の家を交代して林田は○○の家へ帰ることになるかもし
れないと言ふ話がある　どちらにしても俺は長くここに居る訳にはいかないのだが　これも割
にのんびりしたよい所だ　遊ぶ所はないがゆったりとしてゐる　一月も早く済んだ　前の日は
三日と弟が言って来たかとうく自に合はなかった　休みへなかったら今頃はもう家か家に
居るらうに　然し物は思い様なもので然れに居られるのは何よりもうれしい事だ
もう手紙は出さない方がよいよ　折角出しても俺の手にははいらなくなるだらうと思ふから
一日も早く帰国を待って居るお前や子供らの顔が目に見える様だ　長い間不自由な
苦労を辛抱して来てくれたが其の内一しょに笑って暮す日が来るであらう　元気で迎へて
くれる顔に頼って居るよ　今度こうして一日をすました　其日は気に入るやうに落付いた
晩は　ゆっくり手足を伸して眠らう　明日のことは分らない元気だから安心をせよ

一月五日　[illegible]

NO. 4

一月六日 快晴 今日は又春の様な長閑なよい日だった

機すてんよくぬられた 今日の日は汗が出て困る位あつかった。山中に上り晴れた山の上に立って居ると シーンとして考へごとをするのにはもってこいの静かな所だ

毎日毎日もつづけて居る 戦この山では今尚亦やって居る。

あたりが静かになってもう銃声や砲声は聞けなくなった 兵隊に平和になった

林色も漸く落ちてきたが来年の今月今日何十里と離れた地で又更に交換に無目的 不眠不休の活動をつづけて来たが 進む日の丸 翻る旗 歌の文句ではないが 皇軍の進む所敵なく草木もなびく 兵隊には

一ヶ月目をふり返って見るとよくあれだけやれたなと思ふ位のものだ。

そして城内の兵舎に来てからの様な暖かい日に 出もしない体を休めることが出来た

あるいはここに居るらしい外の隊と○○するがまって居るかはわからない、今日聞く山口らが

○○の兵舎へ入ることになった。めしの今日の日も外の用をしに三日すれば得る

あるのだ 兵舎では皆々編成兵が毎日徒歩演練を受けて居るとの話だ

63

702

NO. 5

寒さももう峠をこしたのか一日ましにあたゝかく成り今朝は又別に丁度春の様
な日になつたそよと風がふいて何とも云へん位よい心持だ内地ではまだ寒
く風が吹き切るだろう、去年の一月は相当に寒かつた今年は誠にすまない
桜の花を見ながら春だと云ふ位うらゝかな春日和だ
点呼をすまして皇居遥拝し湯をわかした。朝めしをたべて暫くして洗濯だ。
首巻にして居た(八ヶ月)その布やくつ下手袋、それに襦袢迄とにかくに汚れて来た
ものゝ(綿のセーターも着て)のまゝそれを外して湯が沸えてほしとかけた。今日は久しぶりに
居る様な気がする(雨や霜のかゝらぬ様に)これから家へ行って柱や板を集めて来て
兵舎の様な家を作るのだ。窓からこしらえた。大工は空家がある為柱や
板は皆あつて思ふ様に出来た。座に併せて洗濯も出来て食事をして一服
夜勤の者と風呂へ行くことにした。今日は○○部隊がはいつて居てえらい混雑だ
さつぱり汗を流して、久しぶりに午后の日をあびながら町を歩いて見た。支那の人達
は道のまん中で大ぜいあつまつてみる。賭事が好きで一本の銭を道の石の上へ

68

703

No.

65
704

枝光へ行ってさめないで居た。田舎にはソーメとマッチを売って誰も買いに来ないのでつまらない
仕方なく鉛筆としたら判りで行ってを作って居る中毎の中。太郎のつけの人がりして
して居る。臨時が居て行人りして何も林氏の甲斐のは責ってみなので気と気に入らず
気分へ帰って来た。店に行ったどこもかしこ良金かしそある。井戸も涼しい。城田がけあって
一斤位につつある。とても美しい木だ。ここは通風良くはいれるので、よい中大助かりだ
これならは太郎人がはりのでいけばよそうそれ迄に明けはりて失ふ様になって居る
室へ帰って場をゆかして当分を二寸ちまて この間の付体でよい綿をもって来たので前の古綿
とすこし失って古との綿を入れて手掛こすじを統にして いーのを作った。自分の古い手入つけて
失った綿がおしいがめいわくそうだ。昨日は遊びに行ったし、室をすこしたらして留守に
ものはめて居る。今下をぬいで上れなずでよいかげんだ。まるで春の様だ。様になって難法
でもよんでか中く。今日暇の方がかしめを一羽もらって来たのでこまってナッパを取って来て
またすこしずつ喰うだ。ふに豚汁があるので、又たいれておらーかった。今日は飯しして
少し熱がしてらとねて居るので帰って来た。難法でもよんで早くねようと思っただ

一月廿一夜

守七

まあへ

66

705-1

No. 1

一月一日 晴 昨夜は風があってゆうべ寒かった 寒いと言っても内地よりは大分ぬくいのだが ここに三年近く居てなれて居ったから それに今日迄あまり寒かったのでよけい寒い様に思ふ 夕方に水をくんでおいて僕の立つのが払暁の五時から六時近くなので交代してから布団へ入れてたいかけんおいてくれた

そして七時半起床して点呼迄に服のものを出しておいた 点呼をとってからすぐにシャツ一枚になって洗濯だ 畑で着てほこりでまっ黒になっておったので 今迄に洗ふひまもなかったので思ひ切って洗ふ事にした 中にあるのは一寸にはおちないのが早くやりました。まっくろな汁が出る ひどいよごれ様だ 湯があってぬくくてあるので出来るのが早い 上衣とズボンとを洗ふ 朝めしが出来た、今朝は忙しいが顔も洗はずに会食をした とふやあげになっぱを入れたみそ汁で旨い めしをくって水とその水でヨーヂを使っておいた服をゆすぐのに井戸へいく。四回ゆすぐ にごった汁が出なくなった。きれいになった ついでに顔を洗って来て家の横の空地へはすずめが日が当ればかりが中に一寸にのかめそうにしてない

2

No.

何しろ鍛冶にかゝつてゐなければならぬ。袖さへ一着なければならんから
ええ仕事が出来たのが一服した気持です。前日からこれだけやつて思ふをやへ
りと考へておるのが苦になつてならない。九時すぎ彼の手へわに湯地へいて
服を脱いでおるのが妙ともきておるがあまりぬるいこそはない。ぬるかつたらた
それからまた昨年の横へ鉄格子の穴を皆かえてしまつた。馬停りの方
は云壊く竹を切つて来て馬をつなぐ所を作つておく。俺達の仕事が済んだ
口家の末郎の主人と鍋について居る釘をぬいて来た。鍋の切れはしで茶碗
のものを入れる箱を作るのに、使つたらもう無くなつた。今日は一服してから箱を
作りにかゝるが誰も手伝し何もない。道具が無い。鋸と鉈とペンチだけだが
かなづちがないのでそれがなければ何も出来る。汗を流してやつた。今日下田
手紙其他の入れるものを入れる箱にブリキ大の板にして出来た。水が洩つ
て使つてすき蠟燭いを探しに行つた。いゝのが二つあつて足へ取付けた。前を
一人あかないので又金具を探して来て取りつけ、又手がさはつものゝ接しに

706

3

No.

いろいろして二時半頃に出来上った いろいろの物を入れて見た、味大分よい
二品が出来を思って一服して横になった、今日は洗濯や網作りやらで忙し
かったがどれも思ふ様に出来たのでよい風が出て来たが服を又庭端の花
のあたる所へ持って行ったら大体にかわいた、それを見乍ら日なたぼっこをして
ながめようと出かけたら財務などの草葉、運びと云ひながら絶の所へいったら工事
をしたりして遊び、故障ドカドカと絶偶をおすので切った、終って手入れを
して服を着て帰って来た、日が暮れて来た、早速夕食をたべてからズボンの
ポケットがさけしめてあるので大きなてぬぐいで若干時だ、ミシンがついた
帰って服の破れの穴をつくろっておいて日記手紙とをかいて居る
今日は夜から風が出たが夜の間には雨、雷然、たまたま一日らしく
ない気候だ、誠は一人訓練らしい、近いうちにお前はよい事なきに
よほど疲れたしなったのだろう、今後お前が皆で毎晩三つ言ふから
寝て貰た、俺は今日は忙しかった日だったがけっした、ゆっくり眠れよう
早いものだもう一月七日だ、三人が今朝人を見て居ると思ふ大、

68
707

No.

抄（梅田五包 飴吉一 一九包）
（油紙一包 清水よみ二）

一月一日。晴。今日はよい天気。風はすこしあったがあたたかい日だ。
この冬ばかりも又は全く遅くて失ったのかもしれない。氷も凍
ここはもうられなくなった。山では毎朝見られたが今年は少しもなくて
かえって急にあたたかい。少し暑とは言ったものだ。田では少しも一月二月
とすいか寒い。十二月より少し今からの方が寒さがひどいのだが
大陸。それに比べても寒くは甚だしく三日も続くがよいのか。去年は雨
中国の陣地で雪が降って柳まで凍ったが今年は暖かだ
梅の木もつぼみがあるまま咲いたそうく又大ぶら梅の花を見られる
二三日前からどうやら寝ていた。少しすわって遅った一晩もよく寝ら
した。何もかも忘れがちになった。どうしても眼を長いこと着てないと気持が悪
かった。今朝少し本を読んで気持がよかった。寸法するのが小さくなった
七時半起床。すぐに見晴らし広場へ出た。雲の色が赤く見えて
東方を遥拝して家へ帰った。火にあたって一服してから井戸へ顔を洗いに行った

61
708

今日の小包　梅田　二色、姫の男や、伊勢崎叶子　㊃　70　709

朝めをさましたときあたり一瞬あたたかいよい日になって来た。今日は船の悪い所
をなおしておいた船の車輪が悪くなったのでいつもと違かった。よくなった。
これが完成の後は終った。部屋へ帰って先日買ったハトロン紙でノートを作った
切りおとして始めたくてから、めの方ではりつけた。二十三枚か出来た
午后は休みだめりの手入れや洗濯をしておいた。一組しあげノートを仕上げし
ゆふて文部風呂へいった。ぬるいのでつりあげおちるのにはこまってこりだ
風呂へはいって帰って来た後で子供らが銀貨でだいぶ4の相手のをとってワイ／＼
遊んでいた。何かかしも今らおりが銀貨を取ったりとられたりしておいた。面白いらしい
帰って雑誌を見ておったら、ねむくなってしまうと目をさました
小さいおびえる午后のあたたかい日から、もしらんがおる　いい春びよりだ
今日の○○へ運動に出た者が帰るので迎えに行ったりめしを取りにいったりした
大体に元る千人のめしをとって、一寸日見たかいくおちら良い天気だ外へ出て良い
ともとって荷物をとりに出たストン外平紙、小包が沢山来ていたので

今日の手紙　フトン　[illegible]一

ソノ十　[illegible]　[illegible]村竹三、[illegible]、田中和平　五

21

710

[illegible]が留守にやってきた。俺にも小包が沢山来ておった。四つ、梅田が二つ

来ておった。[illegible]千代子と[illegible]、村と二つあった。[illegible]

すぎないのがおもしろかった。一番早く来たのは[illegible]が、くるのはおくれたのが

[illegible]なのは[illegible]一つの[illegible]が、[illegible]が四つ、手にはいるのだろうか。ついでに何

か[illegible]がとりえでおるのが[illegible]すれたま、明日又見ることにしてしまっておいた

[illegible]が梅田から四十日分の手紙をくれた。今年も二三枚あって俺のところとりん

んで来た。しまっておいたのを見ると手紙がかなり[illegible]

[illegible]かないにならない。しかし今年はそうかたらしい。[illegible]が多かったから十

四つの小包に何かはいっておるが、手紙にして[illegible]だったのをしたいので読むことにしよう。

手紙もりんかもよさそうなのは[illegible]い。もうかはしらしくなって来た。[illegible]

今後ともよい静かな生活だ。〇〇市も[illegible]、家が[illegible]たのだそうで

天気が毎日[illegible]を[illegible]にしておるそうだが、しっかりしておる[illegible]を[illegible]

きっと日中に出歩かないように[illegible]人たちの天気のよい日を[illegible]よう又

一月八日夜

妻へ

宏吉

一月九日くもり、今日はどんよりとくもつた、そして寒い、雨になるのか
又雪になるのか今の所わからない。昨夜は四つの小包を枕もとへつんでねた
盗まれるので出しておかれず、それに小包をあけなかつたので何がはいつてゐるかと
思ふて出しておかれなかつた、丁度子供の頃に正月に新しい下駄を買つてもらつて
うれしくてたまらず、夕べその下駄を枕もとへもちこんでねる様な
もので却つて早くあけて見た方が早くねられたかもしれない。一そ夜中にねられない
のであけて見ようかと思つた事も三回あつたが、おとなしくねてしまつた
夜中に便所に起きた 寒さ一つもなくべつたりとして居る 雨かナアと思つて
又ねたが、昨夜からワタブトンを持つて来て貰つたのでフンワリとしたフトンを敷
てねた 上にもとても楽に手足を伸してねることが出来た ぬくい、いゝ気持だつた
七時に起きたが暗くて居るので分からなかつた、広場へ行つて点呼をとつて帰つて
来た 火をおこして暖つてあたつてから井戸へ顔を洗いに行つた 井戸の水は
湯気が立つてぬくい — 本当にいゝ水だ 今迄くみおきので洗つてみたのでとても

711

73

712

No.

気持がよかった。孤蓬庵を訪ねて掃除して来た。めしを振舞ってもらったり
下宿屋をもらいにいったり中々忙しい。手拭一つ、バット二つもらいヨーカン一本
に菓子一袋をもらった。これで一週間分位の食事をと一服しながら考へ
たのしみの小包を開けた。福田は二つ広いから妹がちゃんと与えたへとかいて
ありうれしく今迄に哀なことがなし この四十日あまり相当苦労をして来たので
何よりうれしかった。ずいぶん物を与えてほしいものばかりを沢山二つの箱にぎっしりと
つめてあった。相当な金がかかっている。福田家宛のは五円以上かゝろうし ありしたものだ
ウイスキーが二本これ大丈夫であった。福田のには酒とウイスキー、竹内のにはウイスキーと酒、
ウイスキー四本と三つ沢山になった。これらの始めて皆俺が酒の好きなのを知ってお
るがよく考へて呉れてある。志がうれしかった。千代紙が切れて落ちている雑誌と
をいれて切りたかったに使ってみたが手近のにはあつさ三寸位の大たばは一寸切れず
あり、人事にうれしかったか三分かゝりの仕末のこの贈りものは何よりうれしかった
にこれこそ本屋に店に酒屋に又町に金さへ出せば何でも買へるがここでは全然

つては何を買ふのがないので正月用にどんな事に役に立つたかわからなかつた
れば手袋など送るをもしばり去りしを三千人位で作たり車に両方の中ほどを
作つたりして午前の作業が終つて後で清水きみ子の房事おやをひつぱつてみたら
おやおれ二十四日あまり一寸見られなかつた。なつかしおやり。梅田からは十二月分来ないも来
ない。清水さんは十月末から五十四枚位あり一枚一枚目を通したが、おさいさんの死は出て居
郷律の吉村行雄の子供の死が最後、秀吉の三男高明君の死、安之君の子供を沢山
死んだのがあつたが、一つ一つ切りぬいておいた。中里休治君の出産は出てゐた。又送る
第一回に出た男を一ぴきと一しよに一日ついてんでゐてもし日用品を入れつてんので
又アンチを送るやうにと。今度は送つてもらい、りやうは枚、フトン四枚ついた。上を一つ買つてし
まへたくなる。今度はブタにたおれるがる一晩で日記を手紙をかかえたので
どんなにとつてもよい。小包の紐もかを捨てずにおいて、中に全部入れかつた。一つ前に
石油を買つておく。今後もつづけて下さい。二本で二百円、三十本の石油だが高い、今後から
明るから。どうやら二十人寄つてるなかに又兵衛をかこつとの活気出よう。

妻へ

忠生

十二月中の手紙と金銭出納簿

手紙

十二月一日ヨリ十二月三十一日迄ノ手紙ハ、アトレー六通、ハガキ七通で少ない、出征以来十二月末日迄の合計ハ八百十二通 山田十六ヶ枚

支出之部

十二月四日	ナンキンニメ	一五
十二月九日	キャラメル	三五
十二日	キャラメル、サトー、キャラメル	三〇
十二日	キャラメルゆう	二〇
二十二日	キャラメル	六〇

計金 一円六十銭

収入ハ 十二月ハナシ

八木ノートト雑誌代

812通

昭和十四年十二月三十一日迄ノ収支、

収入 二九八・一四円

支出 二八七・五五円

差引 三円五十九銭残リ

右支出ノ内送金百二十円ト貯金八円五十銭とをしてある

これが十二月三十一日迄ノ収支計算を終ることにする。

山田へ 十六ヶ十九 山口

、忠人生

75

714

No. 5

イモン袋内容と四（梅田次郎よりの分）

一ノ色

ままのより	ポケット笑[illegible]	一冊
カホルヨリ	流行歌集	一冊
カホルヨリ	碁石	一組
オミヨヨリ	紙フーセン	一袋
ヨーカン		二本
アメ（スイートキャンデー）		二袋
黒あめ		一カン
エリカも		一組
お茶づけごま		一ビン

二ノ色

カホルヨリ	軍事日誌	一冊
井上（カホル）より	[illegible]コマ（ヨーヨー）	二組
キミヨより	旅行ごま	一組
便箋		二冊
ノート		二束
しお豆		一カン
酒	一ビン	一ビン
ウイスキー		一ビン
ちんみ		三故

715

No. 6

堀多市よりの小包

スルメ	三枚
ウイスキー	二ビン
勝栗	二袋
みつまめかんづめ	二カン
ミルクコーア	一カン
ドロップ	一カン
アヅキかんづめ	太一カン
花アラレ	一カン
氷ざとう	二箱
飴しるこ（大甲袋）	四袋

伊藤千代子よりの小包

スルメ	三枚
味付スルメ	一袋
ウイスキー	一ビン
カレー豆	一カン
ドロップ中	一カン
仁丹	一
ハミガキ粉	一カン
ハブラシ	一本
メンソレータム	一コ
神薬	一コ
パイナップル	太一カン
チリ紙	大束一

716

No. 1

一月十日くもり、昨日は一日中どんよりと暗く、夜になってしとしと小雨が降って来た、たいしたことはない霧の様な雨だった。月は少し雲の間でぼつくらだ。一寸先も見えない、外へ出ると何も見えない。すぐ傍の俺の路と暗い上に大エドがあるかえが、われておるのだりよ。雨がすきな私だ、ひどく降ったら窓影をかへようと思ってみた。然しそんなこともない雨も上ったらしい。初めてランプをつけて寝た。石油はとても高い。もう少しもない今では買へなくなった。キレイなランプに火をつけて見た。明るい。ローソクは比でことすると、ランプは部屋中一光るから、とても気持ちよい。お釈迦様は不思議に思うだろう。ランプをつけてよいとは、俺達の子供の時分は種油のアンドンだった。それからカンテラになり、石油ランプになった。そして電気になった。お釈迦様はアンドンやカンテラを知らないだろう。文明の世の中にランプを灯らしておるなんだからナ。太郎は文開けておらない。田舎はアンドンだ。俺達は山にわかれ、郎にわかれしておるかららしい。すぐつけるとかあ来ない。夕空を仰いでもペンペンとする。静かなから明るい内におきて穴の中へもぐりこむのだが、そして城田の家へはいっても○○の様に寝てればな

No. 2

耳袋二冊はあつたらしいのだが耳袋でめちやでなつてほーり位だ。そのほーりーで高いから
寸に買へない裏り港湾にもらつた人達のはりーノを大事につけておいたがとてもなくなつた
で、ラップを買つて来て油をつけて磨いたのだ。サイダービンに何合位を七十なと言ふ
ら、冷(?)は五十なで買つて来たが、どうも為つしないのだ。明るい今朝の光でみぶかりに行つ
たと落さないで梅田からの特急をよんでおいたが、今日特急がやつて来たのでがのそねた
九時頃迄よんだが、次があつたのがなつたのだ。あなたから手紙はもうまつて
今朝は寒いが雨はふつてみなかつたと思ふ。平常をとつて行つて顔を洗つて朝めし
をたべた、今日は新しい大きな家へ引こしをするといふなので。今迄はいくつかの家
に別れてみたのでいい家があつて探していた。大きな家だ。太郎の家だがよくらいのはしらい
スいかを、と掘出柱を探しに家を作るためにみんなふをとりにいつた。お兵
(全部を一暇して荷物をはこび沢山の子供らたちがリヤカーを運ばせて
やつと荷を作つた。家をはつたのでとても気持がよい。一部に八人やつことになつた
棚を作つて　ゆうべふきを荷物をのせて片付けた。先今ぶこしあつた。今迄のはあまり

718

No. 3

に行かなかった、みじろを針でとめたのでよくなった　田への気分も円ドなになった　一眠して去

四時になった、一日中まくまいをしたが　よくなったので　のんびりがよい、秋の布を探してうまわへいって

めしがないので米を押切りで切って　炊を作った、作って白布を土へまいて　稲を作った

多分　加藤氏は酒豊作であり　一同よばれた　桶田からのウスキしを開けて引き

花に一同での人だ、ら一番りが皆ごちそうしようよいと大よろこび、スルメを四枚出して八分すず

ふつーゆけただが、三人共土産の大人なので　おいしかった　多分をすず一服して寝る日記

平衡をかいて　みると　めの前は本ごちそうを　かんことというを　ゆどうふにして　ゆく　かえる

なにごとも体は出来る　勝をこめしとは思んと思ひ、スッキリかめた、安心をする程に

とも　田地の農作のかけおだ　安い、安ここにしたりゆどうふぬしたりして食べて　ほのほのさない

ウィスキーを三分位のんだので　とてもよい気持になった　ホッとをして来た　仰ぎを作った

気持のよい　ゆとこには　今夜は　ゆかうで　足で落ちついた　抑だ一動の大きな家で全部

部屋をわけてもらったので　個制かよくなった　雨はふるなないのでよい　今後は不寝番

だ　夜中寒のため　ほうぼうみんな　になったが　風呂へはいけなかった　明日は風呂へいけるやう

十日　祖七時半着

719

今日の手紙（フートトリ 航空 良枝. 加藤才之助 村田千代、中村宗弘
リカキ 改東孝之助、石原光枝、岡本春子、伊田良之助、竹下定勝 五 四 九

月十日 くもり後晴 朝はどんよりとしてゐた
昨夜は夕食後新聞をよんでのんびりとして遊んで居た この家は中古
ぬるい、大きな家ではあるが大分寒い日は近 全部戸がしまる様になってゐる
ので風はかくしてはいらない 大工のうでのよさ ぴったり合って居るから風はかくて
もなく、火をかこいにして居たから寒いとは思はなかった
外へ出たらドラムカンの風呂があいてゐたのですぐ又はいる事になり ぬるいので
たきおとして裸になっていたドラムカンの風呂に今振りだ 太郎風呂は去る
広いらしいが五郎人がはいるから ヨロない 五郎人は大きいトラトラ次でいい顔に
事だら 裸になると大きいヒザに木ばかりなので うろうろして 仕様がない
ドラムカンは出すが一人ずつゆっくり出近 る事が出来るし 下から火で
沸かすので よくぬくまる 近くは青空天井で 星もきてまたらたが めでたかった
風呂へ入れないもりだったので 思いがけず 二度まではいってよくよく楽しい事
で御馳走、揮一つでしばらく新聞をよんで居た 湯油のが寒かった

No. 4

720

No. 15

出して パンをたべて見たりして九時か十時まで習ひおと二人は帰った、おそい
如何早くかへることは出来ないが家の事を考へて居るのだ。早くかへれなかった
十一時半に寝るのに起きて来た。本当に困つた。今日の不用材料をおろしたので
あるから居た。四時十分頃起きてから豆を出して牛乳の中へ一豆を出して
沸して食べた。豆を出して、後はよかれた。今まで初めてなので とても うまかった
牛乳より考へてこんなふうにしてものを見付けて買ってくれたのだ。うれしい
四時十分に次の電車に乗って又ゆき二人もいっしょ 七時半頃起床には家に居て目が覚めて
になつてくたすらなかった。外へ出て兵隊をとった 今日から兵の手続がいくらか
可になった 僕一人づつ陣地へ行って手紙を書いた 夜に出て一日たつ雨がふりそう
もない所で洗濯をして食事をした。今日は軍の兵隊の二十一中隊所に
風呂場を作るのにめいめい手分けをしてかかった。豆がたまって困しきたないの
洗濯をせてあった。洗濯物を今迄の二つのことを済ました写真を見
たりした。平均して又来たるにかえしあるなにかも五、六人中迎へあった

721

5

No.

中になつかしい方面からの手紙があつたので どんなにうれしかつたか分らない
一番先にしてたのしみにしてみた 敏君で十月二十二日出のだ、どんな陣地へおいでにな
ると敏君も無事過ぎ同じ所になる。何か大事なことがあつて胡波君でもあつたのかと
思つたが大したこともなかつたのでやれやれと思つたり、家のもよろこんでゐて
あれまでうれしい 皆元気で今のこれに働いて居ると聞いて安心した
前にも言つた通り毎日は家に居らないでもらつているが、後れてしまつたになる
以前の手紙を見ると明け十日として、胡波にもよれなかつたが何とか出来たのだろう
冬休みも来るらしい様子だが十二月になろう 少し信じがたくしてくれることのこと、信も守つてあい
ないことが又よみ返してみようと手紙の所へいつて兄の事をしたりしても まだ慨
気をよんだあたり出時 好解があり方に打つたくらくなつて終り手紙をして待つ
たいきを食べて一眠し うちの光どもこれをかいておるまでもないがかいてい
今度は広東に行つて日の後のんびりめこし日になるだろう又こちらも大分になる このごろ
雨もふらずよかつた 今からどうかの風邪へははやらないよう今日は十分注意してたまらない
十一月十七日 泰
君へ 某

722

一月十五日 今日は我々の正月だ 我正月には討伐が持く正月といふ事でなかなが
たので働く落ちついて気分もよくなかったし、もちろんこうしたよい多くの品物を貰—
って正月の気分を味はふ事になった、十五日なる正月で言ってもよい
所だ 雨ふりだ大したことはないが小さい雨がしづしづと少し降っているらしい今日は二一の
の隊長部の横の部民運動場で式がある筈だったが雨のため中止になった
つまらなかった。今朝は何故か六時に起きた位にあたたかく明るくなるのを
まって居た七時に点呼があり顔を洗いに行った お護もかはらずし気分だけは
正月だ 昨日一人づつ今日又一斤づつお酒を世話したので 六時ばかり冷で すみませを
皆といただいた 雨ふりなので休みもこんな行くこともせず朝昼そろって
お餅をしみそ汁へ おもちを切って入れてぞうにを作ってたべたり 様子をはしゃ
飲める者達は二斤ばかりの下宿品の酒をめいめい一斤か四分三位なので
かんをしてのみました 胡酒はとっくに気持がよい、おそろしく腹の中へしみこんで
いく 何とも言へない一気持が少しずつへってゆく かんは水とうでして

723

2

は兵が通る店 かどのこが 一番偉い店 三日ばかり みんなお店の方 中々上等な
ものでうまかった 隊からも かどの子と見たりをかしづーもよかった ズルズルをやりし出したり
して着は充分だ、トを一寸 少し僕に習はしてコトコトにしたりしておく
酒の廻るにつれ中々にぎやかになる 外の所からも遊びにやって来たので散々大にぎわい
にぎわった 僕達も声をからす位歌って大さわぎをした 夜中一心に行ず
はかりんで店は 珍しいと 一晩づつ泊ったなどして 其の下へほりこまれていく
皆強いのばかりだから いくらのんでも平気だ よるよる遊びにいくものもあり ちりちりの
子供らが沢山集まって上り 一パイのみをやりつつ 字をかいて 汗をたらしてた
こいつの方は家内を受けて 店を歩くのを手を動いて出来た立派なのだ 夕方に
なり 兵隊をすませて 組になったる会合に入って 一パイの酒 トンを買りに外へ出た
朝は早く起きまして、雨はふって冷たい、風にあたりいい気持だ 寝てトンを買って
皆隊帰ってから又のんで 又店をかりて 一日中のんだ のんだ次だ、その翌日には降
はずない 会に来ても 一つことに だる ほっといて 出ていかない時は寝てゐた

724

3

一月十六日　どんよりとくもつた日だ　雨はふらない　危ない日和だ　正月も一月終ただ切りがぼくの仕事が残つて居るのを手分けをしてすることになつた。点呼をすまして銃の手入れに行て帰て顔を洗て朝めしだ　火にあたつて眠して　みたら酒をかんして居たまた昨日のが体の中に残て居る　朝酒はいくらでもよい　それに出発今日のの兵舎へ帰ることになつた　ぼくの体がつかれて居るので　行つたのだ　別れに酒を一パイのんで外に出かけんぼくは　木ぐんを砕ていい気持に　なつて朝食をし今日一日は工兵の交代に行くのだ用意をして工兵所へ行くぼくは　どんよりとくもつて降らず雲も切れて見ずべつたんになつたりしてはきつかない日だ　昨日の日記や手紙がかいてなかつたので交代で用のない時にかいておいた。　うちの近所の小僧よそのが四五人来て遊びに来へにも中かになつた　支那では　新聞をシンブンとよむのだで小僧らはシンブンしんぶんくと言ってつきまとつてうるさい位だ　うちは使つて居るのが王丙寅（ワンピンイン）と言ふ十二の男の子だ　おとなしい　よく字を知つて居て品行のよい子供だ　やわはよろこぶが外の子供の様に気くと言れはない

725

6

家にめしをもつて来た 教へてあつたので よく勧て居る 友達にせんべいを持つて来たので もちを
四つやいてたべた、おいしかつた。食事をして ミカンのかんづめを取りにゆきたべたそうだ
かわいそうでたまらない お係らはうまいとくつてゐた 中にはくうたことがないので たべないのも
ある。午前から兵隊が山へ来て宮城なつた。ひどく寒い、戦隆の下の土民が五十才
位が隊長で来たと言つて山へ掘の穴をほりに来てゐた 土人は手傳に来てゐる
百名をかんに三ヶ所側においてある 草を切つて集めておく 上へつらをするのだろう
一生懸命にやつてゐる。今日は馬小屋を作るので皆かゝつて板を集め 床をつくつてゐるそうだ
俺は三時半迄居て、交代して帰つて 今晩は不寝番の三番だ 四時から七時半
迄だ 対話を行つてよんでみる 火をたいてゐるので ぬくい 外の者はねてゐる。二時頃
小隊が夕食を持つて来た が米と大根のみそたきだ おいしい 山の下の兼武小隊がすんで楼
を埋めて お城で内地と同じ様だ 交代して家へ帰る 一服して風呂へはいりさつぱり
として足の手をもち 山雪と一パイのむ ホロリとねて 日記のつゞきをかいてゐる
今晩は不寝番だ。それは相当つらい 今から一寝りしようと思つてゐる

十二日 伍長筆

726

一月十七日 どんよりとした雨が降って居たが朝になったら雨は止んでしまった
よく寝た目がさめたが午后は又寝て居た 昨夜は不寝番で四時から七時半
迄立って居たが夜中に雨が大分降って居たが夜が明けたら止んで居た
八時になって居るのか毎日、もう大分あまり雨の降る日ばかりだ 内地はどうか
広場へ出て来て点呼をすまし 銃の手入れにいった うすぐらい朝だった 雨が止
んだので何よりよい 帰って顔を洗って食事をした 今日は馬座の床板はりなので
九時半迄一眠りした 本にあたり雑誌をよんで居た 橋本らは板を運びし 俺は子
俊をつれて木取りに行き 箱の底をこわして釘をぬいた 空箱、沢山ぬいて帰って来た
そこに釘はかくして置いたが 寺釘は無い 要すると言って居た 少ないので不自由だ
帰って昼めしを取りにいって いっぱい食べたい 飯もうまい 一眠って
橋本らは居た 時間から仕事をはじめたい 今朝の板居を馬座に運び中へ
板をはるのだ 古い板家より板がある ほうきでみんなに来て かたすから外へ
人も行ってやるのだ 四人位だが 子供らも手傳はって 夕方迄に仕上げるつもりだ 一生懸命だ

727

6

広い校舎を今隊毎に分けしどこもかも荒れ放題手を保つて一生懸命二人と
共に留守をして居る夕方道すがらく来て教えおそく先に帰って来た皆をすすめ一服して
苦労に堪えて居る子供も哀れに思って一しかたがないものだすぐになった お母さん寂しい
よく知らして居る子供が入浴へいって帰って来る淋しい気持になって帰り自宅と手紙をもし
伊勢の父母のところに来て居る於けるの所へいらっしゃい 要心するの
所の近くに手紙をもって来てくれた 今日迄一通の見舞が第三回目の便りを送る
何人送って呉れるので強風などかしましく 俺の方がきっとのは来たと云えて
言わない気の毒だ何故こんなに便りがないか 今いない近所で消えるのかなあ
大阪の宿舎(今木春秋方)がかし東郷神宮のお守りを送って下さった 皆元気で
大事にしまっておいた 何十か沢山来ているが今は紛らわしい 失ったものはない
今日は寝坊ばりで眠かったのでなった 明日は早く起きるだろう 手紙もまもなく
出せるがあれこれとて思っている どうもこの分ではおくれる様子 四五月
に汽車に会えないかもしれない 元気なら心配せずに又しわくちゃかく

一月七日 夜

貞之

妻へ

728

十七日の御役御

フートトー　金田一京介、八木秀氏　通

竹下　治郎　通

リチャ

川端茅たか、能友　恭右衛、佐里菊三

吉村和吉　中塚一碧楼　渡辺淡水巴　故

永井叶之　山村　沈沙　中村文夫

楠目橙黄王　中田椿王、新村善吉

田中常憲　以下　六一　名なし　一枚　15

常憲志わと思ふ

728

一月十六日 くもり 毎日同じ様などんよりとした日だ 近頃めっきり寒くなって冬が来たなと思ふ位だ 雲が切れたりべったりもったり 毎日一ようだ 昨夜はねむれなかったので 炉にあたって 餅が三つ残ってゐたので 焼いてあづきを切って甘い湯を入れ やきもちを入れてぜんざいにして 三つ食べた せめてあつかふおいて… 旭へ帰る飛車への餞別餅も 切って みそ汁へ入れて食べました 一人に二十二づつもらった餅も すっかりなくなった 僕が母の嫌ひなかったのは昨夜だけ 三つだ 母は皆子供に 焼いた 喜んで やせ食べたり 家へ送ってやったりしてゐた どうも僕には餅には 主人がない 僕だで [illegible] つすりとねた 朝近よくめた 此の頃は三回少便に起きて夜になった 室はとてもぬくい 点呼をすまして 飯の中入れにいく 金をなぶってのに 冷たかった 実によい天気になって 帰って水で洗面し 食事を一服してから 下駄を作りにかかる 地下足袋が不自由だし 事務所と寸所へ出るや風呂へ行くのに困るので 板を切って作った 釘をおさへつけ 出来たら 穴をあけておいた [illegible]

729

2

今日のイモ話

（小包到来（カミソリ一、ラケトサゲン一、歯磨粉一、手カモ一、手ツナシ二）
流行歌集一冊、一ワい、クリーム一箱
ちり紙一百ぐらい、サスエ一箱）

で大隊本部へ仕事にかかる。今日は馬小屋の完成にかかって居る。俺は本部の横
にある倉を二の宮所の隣へけうんで来るので窓口を写すタマをみえ
かりしておた。三時をへらして帰り今日も一服して柱を作る様にと如え
作るよりのがましだ。午後針をぬきに四人でかけた。役場が隣の大室
だがよって来て、広い室に二人ねておた。帰って馬の小屋へ行って一仕事して四時に終
役場の所へ行って皆でコドをはってやる。疲れておるが寒いと言うので、終って帰り
飯を食べた。トマト四丁買って二人で湯ぶねにつけかりこをかけたらうまし。腹一パイ
になったので腹ごなしに夕飯を作って火バチを前に少佐につらして又役場の所へもって
行って来た。室が広いので火をたくなにしてやるが大ゆれだ。大きなるやって少佐と三人ぐらい
本部の事を手伝って来たで、一服へ一寸やってなっておおかったから、でたおたる一服
して日れと手術をかりておる。今日イモ話を流すもらうた。今日は仕事がはって
おるので腹がへっておりかった。中井御がめば食べんと思った。仲間が又しこうろん
やって来た。イモ話を書いて見たり、大にぜいたくをしてゆる。イモ話の内容は

730

3

一月十九日、くもり、朝は霧が出暗 うっとーしい日ばかり、じめっぽくて
やり切れない、洗濯をしやうにも乾かず又長い間着なきやならなくなる
代りがないからいけない、一日で乾かして失はないと気持悪い。お十
昨夜はよく眠れた、点呼を終て例によって他の手（それについて）、昨夜十時頃に
なったてえらがよく眠てみたので少しも知らなかった。死人ながなにねてみるのだろう
手（それから帰って頭を洗い朝めしをたべた。こんな日はじめじめと暗い
火にあたって一服してゐた。弟へ母への返事を久しぶりに便箋で書いた
何もかも元気にある様になったので思い様にかける様になった
人々がよいよと身を楽しく作った少し人殺すのが出かけていた。いよいよの逆先
をはこんでおいた。食堂へ役場を見ていた。大分元気になってゐたので安心を
した。帰ってから今日一日電話の当番をしれどの車で車の室へいたが一度に
柔道をやると言ふので帰って外へ傘をかりておいた。昨日から越して してあった
たら疲れがやって来たので外へ出て一頭をかってやった。うちの小供が大丸て

731

4

四人ゐつてゐる。よろこんでおとなしくねて居る。可愛いものだ
昼に寒いめしをつけて食事をする。今日はウヅラ豆の煮豆をたいてあり
おいしかつた。眠つて自分の室へ参つて電信の番をして居た じつと寒い
二十時交代に来て呉れたので室へ帰る 寒いので風呂場から火をもらつて来て
手紙の返事をかいた 只妹へと大阪の宗さんとこへ 昨日のイモン袋の手紙へ
とかいてあいた、もう寒えて居るので、えらい花ちゃんの絵をあげてねて
居る、馬が嫁たし之ですっかり片付いた訳だ
この辺の子供達もよくなついて遊びに来るようになつた よく菓子をほしがるので
よけいつきまとつて仕様がない 子供は正直なものでくれるとつい来る
ヨシ子の掃除をたりしてごたごたして居ると自分が気になつた 今日は豚肉を大根と一しょに
たいてあつたのでおいしかつた 子供も一しょに日ごろのを食べてしまつたので大喜びだ
梅田がくれたヨーヨーゴマや紙ヒコーキをやつたりしてよろこんで遊んで居る 大勢居る
ので毎日のように集つて居る。二十時まで電信当番を終り入浴 火にあたつてゐる

十九・二日 午後

732

5

一月二十日 どうも昨夜は底冷えがして寒いと思って居たら雪だ
珍らしい 今日迄も相当寒い日があったのに 一月の末に雪が降るとは 昨年も
一月十八日とかに○○が雪にあった日だ 相当な日だ 夜中に外へ出て見たら まっ白だ
一面の銀世界だ きれいなものだ これだけ家も[illegible]きれいになって居る
明るくなるに従って どんどん雪が大きくなってどんどん積って行く 風もあり 丁度雪国
の吹雪の様に こまかい粉雪をびっしと吹きまくって居る 子供も 三中のつきまんを
かぶってやって来た 大きいなだれがしくあるので よくすべるが どんぐりにはならない
陣地の鏡も 屋根が作ってあるからよいが 外へ出て便所は 二寸もつもって居る
手入も出来ないので 全員当番をし たまったのを作った 少佐も出て掃除
をしたり 顔を洗ったりして来た 朝めしをたべて火にあたり 一服し 雑談をよん
でみた 天までの外えも雪がつもって ふい 室の中は 相変らず 今日は位だ
馬係は この雪の中を馬にのって走って居る 俺たちは 夕々を入れる家を雨中
雪の はげしんないも 一つ屋根を作るので 板切 かこい用の板を探してはこんだ

733

火鉢がよくなって帰るを思って寒がると思い タドンを一日作って持って来たがこう
いう事なり、それに荷物をはこんで帰って来た、何も無かったらしくよかった
火にあたって 昼めしをたべ 彼んが午后 午后から 庭石の材料を集めにいった
までに使ふのによいかと云ふがあったので持って帰った 仕事も終ったので止めて帰る
火にあたって一服し 日記と云ふ紙をかりておく、雪は中々止みそうになりが 一寸この頃小さく
なって来た、大分積った 三寸は早く 風のふきよせる所では相当に多い、どこもかしこも
まっ白だ きれいなものだ この雪の中でも 鋸はつづけられ ハシく ゑゝゝと ちゃっこの音が
している—— 後達も三時頃に ドカンドカンと雪でまっ白の鉄砲をうちこんでやったのだ
小僧らは 沢山 雪の中の 広い石だたみの所で 雪投げを一人投げて 五六人位が あっちへ
と言ってさわいで居る、まけると一本づつとふれてみる この遊びはどこの国へいってもこんでは
やる事 よほど面白いのらしい めし時になると止めて 食事を取りにいく 子供らは一同めしが
つくるのよ 親達もよい、始りはやるし、菓子を貰ったら大切にして貰ってみる
よく働くものだ 日本の子供らは遊びたい盛りだが 感心なものだ 今夜は 五尺だ

一月廿日夕五時

良夫

妻へ

734

（久保さよ子さんの所書を失ってしまったので送りがかけない 知らして呉れ）

一月廿日 雪 昨日一日風と共に吹雪の様に降らしまった雪は夜になつても止まず更に降つたがまつい風は降る雪と屋根の雪をふきつけ中々寝れない 朝は雪で明るく庭の様であったがつもったのは一尺位、内地でもこれだけの雪は見た事がない位だ大雪だ 北支としては珍らしい事に違いない。便所に火をたいてあたっては交代で炊事に出たが朝から夜中につれてずい分冷えてきた 風はいよいよ強まってヒューヒューとうなり砂ほこりの様に雪の粉を吹きまくり木をガタピシと揺すごい位ゆすって居る。夜中になったら降るのもかなり少ないがふぶいて居た 二時十五分に次の者と交代してねた 六分のストーブ毛布をかぶってねたので寒いとは思はなかった 梅田下千代子、堀から来れた 昨付する安世子 スキー、みつ豆を持って行けば此の前にのんでおいたのではっとしてよかった。二人で雪があると思はなかったが下りの路で丸一寸位深さくぶとの所に残しておいたが長引いて来たので乗したのだ 寒さがとまってよかった。七時半に起きた ぐっすりねた 様にあたりながら一時間位交代して立った 間になったら雪はすっかり止んでゐた

741

2

ゆふ山谷の宣教所の外には昨夜出来たのか少し一すじに一本づつ何百本もの
ツララが長いのは二尺以上短かいので五寸位のがきれいにぶら下ってゐてとってもきれいだ
すい分冷えたらしいが夜の方が又寒くつもった雪も吹きよせてる所は三尺以上山に
なって居て歩けない位だ、ふだん通れば、すぐよくつもってゐるものだ、昼めしも朝めしも[illegible]？
山中がはこんで来る、頭を洗いにいったらしいけれど気持がよい、一時に交代して
ゆる夕方迄用事だ。やっと一尺位スコップの中へはいってゆかれぬくらいつもってゐた、が
起きた時は三時半頃だ財部だ雪の中を歩いた昨晩十一時頃に歩いた吹雪の中を
うなりながら歩んで雪の中の財部ははじめてだ、家の中は暖かくも雪国である
千人岩を火にあたって又一寸したらシーンとしたが呼ぶ別の少年の声に、目をさまし
たら会だ、縁に大相ですでしい、ウィスキーをのんだらい、気持によう会見をしてたにある
たって居た一時半頃が来なかった、奇妙を去って帰って来たが今頃の電気
寒かった、しかし降っては来なかったが、すこしも出ない、昨夜はよしゆたかので
たのめることもない、今夜は ゆっくり ねむれそうで雪の為に又名になった ねよう

甘一郎

742

八月廿六日 今朝も重たい雨が降って居る 夜通し降ったらしい 又水が出る
ずっとすべってころびそうだ 兵営に泊らない 夜明けには少しもねむれなかった
点呼をとってから砲の手入れに出た 金具はとても冷たかった
帰って顔を洗った 唇がパンとなって居る 暑い みそ汁で食事をして 全
たいくつして居ったので 何をする事も出来ない 立追いをもして
この前家の二階からもって来た大きながらすをまどに入れる事にした とかく
とてまるにした 中に入れて 寝台を作る 明るいような 二尺に三尺位
ある大きながらす板だから 天井どれだけ明るいか分らない
掃除して 戸棚を一つ洗って入れて 炊事用のものを入れて片付けたら 室にな
った 手ぬぐいを洗ってきれいにした 人をたのんで一服して居た 外套をぬいで
明るい気持になった 午後は砲車について 雪をのけに行った 工兵所
が 穴の中がとんで 土の中が小さいので 消しにいったが 大きいのをした
だんだん消しきれず どんどん出る 力作も一しょに土を投げたが水の柏

743

にはうまく消えず中の火の始末するうち出してみたのも出して失ったものの
小さなのでよかった　あっこ近所が困る備の前　ゆっくり想の家一新
するうちえて失った片付けておく　今後の予定を作られば　すず板田
材料を集めて席の中を立てた　其の内に財務があり僕達は待っておった
四時過ぎ迄待って手入れをした　冷たい　おしい工学所も新太来たので　一日停まった
先生が岩田君から口の代りにやって来た　大ぶこしにかかってよい　しっこれも
一しかたに停って手紙かけるをくれた　学会をたべて一勝　梅田の新書を見て帰る
風邪でいた　二日はなかったのでよく気持をなった　手十二枚とノート　立迎
お書き一通を来て居た　けれども皆年賀状の返事はおつけたれた　新代ちゃんが
珍らしく手紙をくれた　之を見ておもしれなかった　手紙の文面し　手紙つてきた
ぬけたえもかくなかった　おこちがよの　日六日　話お手にはいりった　〇も
しかしあって新しい大分かつかつたちながこの頃は深手に
はいったことし思ふ　新しい事は又別便でかくて事にしておくこと　又

[illegible]

744

一月廿二日 宮初の手紙

アートー（良枝 相引莊太郎、久保末代子
（村田春子 土田兼樹、

五

今年（紅葉みつへ二 中梅、深田靖一、橋本忠兄
（設楽鶴三、川口寛吉、富岡利一、深田花之助
（那須常民 一松鉄吉 野村利一

12

新字 梅田潤郎

1

744

一月廿三日 晴 今日はよい天気になつた はじめて太陽の顔をおがむ事が出来た 昨夜はよく冷えた ランプの光で手紙をかいて居た 梅田也 林田花子さん、お前へ、京都の土田さんへと十時半頃迄りたましかいてゐた、夜はぐつすりねむれた 外はよい月夜で雪に反射して空の樹に明るかつた、寒いのは寒い 七時半起きて白大将をすまして鉢の手入れにかく一面ががん〳〵になつてよくすべて危ない 手が冷たい 傷で顔を洗え 火にあたり食事をした。 から衣がめくまつた 昨夜かいた手紙の上書をしたり日記もかいたりしてゐた、九時半から新しく作つた工具所を掃除したりまどを作るのにがらくたを探しにいつたりして昼になつた 帰えて食事をし 方々へ返事をかいたり 親類の家へ御無沙汰見舞をかいたりしてゐた、午后は檀確（ウエホーツ）があるので皆と一しよに仏堂へいつた ホーツしをしてもらつて 今泉氏開店した日本人ばかりの

745

済

慰安所をのぞいて来た。兵隊で一杯だ、空前の盛況、押すな〱で
ピーの顔を二三人見て帰った。大して感心する様なのは居ない。〇〇から
引返したのだ。兵舎へ帰って子供等を遊んで居た。夫にあたって手紙
をかいた。実男君や東三ト君子供等へ絵をかいたりしてゐた
中々冷たいので思ふ様にはかけなかった。之で大体返事も外のもかけ
たわけになる。遊んで居る様で中々手紙をかくひまがないものだ
きよ子さん(〇)アをかきいかへったノートーをかえ失って所書がわからなく
なって失った。折角来たのに残念だがどうにもならない。正月の写
真を送ってくれと言ってゐたが送ってもあきず怒ってゐるだらう。お前から
中々出しておいてくれ。お前の返事が来る頃にはもう――――
今後は工兵だ。多分らしい。今日のはうへで止めておこう。今日はホーリー
をしてもらったので風呂はなしだ。春になったのでよい父しゃつを洗濯
して下されば有難い。たみ子久美勝男もまってゐるだらうナ　父

一月十二日午后六時半

重子へ

一実生

746

一月六日附君の手紙 一月廿二日〇〇の兵営へ入営にいった人
が持って帰って来てくれたので手にはいった とてもうれしかった
二の旅はすばらしいと思うので手紙の来る度に大事にしてまって居る
詳しくかいてあったのでよく分った 冬休みすっかり出来て皆様と
正月を迎えた様子 何より目出度い みんな二学期の成績
全甲だったと 先の便りにかいてあったので どんなにうれしかったか
分らない 自分の事の様に喜んだ 先生始め お父さん達がよく
面倒を見て下さるからだ 有難たう、みのるも幸福だ この頃はよく
言ふ事をききておとなしくなった様子、おばあさんがなくなったので
可愛想だね うまく言いきかせてよく手伝ふ様にしてやってくれよ
おばあさんがなくなった事は仕方がない、自分の事はよく自分でする様
にさせなければいけないよ。くせをつけておけば しなければな
らんと思ひ毎日の事 たのしくする様になろう 便りによれば子供を

735

出しきり風呂をわかしたら又水をわかして入るとはこびをしておると時

いてよろこんでおる 空想ながらも仕方がない なれると何でもない様に今

では大分体もよくなって又学期がはじまる 毎日勉強をして居りま

ことと思ふ 今年のはうびは四月で出た事と思ふ よい時にはほめてやり

よい言をすれば はうびを与へると言ふことを覚へられておけば 大のしみ

にして勉強もする様になると思ふ 何日切回なしにやか

ましく言っておっては お前も駄目になって失ふから 悪い言をした時には注意

をし又賞めてもやり 大きいのことは大目に見て自由にさしておいた方がよい

日本は日中やかましい此言を言っておっては お前でもたまらないだらう

しまつをする事を教へるのには 大切の お前のことを話したらすれば

よい 学校へでも行く人のことの様をもらふに与へて けんかをして居る

二人の子で 土のうえにもしくしてる この事を思へば日本の今後

は幸福だ よく今の様に活きてやれば お前にもわかるだらう

736

二人御生に来る子供も上は十三四、下は十までの人のが一番のぜいたくである
中を水をくみ、ハンカチを洗ったり掃除をしたり一日中働いて居る、よく働く
めしの狩りがはいらなければ食べない この頃は城田の手助人も来なかった
金を出しても買へないとか言って居る、その様な日本のおいしい米のめしを炊
いて、それらの女の子たちはめったに食えない 立つ位の子供も来て居る。毎日めし時分
には二十人位来る 日本ではこんなのは乞食でも喰べれないだろう。
近頃手紙が来ないので心配をして居るらしいが、俺は元気で居るから心配を
する事はない。前々から書いて出したのが、こういう結白になって居ると思ふから
安心をして居るなさい。十二月八日頃の手紙などと、お前の来るだろう、十二月
早々討伐に出て手紙はかいて居ても出す事が出来なかったから今頃ついて
居るかまだかもしれない この頃は先づお便りが順調に出せるから行って
ろ
事と思って居るが、又金さえあれば、思ふ様に早く出せるが、討伐に出ると
一番困るのは手紙だから これは心配するのはあたり前だが仕方がないよ

737

手紙が出せない今度の戦ひをやってゐる最中だから勝つか負
けるかの大切な時だ、戦すんで一年以上たって迄は出せないのでおくれる
のだ今後は益々便が悪かったから安心して欲しい思ひが大丈夫
だから安心をする様にせよ 子供らも正月はよろこんでコマを廻して遊んで
みたとの事 おかあさんに一つづつ年をとらせ廿日変る位大きくなったろうナ
皆の顔を見たいが皆近いことだろう。たのしみにして待ってゐてくれ。
志ーちゃんの便りは大変うれしかった 涼ちゃんの言ってゐることも大変なんだね
まだ満州には居るが其中には何とかなるだろう よろこんでまってゐてくれ。
お便りも来なくなるだろう 皆様を忘れて失ってゐるかもしれんが心配してゐるよ
すっかりで風一つ引かない元気で勉強をして居るから 先の俺のことは
心配はいらないよ 安心して家のしまりや子供のことをよくたのむよ
叔も夫婦も仲よくやってゐて元気とのことを知らせし一緒夫婦と変り
ないおかげ元気でいて 毎日を働いて居ることを思ってゐる

738

5

正月の休りに弟らは本家へ皆揃に集り子供四人をつれてきてあった
荒木夫婦が子供四人もある家にゐてやるのは困りはしないかと思ったに、、
今年は天気つゞきで冬作も豊作を約束してゐるから作ったものゝ又俺を一とように
顕わくるのに賃金があってよかろう、今年は豊作で肥しも多の作りが五十三俵
もあったとか俺達が帰ってみたらよかった々のたが、そうは云っても肉親ではすまさないや
沢山あってよかったね皆お前の苦労の賜だ。心から感謝をしてゐるよ
うまくいつて来ることゝ思ふ。賢の后姿新奇の酒よはよくなつたかな
正雄さんで大官ぶれたとのこと又たったのか大増長宿老だ。松井君の
息子さんてか、あんこ等の様判をしぶってゐることは初耳だ。俺が出てから
もらったものを見てるだろう。宇野さんの息子さんが何かれとのことどこもかも
早く左様な妙な苦労なが、世帯を持つ家へは持って行かなくてもよろしい
弟の送って来た大阪朝日一月一日のはついて、道了を訪ねた所だ。次で
一月だけとつきにかえたのか。昨年は母の死や何かで忙しかったのみで

739

飯米も足らなかったらしいが今年はよい事があって去年はあまり運
悪かったがお前四年ぶりでえらい苦労をしたが今年から又生れ代え
およな気になってやってくれ いゝ年だよ、子供らも元気でやってくれるので
何よりだ、今は一兵があつきでもちを切ってぜんざいを作ってくれたので
起きしあついのをよばれた とてもおいしかった 一服して又之をつゞけて
居る 早いものだが一年今月も早すんで一年九ヶ月目にかかった
四ヶ月も過よって来たが もうすぐだ 今年は母も居ないから 又一苦
労だが、今年はもちも高いらしいから町の人は困って居ることだろう
俺の帰る時にはさんを迎いにつれて来るとのこと うれしいよ、衣服を母の
よい時に一揃出して手入をしておいてくれ 又其の他よい知らせを出すことを
か出来たそうで これをためしみておいてくれ、雪で又寒くなった
大雪のこんな寒い風で冷たい 又汽車遅了をかゝればすぐん気をつけて
かこうと思って居た皆件も もう少しの紙だ やってくれよ 都に大のんで止める

一月十二日夜九時書

宮生

妻へ

今日の手紙

アートー 川端康成（当田村長）

（リヤキ 林りょう 太田才吉

一月二十四日 晴 霜で氷えしまって朝は中々寒たかった

昨日はホーツーをしてもらって帰ったら午后は休みだ 家の返事をかいておいて

夕食をすまして風呂に行く用意をした ホーツーデ風呂はたいなかった

立哨に交代して工兵所に来た 赤い夕日が山の上に沈んで居て風のない

静かな夕方だ。火にあたって交代に立った 十五夜が其の前日かとにかくよい

月夜だ 雪は中々とけず 夜になって凍ってしまい バリバリと雪をふんで立っていた

夜が更けて行くにつれて寒さで氷る 耳がちぎれて行きそうだ 一時頃は中々

こたえる。俺達二人は 二時迄立って交代し 又た 二人前のストーブでぬく

いぐつすりねた 兵舎の方がよほど寒い様だ たも二は夜通し火を

たいて居るから ぬくいには違いないが、一寸りに ねて起きれた。

夜が明けた 今日もよい天気だ 風もない しずかな日だ 霜で朝のぬけ井ーん

寒たかった 日がだんだん上って いくにつれて 川でもとけて ぐづぐになっていく

雪もとけて来たが 冷たいので中々 とけない 天気がつづいても 四五日はとけない

753

2

だろう 俺達は午前中立つ番なので 一時頃で交代で立つ 井戸へいつて顔
を洗つたり ワンシャツだけえんでしまる 朝めしをたべたりして 火にあたつてゐた
いろくの仕事に別れて友達が帰つて来る 夜は早い 夜めしはあげめしで
おいしかつた 味噌汁をたべてると 内のがたべたくなつて思ひ出す あんなおいしい
のが腹一パイたべたい それにみそ汁 大根漬等 いろく食べるのを思ひ出す
一時過ぎて交代しフトンの中へはいつた ぐつすりとよくねた 起された時
との事 ねむい目をこすつて外へ出たよい月でめでたい 遥の故郷へ祈願もあはせて
すいく止め手入れをして工兵隊へ帰る 又フトンをかぶつたがねむれず うつくとしてゐた
にぎやかになつて来たと思つたら ワン公や外の組の連中が三人 シンイーレーガンく
と起してゐる 外へ出て子供らを遊ばせ毛布らをはにぼしておいたよと言ふことをきく
で火にあたつて日記と手紙をかいて居る [illegible]の内に父親を持つて来るだらう
六時半に交代して帰り風呂へはいろうと思ふ 今夜はなつてゐるだらう
火をたくのがすつかりおそくなつて仕舞つた。○○(レンラク)にいつたものも帰つて来た又

於[illegible]午后五時半

754

不

月十五日 晴 よい天気だ 暖かい、昨夜はキャンから帰って来てすぐに風呂へ行った、めしまで帰って来た、火にあたって皆と話をしたり本をよんでゐた

今夜は割にぬくい夜だったが今宵は寒い、兵隊は火をたくし寝ながらぬくい車窓に寝られない 寒いと思ったら何度か目をさましたがよく寝た

上等兵をとって食事当番に行った 掃除をして顔を洗い皆行ってくる食事をした 朝の内ははりきってゐるから暖たい、火にあたって大掃除近体人で居た それから陣地へ行く 外の分隊は射撃に外へ出て行った 俺たちも陣地をかえて工事をした、ぬくい日になり雪がとけ始めてぐづぐづになった

今迄の陣地は又工事をして完全になをしておいた雪をのけたりしてその内射撃になり 五六斤はかりかつた この時分にはそう寒いとは思はないよい陽気になった、昼めしに帰れないので ワン中隊にはこばして陣地で食事をした 雪を見て昼めしもうまかった とふ汁で 射撃をつづけてゐた

やがて終って手入れをし 他の家をなをしたり 元の陣地へはこんだりしてすんだ

755

φ

で二週に偶て来た側によって午后は休みだ、一眠してから畑へ火をたいたので
スヽがひどくまつくろによごれるので額をはずして畑へ白布をカーテンのやうにタラシ
タりした。たまと小林の二人が下宿一しよにしようと来た。一ケ月目だ。毎一
かった。自分の話をしてどんぶりをたべて夫にあたへてゐた。ぬくい日だ。雪がするから
とけたら春のやうになるだろう　東川湖が見えて居られると言って居た、それし
批評をよんでみたり日記をかいたりして居る。村長先生から手紙が来たので
返事を見ればならない、赤十字や済生会の言って居た話はあやふやらしい話だ
がっかりして居る。今の所わからないが赤の会はハッキリ今ここで思ふ。この分では仲々
だろう、併しそうあまり長くもあるまい　すぐにでも田植には皆に会ふだろう
あらいえば赤十字か済生会にさえ行けばよくわかるだろう。こんな事をハッキリ知
しかし今は出来ないのだ。ますます思ふと思って安心し別にしてゐたが外れて
しまった。そうく久々食だ。風呂もある。一風呂はいって村長先生への返事を
かこう。手紙も届いて居ること思ふのだどうだね皆え元気で仲よくしてくれ

[illegible]行　五郎宮

756

一月二十六日晴 今日もよい天気だ 朝の内は冷たかったが昼はあたたかい日だった 昨夜はよく冷えたが火にあたって雑誌をよんで居た ゆうべも面白い雑誌を見たりしてねむくなったので すぐねってしまった 夜中からは又ぐっと冷えて来て外とうのずきんをかぶってねて居た 昼時もすんで 畑の手入れにいった、とても冷たかった 帰って頭を洗って朝めしをたべた。湯が沢山わいて居たので洗濯をする気になり十二月の末にかへたまくらで暑ぶ洗ってなかったので 昨日おばさんが来て シャツを持って居たので借りておいたので風呂場へ行って洗った。風呂の水ですすいだが冷たくて手がちぎれていく様に思った。土田の家の竹竿をへほしておいた 火にあたって一服していた 昼食は米をかしてもらってのりを作った。頭の所が風がスースーとはいってくるので寒くとても困ったので 半紙をはってみた 大変暖かった

5

で食事をたべて雑誌を見ていた 部屋の中はやはり冷たい 火にあたって居ても足が冷たくなってくる 子供らと遊んでみたり お茶を淹してみたり

757

１２月だ 杉並のタバコやせんべいを買いにワン太郎と一しょにつれていつた
あづきのまぜ汁だけがいつぱいに一パイ上がりはいつて一パイ三十円で一日だ何と高
いものだいなあう もちもすし 汁だけで二人分のだ 二日分を売りく帰つて来た
ゆうべんで火にあたつて居たら兵隊が来い兵隊が皆やつて来た 茶をいれ
金作で 雑也多い大きい菓子のあるかのだ中に水谷と言う男が居てやつていた
は 妻の肥料やの弟だとのことを信用つとめてみて家は八畳小部屋のカメラ写真館
のとなりとのことなど話をきいてみたら会をたべて火にあたりいろいろの話をしてみた
やつと分かつた 東一志原中の話もいよいよ本当になつた 安心して待つてやうに
皆が心配していると 先生した。たしかにうれしい……ゆつくりと
落付いて居られないほど 花で苦が二へ 四人のところにまいりました しばらくの自
なのでかえつてゆつくりになつた 毎日いる毎日なるのでこんなにまとまるかしら
は 妻の弟の水谷を俺の横へ呼んでこれからいろいろを相談をもつてくれ
雨は大分のと止んだがまだ三日かかつたら皆とけるのは明日よりほど 冬さむい

一月二十六日 午后九時

妻へ

[illegible]

758

一月二十七日晴 今日は又冷たい寒い日だ。風もあるし、昨夜はおそくまで

ねたのだがいよいよになったのでうれしくてとてもねむれずいろいろ家のことや子供のことを

考へてよろこんでゐたので十二時になっても一時になってもねむれずしまいには寒くなり

仕方なく一晩や二晩位ねむれなくともよかろうと思っては安静をして目をつむって

考へてゐた 夜中に火ばちの火がとんで よくもまア目を見付けてよかったりして

おそく迄ねむれなかった。それでもうとうとしてゐたら起床だ

ねぶ足の目をこすって起きたと点呼をすまして手入れをしたのだが最後の手入れ

だと思ったらてっきりにしておかねばならんと思ったが帰って来て顔を洗い食

事をすまし 鍋を洗い終ってよく動いて居る。昨三十二号后のいいお便もすはからだ

は美の弟の水谷も来ているとの事だったら 俺たちの室へ来てみるのだった。皆絶も

なく迄 校?の話を聞いて居た 新しい事を聞いて新しかった

朝めしをすまして一眠りしたにあたってから 日本の本部へ行った 出かけた服を

かえてしまいにたのみ いそいで気よくかえてくれたのでとても嬉しかった

747

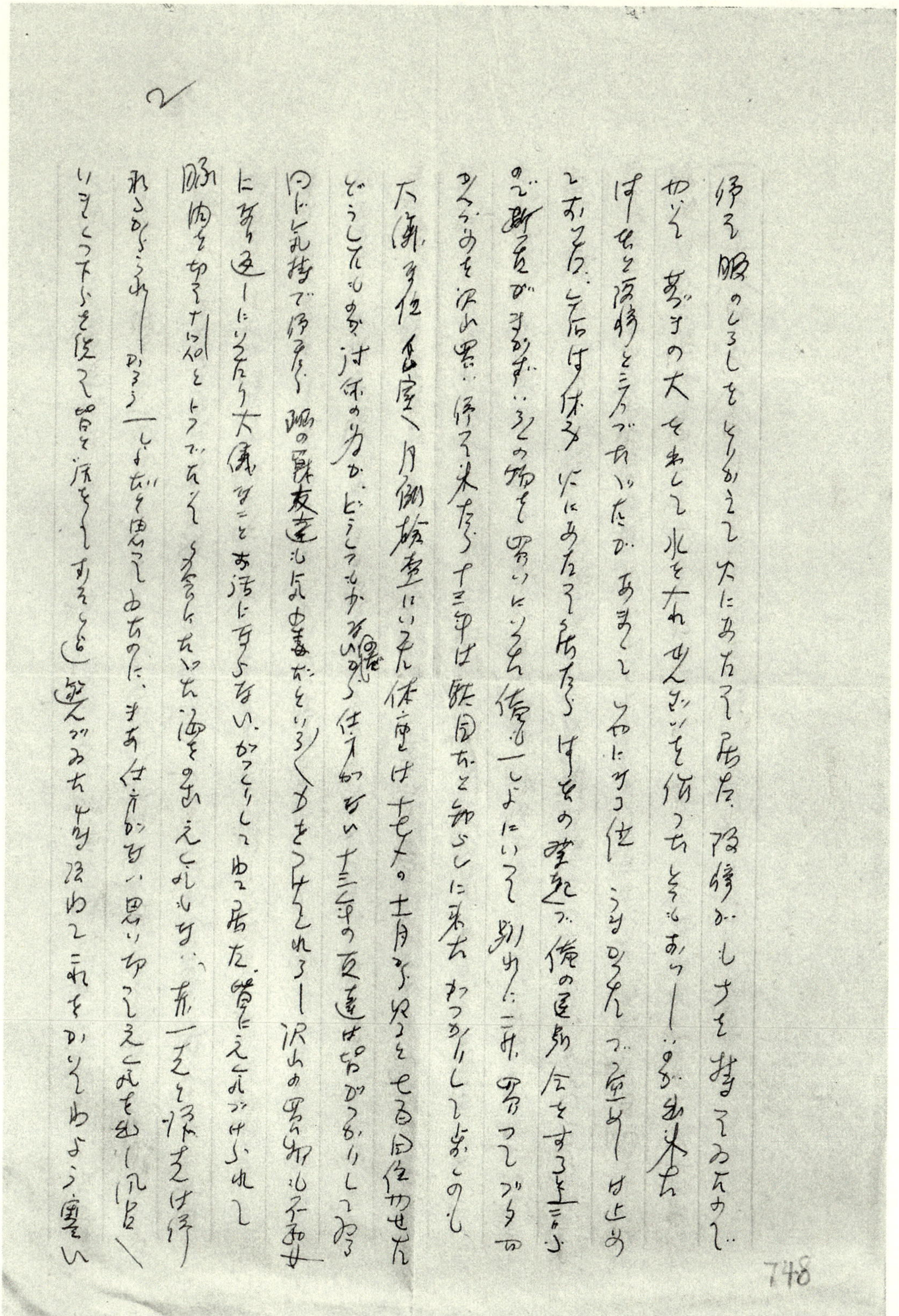

2

停る暇のしるしをとりかえて火にあたって居た 夜停がもちを持ってゐたので
かくて あずきの火をおこして水を入れ ぜんざいを作ってたべたらおいしいのが出来た
ばかなと夜停と二人でたべたがあまって 少しだけうちで全部 は止め
ておいた。今日は休みだ 火にあたって居たらはすなの学生が 俺の送別会をすると言ふ
ので 断るがきかず いろいろの物を買いに行った 俺も一しょについて 別れに二冊買ってやった
かくらのを沢山買い 停て来た 十三年は敗国だと知らしに来た わつかりして家へのし
大阪多位 医室へ月例検査にいった 体重は十七丈の十月ぐ以ると七百目位増せた
どうしたものか 体の方が どうしても治らない 住所が知れない 十三年の友達は皆がっかりしておる
同じ気持で停たら 豚の鉄友達も気の毒だといろいろ なきつけられるし 沢山の買物も不知女
に家を送一にいったら 大儀なことお活に寄らない がっかりして居た 皆にえらがられて
豚肉を切って十個とってたて 煮られたいた海をのむえられない 私一人を停だけは停
れるからか ─ 少しだけ出して出たのに また仕方がない思い切ってえられを出し汁出して
いきくつ下ふを洗って皆を床をしずえてから 遊んでみた 牛肉を温めてこれをかいてみよう寒い

748

3

一月十八日 又今日は雪だ 小さい雪がちらちらと降って居る
昨夜はめづらしい夜だった、三人一しよにねた方がよいので 杉本と水谷と三人一しよに
なってねた ねむかった 宵の内は汗が出てよりによる位だった 夜中は夜明けも
寒さ知らずでゆっくり寝に入れずに思ひ満足位だった が起きて見たら雪だ
天気だとばかり思ってゐたが あてがはづれた．昨夜はもうあきらめたのでよくねた
点呼をすまして手入れにかかった 今朝から補充兵が来る日になった 一しよに
手入れをして待って居た すぐに兵舎の前に集って 帰る人たちの別れのあいさつ
があった、班長殿のあいさつ 帰る人たちのあいさつ 万才三唱等、今迄の過
ごす人たちと一しよにならんで うれしく帰れるのだと思ふと妙な気もちがした
あいさつがすんで帰って食事をした、忙しい慌しい朝だ
一服中にあたってゐた曹長殿が○○○兵舎へ一しよに行かれるので 貯金を十五円
たのんだ 手紙をたのんして ごたごたとしてゐた 九時頃皆ここを出発して解つて帰
一回ていて、俺達は九時から砲の所へ行って 昨朝の時節で 陸軍が こうはみずし

749

に飛んで来たので附近の家からよい板を持って来て屋根を作った 松田と二人で
雪はちゃんとふって居る 砲へ雪のかからぬ様にかこいの板をはったり大きな板を立てたりして
終り台所へ行って来た 冷たい 火をたいてあたって一服していた もう今度は船に
のって上まで行くだろうと思って荷物をかたしてならべて居た 立会をすまして寝た
おきてみたら今日は大した雪もふらず 一日中楽しくとしてゐた ひどく寒い。
ストーブの底をふたをあけたり 支那人のハタ(?)を焼く 生命をこう新たにして中へ入れたり
してみた 今後も下がっても出来てぬくいだろう 大部屋を暖かいにしたりして夕食にした。
昨日の残りのトマト(?)と牛肉があったので あつくしてたべた とてもおいしかった
入浴へいってきたらとし 一服出してあたってから自分と手紙をかく
又お一志(?)の妻女が居ったら 何故一しょに居れないのかとかなしんでくれるだろう
別れにも会えず 一緒の事故 何も仕方がない 手紙をこそつけてやったにも郵便人がない
まだ駄目な方法が遠いからどうにもならん 又行ったら手紙を出そう お前たちも
達者がぬけたことを思ふが あまりみて 家の一番の事を楽しみに働いてくれる様に

廿八 一班にて

150

5

一月二十九日　雨　今日は雨天だ。大雨ではないがしとしと小さい雨がふってゐる。うっとうしい日だ　この頃は　ぬくい夜がつづき　よくねることが出来た

点呼をすませてから小雨の中を陣地へ行って手入れをする。補充兵を率いて教へたり手入れのしかたを実見させてやった。冷たい。終って帰って顔を洗って食事を終り火にあたって休んで居た。俺達の分隊の部屋に居た者がこっそり兵舎へ帰って来たので室がからあきになってゐるので補充兵を四人と俺と相沢と六人　ゐるだけに移ったのだ　この室は床がないで　ひくいが　わらが沢山入れてあるので　とてもあたたかい。ふんわりとして居るし　気持がよい

九時半から小雨の中を弾薬庫へいって　多くの手入れをしたが雨で　弾薬所のいうつうが　雨もりをはじめたので　天幕をのせたりして　雨よけをしたが　うまくゆかない　戸板なので　つぎ目からポタポタともってくるので　防ぎがわからない　大体にしておいた

十一時半帰って　火にあたり　ミルクココアを作ってのんでゐた　体中あたたかい……

詰所に使って居る分隊は　たいがい皆来て　銅貨をかけ　かけっことをしてゐ

751

子供達は中々賑やかだ。みんな丈夫らしい。家ではこうして大ぜいの子
供達と一しょに遊んで居るであらうナアと一寸思った。今迄はまだ小供ら
しい一しょに遊ぶ事を思ったのが駄目になって寂しかった。お前は四年小供らどんな
に張合をぬかすか分らない。あの一処に住まって居たであらうにと。
午后に成って雨は一寸ひどくなって来たが風はなくて大したことはない。外の仕事も
出来ないので火にあたったり新聞を見たりして居た。机を探して来て鏡の其他の手入
をすることにしたら、油なんかの外の色の用意をしたりして。日を送っていった。
其の内夕食を知らせて一旦のおかげで食事をし、風呂へはいった。しっかり髯
を洗っておいた。頭にすり留めにおかしい位の春台清しくて時を過し、室へ帰
って横になって今夜は不寝番なのだ。夕方に寝られるのを集めておいた
一時交代して火にあたって番をしておる。二時に起きると出来が交代して帰って来た
雨が止んで五時頃では眠られないので食堂へ帰って来たのだ。大した雨ではないが
あつい湯を出して貰っておいたので三人コーヒーをのんで一寸話をして二人は帰った。俺は四時過ぎ

一月廿九日　午前二時頃　寛

妻へ

752

今日の手紙 （ハガキ 昭和 アトリエ 梅田、…） 一 三

一月三十日雪、昨夜は雨から雪に変って降りやく又雪になった
三十日の雪もとくとけずにその上へ又つもって来った。昨夜は不寝番で
四時近く寝ていたたとえ降りでもなかった 一ぺんにぐっすり寝て朝になった
七時すぎにおこされた。まっ白で明るい一面銀世界になっている
今年は冬たいのか寒いのか雪のふる年だ いつも上天気になって雪のない日
になるのか分らない 上天気をとって例によって畑の手入れにいった。屋根からしずく
が垂れておちて居る。帰って顔を洗い朝めしだ この頃は かたづけを手伝うので
よい。すぐのどかになってもよくまって居る。食事も準備があると進む
火にあたって一休みし生活に花が咲き陽気だった。戦法をよんだりして
九時すぎ午前の日課にうつる。例によって夕べの手入れに…へ行って、
俺は油絵を作ってるた、昼には完成した。帰って又火にあたり戦法を
見て居た 雪は止まず大きなボタン雪がサンサンと降って居る 見て居るとよい
とつもまれいなが降るか 忘れて上がって…をいれとこ いかない 此の首は道が凍って

751

2

晴れたかとよろこんだが今度は雨のあとで下がぬかるみだ その上へとけかゝった雪 又[illegible]
につもつてゐる雪なければ下のどろがあらはれてどうにもならない 午後 午前のうちまで
一時まで仕事にかゝった 僕は鉄で鉛の手入れ器を作り 油のかの鍋を作り かんでめの
入を探して歩き油を入れて手入れの出来るやうにしておいた
四時終ったので室へ帰り夕食の用意にかゝる 1つを三十銭に買って 油あげも買へ
が雪でなかった けれど外のたしを作り 1つ 腕をかしてくれたといにした 今日家をして
たしをたべながら停人で日記と手紙をかいて居る 停る人を送っていかれた隊長
殿もこの雪の中を帰って来られた 1年一敗財布まからまってゐたフーレしあるか
もしれない あればすぐには帰へるだらう 食料は少ないが朝によって納俵を
土の上へずーずつけて表向き表面まで おけごとをして一生懸命にかゝって居る めしが来
るとすぐにとんで行って めしかけに歩て居るのをたまらよと勧って居る
雪は止んで 新しく始めた雨かりの様に座敷まで しづくが引きつけてにまじる
居る文郎の家には 材がないらしく 附近はうるさく仕様がない 窓をたぐって見てゐよう

三十日午后五時半

760

一月三十日 いよいよ一月も今日でしまいだ 鎌田の方は明日から正月
なろうナ 寒稽古ももうすっかりついたことと思ふ 今年は弟が居るから
さぞつまらなかったろう 其の代り母が淋しくなったので母等は淋しく
と思ったこと、思ふ 子供が多くなって行くから それだけ忘れられ かきもちも沢
山しなければならなくなったろうが 今年はどんな風にしたのか
おそらく此の正月には家に皆を賑やかに遊ぶことと思って喜んで居たが
中々帰れない、私しことは来一生世界中は帰れそうもないから分ることと思ふが
すっかりあてが外れて失ったのでがっかりした。今度の番にはイの一番だから
自慢ではないがまあ気長にまってくれる様に 子供らの大きくなった姿を
見たりして居る。夢ははるかに遠い故郷へと飛んで行く 夢で子供らになじまあ
られて居る。又ひまな時を見て家族の写真をとって送って欲しいが
来信十四人の所書をかって知らしてくれ 返事が出せないので困って居る。正月の
写真を秋と注文したが不便な所に居るので写真出来ない。二月の末には

761

水谷の写真機が着くと思ふから送ってやらうって云ってゐ
今日は雪も止んで大分とけて居た。ぬくい朝だった。先生を送って彼の手前迄
行って、毎日の日課は同じことだ。帰って顔を洗って朝食をすます。次に起きて
服を細君及び各様に合わせた。午後水谷と服部と云った彼の方の片付かりだ。
演習が始まったらしっかり俺んがやらうと思って居る。今日は写真所の材料を集めに
いった。雨がもうこのごろやんでくれるといいのを作ったが島の会ではよいのがみつからないので貸してはくれない
空すぐも片隆根の気を一新するかとはこんな雪でどうなるの京管の上をすべらし
住までしたが四時半頃にはすっかりはれた。写真所で一服して風呂へ行ってきた
夕飯にとふを三丁買った如くて夕まりてサトーで在ったあついのをおろして皆と
夕食をすました。夕の点呼のころには霧の様な雨がかかしふってゐた
風呂へはいってさっぱりとして火にあたってから早い所フトンの中へはいって
手紙を日記をかいて居る。此日はフトー三通来て居た。梅田と藤松ろく様
紀とだ、返ってきたがあはなかなかんが思ってたが三ヶ、雑誌でもよくしてゐよう

三十一日　十時

東生

妻へ

762

一月の収支計算表

支出

日付	金額	品目
一月九日	二〇	タバコ四つ
〃	一〇	トフ二丁
十二日	一五	タバコ一つ
十五日	二〇	トフ三丁
〃	一〇	糸コンニャク
十四日	一 三〇	酒一升
二十日	一〇	子供三人に債賃
二十六日	一五 九〇	貯金
二十七日	一五	おもちゃ代十分ノ一
三十日	一〇	トフ二丁
	十七 四〇	

収入
一月九日 一〇、二四 十二月分俸給
〃 二十三日 一〇、二四 一月分俸給
計金 二〇、四八
差引 三、〇八 円残り

一月の郵便物
ハガキ 五十四枚
フートー 二十二通
切手 十一包
小包 四通
計 九十一
初めからの総計 九〇三

763

二月一日　雨後雪、朝のうちはげしい雨であつたが、午后になつたら
又雪になつた。今年は雪の多い年だ。田畑も何どとか
雪で割にぬくいのでまだよい。雨でぬかつても雪はつもつてゐる
大した雪ではない。みぞれ又粉雪だ。昨夜もたいへん寒くなかつた
毎日一通手紙をかいておいたが外にすて止めて失つた。そこで雑誌
をよんで居た。三好と云ふ人であるが、とてもひどいのだ。下ではゆるされない。様に
つた。新たに六で自ら成る多くの話をもして、おそく迄おきて切つた
なつた。今朝はよい天気に出た。いい雨だ。紙の手入れしたりして来て
昨夜のおかずの残りを火が出て来てやめてしまつた。たなを多作して
洗つて皆何か食事をした。みそ汁もおいしくなつた。
此の頃はどうしたのか一寸も手紙をかきたくない様になつた。それから
のした様になつて、おかあさん迄通つても、お気の毒だと云つてもいやなのは
何であるのだが、つらく出て居ても、さてかこと言ふ気になれない

2

この手紙が十首とものに出来ました 今迄は気がかりだがこの頃は夜おそくまで
たまには二日分一しょにかくこともある位だ 新聞もあまりよみたくなし
気分が変って来た様だ 大てい火にあたって居る 今日は小雨の中を三人
計の建築に出かけた 材料は昨日集めておいたので組みが足りた大工も六人で
居るから うまいものだ 午后もやるつもりだったが雨がひどくなってずぶぬれに
なるので中止して帰って来た 火をたくおこしてあたり 昼めしをたべて一服した
午后は雨の為休みだ 服の手入れだ すまし 小仕事もしてみたがねむくなったので
フトンをしいてねたがどうもねむれぬ いつまり一寝した 昼はうまくたべた
おそく迄ねておた 野流が鯉の様な魚を買って来てたくさんあったが少し飯ぐらいに
ねておた 夕食にみそ汁と魚のにつけで食事をし 工兵に行って仕度をした
皆来て一しよだ 雨の中を自動車で来て便所に 設のたきものを集め
て火をたいてあたり 休んだは平でした 立った 雨の中で柳も寒い 便所
は火が付かない位だ 今迄の便所は雨がもって仕方ないのだ 又明日からし

二月十一夜八時書

770

了

二月二日晴。昨日夕方から雪になつてふり出したがどしどしふつて
夜から夜中へ又朝迄の間降つた〱　ぼたん雪が止み間なしにおち
て来てつもつて〱見てゐる間に三寸五寸一尺となつて歩けない様になつた
昨日夕方から工兵が来たので木村君と外二人、四人で工兵所へ交代で立つ
て番をしてゐたが陣地迄の往復、立哨してゐる間雪が頭からつもつてまつ白に
なつて来る。首すじからはいつてひやひやとする。夜中になるにつれて寒く
風も加へて木をゆする音もすごくなつて手も足も切れてくる位になつた
寒いから半時間で立つて火にあたつてゐた。朝になつたらまつ白は言ふ迄
もなく一尺五寸もつもつた。ごそごそ歩くのに歩きにくい位、兵舎どうづけ
なかつた。どこもかしこも銀世界、朝になつたら雪はやんだ。工兵所は一雨が
もるので二時から兵舎に停つてゐた、寒かつたが一ねむりねて七時半に起きて
工兵所へ来た。深い雪だ。生れてからこんな大雪ははじめてだ。中丈も
ゆく大雪のふる所だ感心だ。日がてつて来て一寸ぬくい白になつたが雪で冷

771

たい銃持つ手が痛い位だ。兵舎に居る者は九時半から雪のけに出かけました
馬隊と陣地工兵隊と通る道を左右にのけてゐた。こういふ雪だ。誰かの便りに
内地も大雪で松飾はなかつたと言つたが今頃は中々寒いことだろう 旧正月で
休んでゐるだろう千春節だから見に行つてゐるだろう。休みにはゆつくり休んでうまいもの
をたべて活動位見に行つて楽しみなさい。働いてばかりゐて楽しみが無くてはいかんよ
子供らに風をひかん様に気をつけてやつて呉れ。旧正には会はなかつた。迎への
酒も一時お流れだ。又暖く成つて一ぱい飲まう。おたがいのためだ。がんばろう
午后は大へん暖い日になり雪がはつてとけ出した ひまのある時に今迄の返事
をかいた。橋本宗さん、菊三ん、横田へとかいた。それと大にあたらしい日記をかい
てゐる。今日か明日又レンラク(の言つてるた)に行つたものの便りがあるだろう。又手紙を入れてきてく
れるだろう。たのしみだ。帰去~~來~~去の日は送つたのかどうか妻の便手紙にかいて
なかつたからどうしたんだろうと思つてゐる。送つてやつて呉れたとは思つてゐるが、届くのが
おくれて帰去れ又がつかりして了ふことを思ふ。六時半になつたよ。帰るのだ兵舎へ

二月二日 信吉 時子まで

二月三日晴　雪で冷たい耳が千切れて行きさうだ。昨日も冷たく
早くから雑誌をよんでゐたが手が冷たくなって大分困った。よくゆふれた
星の夜でよく冷える。今朝も今迄にない位のひえ方で霜でよけい凍えてゐる
点呼をすまして池の手入れに行った。冷たくて田地と田ト掘するのだ
今日は電鶴のおかげでひまることが出来た。すぐに寄らない行って顔を洗ふ
井戸の水は寸ぬくい。家の中に汲んであるバケツは凍ってゐる。ひどい
火にあたって朝飯をたべた。あたゝめてみそ汁でぬくまって一晩中をよんでゐた
九時半から写所を立てに行く。七人で。ひどい雪をのけたらかんくになって
ゐる。柱を立てゝ五寸の丈夫なのを作る。太い柱や瓦やが沢山ありさうでないので
思ふ様に出来て朝の内は冷たかったがだんだん日が上って暖かい日になった
ストーブの様に火をたくあたってたしと骨が伸びて室に帰った、
家の中では室に帰って風呂へはいった。下駄の緒がまだかてになって
はけない。とても冷たい日だ。こんな日は今迄になかった。外はぬくいが家の中は

冷かつたすら火をたいてあたつてゐた、麦めしをたべて鉄板をよみ出して湯を
しみた一時半に出て又工兵所へいつて午後は昔の様にめんどだ、早く帰つて
出て来て自分の部屋に帰つて机をふくのがかいをはつるのと云ふたゞ書いたとけて来た
本かふすしの雪のしづくが漏つてゐるやうになりこたへかたなかつて居たに本へまゐた
光つてとけ出してある一寸見られない所だ、とつても寒い、今のたゞの紙をふいておかうと
来たら寒いる大供にすつとんかけるを火をたく、室へはりつめてまん中に何を囲
一寸机や座を集めて来た。事務所は来なかつた又明日やるのだ今度のは
しつかりした大丈夫なものだよ、工兵所の木々は無事殆ど出来て終つて来た。食堂
をたべて一服、下宿の酒もあるが寒いんだのでうまくなかつた一服して風呂へいく
ある湯くはえぬきてあつて来た。食堂へ行かれのもすぎた十二時すぎの手紙
を拾つて来てくれた俺の仕事ないのを知つてゐた故家でかいてあつた、どうにかなるない
食堂では風邪がはやつてるとのことだ、しつかりやつけ明日昭へ一度下馬へでもとりに行つ
て見ようかな。山毛のあつたがな六十三のは来ない様だ。どうして来ないのかしらんだ

早くねよう

一月三十一日夜

金之助

鏡へ

みのる君 たいへん ごぶさたをしました
お母さんも みのるも ひさみも はるみも かつをも いんきよの おぢさん
も、おばさんも みんな げんきで はたらいて ゐますか
たのしい お正月もすんで 三がつまに なりましたね 日本も このごろ
は たいへん さむいと思って居ます 雪もふつたでせう
げんきよく みのるが がつこうへ 行って べんきやうを してゐる ゆめ
を ときどき見ます みんな大きく なつてゐるでせうね
みんなは お父さんの顔を おぼえて居りますか へんみは もう
わすれてゐるでせうね 長いあいだ見ないので わすれたかも
しれませんね、かつをも 三つになって ずいぶん 大きくなつたでせう
お父さんは かつをを 知らないのですよ しやしんでは見てゐますが
もう ヨチヨチと あるくやうに なりましたか 川も もう四本か 六本は 生え
て かわいらしく なつたでせう。お父さんが がいせんする ころには

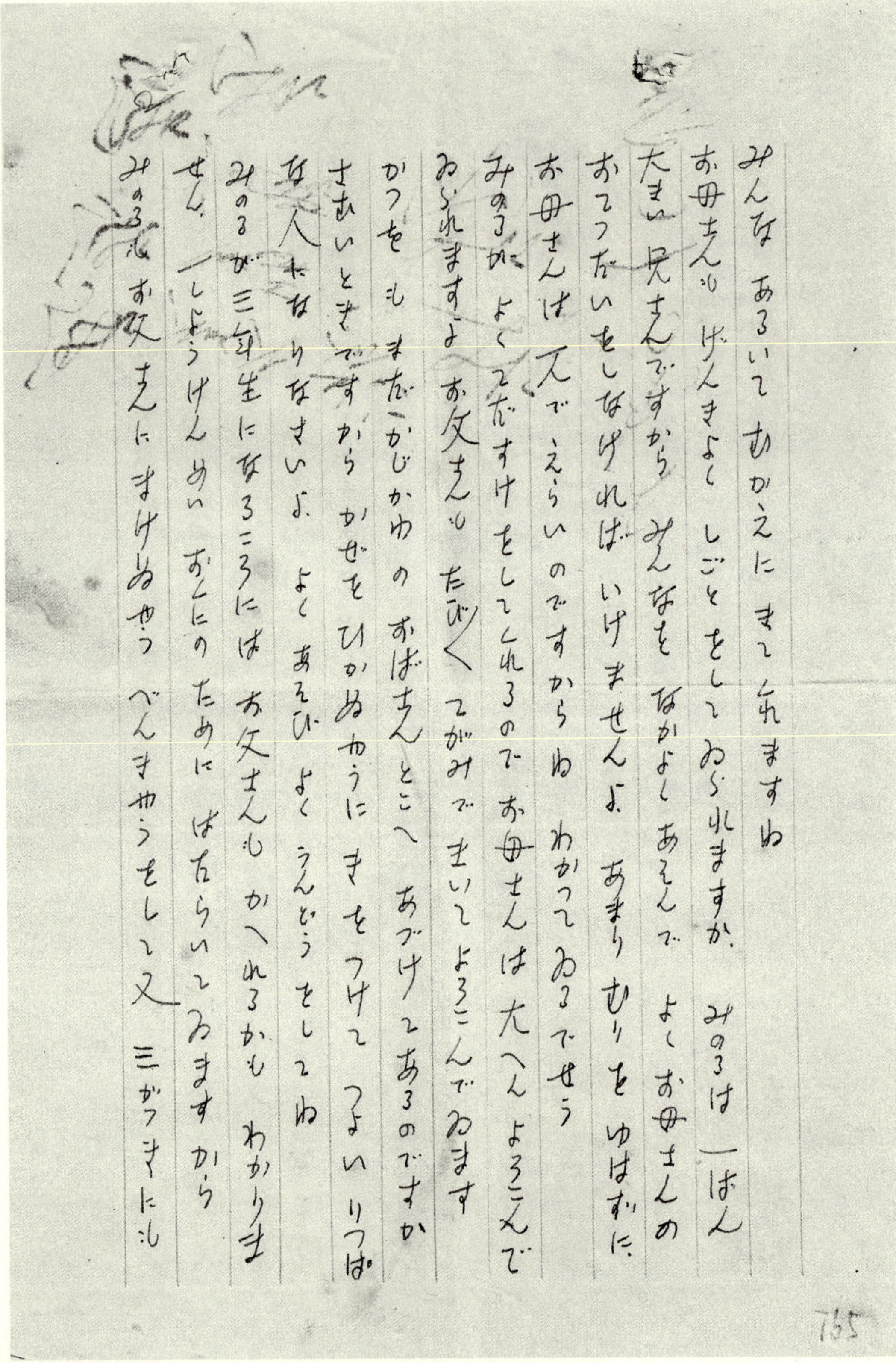

みんな あるいて むかえに きて 呉れますね
お母ちゃんも げんきよく しごと をして おられますか。 みのるは 一ばん
大きい 兄ちゃんですから みんなを なかよし あそんで よし お母さんの
おてつだいをしなければ いけませんよ あまり むりを ゆはずに
お母さんは 一人で えらいのですからね わかって おるでせう
みのるが よく てだすけを してくれるので お母さんは 大へん よろこんで
おられますよ お父さんも たびたび てがみで きいて よろこんで おります
がつをも また一かじかゆの おばちゃんとこへ あづけてあるのですか
さむいときですから かぜを ひかぬやうに きをつけて つよい りつぱ
な人に なりなさいよ よく あそび よく うんどうを してね
みのるが三年生になるころには お父さんも かへれるかも わかりま
せん 一しようけんめい おくにの ために はたらいて おりますから
みのるもお父さんに まけぬやう べんきやうをして又 三がつきたしも

155

甲ばかり もらふやうにしなさい みのるの 一ばん よろこぶ ごほうび
をもって かへりませう みのるは なにが 一ばん ほしいのでせう
お父さんは まいにち それを かんがへて ゐます
がっこうでは おともだちを なかよくしなさいよ
おとうさんが せんそうに いって るすだからと 言って ままをしては
なりません よく先生のおしえを まもって まいにち 一ぺんは きっと
おさらへをしなさい 三年生になると又 むつかしくなりますから、
お父さんも 十二月のはじめに せんそうに きてから もう 六十日にもな
ります 早いものです せんそうの さいちゅうに お正月でした
一月の二十日に 大雪がふりました その雪が とけないうちに又きのふ
の夜 ボタンのやうな大きな雪が どしどしとふりました お父さんたちは
ねずのばんをして 山の上に 立って ゐました だんだん つもって いって 五寸
一尺と あるくのに ごそごそと 深くなって あるきにくく なりました

765

朝になったら一尺五寸もあるぐらいつもって一めんにまっ白になってしまいました 朝になって雪はやみました そーして日がてりだしました 風がやんだがぼつぼつとけ初めましたが さむいから 五日か六日にはとけません みんなで雪かきをしました あるく道だけを左右へ山につみました 日本の方はどうですか たくさん雪がふりましたか こんなひどい雪の中でも しなのこどもたちは朝早くから お父さんらの家へきます そして ひざまでもはいる雪の中をごそごそ あるいて ときどきころんで 雪だるまのようになっては 水をくんだり、めしのいれものを あらつたり、そうじをしたりして よくはたらいて ゐます せんそうにまけた しなのこどもでも 日本の兵隊さんの下になって しやうけんめいにはたらいて ゐます がくかうもありますが せんそうでやめてゐますから べんきやうもできません かわいそうですね 日本のこどもは こんなに小さいときは はたらかないでせう

767

しなの子どもは中々かんしんです。そしてよく字を知ってゐます
日本のとほんをもってゐてアイウエオをならってゐます
お父さんたちはもらったドロップやキャラメルをやるとよろこんで
たべてゐます。しなのおかしはまづいものばかりでよいのがありません
ラッカセイやそらまめ、あめぐらいです ナンバのみをいってもらってたべて
ゐます お父さんたちにもくれます。よくなついて一しょにあそんでゐます
朝早くからゆうはんをすましてすっかりあらってそうじをしてのこったごはん
をもらってかへっていきます。そのごはんをみんながなかよくたべるのです
みんなきたないこじきのやうなボロボロのきものをきてやぶれたくつを
はいてゐます 雪でぬれて手も足もまっ赤になってゐます
みのるたちもこのしなの子どものことを思ってせんそうにまけないやうに
しやうけんめいべんきやうをしてはたらかなければなりませんよ
日本にうまれたものはみんなしあわせですね　さよなら

二月三日午後五時かく　みのるの　お父さんより

みのる君へ

768

二月四日、くもり雪 東京は今日ははっきりしない日ばかりだ 昨日はあんなに
よい日だったのにもう今日はすっかりくもり雪もようになってくる
昨晩もずい分冷えた 窓の所が冷たくなって目をさます位だ 息呼をふき手をあたためて
今日が昨日が せつ分だそうで 昨日からしれない 皆一つづゝ年をとった 三十になる十
俺も三十七だ 早いものだ十八隊では年ではないという数がいうなる今年ない位だ
朝霧の下鉄地下足袋はかちかちに凍えてる。手拭もカンカンだ 顔を洗えば顔の
しまいぐるみをけぼうすい 火にあたって一服ー 紙煙をよんで話すが 冷える
今日は又雪のきだ 上気呼をとる所を左にかきのけ 道を作たりした
兵所は午后になった それで土木作業皆さるて 兵術野に剣をとって兵部へ
いく 今日 天皇陛下より今度の戦争にはよく働いて御苦労だったと言ふ
柄のかけの ありがたい御言葉の傳達式があった 兵部の兵全部集合して
日の隊長殿がよまれた 要で久しのお話があり一同待った 豆腐一ぱいだ
立けし得はずかしくなって 昨日の日給物の海を思い のんだ ないとしこうするかった

2

火にあたつて一晩雑誌をよんで居た家の中は冷たい火にあたつてゐてもせなか
がぞうつとして寒い一時頃から便所の窓にいく窓を開けたら外のカコイ板
をはつたり雨水のみぞをほつたり泥を片付けて完成した風のはいらない様に
便所が出来た風はもうはいらないし椅子も屋も火をたいてとてもよい位だ よく出来た
四時頃迄電をたべて火にあたり一晩ん作つた中西君が馬にけられたと言つて居た
大した事はないが血が出て居た 馬けつつけられても今にあいかわらず全く危ないものだ
とふ三丁買ひに行つてきうりがないのでゆでつふを作り昼一しよにあずきを作り食べる
明日は小麦をついて大きなつつぱつた田作り 皆の二人もくれた 子供も一口菓子を皿に盛る
大変いゝあり んしてのんな大根は大きいはずなつてゐるかんじに入てゐる 始めてのだ
参をすり一晩も学生を学び経営の二人で家をこわして新物をはこび入る
風呂へはいつて上下を洗つたりして火をたいて丈代が暮して居る 夜は火をたいて
ゐるとふるといゝ 好きのはなはゐてゐるはず 本はまをよんでゐるが 夜中は二度 風がはげ
しくなるのでガラスを叩いて目はさつた 安心な九時半から二時半迄 はつかの夜 又明日かく

二月四日 午後九時半

3

二月十三日 今日も又雪だ この前の様な大きなのは降らなかったが小さいのが朝からせっせとふりしきってゐた 昨夜は不眠症で火をたいて起きて居たが宵の口からもうバラバラと雪が降って居た 胡蝶に咲かない 三時半近起きて居たずい分長い間だが今迄は三人だったが昨夜から二人になったのでよけい間が長くなった 婦之へ手紙を一通かいて 梅田へ此学の肴状をかいたりして梅田から来た此学をよんで居た 十二月三十一日迄ので高かったが新しいの出来なりから珍らしいただ柱切りをたいて居るので危いし明るかった 其の剣に向かし合う 二時半近そうくかんばって次の巻を失はをうねとこへはいった 昨夜は朝に出たい後た二時半から七時半迄一ぱいに寝ゆかい 気持良されたので外へ出て見たら昨日雪除けをした所が又元の様にまっ白になって居る 併し今年は雪の多い年だろう 大分毎日雪ばかりだ 朝から上手おにふりしきって居る帆は多いが冷たいのは閉じ込めた 所で居るとこの雪では困る 花の手入れにいっても雪でまっ白になって居る 冷たいこと 冷たいこと 金魚は大丈夫だ

777

4

雪の中をザクザクと帰つて来た．昨日しごとにいつた人がごハンを上下ともつとを
持つて来たのでよい．今迄は水のはいる地下足袋ばかりだくつ下を毎日かえてゐ
一寸あめへ出るとすぐにぬれて失つて来たい．人のを借りて居たんが皆出る時にははけ付りか
ねばならず地下足袋をはいていたん．とどけのした手伝になると泥んぼうになる
がくつを持つて来て呉れたのでよかつた こゝ雪や雨が多かつたらくつがなくて
困る．しかし付けが来たから 雨の日でも洗へるから便利がよくなつた
女の日には食堂へ行く事があつたら持つて来て呉ればいゝと思つてゐたんのだが
うまい具合に持つて来て呉れてよかつた．で今日はお前から小包が来てゐたので
手紙が遅いのをかいておいた 娘田も手紙が来ないと言つて来たが出してある
から女の日にはつくだろうと思つて安心をしてゐるのだ お前のも便りが来るんのあとで
大分心配をしてゐるが女のあとへどしどし沢山行くからよろこんで居るだ
ろうと思つて居る こんなに長く音信はなかつたから今迄で初めてのはずか
しい新年をむかへたから無理もない．前にも言つた様に 天皇陛下から おほめの

178

言葉をいただいた位だから、私共にも相当にのぞみたこと、思ふ
東一先生は先日見舞った添先が帰れば余りと受けるからわかるだろうと思ふ
今日は九時半から仕事始め夕食で組頭の手入をしてゐた、船渡をよんで船
だストーブを作らうと相談して古部の主人ドラム缶を探しに行った丁度堀てにあるのが
あって買って来た夫にあたって休んで寄るが食てきて一服してゐた午后は船の手入
れが陣地へいって留守だから手入をして工兵所で火にあたり帰って来た
トつを置こうと思って子供をやったが今日は寄られて来たので頂て仕方がない
前に居た陣地からレンジに来た久しぶりの給金だされしという浴をして十二才位の大
をくて遊んでゐた手紙が来たのが昔いにいたり分け、秋岡フトー来たらさんにあ
つた お前からのが無かったのか淋しかった、梅田からは相当来るが秋岡から来
送られて何ようかし… 正月の陣地の風景がよく分った
年も年賀の返事田外のがあり皇アの叔父さんからも久しぶりに便りが
来ておって嬉しかった、坦那が又持病が何んで居られる様子、でも叔父さんの

さよ

779

6

筆のあとを見ると元気だなと安心します。西片の永井さんの子供から手紙をもらった。感じました。なぜなら…がかりてある。父の仇をうって下さいとかいてあって
おかしかった。お気の毒だ。明日大會終り人があるので早速返事をかいて持って
もらはうと思ってゐる。でもこれも一日早く切り上げて一しょにもってもらふことにした
午后になって雪は小ぶりになって止んだ。又四五寸つもった。毎日まつ白だ
夕方になって居て手紙を見て大會をすませすぐ風呂へ入った。あとまつて出て来て
早速返事をかいてこれをまとめて居る。来一週は済ませるらしい。今日
など言ふんのだ。あったかどうかはなれてゐるからわからない。一しょにかへりたがったと
とかそあった。昨日手紙を出したのだ。その大會へよぶだに下っていらしいのだなと
大會に居ても会えない訳だ。どうも残念だがどうすることも出来ない…
雪もやんで静かになった。今日の返事をかけあと上げてねよう。今日はねむってすむまい
旧正月が近づいて来た。丈郎の正月だ。淋しいかもしれない。又かゞ丈郎人の
正月を新しくしてやらう。風をひかぬ様にして子供らをたのむよ。又明日にして

二月五日 午后五时

安生

妻へ

780

十五日のリカキ等

竹野　梅田　二　小林剣吉　一　油谷本信吉　一　計四

リカキ一　宮枝　西京幸、能太郎の、合昌吉、安藤良全

東三亭小林剣吉　七

ワートー、永井智江、梅田浅蔵　二

二月六日くもり 少し一いい日だ。雪もはく思い出した柳にぶつたりしておた
昨日は夕方から手紙送ってをかいた 風呂から出て兵隊向え かいた
前の晩子宿番だ云ので ねあていかにまって来たが今日早朝出発するので
おとすかねばならなかった おそ道 かんでみねたが割合にめがさめたのでよく
ねられた 七時に目をさまして兵隊に出た。船の手入れに行って帰った
皆会の旅行が来たので めしを食べたので顔を洗いにいった 犬にあたりしたら
水谷が持って来た何でおかしや酒粕木屋さんからのお守をよんでおた
午後の大休みの汽車が出て行たから よんで見た けれ ぬいて出て行く。
皆とよんで見た。九時半から僕と水谷と二人工兵所へ行く。工兵所のゆる所
を全部おそうじ めばらをするのだ 粉でのりをなべて おそうじをはった
水谷としん 旅団の軍事済したら 二人ではっておた。
区画に経理室へ行って馬の糧秣をはこびにいった 雪で道が悪いので
馬が歩けないので 遠いがかついでけこんな 一行かいて帰って ...をたべた

781

2

帰つた、昼は魚の切味でおいしかつた 一眠して又火にあたりたら梅田の
妹弟を見た、内閣が又替つたね 今度は米内さんださうな
一時半迄床で新聞をすつかりよみ切つて了い 又五反田へ出かける のりをたべ
四才すつかり煙やけのはいらん様にした 沢山持つて行つて皆さんにすゝめたら
りました。六畳位の部屋を借りた 道は雪どけでぐぢやぐぢやになつてゐる 四時半頃に先
つたので二人帰つた。はまがどこかのストーブをカンカンと燃えてゐたので手傳いに来れ
大体にきまつたので夕食をすましました。夕も魚のにつけ だつた それからあげたすし
かつた 一眠してあめをしやぶり茶をのんだりして火にあたり日記や手紙をかいて
居る 沢山ガンジー[?]週刊朝日があるので よむのにこまらないのが出来た
今朝の湯沸の下 七度 四月の朝は零下九度だつた 室内で摂氏三度
今日は別にぬくかつた 五反田のメルクル完成したし今後あたゝかゝらう
火に当りたら又雑誌でも見やう 新聞がないが 大災害をお皆にきいてゐるが
大才やけへ失つたらしい様子困つてゐるだらう 今夜は早くねてしまふよ 九時

二日 六一 高郎

782

3

二月七日晴天あつたかいよい日だ　日がてて雪が大分とけ出した
七時半起床。点呼をすまし雪でぐちやぐちやになつた道を砲の手入れにいつた
今日はぬくい日だ　帰って顔を洗って朝めしをたべる　昨日たいた小豆がアメの様
にかたまつたので中々おいしい　一服して火にあたり今日ははし本がストーブを作るので
レンガやブリキ板、木の板を集めてたのんでおいて八班の五人と夕方の手入れに
いった　相変らず道が悪い、どろどろになって　夕方手入れし油でふいてしまっておき
工兵所へ帰って火にあたって一服して居た　そして車の下の雪をのけて今所の
仕事が済み帰って来た、はし本と杉本と三人でストーブを出して居た一生けんめい
だ、この前集めて来たトタンをしいて作るのだが中々上手に作るのだ
はし本は何をやっても器用だ　煙ぬきのトイを作って出来上り附近を大掃
除して片付けきれいになった　試験にたいて見たら中々よくもえるのでどんどん火を
つけてもえてあつ位にぬくい。今迄のは石ばかりでスーがはいるので何かしら
スーだらけになるが今度のは煙はエントツから外へぬけるからきれいだ——

783

4

火の子がとばないからきれいだ。去年はあつくて遠くへうつした位だ。
極になってあたってゐると何ん云うん位よいと思ふ持てゐることをゆるくなってくる
出をよんで〇〇が一時半に本署長階の注意があり出てから又五六人で燃えるの
木材を集めたりった。たゞ最後で家の柱を引き倒すがらくと物すごい音がし
木か瓦がおちるところ。それをはこんだ。昨夜は目がさえてあたいがい上衣をぬいで
汗を流してはこんだ。今晩の寝具を今夜不寝番用のを又集め班の床をあけて
集めたりしてすっかり汚く汗にあたってゐた。めでたい風呂がわいたので
はいった。じゃんじゃんが出た。夕上に褌を洗濯して行って来た。冬会いよいよ三丁目でうまか
った。晩一パイになった。五日にうけ夕会は自分の広い古里どんなおそろしい
七時明日の〇〇の部隊長宿舎へ明日の〇〇の患者を入れていくので便がいることになった
夕方で今日からで来ていたのだ。少しおくれてしまっておそくなった。今夜不寝番
で二時半頃迄だ。少しあたって目にしか手伝をかりておくゆめから早くねよう
明日は六時に起きて用意をしなければならない。天気であってほしい。

二日 十一 夜九時半

784

5

二月八日晴寒ない、今日は本当の旧正月だ 文郎は今日皆正月でお祝をしておる
昨夜は不寝番で今日のことについて打合せをして九時にねた そして二時に起されて文
代と不寝番につきた 火をたいてあたり小説をよんだり、皆の軍服をかわかしてやったりした
で六時に顔を洗ったまではよかった 今日 文、良吉に張た頂日に相おされ 猟友が００の野獣狩
皆へ行くのでつれていく事になり タンがをかついでもの 四人、文代良三人、派人と俺で八人 六時に起した
用意をさせて食事をし 弁当をもって七時にタンがをつぶして出発した 丁度明るく東の空が白み
かかって来る 皆文郎八人しめて歩 氷と雪の上をすべって危ない 寒い風は吹きて門（かど）にはに祝の火をたいたり
正面へにーっとを沢山つけてかざってあったり 土人の村は爆竹（花火）を加々とと音をたてたり
して居る皆 神明の冷たい空気の中をその音を聞きながら まるで土人まつりの様なと話し合う
来たして行く道の両側は氷と上を気をつけながら歩き出す 中々を通って 手足へ出る 雪がまっ白だ
中々とけない 二人からハトバ（道）は中々道が悪い 夜は全く明けた 互いにいたわり合 冷たい 歩いておるので体は
ぽかぽかしてくる クリーク（また橋（舟をつなぐ板をわたる））を渡って広い麦の畑を八方へいく ここは去年
の末に初め来た所だ 二人を通るのも二回目だ 11時半ハトバへついた 舟が居る 火をたいて九時半まで

785

担架で運んだ。九時半に担架へのせた。タンカのまゝで火バチを借りぬくいようにしてやり枕を
おろすのをまって担架出発。冷たい揚子江の上を木造のボロ船は下へ流れて総督を見てみたが大きい
担架に毛布をたゞでおいた。一時に船は。。のたトバへつりた上陸して野戦病院へいく山の頂上にある
洋館の家だ。ここは雪か雨のか大分とけてゐる。正月でいつも深山居る クリー（苦力）が人（合計）人見ない
体人でゐるのだ。病院の手続をして第一病棟へ入れる。ここには沢山の外科の患者が入れる 五六通
戦傷や手榴弾破片傷者で兵の勇士ばかりだ。こんな所ではまだ一週も見ておれない俺はいつも
なって直立した。若い人達ばかりなのに東洋平和の犠牲にされた白衣の海を見て身の幸が
引き締まる胸には燃えて思はず頭が下った。お気の毒だと思い人、思い人もある。ストーブが沢山
はいってゐるからあたゝかい。腕ゝ人は二人で抱えて雑誌を見たり話し合ったりして慰められた
野戦病院を出て大切に養生するがよいと言って預えた兵の服部を取って病院を出野戦動員部へ
行っては戦死なかった手紙を届けての大隊本部へいくいくがけがわるくなくて流されてゐた
クリークも船を出す様になって板をわたして船の橋が架けてあるものと同じくものも
まって乗せない注本部の用をすませて帰り酒保で大福ももをみかんにただされてゐた

786

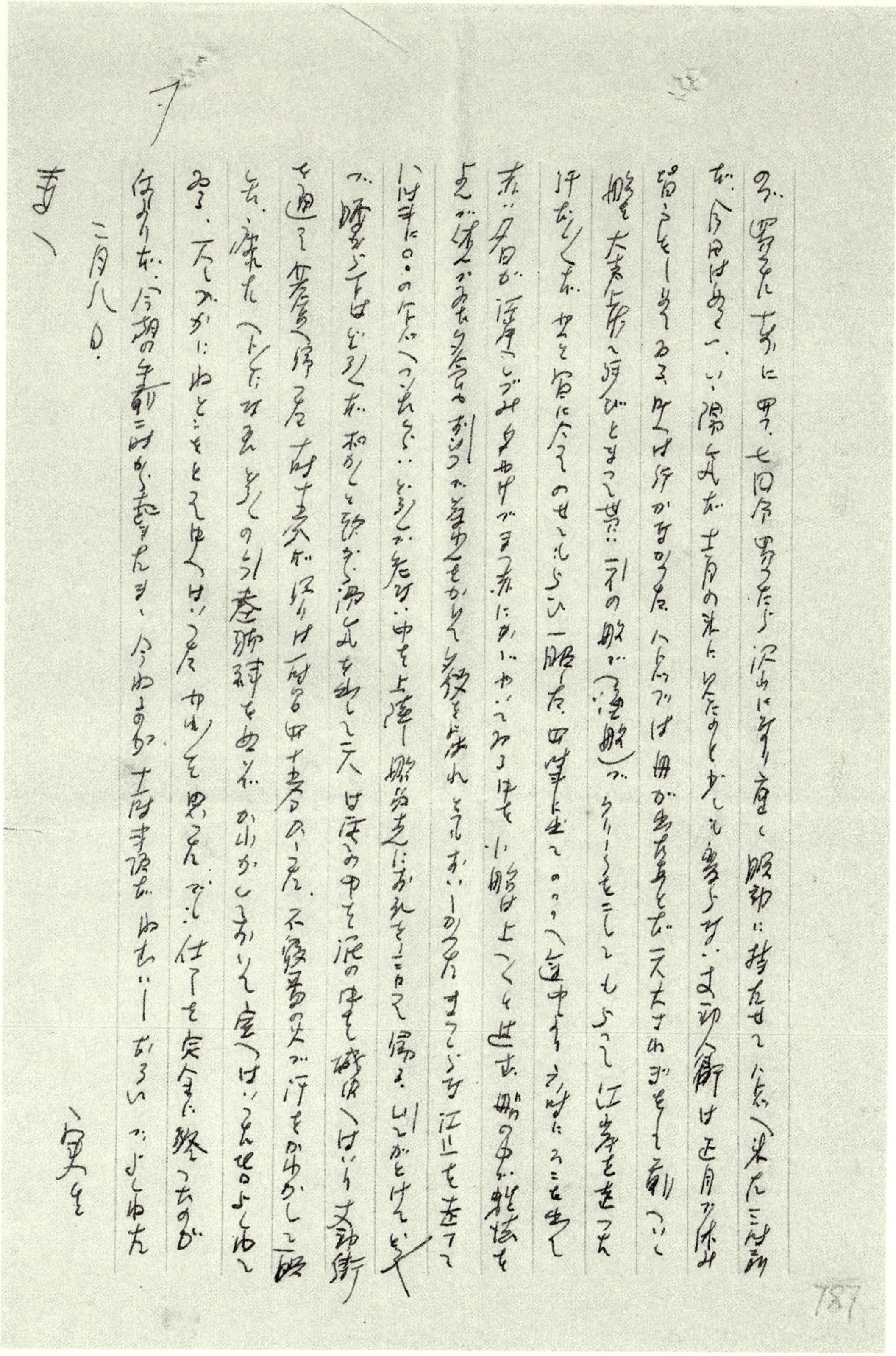

のが明けた朝に早く、七日分買つたら沢山に持たせて、[illegible]眼前に持たせて入れへ来た三時頃

だ。今日はめて一いゝ陽気だ。土用の様にあたゝかく少しも寒くない。丈助今節は正月で休み

皆ごをしめてゐる。外へは汗がながれた。八角では舟が出たりして大さわぎをして前へいって

舟を大声で呼びとめて貰ひ、引の舟で（漁舟）でクリークを二しも通って江岸を走つた

汗だくだ。舟を宿に入れてのせてもらひ一時た[illegible]のつへ直中すぐ六時にここを出し

来い、各日が[illegible]しづみ少せけでまつ来にかいかいてみるのでも小船は上つて来ては岸辺の舟の帆柱を

よせ、彼人がみなの為めお金を[illegible]等をかりて、岸辺を歩み、[illegible]まで[illegible]江上を走つて

いけ午に[illegible]の[illegible]へつれて、[illegible]が危い中を上陸し、[illegible]にお礼を言つて帰る。[illegible]と[illegible]

で、[illegible]下は[illegible]と[illegible]を[illegible]て天[illegible]の中を泥の中を[illegible]へはいり文助衛

を通つて[illegible]居[illegible]が[illegible]十[illegible]の[illegible]、不[illegible]の人が汗をかかして[illegible]

た。疲れた。[illegible]の[illegible]を[illegible]かして[illegible]へはいつて[illegible]よしね

る。天[illegible]かにねとこをとつてゆくはいつた[illegible]を[illegible]で[illegible]を[illegible]終つたのが

[illegible]だ。今朝の午前三時から[illegible]ました。今[illegible]まで[illegible]、[illegible]おろいでよしねた

二月八日。

[illegible]生

まへ

二月九日 晴、今日はよい天気 朝のうち少し冷たいが 日中はあたたかった
昨夜はスイミン不足と疲れでぐっすり一晩ねむって七時起きて目がさめた
外へ出て先ず体操場の池の手水に行き冷たい雪(?)い水とけ行い
帰って顔を洗い朝食をすます 昨日買って来た大福餅をやいて食べてまた出(?)て
位だった 少々空腹なようだ ここではたべることが出来ないがよいのだ
事務室へ行って田淵(?)先生、園長殿に昨日のことをくわしく報告しあやまって帰った
次にあたって一服、昨日は少し一服(アサヒ)一つ 植木部の日用品(?)を一つと買ったの
で杉本さんに渡した。アサキ(?)さんがあるので みんなへ送るようにした 五通で二十枚だ
いい前にそうけたまーず(?)あり 悪作(?)を片付けておいた 一寸のひまだけそれめてい(?)
新法(?)を手にするたびに九時すぎ事務所へ行って 外の補充をしてから事務所へ
又松の花(?)なのにドラムカンですとうぶを作るために 煙突用のブリキを探しにいって
仕事(?)へ行ってブリキの切れ(?)がブリキ板を買ったりして帰って来た ばすかに(?)やってく
午後からしてれふ(?) 材料に木のみ材料のいい寸(?)をしておく 其の日宿(?)だ 木箱で

2

船結棚の下 頭丈一 冒呂を 入る 箱を作りまして それに便利な 押しとしておいた
庭は すぼしお 大九正で せいてたら 由地の様な すいてしいのは たらぬ それ すてた
おいしい あつまりして よいえの店が 次にあたり 本を よんで 然んでゐた
今夜は はなかなか 外の夜を 子供所へ 行て トタカンの スタートを 作る ところへ にかうる
はまって 乱れた 俺なの家 綿すべ たドラカンを 取りにかして 下の方を作り こまってる
はなは グリップで 引（ことこ）を 作って みる 一寸 は あるも めで、日本
今日は 役得 文 の 、（レンタ）にりて 大で 俺かが 昨日行った所が 今日は すごい 店
大勤で 正月は 三日らして 昨日から 今日 明日も 言ってゐる 店は 一寸 サッパリした
腹をまして ござ あいさんや 家業は 皆 休みだ 大っこして 寄しくれのらしい、子供相手
に バクチの 様な ものを 道で 口割 庭が 華人が ならんで ゐる 子供らで まくら にたかってゐる
道では 一家の 門頭を 石の上へ なすつけて 爆竹を したり 家の 軒に 赤い紙を はったり
目出度 善多 金の ゆらぎは 赤青の 紙で かきりがしてある、 ワン小屋も 一寸 よい きれのきもて
私の 国も 早く ませたあとは 外人 沢て 遊んでゐる、 夕飯を 方ぶし 早くねよう。 文明自転
二月六日 午后十時半

789

二月十日　くもり后晴、朝は例によって中々冷たい
電気大分とけたが中々急には黒い土ばかりにはならない
点呼をとって例によって庭の手入れに行く　文郎では正月の三日目だ
店はすっかりしめて商売を休みおそく迄ねて居るので人は出歩いて居ない
手入れを終って帰って来た　顔を洗ってみそ汁で朝めしをたべた
ストーブへ沢山木を入れてどんどんたいて茶をわかしてあたりながら休んで居た
今日は収容所の室の外へもストーブを作ることになったので又方々へいって
トタンを探しに行く。各室へいって二つ三つもらってトタン板を集めまわした
なのが世話して来た　他のものも外で沢山探して来てみた　トイつくんとエを
作ったりドラムカンを探しにいったりして庭にあつめた　帰ってからストーブにあたり
昼めしをたべる。乾かしたシャツをたたんでくれたおかげで中々お
しい火にあたって　雑誌をよんで居た。午后は二時から作業があるので
それ迄休み時間なのでストーブをしていた　そして二時に水倉に集った当番

4

を一日かゝつてめをとうし上げた。水谷は二冊あるので不要だと云ふので返した

昨日尾崎氏へ山本が来てすゝめ(?)を持って来た　老の件を去夜大久保二夜

とれたすぐ今くいまかで老の件をゆけしかれん教授者抑たと言ったがあまり

如ぶながつた坂將の所に○○のしこうが帰って来た帰りは馬で来たお利字

かたとの云。又後見者も貸近く好なると　スリッパの代りに八ツ折りを持たしてやった

のだ。大へんよろこんで居た。二時から仙台屋へ行って鵬などの予防注射をしてもらふ

帰りに僧帰りの人は四十位近いおばあさんに居ってすわる位だ、午後は休み。ストーブの中へぬって全部出

御注文をまとめ日記へうつし上げた。例の手紙の表を作ったりした。山口に太への返手紙（君への）

わすつかり持って来てくれたので書類に順にとじた。一寸位のあつさになった。

ら会にならとふのすましけた。食事をした。それは夏に出かけて行った。今月

は割にゆったり日なった。注射にたてなおし思ってゐるらしいのだ、よい。

この頃ゴリやしょうがにおかして居る。かあんの送ってくれたゴリの菓子を出してやってゐる。

今日手紙をかいておく。このまゝゆよう。今日は九時も休みだ。注射の日は、又明日

二月十日午后三時

791

5

二月十一日くもり後晴となったが夕方から雨になって来た
今日は紀元節だ 輝く紀元二千六百年祭の当日だ、内地でもいろいろの式
催し物があろう こんなすみも各村で式があるだろうと思ったこと、思ふ
天気がはっきりしないのでしようない 班長は點呼をおそく迄よんでいた
点呼をすまして飯の上げに行く 帰って洗面をし 朝めしを喰べる 隊でも
昼の祝のを貰った めしは赤飯でみそしるにするめを味つけしてたいたのが一切づつ
あり 加給品としては ホマレ十本リンゴ一つヨーカン一本づゝ貰った
赤飯をたべて火にあたって休んでいた 今日は一日休みだ 敵のもようで打たねばならんが
九時から式があるのでそれ迄シヨーギをしたり雑誌をよんだりしてストーブにあたっていた
十時になって全部外とうを着て巻脚絆剣を持って外へ出た 一同そろって本部へ
行きの隊長殿の号令で一同気を付けをし しばらく神宮の方に向って最敬礼を
し万才を三唱し式を終り隊長殿の訓示あり 一同兵舎に帰った
内地でも故郷の人達も式に行っていることと思ふ 今日も一寸寒かった

712

6

火にあたって雑誌をよんでゐたり多くのかきものをかいたりして整理をしたりして夜に
なった　夜は外の寒い寒さの。今日一日二日ぶり（白飯）だった　白飯はおいしい
午後はストーブをしって本をよんでゐた　教練を一たり遊びに行ったりしてゐる
あづきがあったのを買って来てぜんざいを作りにかかった。ストーブであづきをたいて体を
つけ三つ目行った段取りに曽根少尉の粉があったので改修したこねて甘いぜんざいの中へおと
した、家でしておった汁と同じでとってもおいしいのが出来た中から改修と三人でいただいた。うまい
松本の所へロン少年に持たしてやったら大よろこびだ思いがけんぐ、今日は衛兵さん会だ
夕食用の菜をかたつけて入浴した。今日は白いたのでさっぱりとよい気持になった
夕食は白飯に白いの天ぷらだ、六寸位の小ダイだ。ソースでたべたがとてもうまかった
松本が帰って来てしせんだいのうまかったのには驚いたと言って入ったなど遊びにきてゐるもの
ゆっくりをしておってこの前で私ははしーであった。今日は隊長が工兵に行った
冬の季節になった。又この頃は水粉に白えて寒さが毎日の雨ばかりでしれるよいうえ
下へ、ポツポツ雨の音がしておる。紀元節もすんだ、失った日にてをかいてねよう

二月十一日午後七時半

忠夫

まさへ

783

二月十一日 紀元節ですが 今日も昨日と同じ様な日で 顔の皮はむけてゐたが 至つて又
日がてりかへしてあたたかく 又むけてしまふでせう 風邪が少し治る様だが
昨夜もおそく迄 二三人の友達をよんであそんだ 皆帰つて後になつて 柳田さんが
雨が降つたが 今朝になつたらすつかり止んでゐた 昨夜も寒かつたが その雨の為に
今迄残つて居た雪が大分とけて 失つた 然し未だ残つて居るのが少しあるけれど
此の頃ずーつとあまり見えなくて すゝらず 歩き易くなつた 一月二十日からとげ
にでも出来た雪が今日はじめてとけた様になつて 長い雪がすつかりとけた
六時半に起きて 食事をとり 体操をしてから 庭の手入れをして 帰つて 朝飯を済ませ
側によみましたけど 今年をして 火をたいて あたり 新聞等をみたり 夕方
まで休んでゐた 今日は 今様を表紙にはつたり 庭の手入れをしたり 別れて
いた。其の金槌表紙 おかげを当にして 悪いで、正月も三日にして 早く行
しうけせまき思つて 野菜畑子供の草 大きなのは一尺許り小さいのは三寸位迄の
を植ゑ 目立つて 土が薄い 一尺位のかと 土を取り位でとても可笑い

794

大部分の品は値に買ったら随分高いのを安価に買はれる。野菜は大阪で
大きいし、セイ十分美味で味の新しいのは何よりない。支那人の町も店は沢山出ていて
売って居るのもあるが大てい値は安くしめておる。一週間位休むと
宿舎の田中さんも早く給料で帰って来た人がおった。この時分から日がてってきた
そろそろこの頃小朝で毎日雨が少ないので上んなりするのかもしれない
豆もをたべてゐますんで居た。雑誌をよんで、大部分の者ではドイツ大を買って来て
書類の人ははめた。盆バンドをつけたりしてゐた。午后は田なし ストーブの中へ
ゆで卵をよんで居たら ゆがなってぐっすりゐねんで矢った。目をさましてから
石油かんを切って洗濯機の代りに又洗濯物にしたりする為に一つ作っておいた
冬着の家の整理だ。たをおこして出した。いかなる者のまで一日か今日をすませ
日記と手紙を書かずにおく。外の者ははがきをはじめておる。風呂も沸いたような気がする
風呂をあびて又 七でもよんでおやつ。二月も早い この頃手紙を出して書った
もう寒いので 紺の肌着の外に木の葉もふくらんで来ていよいよ冬になってきた

十二日午后 ちはる

795

二月十二日、今日はふつて居る 昨夜父さんが社へかけて雨になつたん
くらいどしやぶり土砂降りになり かなり流れ落ちる屋根の水の音は物すごく
どんなになるのかと思つてゐた位だ。よく降ると話し合つて、ねまきをしてゐる
もの、わが家へ来たとよんで行つたの等 多くで像とゆつて来たとよんでゐた
夜明になつて居たが 社中に少位に〔まつ〕九時には雨は止んで居たしか
中にまた、いつ迄も強く降つた雷が雨でずつとけへきた
降つてゐるのかと思つて目をあけたら 雨の音もしない 止んで居る 外は寒く
六時をすぎ 才一二と待探して元気を頂く 例によつて絶の手九
に行く 道は悪く どろどろになつて居る まだ降つてた 朝になると果いた雨は上
つて妙な雨だ 紙をかけ降つて 帰つて話を聞き顔を〜をしたべ大にあたつ
腹 今日は前[illegible]をしに九時半頃出かけたが 傘はかけてもよかつた
昨夜父さん持[illegible]つて近所をとび 黄力を沢山つけて出かけた、ストーブで湯をわかして
おりてくる下一点二十分頃二点 ストーブにあてて、ある手紙二枚を乾して縄を洗濯した

786

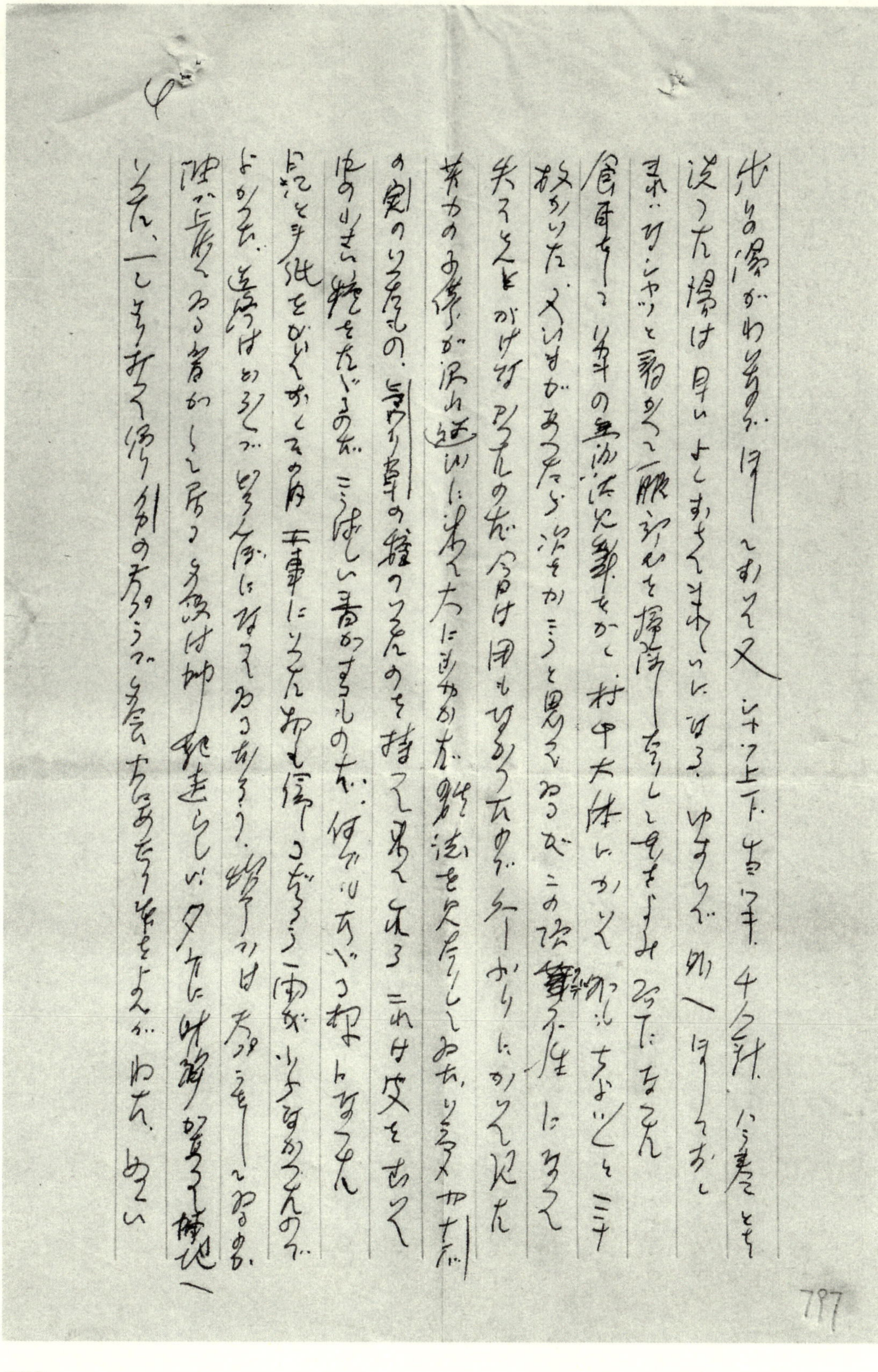
代りの湯がわいてあるので干しておいて又 シャツ上下 手拭 千人針 ハラ巻 とも
洗った物は早い よくすすいで来ないけれど ゆすいで外へ干しておく
きれいなシャツと襦袢と股引を洗濯したしてもまよみなれた
食事をして 半年の無沙汰見舞をかく 村中大体にかいて おたよりと 三十
枚かいた。又いまがあったら次をかこうと思ってゐるが この[illegible]生活になって
失ってしまふとかけなくなるのだ 今日は用もないから 久しぶりにかいて見た
苦力の子供が沢山遊びに来て 大にさわがしだ 戦法を見たりしておもしろかった
の実のいれたもの、気切草の種のいれたのを持って来る これは皮をむいて
中の小さい粒をたべるのだ こうばしい香がするものだ 何でもたべる様になってしまった
ドロと手紙をびくびくするその内 大事にしまった御も信じるだらう 雨が少々すかったので
よかったが 進撃はおくれて 日没になってゐるだらう 蜘了では太陽を見ずしてゐるが
陸が広くなる前からして居る 兵隊は如何 苦ってゐる 夕方に時節が落ちて 陣地へ
いた、一しきり見て 保り引力の方々で会 [illegible] 手紙をよんだ ねた めでたい
797

万年筆の手紙は一行二十字として百数行書けば よほどの事を書けたと
思ひます 恐らしい十一行のことは よほどいってると思ふ。

二月十四日晴 珍らしい快晴 春の様な暖い日になった
会なく一緒に出ると言って来た 半分だけれど僕は家の都合がいかないことにした
行くとはから思っておいたのにあてがはづれたが外の者は今でいふ防空壕へ来て
おそく今朝は七時半起きだ 七時半には出発している 一人起きて家の留守番をする
母を見送っておいて又ふとんをかぶって床へ入った めしも食はずにねたのだが 安心だ
明るくなってからは 文藝で読書に浅いによってゐた 陽を浴びて洗濯をする 上半身裸で
思ひ切って 先日のズボン、シャツ、ハンカチを洗った 綺麗になってうまいものだ 士民の
家へ帰ると勉強を始めて、子供が大勢集って来て 山子をとる
まじく勉強する気が来ない 仕方なく今後の探検をする この室に居る者は
橋本、中村、野沢と俺の四人は 馬便にしたい 山へ行ったものは 滑地か町
所を作るのに一生懸命なろう 室を探検して一際になる あたりがよい日だ
今迄になかった好い日だ 洗濯ものをすまして 言ってやろう 英国にあった
橋本が買物に行って来た 木を切らず すかりまたやってきた 更めて書いて

798

横に寝て読書をするんであった、僕の大間の室があるがなかなか広いのでここへ
はいる時に机の代りに縁を掛けて来て布団を[illegible]おろしてすわり本を
元祖アトンを開いたりした、小僧が又沢山たかって来てはなれないでしまいまで見ないが
然し近くの大綱業の舟(?)をもって来て小僧が出てそれを一つの子供が大頭のおもり
をやる。今日は[illegible]手から身から上がらし[illegible]中で上手な[illegible]大笑いだ
ぶらりと室へ遊びに来る[illegible]中[illegible]をして、これで上へようやくして眠かかったら
[illegible]に[illegible]して[illegible]船室の[illegible]三人[illegible]
四人で[illegible]を[illegible]一つのみが[illegible]風呂は[illegible]よい[illegible]に
なた、湯上りで[illegible]あついのをのんだ[illegible]の[illegible]を[illegible]下[illegible]
を流しておいた、[illegible]水合が[illegible]で[illegible]を持って来たが[illegible]
[illegible]へ[illegible]陽気な[illegible]に水[illegible]初めてだ、今日は[illegible]の
手[illegible]に[illegible]何[illegible]の[illegible]ここに
[illegible]手紙をかいておる

一月十四日[illegible]

[illegible]へ

今日の手紙（フートー 久夫 中村方土方）
（ハガキ 野呂 邦三

野呂君のハガキで弟が牛を信州から買ったとかいてあった。大変だろう。お前達も、弟からも何も解らないのでびっくりしたいゝのがあったかナ 何もかも高いから牛も中々高いだろうと思ふ。その牛も牛をもって帰って来たから 大へん立派なものと思ふ アレは何ったか、どこ所がないと思ふが、言って来ない、何も分らないので どうしたものかと思って居る どうせ牛も買はねばならん事はあるが、急なので一寸びっくりした。家のことをすっかり忘れて居る俺だけは、何がなんだかさっぱり分らないから。うまいものだ 仕方ないのに一寸骨が折れるだろうと思ふが、これでやって居るだろう 田の方の仕事もかたづいたら何も言ってやらんが、大体にとるつもりで牛を用意したと思ふが、五月には間に合ふだろう ずいぶん高いね しかし一ト月にはする十頭を見る位は大変には出来ないから それで皆でかわりあってやってくれ 皆に任すから よろしく頼む 力を合せて大きくなってくる。又会ふ時 皆んなで何か会いたいね 田の方も又割ってして来るようにして来

三月十四日、夜

父より

まめへ

800

二月十五日晴 今日は春の様な暖かいよい日だった

昨晩は久の宅へ初めてねた 淋しさと寒さとして居たら中々ねむれなかった 七時半起床して少時をとって体操をして 馬屋へ行って 馬に水えさをやって来た 顔を洗ってみそ汁を昨日のおかず 大ぷと例の太えのをたべた おいしかった 火にあたって一服して居た 沢山の苦力を連れて来ている人があるので昨日持っていかなかった道具をとゞけたりしておそく九時頃に工事所へ行って 今日は北谷が自ら室の用事をするので 工員の交代をするのだ 風のない とてもぬくい日だ 天気が二日つゞいたので 道も大分よくなった 路面へこんので湛しい 皆泥地で 工事を中て居るを ならう 工事所にももう中まで 外の方がよくなった 中で大をあたって居るのは うっとうしい 外は青空で雲一つなし 上天気だ 春らしい感じで うららかなものだ 本当に春になった様に思ふ

見晴しもよいし ぬるい 気ははればれとして申し分ない 外へ 久を出して日あたりのよい所で 跑の 盤秋をつけて居た 午前中に 各々を十錦 あげた

801

2

避暑筆で、運動をして腹へった。支那人はでろくと歩いて居る。正月気分が
ぬけないのだろう。唐が沸地からクリーをつれに来た。買物に行くのだ。一しょにいってかえり
若中に接柱をはこばせて行った。皆によろしくとことづけをしておいた。王府井へ行って
リンゴがひしをもって来てくれた。小林がトつ一丁買ってくれたので湯どうふにして食べ
四人だった。うまかった。午后は少々番なので、奥の室へはいって居た。ぬくいので気持が
よい。一時間して目をさました。眠って雑誌をよんで居た。この時迄でもみかんを喰べて居る
家があるのでここへいて、桃の皮をむいて[illegible]を喰べて入れた。久しぶりを一ぺんで喰べたら
大よろこびだ。帰ったら[illegible]あたりのよい所でいろいろ話をして居た。久しぶりを持って来た[illegible]大根
のたいがうまい。この時迄父様は来ないが帰る。夕飯をすまして帰り風呂へはいった。よい心持だ。
今日は如何にも下痢気が[illegible]三十五[illegible]、[illegible]のもと(静かで水を[illegible]をこわさないように)
を喫した。火にあたってストーブをかかえて日に手伝[illegible]をかしらくすごして
思ってゐる。今日は曇った日だった。今日は大阪か京都辺へかえろうと思ってゐる
迄の気分[illegible]に行く。[illegible]の中のことを思ってゐる。しずかな夜だ。

十五日夜 [illegible]

802

3

二月十六日 晴 今日は朝くもりで雨かなと思って居たらだんだん
晴れて行って申し分のない春の様なよい日になった。彼岸頃の様だ
昨夜はねてからポツと雨になって夜中は相当にひどく降った様子
朝になったらすっかり上っていたが フトンの中へもぐって中田にエハガキを五十
枚あずけもらったので方々へ送ってやった 丘迎色々あったので つや子とかほる まみよ
なほ子さん。久美ちゃんと十三通かに入れて出した それと無沙汰
見舞のハガキを二十枚書いていたが しまいには いやになって来た
すわり机でかいていられずにねてばかりいて体をこわした。うとうとねむられず
昼寝をとって体操をし 馬の方を送ってから帰って顔を洗い食
昨日のうめ会の ごちそうと大根のたいたのが残って居たので おかずにした 冷たくて
おいしかった。一膳しっかりをたのんだりだにあたって休んでいたが九時頃から
今日も又工員の交代で工員所へ出かけていた 二の時分にはまだどんよりとして
居たが かーこいたえみたいと思って 工員所では其処に便りした 週刊朝日をよんでいた

803

夏の白い雲がむんむんとはれてそして青空に高く高くと浮かれた位 あくる日になった
四人文作で山の上へ立ってみた 前の前障の高い山にはまだ白く糸を引いた
様に雲がかかって居る。寒さもいよいよ峠をこえたらしい 工兵所の中心で火をたき
ことあててみられず。外の方がよくなった 雑誌をよみたり少し馬や財務の
目を勉強しなければならなくなったので 水谷に借りて手帳へうつしてみた
午后はねらんで高かったので フトンの中へはいって本をうつしてみた。けいこをしたり、
土附訓井下財務が呼びに来たので工兵所へ一日陣地へいく一足の近所だ
六時頃迄敵の工事をして居る所へドンドンで中止やって終り手入れをし夕食を
さめて冷たくなってゐたがブタとナッパでうまかった、夜中交代附来たので浮れた
今夜は不寝番で中西と二人。太い丸を倒した柱を組の外へ火中に集めて一斤
おいしさ 前線の陣地だまかす洗濯したのをまとめて来たので土民に洗はす様に言って
大谷、仔を返して明日分りにつれていくので夕バ子を借りてなぎの所へ持っていく
西字なにかで借りた一脚の残りの梅を二たあまるのみ同れ手紙をかいて居る

十六日二時か

804

二月十七日 今日は日本晴の上天気だ もう春になった様に思はれる
昨夜は予防注射で体中が一晩から朝迄痛かった、早くねとこへはいつた
のだがさてねようと思ふとねむれんので朝迄ねむらず困つてゐた
予防注射もすんで起床を知らせ、顔を洗い火をたきに入れてあたつてゐた
点呼体操をして馬を入はりかわりに帰った 今日は前の陣地へ弾薬をつみに行く使
になったので早い時から食事も用意をして宿舎にて火にあたつてゐたら古参の兵が
乃の方へ来た 二人苦しく近くに来た 前に大人が渡した 俺が来て陣地へ帰りあるいてゐる
戸を肩でつらす様に荷造らせ 苦しむ様になった 船へ帰って炭を出して助り
陣への手から十二十二メートル前で城内を歩く〇〇の陣地へ向っていく、雪と一面でひどい道
になってゐるのでそれを急に天気がよくなったので泥になつて歩けない位のない
昔からは汗をながして歩いて天気はよいが寒い風が吹いて何とも言えない気持だ 兵舎へ
夜中突をまわして一眼、夜は室へ弾薬をはこんだ 一まづ休んだ 終了つてよったりして出へ
いった 中隊長殿も話された 話声を 二年を乗り切った 今日迄に来たことのない

6

大丈夫元気で居ます 一体何とよいと思ふ様なのが家人である 二十人の者は 深いみぞを
ほつたり土をもつたりして陣地や山をまで一しよに作つて居た 小山の頂上だ 見晴しはよい——
敵陣もよく見える 肉眼でも敵の歩哨が立つて居るのが見える位だ 十二時頃交代になつたので
山をおりて兵舎へ ぬくいめしにありげて十分の者の それは大根を塩づけにしたもの
を少しわりに大根づけをもつて行つたが それに腹もへつて居たし すつかり平げた
一眠して午後の工事を始める 苦力は朝めしと夕食だけしか食はない おとなしくやつて居る
こがしの様なものを小さい袋へ入れてずるずるまで持つて居る 七十近い老人や十四
五の小僧もまじつて居る 一日二十銭 小僧一日十銭位で働いて居る 午後はよく従い呉れた
山の上はとても寒い 皆に頼んで二三度 居たが 四時半作業終了 又皆を別れ 二十分
ぐらいをつれて帰つて来たが元気で帰つて来た 苦力を返して 三十分ほど城内をはりつて
苦力を返して明日をたのみ 兵舎へ帰るとすぐ夕食の炊事中だ ごちの天ぷら
であつた 早速風呂へは入つて下痢を洗い 大きなの一眠して日記と手紙
をかいて居る 不寝番でねて居る—— 疲れたので今日は早く休みます お休み

二月十七日夜

中生

重へ

806

二月六日 昨夜は疲れて不寝番もとがめなかったのでゆっくり休んだらぐっすり
とねて了った。めでたい夜で気持よく目をあいたら明るくなってゐた。よくねた
よい気持になって起きた。点呼をすまして馬やへいく。水、えさをやって掃除をして
帰るとよい食卓の道具だ。顔を洗って食事をする。今日は○○の陣地へ荷物を
つれていくのは外の者と変った。俺は工兵の文仕だ。手のあいてゐる者は皆工事の
手傳にいった。米出来ずで、今日はどんよりとしてゐる。天気は晴らなかった
九時に主計所へ行く。交代して旅の陣地をし用の無い時には新聞をよんで
ゐた。午前が一ときたつと財務に呼ばれ来たので陣地へいった。用意を
して待ってゐた。上るかパンをとってゐる。雨がちぢくってゐるらしいずいぶんな
弾をうつ所迄が来ともなくなれなかった。大分寒い思ひをしてしまって
女の児がワニ十中が変めしを作って来た。スズしい十匹位ある。スープの大
だかだ。は地の中に油のあるおいしいのは喰べられない。かんしんだが又さつばりとした
みそおつゆしいれの方だ。食事をして一服し新聞をよんでいたらその店

818

②

今日は ねられる番なので フトンをかぶって横になった 飯後よくねたので どうせ
ねられないだろうとは思っていたが 案の如く 何も知らずに ねて去ったと見える
じっとして体がだるい 足をさすったり 冬舎をはうんで来た よくねていた
ねぼけで外へ出てみた 小雨がしぶくと降っている とうとう雨になったのだ
ひどく寒い もう雪ではあるまいが アヂと大沼のないのが 火にあたって冬舎
をすすった 早い五時半頃 大分気温も下くなった 一眠く火にあたっていたようだ
交代に来てくれたので 前の人でおさえ引上げる 工事の手傳にいった者も帰って
来る 大体片付いたもうだ 中の大工事をやらない 炊事をすます 風呂へはいった
あつい湯へぬくまって出て来た 火にあたって二つ程していたが 先日から意識の素い
をあびて来とあつい湯へ入れて 日記を書きます ようになった 料理もありがたく
たべた中に すばらしい便利な事があるもう いかにも思ったことがあったが うまいものだ
火にあたって日記と手紙を書いている 大変な寒さには なと中央を 三人で進しい
火にあたって あつい湯をのみ 熱海でもよいがねよう 今夜はねられないか分らない

819

三月十九日 くもり どうも天気が悪くなってうっとうしい
春の様な日も四日あまりつゞいただけで又くもりや小雨の日ばかり
流江は 庭に出られないために他に行ってゐられず ごろごろしてゐられず
困る、宵の内はローソクで雑誌をよんでゐたが 寝になって目をつぶったが
七時半に起て大分明るくなってゐる 空はどんよりとして小さい針の様な
雨が少しふりだして居る、家の前の広場へ集合して点呼を
体操をして番小屋へ行って 雨がふって居る 水が冷たいが 足でトンと蹴る
けて居る。冷たい水をまこりくを吸ひこんで居るとすぐ寒さを覚え
わか小屋の裏を掃除してやり家へ帰った 顔を洗って朝めしだ
ストーブをおこして女たち四人揃って食事 炊火にあたって雑誌をよむ
で居た九時半から この陣地に 工事を始めることになった。
前のがすっかり終ったので労力をこちらへ供して貰へるので 小山の所へ
作る事になって二十人からの労力は 家のハリや柱や太い材料を集め
る

820

へ

めに行つて居る我々の手で陣地の形を作つて壕掘りをやつて居た
うれしい日曜日がおとづれて居る 今日は皆宿へ帰り会をする
昔からは盛り返してやりつけさないと休みをやるなけど俺達は
一日中遊び休んで此の雑誌等よんで居た陣地から倍文の多い本を出には出居り
松その洗濯物をワンかん中に浸してなりして居た午後は工兵にかゝり
大概で出て居たが中々一日位では一寸位が出来た位のものだ
出て来ては下手で作業を止めて勢力を返して部隊へ帰る 陽気もよくなった もう
豆の芽は大して大きくなる事もよ芽になったお茶をわかすのは大きなた
くわけで後はいつまでもまた夕食を食べて風呂へいった 雑誌を一し
きりよんで居たが ランプをしてゆくものもうんだ そして日記と手紙をかい
て居る 兵隊も相当多いにちがいない 一月も終った 早くその大事なを
しんみりなつし あちらの手紙も来るのが実に楽しい 今晩でも
しみじみあなたの事を思ひ出して居る 又ちょいちょい手紙を頂戴

すゑし 伍七郎

5

二月廿日 昨夜からしぐ〳〵と降て居たが 起きて見たら 雨だ
とう〳〵雨天になった 小さな雨がしと〳〵と降て居る 冷たい
雨はみぞれの様に雪をまじえて降て居る まだ雪が降り足らぬらしい
点呼をすまして馬舎へ行て 側によって馬に水をやり 草をやってしぐ〳〵降
る雨の中を帰って来た 顔を洗って朝めしだ、 火をたいてあたってゐた
しぐ〳〵やって居るので 陣地の工事も中止だ 苦力も来ないから、
で午前中 組頭の手入れが休みと言ふことになった 火をたいてあたり 下ら
ない雑誌をよんでゐた 新青年の一月号を借りて来た 探偵小説ばかりで中々
面白い、一生けんめいによんで居た 雨は相変らず降て居る
帰営の時間は僅かだ 茶をわかして 昼めしをたべる 午后は二時から
第二回目の予防接種(注射)なのだ 四人で火のまわりをとりまいて本
をよんでゐた 少し寒いし フトンをかぶって 本を見てゐた ゆげが冷える
寒い 二時 外へ出る 医室へ 注射にいく みぞれにぬれて 冷たい寒さ

822

文郎ちやんとくの御前が来たのか賑やかになつて来た　大きな豚肉をすいて
煮てあるのも二三斤出来たし　そのおかげで文郎料理やも又一斤ふえて二斤
になつた　先週塲十江の奥　二三尺の大きなものを買つて持て来て煮てあるし
野菜物も多いから　暑(?)になつても又賑やかになるだらう。こんな時を見て
仕事をして暮して酒保へ給(?)ものを二つ買いにいつて帰つて来ない　仕事をし
ながら休みながら風呂に二時迄にはいつたが今日は寒くてはいらなかつた　大きな(?)
ないをよんでおれが文つけの中へ入つてよんでゐる　明日良介(?)へ　シンクに(?)
しいが　これを知つて貰ふのだ　そうしたら(?)会(?)たいために早くゐように(?)信ふ光夫
か、それは新人として勉強をしてゐるか夫婦(?)の七つ…が六つ勝男が三つになるの
か、忘れて来たお前は三十九になる光太(?)三十四日であるから若くないといふ(?)ない、お前もそれ
で御苦労か(?)…腰骨は大丈夫で遊んでゐるか　明日のレンラク(?)かが…ふれた
らお前の平気であらう　大分心配(?)いらないます遊しい、によつて…か…かと思つて
見なさいしるよ寒いから体に気をつけて呉れる様にお使…たのむよ

二月二十日午后　寿昌

妻へ

妻は元気で働いて居るか
この頃とんと便りがないので若しか病気でもして居るのでは
ないかと思ひ初めたのだが、ちよいちよい来る便りの中にはお前の
手紙もない、友人ばかりだ、家族からも来なくなった
のでよけい淋しい、又心細いのだ、どうして居るかと思って
子供らでも病気になったのではないかなどと考へたりして
そんな事をこの頃よく考へる様になった。

一時は僕の便りが行かなかったので皆ひどく心配をして居て呉れた
様になったが いつもかいてある通り身体は非常に丈夫だ 安心お帰るか
とにかく勉強をする様になって落付きもしないと出せもしないし
又其のことも出来ないので今迄は其の旨が長かったので おって長い
旨僕の便りが行かなかった訳だが この頃では おって かきまして
は行く友等が何日に行く云く、思って居るが 長いこと来ないから

813

平武が来たと云ふお前の便も来た つくゞゝ読むの也 何かさつぱり見当がつかない どうしてゐるんだらうと思ふ様にすまして居るのだ 今日は生身の体だ 病気もかゝるだらう が自から医者にかゝつて養生をしないと取り返しのつかぬ事になる病気もあるから病気をこじらさない様にする事が何よりかんじんだ 予後には手遅れと言つて三日でコロリと死ぬ恐い病気もあるからね 油断をせずにおかしいと思つたらすぐ医者へ走る様にしてくれ さうすれば安心だからね

明日は会の方へいつてゐるらしいので 一寸之をかいてみたのだ 待つこゝろを察し便りを持つて来てくれるだらうと まだ行かない先からたのしみにしてゐるのだ どうか其の中にお前の西弟のがあつて たのしいのだと神に祈つて居るのだ 又今後のことはないと本当にがつかりして失ふよ 家の様子が一寸も分らないから大友達でよいことは知らして呉れるか 留守宅の悪いことは何も言つても知らしてはくれない

3

から分りはしないのだ。土田の両親も達者で居られるか　之も一寸も便りがないのでどうかと思って居るがお変りなからうとは思って居るが、平一もそろそろ嫁を貰はねば成らなくなって来たが探して居られるのか、たまには土田へも行くことがあるか　どうかひまさへあれば　なるべく行って様子を見て欲しい平一も居てくれるから大事はないとは思ふが、何を言っても年を取られたから十それに今迄長い間無理をして来られたから油断はならないしな次にはお前も同じだ。長い間の留守を守って一生けんめい精のつく限り躰のつゞく限りがんばって来てくれた。家の外のこと中のこと又子供のことは中々筆では言えない位仕事は多い。それを苦にせずに今日迄やり通して来てくれた。俺はどんなにうれしいか分らないお前にはどんなに感謝をして居るか分らないのだ。もう少しだと言って力をつけて居る俺もお前が無理してやってくれて居るのがよく分る

815

今度こそは言ふた甲斐があると思つて待つて居られん位にうれしかつ
たが、やはり駄目だつた。俺よりもお前の方がそれは又ひどかつたことゝ
思ふ。よく心中を察して居る。が又思ひなをして やつてくれ
世の中にはまだく俺達以上苦しい日日を送つて居られる留守宅の
人々が沢山にある。又それ以上一生会えない寂しいぎせいにすられて悲し
みをかくして働いて居られる家族の方々も沢山にある。却は思ひ探な
その人達の事を思へばまだよいのだ。一日でも多く大陸にて東洋平和の
ために尽せる身分に居られる事を名誉に思はなければならない
元気をつけて やつてくれ 子供らも甚大めかして居ることゝ思ふが
よくわけを話して安心してやつてくれ、其の内には花の咲く時もあろう
そう遠くはなからうと思ふから、大 力を落さずに 俺も益々元
気を出してがんばつてゐるのだ お互に 元気を出してやろう
俺は俺だ お前は銃後で共に お国のために尽さんならう

816

最後迄人に笑はれない様にして呉れ、お願だ 弟らも仲よく力
を合してやって呉れる様 日がたつにつれて気まゝが出るだろうがお互
につゝしみ居て居れば仲よく行けるのだから十
次に田の方皆小様に注意をしてやる事、男小が結果を知らして呉れない
のでわからん分らんのだ、又よろしくたのみますよ 近よって来たら俺がある時言った様に
どちらが大将る迄と言ってあづけた田だ、この際費はなしてつ、せ、こしくなろう
俺も青ゝし皆に合はなくて秋には皆に合ふで青ゝだけ無理して三人で大将を
作って来たら秋はたのしみがあるのだ、今迄の一町四反歩だけだと田植行に帰る者と
して、四人で一町四反だ つまらない事になるから十 この際三人よく相談してよい方
へ進んでほしいのだ 全部作ってやると三人で相当無理もし費は少なければ
すまん 一体が弱いのだから出来ないから十 はなれて居る俺には皆の体は何
もないからそこは皆で注意をして仲よくやって行ける様にしてほしいのだ
で庭から送ってくるのを知らしてほしいのだ これとは弟の方へ言ってあるから十

二月二十日 夜七時半

一男生

妻の〈

二月廿四日 今日は朝は霜で一寸冷たかったが よい日になって
あたたかい春の様な日になった 昨夜は早くからよくねた 起きて
点呼、体操をして馬場へいく。毎朝の日課をして今朝は皆から仏を洗った
池をめぐって帰る。今日○○○の来てから獣医さんが来られて馬に悪い虫のかからん
体に注射をしに来られるので、きれいにしておいた 顔を洗って朝めしをたべ、次に
あたって一服してから五田りの母の許へ通ってきかいて見たが大分暑になったので
馬場へ出ていった。班長の方は五日のてきで陣地の工事をつづけて居る
大勢の苦力を使ってゐた。馬場は手材木運動場で注射をしてもらい、帰って
仕事をした。ゐよいよ後藤○○○の陣地から中隊長殿や二三人来られた
すっかり終ったので記念写真をとってもらった 出来上ったら送って下
さい。この運動場の上の小高い所は墓場になってゐた 沢山の墳をうめた所
がある。注射を始めたら 昔から支那の死んだと言って来た あって 楼の大墳を
五六人でつつしんで山の上へあげて大勢の手伝人で穴をほり石灰をふったりして

807

2

うめて居る 三十才位と言って居たが 死なれた 男も口に数たそうだ
丈郎へは父親をまって居る 死んでも又広げぬ様(入れて貰って)、タターズイ
ないー(それ位よく長いことゆって居る)と言って せっく煙らして夫ふことはいかんと言つ
居る 互に佐々(?)へ食事を、なげめしで 汁かけし とふのらちけしだ
一昨年(?)に 色紙(?)を一つと 日用品一つ 六年一組 石井(?)(九名(?)宛(?))、ガラン一とてもよった
んで三兄を四人(?)ドきした三番割(?)によかった 大きなかんにつライビン(?)か一ぱいあった
(ソラ豆を油で上げたもの)コブ一枚 せとふぼ(?)一包 それん(?) 体せ(?)花(?)、絵(?)葉の図鑑(?)がよかった
日用品袋には 子供(?)が沢山あったので 送った 家へも包 かん(?)、つかず、おせんべ(?)
と十一日(それは年末高田の道具を水が流して池を引って来たは まだかわって居る
ので代えしたので(?)帰り 手紙の包(?)をかった。五男(?)の母へ 孝助(?)君へ(宮下君へ(?))
とかいておいたで 日記と手紙をかいてすいた。今頃になって 日が暮れて来た。
海保(?)品が来ちゃで 約(?)数を〈集(?)ってた。パイナカン、ミカン、西(?)ピーナツト菓(?)いろ(?)しと
あった。めったにゆけて ミカンをたべたりして 大にあたり早くゆた今夜は不(?)
良毎(?)だ

808

3

二月廿五日 今日は暖かいよい日だったが午后から曇った
昨夜は不寝番だったので早く寝ていた。一寸ほてる位ねむい
晩だったがどうしても眠れず一睡にもならずビシャビシャと瓦を打つ音が
聞えて居た 明日は雨と思っていたら、一時に起されて交代し
ずっと朝迄起きて番をして居た もう俺の起きた頃には雨は
止んで居た 然し曇った空は晴れて月は出て白雲と青空
の間を月が出たり入ったりして下界を明るくして居た
火にあたって雑誌をよんで居た 大してめぼしいこともなく夜が明け
た。七時半皆を起した もえ残りの火をストーブへ運んで湯を沸かし
点呼に外へ出る 良い日だ 点呼を終り体操をした。少年
は今朝は早く七時半に出て来た 以前の七時半だ 中々感心な
ものだろう 遠くから又近くから鶯の声が聞えて来て探り陽か
水をこんなにして居る 以前のやうには出来ないかも知れない

809

4

吾せへいうえ　ゆゆう（まゆ）をおして外へほし水をのませてきさを

かって帰る。顔を洗ってみそ汁で朝食を、昨日小包にあった

さら字をおして焼いたでん中はすりしかけた

眠くなたはあたり軍隊を見ておれん九時まから　今日は全員で

陣地へ工事にいってた。昔力が外の工事に行くので　こちらへは三

日来ないので皆がしらずすることになった。馬屋の横の大きな建

物の引わ柱を倒して営ばえんだ陣地へすえ付て座にはなれ

帰って来た。今日にはまだ一寸早い　中西に絵を世話つして貰つ

たえくし　ワニ缶、と姉二人、外の子供二人を五人数覚して待つた

大よろこびだ　シンモーシーサン、エく、テニホく　と言って跳び上ってゐた

ワニ缶の味は下が四つだがおとなしく平気で刈らしてゐた中に

内地の子供らはいないからなと言って泣くのだが、おとなしい

支那人の子供らは大人しい　ダイドクの物な　吹出しのがしてゐてだんよ様が悪い

810

5

で消毒液で消毒をしておいた。残りは捨てると困るから十
匙分しかたべて一服した。今日は午后休みだ。天気も二番にならん
どんよりしてゐる。昨夜一時半まで起きてゐたのでゆっくり休みを幸、一時
しまへんで床をとってふとんの中へもぐりこんだ。少しうとうとしてゐたら
夕食ですよといふ声があり、手紙が来たと言ふので中西に貰いに行く
ならされ今度はお前の弟からがあるだらうと思ってよろこんで
ある様にと神に念じてゐた。三通持って来てくれたが皆がっかん
がっかりした。姉の返事を見ようと思って、今日は赤下君
吉田兼松さんと村田林子さんとアトリーはから三通来た
林子さんのお父さんが大阪へ出張帰りによって見たら僕らが仲よく
遊んでゐられたと言ってゐた。どんな人か知らんが親切な方と
感謝してゐる。お前のうちに又居る時わかったのが、赤下君は
多くの事を知って居た。しげさんのよめいり、赤下家との出産を

811

6

も僕の言つたやうに男だつたとよろこんでびつくりしてゐた梅田は女

の子が出来 あたらなかつた 林房雄 林房の役数が出来て 前川 清川

た松君の三人になつた事も貞奥さんの妊娠のこと 一 [illegible]君の妊娠も早い

吉川の青山ののてキャンル贈る書く 去年の十二月まで一年で女の子を

産んだとの、毎日早い、辰雄志が二軒で伍長になつた事、外二三死んで居の

事や今度兵の話等 ニ思ひて めしとかくもあり これ一かつた

休みを取、東京へ来、太田吉、佐伯古志へ返事をかき 外手で 前川弟

た松君へ 祝状 手紙で 夏目両家へ 結婚のお祝をかいた 田村に[illegible]

来た 外は明るい雨止んで ネクタイを取れ 水、えさを取つし 行つたりした 女

年が川新聞がひどい一期で出来んと言つてゐるので アスピリンをのみしたりして

出会 ナイトとめのみる計で 久一かりにかつして 勝も来て来り 一服

して 日記と手紙をかいてゐる。今日は休みが仇なかつた

る 本[illegible] 明日持て書くので 之を中かいておつた 又明日に

三月廿九日 [illegible]

[illegible]子へ

812

二月廿六日　朝のうちは雲ってゐたがまもなくはれていって青空のよい日になった　そよ風もあり申し分のない春日和になった

昨夜はねむくて星をみずにふとんの中へもぐりこんでねて失ったのがくやしい

この頃は日も大分長(みじか)くなって来たので七時半頃相当明るい　日はまだ寒いが朝はすっかり明けわたってゐる。号呼　体操をして暖かくなる

いつもの通りそれをして火をおこして湯をわかし　顔を洗って食了、まず陽ぼしをかねて中へ出ていた　中は寒かった　雑誌をよんでねころんで居た　日がてって暑い　運動の方へは一寸も日がはいらない様になって居るからうすぐらいことと、寒さを作るが表がいい日の気の部なれのだ　九時まで例によって陣地へ工事にいってのんびりとしたよい日だ　少し高い岳の上は空だ　風が吹いてひやとする

今日も苦力は来ず　皆で工兵が手傳って十人位の人だ　大工了

なかなか目に見えては進まない　大体の骨組みだけは出来たのだが

824

82

中々ぬか外の仕事はいくらもある 大工さんは上へ上る 僕たちは下で 泥を
ほつたり柱を立てたりした 汗が流れる 右手をぬぐひながら 豆は早い
木の切りはしを使へに使つめて 腕へいたくて右左豆殻もたいて一時半よ
様になつて雑誌をよんでゐた 陽気は筆日れない 雪はれう大をたそれ近
くいんのあるない、一時半から日課が始まる 陣地で 絶をつれてよしあしを見る
陣地が副の陣地と見くらべた 思ひおもしたら 様に生活の多分がする
居ん汗を流しながら 休みには太い木のはしを割木にめくして大ダルニワを
作つてお茶水をもられんで 土をほつてゐた まつたろうと思つてゐた
五時頃に中止し 割木をこいて作る 名今だ 今もして一服し風呂へいく 汗を
流して向ひくいくいくらない 輝く光の小山を流れ行つて 様で休んでゐたよ陽気
だ 今日は一寸はれた 水谷が遊びに来て一寸力食べた 遊びに来てあそんでゐた
湯をわかして あつい茶を出す 夜くらんでゐたが 体をとつてからこの中へ入りろうん
で 日記と手紙をかいてみる 中西君から手紙をもらうしてゐる 雑誌でも見んがゆく

十二月八日 村井子

825

3

二月廿七日 ようやく今日は雨になった 風があるのでしけおりの様だ
昨夜は晩からペーツカの火で中西霖と云へはかきを書いて来た この間出した
藤おりの鎌田の人々へ これで在所中すっかり出したわけだ 二十枚かいてゐた
昨日は加給品にタバコ二十本と ?かせの菓子を一袋もらったので あつい茶をわか
して茶菓子にしてたべてゐた 昼の疲れでぐっすりとねて失った 起きたら夜が
明けて来た 点呼体操をして 馬の手入れにいって 朝の内は雨もふらなかった
カーンい雪の行きで帰て顔を洗い朝めしをたべる 今朝は大根づけも入った
のがおいしかった いつも つけものをたべなりが合ない 火にあたって雑誌をよんで
居た 丸山は車から別によって陣地の工事にいって 監督にたのんだ 苦力も大人
しくまたので もっこを作り山の土を入れて 屋根へおくのだ 大きな陣地なから
中々大変だ 苦力も中々よく働いてゐる なるべく休ませてやった こがしの様なもの
を袋に入れて 腰にさげてゐる 土だすてたべてゐる 一日二食なそうす。
それから 最近は雨もたしたぞはなかったのだ 小さい雨が降ってゐる位で

826

小雨の中を土をはこんでゐた。風もきついので一寸休むと寒い位だ。十二時に中止して並に帰った。火にあたって飯をたべた。つけものがあるのでおいしい味がした。仕事で腹がへってゐるので とってもおいしかった。一時半迄休みなので一眠りしてまた十枚かいてすぎた。午後も工事に。雨は止んでゐた。仕事もらくらくはかどって面白い位だが体を根まに荒れる墓地なのか白骨が出て来たりした。其の内又雨になりひどくなったので領地の中の土を取って屋敷へはこんだ。午后は一雨がだんだんひどくなって止みそうにもなく、仕事をつづけてゐたが四時半止して室へ帰った。風をまじへて横なぐりに降ってゐる。今日だ午後の天気だ。つけものもありおふろしをすっていて今日をたべたが中々おいしい。すぐに風呂へ入った。くつ下類を洗って来た。毎日の仕事で疲れた様になって水谷に借りた青ひげといふ小説をよんでねた。え時半点呼をすまし帰り床をとってもらえた。ヒユーヒユーと雨風がきつくなる。しけの様だ。雨の日はつまらない。明日は晴れればよいがと思ってゐる。日記を手紙をかいて早くねようと思ってゐる。疲れて居るしとってもねむい。

担い手

827

二月二十八日　雨。夕方の雨は、まだ夜さんざん降って居て朝になると
すっかり上って来る。今朝は雨は止んでゐた。昨夜は早くから寝たが、ねつかれ
なかったので又思い出して原稿を十枚かいた。ドロップをたべながら
呼吸をすます体操をして馬の手入れをして帰って顔を洗い食事だ。
火をたいて湯をわかしてあたってゐた。此の頃はナヅナを入れるのがうまい
九時半過ぎにあたり下ら「青年」をよんでゐた。その内わつくと止ま
雨が降って来た。又雨だ。陣地の工事のつもりだが出て来たら今日は雨
で苦力は休みとのことで、工事は中止して留守番へいった。馬房（床板
の修理なので　うちの分隊だけの馬がけって床をあけた所を直す
板を探しに来て　水谷が来るし　二人で修繕をした。外にもちょっと直し
て終った。雨は本降りになって風を加へて吹きなぐって居る。うるさい
今晩は不寝番なので　たきぎのを集めにいったが、全部が何か大きな家の
外をかついで来たが全部雨にぬれてゐるから困る。ぬれた服を乾

828

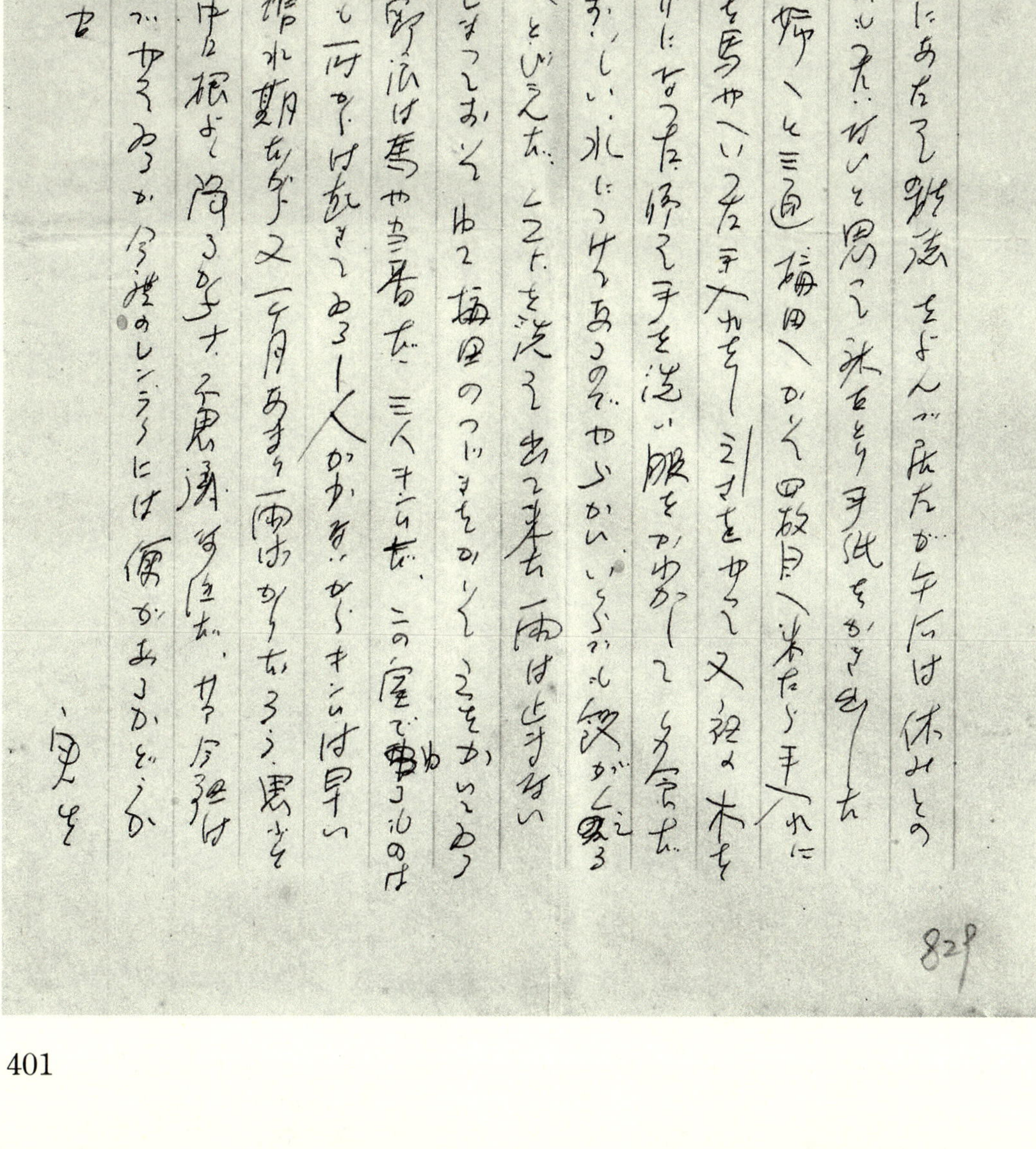
少し休む食事だ 火にあたって新聞をよんで居たが午后は休みとの
事、ゆっくりよんではみれないと思って沢山手紙をかき出した
内田君へ、和子へ、姉へと三通 梅田へかく四枚目へ来たら手入れに
呼ばれた 人達のが止めて雨の中を馬やへ行った 手入れをし 飼葉をやって 又 沢山の木を
はこび室へ行って びしょりになった体で手を洗い服をかわかして今食だ
今日はえんかの大掃除で 又むずかしい。水につけてあるのでやぶかいいやぶでは靴がくさる
で早速課は休んで風呂へとびこんだ 上下を洗って出て来た 雨は止まない
最終のバスがかわったのでしまっておそく ゆっくり梅田のつづきをかいてゐる
今夜は中あはエ夫だし 野沢は馬やの当番だ 三人きりだ この室で寝てゐるのは
俺とはしたけ。その俺も何時かは起きてゐる一人 かかえながらキミは早い
明日は雨だろう 増水期なので又一ヶ月あまり雨ばかりだろう。思ふと
いやになる。内地は遠くて中々桜など降るかな。不思議な事だ。サテ今夜は
早く早めよう。皆元気でやってゐるか 今度のレンラクには便があるかどうか

二月廿八日夜八時半

勇生

英子へ

829

一月二十九日 いよいよ一月も今日で終りだ 昨夜は不寝番で宵の内早く手紙をかいておいて早ねた そして一時に交代してきたについたが外を見たら何と又雪だ しかし幸い止んでいて まっ白だ 高まんくと ふりしきり風がきつく吹雪は窓の中へふきこんで来る 火をどんどんたいてゐたが あまり役にたたない よく消えた 雑誌をよんでゐた割に案外早かったので 七時に皆を起して室の者が火をもやした 夜が明けたけれど 雪だ 二月一日位積ってゐる 一尺以上はたしかだ 点呼 外は吹雪で体操も出来ない 点呼の時に俺はみなへ連絡にいくことを命ぜられた けれど 雪の中を宿 吹雪で降りしきってゐる中を行くのだ これはおもしろいと元気を出して 真っ白の中 たれも行かず 顔を洗い よそへ行くのだからと思っていかれ 湯で顔を洗って来いにした 食事をし 座をしたりして用意をした それ雪は止みそうにもない 用事の書類を持って十時に兵舎を出た 町も道も雪でうまって居る 歩くたびに道はしっかり全く ごくごくと

830

はっきり歩きだしたし、ズルズルすべる——町を出て城門の方へ。道は悪いらしい下は
ぐずぐずになってゐる　上はひどい雪だ　風がまともに雪をふきよせて外とうの
上からたゝきつける　ずきんをかぶって見たが　ビシビシと顔へブツツケルので痛い
どうその城門を通って城外へ出る　それからは悪い道だ　田と道と同じ高さ
なので　道の上を川のように水が横切って流れてゐる　こゝなどは雪もない　水で
とけて失ふのだ　ガブガブと川の様な道を　歩いて歩いたりしててくてくと歩いた
城外へ出たら風がいよいよ強くなってヒユーヒユーと木をゆすって居る　一生懸命
に歩いたので寒いことはない　せなかが汗ばんで来てしまいには　ひたいから
汗が流れ　せなかも汗でべっとりになった。マスクを外したりしてゐた
大雪の上へ下が赤土のどろどろとしてゐるので思ひ切って歩けない。足を取られ
上げないと雪の中を引きずって行くのだ。でよけいに疲れるのだ。前を見て
十字路は吹雪で何も見えない。真白になって居るだけだ。後を向いて
どこを歩いてゐるのか見当もつかない。俺で自分の歩いて居る所だけ分ってゐるだけだ

831

3

ひどい吹雪だ。人一人通るでなし。偉大 顔を上げることが出来ないで痛い。
うつむいて一生懸命に歩いた。大分行った所が車に荷物をつんだ橇馬が
馬に引かして大往還の如く見えた。早くまだ川下へ行くもののらしい
俺はせきが分かれ。馬は今吹たかろうと思ってせっせと歩いて漸くのことに
渡しのある所へ出た。風でも止んだら宜いが、雪が中に止みそうもなくて
クリークの波はひどく高くぶっつけて居る。船は危ないだろうと思って行った
今迄渡し場は船を並べて板をはり橋になっていたのが取払って失って居ない
向う岸に土民の船が出支度居る。渡し船でこちらへ来るのだそうだ。岸迄来て
おりてしまった。ひどい吹雪の中をオーイ〳〵と呼んだが中々船頭は出て来ない
土民は居ないのかと思って見ると何か人と延期船が出て来ては用が足せず
と声のかれる程よんだ。漸く暫くたってから一人が船から顔を出した。やれ〳〵と
思った。風で荒れて居るクリークの上を小船を二人で漕いでくれた。二人共
寒すぎでぶる〳〵ふるえて居る。気の毒だ。それでも漕いでくれたので助かったと思

832

6

小船にのた浪が荒して一尺でも下へと流されていく位で一人は一生懸命
にこいだ。私だけ岸へついて上た。雪が、うずまいてゐるので、どこが上るか今分らない、ごろ
と浜辺の雪の中を、ヨイヨイと、ハアハア息を吐き乍ら足を歩いて上へ上た
これからは四五丁もう見えて居る。しかたものだ。前を向いて一生懸命に歩いてゐた
ころんと雪の深い穴の中へはいって失った。腰迄ある。おやじとは先にして又
急いだ。だいたい平助は既に着いた筈だ。暗闇で何も言って居られない。つもしに
疲れて失たりもう一度つまずいたら倒れて失ったかも知れない、と思った。八太近くの
土佐の家へ入ったら家の者が生てゐた。すぐ、と時分はあって来た。ぬれてると思って
家の中へはいった。炊事の中に、ずボンの腰から下ズボンがビショぬれにぬれてゐる
今迄一寸も気がつかなかったのだが、くつも氷がはいってあんに冷たくなつた。家の者
はそれをきかして、ゆるを集めて木を探し火をたいてくれた。女、おかみさんと
私を一言にし火にあたりながら、手袋をアスノを、ズボンを、着物詩を干し
かわかした。一生懸命に、歩いた。一時間ばかりきた。十一時だった。十二時頃に、この時雨

833

の中を大テントが張ってある人がある。あれかと思ってゐたら大切の郵便配達な
○○へ行くのだとだけして行こうと思ってあたって沢山の郵便物を雨でぬれて
かくれと地震の様にふるえて居る。だけど寒かったらしい。空の中からアメへ向ってすを
つけた橋を乗れた。三本でもふってたべたけれど外の今度男たちが俺の近くし
も半分づゝ二人でたべた。大分か出たが無くなった。もう三時頃になった。二番
郵便物と荷物と二人代る代る船の下へとめて見てゐたが中々やって来ない
ゆりゆりゆりで船が寒いのだ。揚子江は大波が寄せてゐる。この上へ小さな船をの
せたら沈んで仕舞ひはせぬかと思ふ位。向ふ岸も紅雪で見えない。二時、二時、三時
四時とまってゐたが船は来ない。今日行かれなければ人のにと思ってれ歩いて行ける
汀から郵便物を二人船は無く困る。メイフワーズ(どうにも仕様がない)と
言ってまってゐたが六時になっても来ん。寒い。雪の底に風に吹かれてゐても
仕方がない。船頭も今日は風波が荒いので○○から来はしないだらうと言ふ。
又二里ばかり雪の中を○○の兵営迄帰ることになって苦しいと思って居る

834

先週は貴所で一泊と朝御馳走になりましたと言ふ。それに就て大事件は有
だと思ひ又御礼をかねて正宗所へ行った。それで欧風に遇ったのだった。一寸波も
すんで顔を洗しに行けば大なる幼稚な者は正宗家へとめてくれると言って来
これから貴所から又電話をかけて見たらとめてくれるとのことで御礼をのべて
思ひ貴所へ来てとめてくれることになった。松劇本をたよりてどんどんやかましくあるく
めて、ふたをかけして玄関あつ御飯大根と豚肉のおかしいおかずでお食事をされた
酒をたくさんおいて呉れてお気持になった。こんな寒い時は一杯の葡萄酒は何よりおいしい
この人は皆親切なさうな事をわかりましたのだ。下さるし。ときへ行っても
親切な物をしてありがたく思った。とめて其のうちに二日の雪の朝を
御膳の支度（待らねばならんのだ。どれ程されしいかわからない。貴い奥様たち）
が来るしても見るように。ふつうをめくい上衣を着ないと。あなたから下さいの奥にはやく
ありがとう降りておって暖まれてあるので、それを大層伸びをしました。貴い奥様さえば
次の番に雑誌の面白い小説を声を出してよんでくれた。それを少しも忘れてしまった

二月廿九日（三月二日着）

周人

吉人

835

1

三月一日 いよく三月だ 三月を迎へると雲があつても どこか春になつた様に
思ふ 今年は雪が少なかつた もう降らぬと思つてゐたのに 二月廿九日に又大雪が
昨年は初めての所 ここの習慣が 分らぬた知らぬ人 が溢れてゐるので
ぐつすりと眠れて 先ず 朝起きし 折割木を燃やしてゐるのが めしかつた
一度に朝起きて見ると 日があいたら 段々明けてゐた 窓を少し起きし
火にあたつた 寒さ知らずにゐたかつて 曇つて あらかたかつた
洗面所もしてゐないので 顔を洗はなかつた 昔、人達は朝日を拝み
てゐて来る 右さ立ての あつい御役 お茶と大根の漬け 丸い大根を洗つて
皆うすく 切りにして 塩でもみ 久々をかけ 野菜の大根づけを作つて
呉れた 洗つて 又 ありがたくしておいしいものだ 食事を終つて 又火
にあたつて 暖の来るのを待つて 居るので ここは 休ませてもらへるのだ
若者を中心 呼んで 荷物をけ流せたりしてゐるのを外へ出して 穴だりして
又井戸を借りたり 雑談を見せてもらつたりして 火にあたつてゐた

836

2

十二時頃のために早くたく来た返事しを船でおいとよばれてあって掛払をのべ

港をこえて冷へ出た。今日はしてるかが風も静かに芽流もおだやかだ

今日は来るだろうと思ってテレビていつ来ぬ時の動きはのぞけ早くも消えゆく

船が来たが早く云ふと近へにも来た。よしてれでは と雲の中を走った

外を去ばかりで昔は位太ん大急ぎ冷へ行って下を大船でとめたえ

両手を上げたか船人数しと下でい。よし見ろ 定期船ではなかった

か間ごとすよってこれたら早く行けるのにと思ったがポンポンと音をたてて波を

勢ってゐんし少しおくれて行くだろう後暮すだ。又少ずつへ行って大にあたって

まえある雲も陽光には勝てず、ルをみえしどんどんとけて行くと共に

私が流れ探じなえゆらゆら落ちこんでいる。大分増水けしたかかすかに何旧の石

かさかさ下を見つ後方向いとその水かぶるをまいて巻くぶつけてある

相当に冷たいのは早く押して思ふか、何と言ってもこの冷たい。どんどん雪がとけて

いく。其間に来初の船が来たと知らして来た、ゆれくと思っていそいそと

837

3

川上から小さい木挽船が下つてくる。だん〱大きくなつて来た。手を上げたら返事をして来た。いよ〱首途。はかない郷愁をさへ昨日からすてゝゐた。〇〇の下り船は首尾よくどうかやつて来た。うんとはいつて来た。切り立つてゐるがけの下をすべつて危ないのを漸くの事で下へおりて船にのせてもらつた。少し安来た。〇〇へ行ける。之で任務も果せるだ。もう用がすんだ後うれしかつた。

小さい船だが底へはいれる様になつてゐる。この（客室の方）から来た人ものつてゐる。靴をぬいで底へおりた。冬であるが何と言つても水の上だ。冷たく、マスクをかけ手袋をはめて横になつてゐた。ポン〱と言ふ音で船底の中では からだがゆれる。持つて来た青年と言つた本を出してよみ初めた。悪い途だし辛抱が出来ない。ドン〱とゆするので字がよみにくい。それをしつかり見てゐるものだからめまひがしてくる。この寒い日に霧もある。風を引いてゐる度合だ。目がふさがつて来て仕様がないのをゆすられ横に首を折つてゐた。船はどこを走つてゐるのか外へ出る勇気もない。船の底にはいつてゐた

838

4

ましてすも出なかった。突然ボーツくと気笛がなった。びっくりして目を

覚たらの久つゝたこらせらしい。くつをはいて甲板へ出て見た 去年の青

二十九日だったか出港し又旅人を大空に泳して来た 一月七いから約三ヶ月

目に見る雪のこの町だ。いつでも思ふがこは雪がかけ。このことを思ふ

と手合もつれて高い山がある。かけんかも知れない 歩くつゝためになから

上った。二十年ほど下りも栄えた石の階段がつらくなって町へ出て見ると雪とけ

つどろく。びちゃびちゃどろをはねてころ日去いをすびあじしい。どこもかし

こも悪い道だ。入院して居る坂本を見舞に山の上のぶれい 野村病院

へ行った。船の中は寒かったが、テクテク歩いてみると ぬくい。風もない

病院へはいって面会した 大分よくなってるのぶろ和しかった。一服して持て

来た紙袋を再び貰った。大よろこびだ。酒を汲んで見たら栗パンがあったので

明日持て行ってやろうと一日考えておいた。又明日来てくれと言ったのが哀れで

病院を出た。山をおりて川岸をまっすぐ一周りした。こゝも懐いた

839

5

二つ。網走の性欲のを又三日間君に雑念を借して来たのだが、大きな野心
田舎の手下。ゆうべパイになったゆに空いで掛も書かれとなくになって習
途をおりんクリーム出膳を洗って付着く、いよいよ二日かって来た大事の
使命の本館へ行くん。一寸で定食に人手間見て今夜一泊も安い
投げた人で出た。田舎かすんだ。却れと思うで、良食へ行って今夜の中
町を散々これらい堪能って夕飯をそらいにいったが、もうおそかったのだがれ
けいど先ずそれらえたりておいた。普力れたのんですりく浴槽の後備に出
時の暑くして、お大掃除高等の所へ回ったりた。堪了の湯り出。ありったよ
近ごろそれストーブをかえて温り、三十才の当時浴槽での風呂が大きいを出来れ
四これと思い出して大笑だ。女の事はあんまだ五十と話けおにかって
從らば、ハンガのかけてあるのを思い新しく堪ってい。うまく気であった牛
肉と野菜であいげしを食べた。すこしめす良食以て始めて夢物をすろ
風呂かあるのだ入れて、黄いに信来をとった。やれやれと一言えて行った。

840

どうも何ドかあれたか、滿員だ、二三の風呂は外でドラムかんつかって鉄管
をドラムかんからかめへつなぎ下へ火をもやして吾等の仕事あつい湯が入って
を竹を割る者は音を立てて待ってる。あつい風呂へはいるはめてもらって
出来た。未だ寒さはなれ、さっぱりしてあたたかい服を着て本部へよれ
ワワワへ電話が通じるので東京情勢を知らしたのを言って思考がうまく出せないのでたのんで
おそく外へ出た。とうとう遠くの道を中央の建物の大はいこを出して品切れだし。仕室へいって
カイロ用の木炭四を買ってくれとしかし木炭がないらしいので古びた時代の
財布四ヶ所の福屋を訪ねた。風を引くかと寒気が起こるのでしてしまうと消毒して返し
た。一時間ぐらいあちこち歩いたが外が寒くなって来たので別れて宿舎へ帰って来たら
俺に用があると出先の秘書の人が、一寸も今はないのでとやがてくやみのため
して来ようとしてくれたので、それで戻った。明日は六時に起きてもらふ
様に不寝番にたのみ又知らせの連絡室の中へはいって休ませてもらふことに
なった。十時頃初めてワニストーブの上でフトン二枚毛布一枚とあたたかくねることが出来た
ねたのはもう十一時半頃だ

三月一日（二日書）

男生

幸子へ

841

三月二日 くもり、小雨、昨夜はぐっすりとよくねた 大きな室に俺共に五人おったので広い ― 大きな火ばちに火があったのでぬくかった フトンも二枚あったので満足だ 連絡にいったら着のみ着のまゝで寝るのかと思っておったがどこへいってもそれへ着て寝るのでありがたいことだ 六時半よくねておった所をゆすり起されて目をさました。そしたら俺はしっかりとねてよくまでねておるのだ。今朝は早く起して世話係になったのだと思い出した。油断しておったらしい 石油ランプが小さくともしておる。六時半だ。ぬくいフトンをぬけでて服を着て出発だ 結束もし荷物をもって。室の人にお礼をのべて出た そして炊事へいった 昨夕たのんでおいたので早くから大きな鍋でどんどんめしをたいておってくれる 火にあたってめしの出来るのをまっておった みそ汁は今日はだご汁をしてやろうかと炊事の人が言っておった メリケン粉をといておった 給ぐたかったが時間がなくて其他に乾味と不寝番が言っておる めしが出来たバンガへ間と延とをつめてもらう。おかずは卅才をこしらえ

842

2

え買って紙に包み紐を言って兵隊をとって宮中を外に出た 太郎へよっ
た 中隊長殿の所へ酒をもっていって気を一升もらった なにしろ一人で出た
帰りに歩いてゆやがもう二日位営倉をかうと思っておいたのだが 酒にも薬物
かまえたのだ 奥山のを与えて原隊へいった 堀元に会った 外の人はまだよく
ゆっくり 竹で作った松葉杖が沢山ある 足をやられた人はなかろう
若い人がと思ふと気の毒に思ふ 聞けば俺達の陣地の前線で
負傷した人で言合之所に木村とのことを 堀元の田町 手紙をことづかり
しっかり養生をする様にせよと言って別れ 病院を出て山を下り 八合の方へ
歩いていた 柳蔭ノ木道けわしく くれば びしよくにぬれてうるさい
昨日の丸木舟を探したら下の方にまっておいてくれるかと思って
船にのり込んだ もう船の前の室には四五人のってゐた 二十歳位の子供で四五人
ある せまい船底の室は一ぱいだ この方が却ってあたゝかい 胴の内は火がか
あり暖かった またあるのだは宿がありそうなので たばこを出して勧めし

843

をたべた　またあつい位な昨日の牛肉と汁のおかずをもらって来たので　それでたべた。うまかった。蒲団にすわって横になり　雑誌をよんでゐた。何十分後に船は出た。船室にゐるとどこをどう走ってゐるのか見当もつかない　昨日は大波に揺られてゐると　ぎーぎーへのってゐる様に　つよく揺れて気持悪かったが　今日は静かになってゐて大して揺れない。船が進むにつれて川風がはいつのか冷たくなって来た。発動機の音でがらくと大きく揺れるのでなるべくよみたくないが退屈だから　よんでゐた。又昨日の様にうつくとねむくなって仕様がない　ドシンとゆすぶれて起きるので気持がよいので　ねむ気をさましてゐるのだらう。目が悪くなって来たのか活字がボーッとして見えてなくなってしまう。ねては風をひくと思って又坐りなおして見たり　ねてよんでみたりしてゐた　六時半船がとまったので　もう来たかと思って外へ出て見たらのであった。外も寒い。これから一時間以上かかるとのこと

又船室へはいって　外の寒さで　ねむ気もとんで失ったので　本をよみ出した

844

十人ばかりの人なかの兵士の足と俺と三歳の足がのってゐるといふ人々
のってゐられた。の足は早い所でおりるのだと言ってゐた。宜しいとっても、
春と云へば船の通路はのんびりと川風に吹かれてとっても気持がよいだ
ろうが雪の中ではどうしようにもはげしい吹雪が吹くと江岸の雪で大分
とけた。行手にはまっ白なのが帰りにはもう黒い所の方が多くなっ
られた。十二時頃もう着きさうなのだと思って荷物を片付けて上ってみた
がまだく見えて来ない。この前は安州当りもかゝったのだがみんなに早く
て泥はまだのだがと思って、もう靴をはいて失ってたので下船のを止めて甲板
に立ってゐた。又あをかんでゐた。風はないのだ。大して寒くはないが足が
しびれがぬれてゐるので、かゆさなに冷たい足を動かして見たが止まらない
直の向こうは見えのあるののハトバが見えて来たのでほっとした。附近の冥宰
色をたてゐた換船が大きな帆を上げて下って行く。三十九日には江上に
一ぱいの船も見つかったが風がなぐとすかりしと見る事が出来る

845

5

やがて目的のハトバへ来た。外の船員達が上がってクリークを見はいれると
ゆめいてゐる。水がふえたので、黒へ通れるのだそうだ。危ないがここを
てもよいから あり分方ひ 水がふえたので 艇は平ら丸で過ぎた、渡しの所で止まり
上へ上った。雪がとけて、ぶんぶんと（すべる）急な段を上っていった。の兵の合い田中へと上しよた
て渡し船の所へ又おりていって向う岸へわたし、こちらの岸へ上って戻
所へいった。一日一晩たったにきまれたようった。の兵の人も一しょにはいっていかれた
今日は本部とかへ行かれて兵隊所に二三人。あとは皆いなかった。こんな部の私を
言って火にあたり眠たければ寝たら。十二時だ。昼めしをたべようと
りんごを出して、お菜をもらい、出ていったが、めしは冷たくてうまくなかった
兵隊所の人はしばらく待っていたが、寝たくて居るからと言われたが、そうも
行かないから分かるの室にいるがいい、ボクと大隊長をたずねてみるのだ。寒い時だ。
あついめしにあついみそ汁、よばれたかったが、今日は兵のうちの人に頼ん
れる。自分もめしをもってみるから、冷たいめしをたべて、お茶をのみ、あつく

846

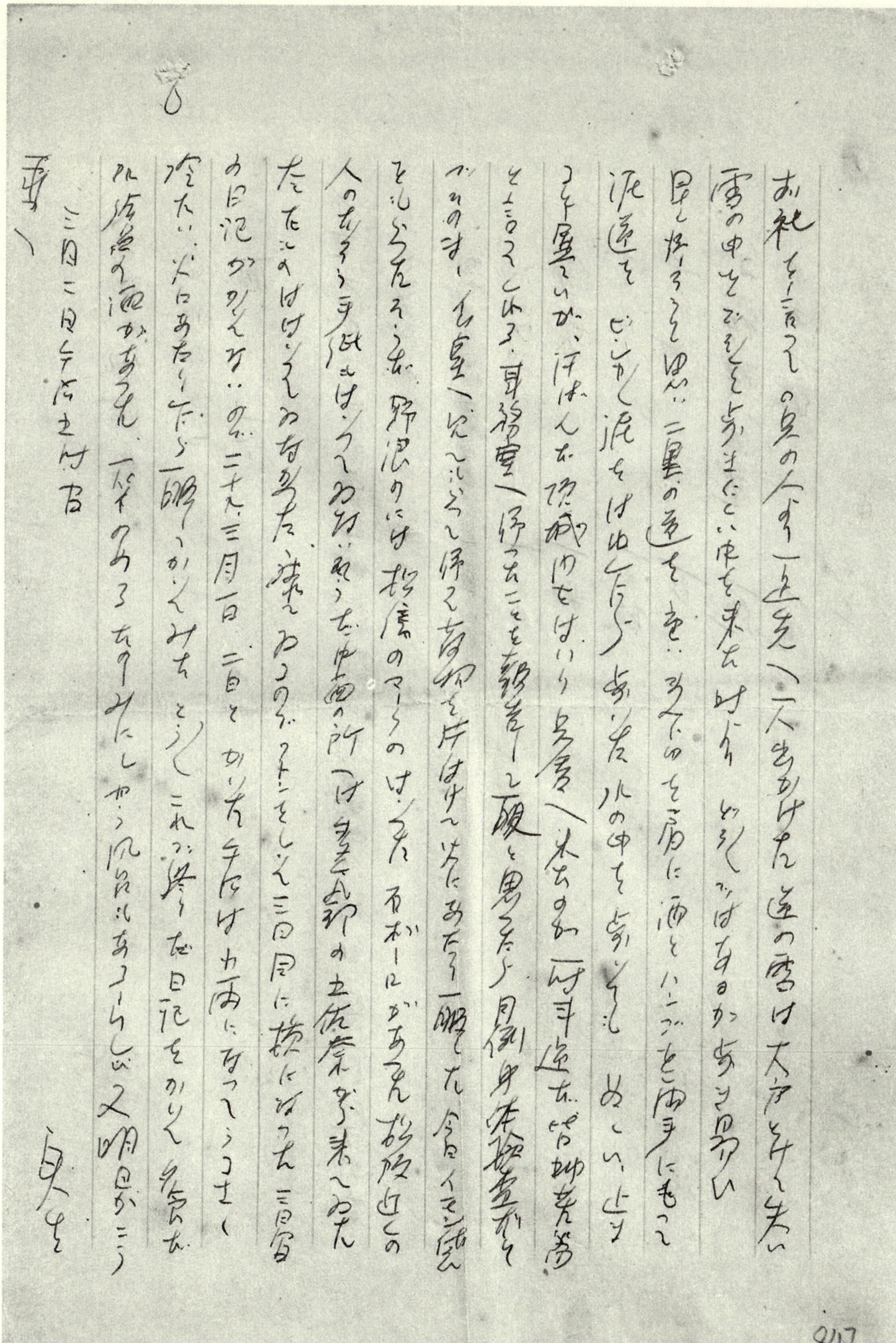
お礼を言っての足の今すぐ一足先へ一人出かけた途の雪は大分とけて来てい
雪の中をでもとても歩きにくい中を来た時よりゆるくではあるが歩き易い
早く帰ろうと思い二里の道を重いリュックを肩に酒とハンゴを両手にもって
泥道を ビシャビシャ泥をはねながら歩いた 水の中を歩いても ぬくい上
つま先寒いが、汗ばんだ頃城内をはいり兵舎へ来たのが一時半頃だ。皆班長室
と言ってしまう。事務室へ帰ったことを報告して一服と思ったら月例身体検査があって
でこのまゝ食堂へ呼ばれて帰って荷物を片付けて火にあたって一服した今イモン袋
をもらった。私の野沢のには松崎のマークのはいった百ボールがあった 松阪近くの
人のもらう手紙はいつもおばあちゃんか中西の所へは島本郷の土佐家が来ていた
ただこれのはいっているのが余計なので やつのがアトニをして三日目に横になった 三日目
の日記がかけないので二十九、三月一日二日とかいた 午后は小雨になってうっとうしく
冷たい 火にあたりながら一服つかってみた とうとうこれが終りだ日記をかいて名だ
れた流石の酒がまわって一杯のみたにもかゝわらず風呂にあつーい 又明日から二ッ
良生
三月二日午后五時
両へ
847

今日の救済品

タバコ　二

酒　一斤

イモ飴（奈良県生駒郡郡山町茶町　陸川安治郎の女

ミカンかんづめ　一カン

かんとうだきかんづめ　一カン

トロワク　一カン

便箋　一冊

ノート　一枚

ちり紙　一〆

ゴ縫模（同盟）　一組

イエン紙　一冊

以上

今日の日記（日用品袋）つ

（中原兵隊より酒を下さったので書く）

三月三日　今日は桃の節句ではなかったかしら　雨ふりだ
一かくとうすい　昨日は三日目に自分の室でねた　落付いてよくねられた
日記に書く酒をのんで大の人だ　ちょっと振らず良い気持になった　夕会をす
ませ　犬にあたって雑誌をよんで居た　六時に点呼をすませてすぐ風呂へは
いる　あついの人はいり　ふつ下を洗って出て来た　火にあたって居たが　日記と
手紙をかいてねて了った　夜中には二寸寒かったが寝床は寒せへいって俺大だ
七時半起床　早くから目をさましていた　明るくなってきた　点呼をすませ
朝の方は持はにたのんでおいて　ストーブへ火をおこして来る　書い　あかりをたいし
田の野宿が風を引いて熱も大分高いやうであったので
部屋を洗って朝めしをたべる　大阪の方ものが多かった　おかしかった
九時過ぎになるまで松本さんの練兵場へ連絡しに行って来た　中々元気な
ので安心した　外の者も皆元気だと言っていた　練兵場は雪や雨の日はかなり
わるいと言ってみた　俺は今日は外の者を大いに三つぐらいの大きさを作りたいもの

848

2

作ってと言ふのでしようにいった。おばさんも なべを おろしに 沢山持って来たので僕

も見てしようにせ郎人の なべつくれ、室に水のはってるのを おろして背負って帰っ

お鍋作りの材料は全部の人達が作ってみた ライダで火をおこしたり 手傳った

大お鍋のを三だい作られをよるをかけて一年に仕上げるまでかかった かいだけ位

上手な人が居て中々うまく作ってみた 展覧会アトに帰り道一しよにたべた。お母さんはお

そと来た路を帰る汁を一ぱいあじわしあらよそってまつ赤になってよい気持ちになった

三時頃に又馬へ乗って帰って、雑誌四マートルも歩いて。僕たちは麻の村を

歩っておた二人がかりで。外はしずかにしたかったが、うるさい。夕方帰って室へ

帰ってからの東地方山東の家がた運動に来た 今組一緒にして明日のこの会へ行く

用を足して帰ってのたおを言っておた。今組は一足先マトンを持ち帰して来た。気分を

おぱいて 又一ぱい 切ろうと思ってみた。風呂にあがる はやしいことと思ったが ゆかめ

をするかしら 大して寒いことはないから大丈夫なとは思って居るが 毎日の雨

ですぐに又水が小さくなることを思いよりなほ法でも見て気象台まで行ってみよう

三日夕五時写

849

3

今日の加治木（東子麿　アカヒ　二）

二月四日、今日も雨、雨でうるさい　はっきりしない一日だ
昨日は加治木の酒を出したので　一パイ　かぶって　のんで　晩の天ぷらのおかずで夕食
をすませ　風呂へはいって　から　夜になったので　三時まで歩いて交代した
俺の行く時には　雨が止んで居たのでよかった　火をたいて雑誌をよんでおた
三時からドラムカン（ドラムカンの）になるので　煙いので　とても　めいわくになった
二時になって　交代になったので　たき火の光で雑誌をよみつづけて居た　交代
になってから　大村達が　雨になって　相当よく降ってゐた　木が雨で雪で
ゆすれ　水がしみこんで居るので中々うまくもえなかった。俺達は　又時まで三時半
起きた　俺の起きて居る時は中々雨がよく降って居た　三時半に交代し
て朝達　ぐっすり　ゆっくりに二十分位にねて起った　オイと起されても　気がつかなか
ったらしい　リンゴ少年が　全身をぬらして　足をゆすって起したので　目をさまし
たのだ。ねぼけて　夜を忘れ　兵舎に　寝ているのだとばかり思って居た
ねむいく　目があけない　朝になって　明るい　ようすだ　食事をした。うまかった

850

一服してはんせう火にあたってゐた。何から沢の今ぶん草を見て居た相ちゃんが
どうぞへてみ思ひませんかった。鉄塔をよんでみんなが行ってエ事の首がかって
来た。雨がやんでゐるので、クリークも大きた土を上へはえるかの下が流れてゐる
なのですぐに危ない。俺たちは中の陣地の前の近くに竹のかを作って四つ割にした竹を
しからにあんな蚯の土が落ちて来ない様にしたもの長い言ひかへた陣地にたんく
出来上って行く。夢がクリークをつめにせまって来てゐた。冬ずりだ。ええよたった
夜も寝ずに一時まで火にあたり鉄塔を見ておたが出来ないうへをって午後の作業に
かった俺達の隊では完成した四日の間には陣地が大体出してすっかり出来上った
将来陣の前も隣人が出来た雨が時々思ひ出した様に降ってゐ来る。うるさい
仕事がおわった日だ。作業を止めて木の切れはしを二銭にたれて二個位へ持った。ストーブ用
に雨がひどいので止っていたになる。冷酒を一本あまり出してもらって工兵隊へ行る
小当の天ぷらで宴会をする。交代は来ないので仕方なく火にあたって一服、今度
汗を流してゐたっけ。米をとってゐる日に手紙をかいてゐても読んでゆこう

四日 知広七筆

851

5

三月五日　晴

昨日は珍らしく上天気にはなった。天気は何と言ってもよい
昨日はあさこ達をよんで関西から持って来た婦人倶楽部
ご夫へまふの三月号をよんで失った。いゝ小説もあって中に面白い
夜はよんでみる時間はないが、祝か会行は思ふ存分よめるのがよい
側によって七時半就床、大分明るい良い時に出ない た。東の窓にはもう太
陽があって部屋のが明るく輝やいてゐる。日も長くなった。馬の声大分にいった
従って読を淀え食事し。この頃のみそ汁特別においしくなった
火にあたって休んでゐた。この頃は小供らの方が朝が早くなって今日なんか
皆起きるのにもう起き出して来てワイワイにぎやかしい。遊んでゐて叱られたりした
九時半から側によって便所の工事だ。今朝最呼がすんでから全員で
砲を今迄の丈夫な場所へ上げた。今日の夜にはしかを一面にしておいた
で、お所を見て見たえし柳すにある汁を又やり直しさした。昨日一日
かゝって作ったのをこわして又土を取った。上天気で気持がよい。青空で

852

風は冷たく ひなたをするがよい心持だ 時々太陽をけし去ったので一寸白い
綿がすこし空に張って居るだけだ それだけはなく 白いのが冷たいのだ
この前の雪と雨で陣地の上の土がしみこんで柔らかとれて来る外は青空なのに陣地
の中は柔らかくおちて居る やり直しに一日がかり 竹をふせて割って二寸ぐらいを作った
きれいに出来上った 前の時と今度の時に四寸丸太の 切れはしをけずって割る 汗
みどろになる 皆でめしを食べる 夕方には 風呂へ入って汗を流し さっぱりした
気分すっかり晴った 汗びっしょりになった 風呂で[illegible]皆が酒をかんじてまっておし
れた 家に居た時の ことを思い出した 湯上りのさっぱりとした よい気持で あつい酒を
飲んだ事など しみじみ言えないが 夕食をたべて 眠った 兵隊は今日まで
七年中に[illegible] 火にあたって [illegible]呼んで [illegible]を一杯の[illegible]
物も日記で手紙を書いて 今日は つかれた[illegible] [illegible]の母と[illegible]をくわしいこと
は今日[illegible]がありと二人の[illegible] [illegible]の[illegible]と[illegible]
子供たちも元気で居るか [illegible]は如何 [illegible]を[illegible]

三月廿五日 夜 [illegible]書

妻へ

1

良枝が元気で居るのかと前にも言つた通りお前からの便りは一月六日に
出したのが一月二十二日についたまゝ其れから未だないのだお前だけならよいが
弟からも日本に来る便りがない実家の町の人からはまだよい〳〵と書
いかい皆無事だ治市は実家をたのんで紀州へ牛を買いに行つた中
々熱心な者だと言ふ便りは何処から来たのだ先だつて弟は元気らしいと
思つて居るがつく〴〵どうして居ることかお前らは金をどうして居ることやら
案じ出すと限りがない丁度仕事に追はれ忙しい〳〵ですんで来たのだ家のこと
を思ひ出す暇もないが一銭の金をどうしてゐるのだらうか健か悪いのかなりが
お前でも忙しいが又子供らでも悪いことでもあつたのではないかと心配をし
出すと夜も中々ねむられないいつ迄もお返りはあり升るが
あまり便りがないのでたまたま悪いことがあるのかも知れないと思ふ様になれ
此の頃は商売の都合も一寸も見られないのだ何事があつても少しも分らない
のだ金に困つて居る此の頃は今日の手紙にかいた様に[illegible]の母を

1219

2

兄様の夢を見た元気な母上と兄上の姿がはっきりと何時も〳〵見て居た
俺が家へ行って居る様な気がどんなことか忘れかけ わからなかった
五男さんは大分前に母上がいつも事を甘えて元気らしく見せ 丈夫の方へ
輸送指揮官になって行かれて偏に守るとの事がかいてあったが
こんなに本当に元気で子供へ行って居る事 俺の行る時に又家族へ
居る事母はいつも悪い方へ出すといふ追ひ出すはかり頭に浮んでくる
兄様、なんと勝男さんに本当で元気よく遊んで居るの事もどうか
思ふ様に居る、之からまた何もの便りがあれば安心して又安心をする
のだが 兄さんも元気のお便りをかいてはよこさないと信じて居るから
僕はどんなことを考へても平気で居るのだ 安心してより事も悪いことも
胸のなかしなし人に言ってはならぬ 歩いに行く人にいふ出来ることを知ってし
心配をさせない様にと言ふ様な気がかかるをせずに早く家に働いて居る様に
打明けてほしい それよいことも悪いことも云って 分けて言つてもし又

1220

3

喜んで合えて行きたいと思うが、僕達にしてみれば戦地に居るのだから討伐の時には
いつも死を覚悟して行くのだ。十二月の時の様に今迄にない様なはげしい戦斗の
中を生死何れになるのか分らない様な時もあるし又こんな時に限ってわざわざ出来
ない、不眠不休で四日も五日も戦斗をつゞけなければならないか、戦がすんで
落ちついて見ると、いろいろの夢に経験が生まれて来る。今度の討伐にも生命が助かって
よく思って神仏に感謝をして居る次第なんだ。でもこんな時の様な事を手紙
にも出来ない――。かうやって一日も二日も待ってやるのだ。いつ出せるか分らないのです
から手紙が行くがお前にも心配をさせる様になるのだが、之は戦斗の中だから
どうすることも出来ない。こんなはげしい戦斗の時でも俺はお前への手紙はかゝさず書く
書かうとつとめて行こうと思って居る。俺はお前に日常の又戦斗前の
生活を出来るだけ知らせ分り易くかいてやるのだが、色々の苦労もあるし
かけない所もあるが、書けない様な所が又消してある様な所はいくさの事で
お前らには分っても何の役にも立たないし、又兵たいその外のことをくわしく

1221

かくよく一層に家族の生活を理解して安心もする様に毎日かんがえし
かりして暮しておるのだ もう一年半にもなるから（生かせておる）よく今までおること、
思いながら 毎日一番の勤めは黙りながら 手紙一つは出せぬから 持っておる
お前の所へは一寸も行かんから心配をすることになるのだが、おかげで今日迄は
元気で幸福をさせて貰った 明日の命は誰れ分らない 内地に居るお前らでし
明日の命は分らないのだから 敵の中に来ておる俺達では尚更のことだ
で先が俺の事は心配をする事はないから安心して子供等を育て・お前も弟
ら夫婦と仲よく御暮しくれ、くれぐれも体に気をつけて 決して無理をするな、特に
な長い〳〵、留守宅を守りつづけて来て自分は心配な程に疲れ果てた
こと思ふ、倍しつゝある三年辛抱をし通し 其の為俺と一しょに御苦
のは俺ではあるが お前ら女三人になって 人に云はれない様な苦労を共に
しつけて下さい 安全に守っておるか、あれ以上 一つりして居るお前たちなら気を
ゆるめずに 帰って来れること 思ふ 今後の俺の手紙を見て 安心しておるんで

1222

5

こんを京都迄つれて行くと遠からん長くをつけることになつたのは がつかり
と力を落したことだらう 俺が男と約したお前が居 内地へ上陸してから約もし
やお前は何ないのにして今迄何かと勝手な事ばかり言つてゐたので お前が俺の方が
力を無くし大陸君じやないことは本当 志が深い人が何か言はれたが 事を守つてわかつて
知れたことと思つて居るが それを落さずにしてしまつたが 今は不知 おまへ
出来るのだ 悲しく 俺以上 お前以上 力を落して居られる家は内地にはいくら
あつても知れないのだ 沢山の方々をかへて来る夫婦と母自の目を一しよに おまへに
なつて居る お前の心中はよく分つて居るが 又人なことを位で 本当の人に笑はれる
ななことをする様なお前でもないが 折角ここ迄しつかりと男の声になつてし
ゆるされて居るのだ。俺はうれしい!! と人々によろこんで居るか 今らは 沢山の方々
をかへても平気でなるべく人の合をさけないで 折角を がんばり通して 又お前
絶対に今後も不利の出来ない お前だけしか出来ないことなのだ。それが俺も
安心してこうして奉公をすることが出来るのだ、それだけのだ 何を言つてもお前に

1223

3/5

感謝をしてよいか分らないのだ。母が十分に満足して死なれた。お前でな
ければ出来なかったと云ふ事を忘れずによく分って居てほしい。僕は見て知って
お前にこう云ふ気持を見せてお礼を言い、安心して貰いたいのだが、今迄の
暮にはまだ分からないだろう。それがいつになるか分らないが、それ迄はお互に
元気を出してくれ。僕はなれても困らすことは少しもない。一生懸命にがん
ばろう。お母さんがいい、よいことも悪いことも少しもかくし合はず打ち合せて相談をし合い
生命が、今は合せてよろこび楽しまうではないか。子供のことも又弟や夫婦のことも
について、又其の外のことも何でもよい。お前の胸につかえずにはっきり言って
ほしい。僕は陣中に居る時は幾らもあるから心配をしたら気が治
をすることはないからな。僕はお前が悪い事はないと思って心配をしてみるの
だが、どうだろうな。母が出たのが始まるかと思へ。元気で居てくれるのが何よりかし
の皆気をつけること。僕は、母の外のこと其のことや四人の子供のことをやってくれ
私思、僕には又、母のない家内中、皆に笑って暮させるように頼むからな

三月七日 夜の陣中書

妻へ　　英夫より

1224

二月六日 くもり后晴 陣地中の雪はもうすっかりとけて去った
昨晩も又雨が降ったらしい起きたら服がぬれてゐた 今日から起床は七時になった
三十分早いので ねむいなに思ふ 今迄は七時半迄もねられず早くから目をさまして
ゐたのに早くなると又同じことでもねむい なに思ふ 七時では うす明るい 起床
起床と点呼 体操をやってから馬の手入れをし 中ノめが馬や当番で居た
私と二人で ゆわらを飯へ出して 帰ってから馬に水をのませ 手入を中して帰る
数を送い朝会も すんだので みそしるは又うまい 今日から演習は九時
からになった。午前の作業が四時半伸びたアになる 今日はクーリーが 三十人来た
十人は○○○へ行った 二すらに九十人所で 土をはこんでゐた 始めの頃は陣地はもう完
成したので 陣地係にかった 係のよへ 土をはこんでゐる。アンペラが低へなれて
しまったは もうここでは三人だ、あったかい 寒くなしの日だ。でも休んでゐるを一寸寒い
日がへり 三月さ十。小山の草も青く なえ木だもう春になる 今年は狂人の
大年だ 二月九日に大雪がふって昨日迄とけなかった。でもうちらは日あり
854

にあたってやっていたろう、庭に行って野沢が大きな鯉を一匹買って来、
三枚におろし　ちょうどよかったやつは上手だ　きれいに作ってある　ずい分大きかった林
な大きなおろしをすって　鯉のさしみをたべた　おいしかった　すしがはこぶとはえびの
すあえで　あっさりしたすのものがあった、久しぶりのさしみがおいしく今日まで
一時過ぎ休んで又午后の作業についった、座敷の土も盛り方をかたづけたり掃除
をしたりした。ろうそく今日で二・は水をかうのだ　次は○○○の○の○○の陣地について
らしいとのことだ、穴をうめたりかたをはったりしていた、俺と森田は田良部の下
先日行って来た野沢が鯉のあらでみそ汁を作ってやる　鯉こくだとうれしいはず。
だしておる。一寸味を見たがよく知らないが出てほしい。彼れは大分しみったれの
今のおかずを作ってやってくれるのだ。自分と平河をかしてくれ　毎日の様な
雨で道は少しもかわかない、うるさい陣地は赤土をこねしどろどろになる
度行く道は雨をはらしておることを思っている　今度には甘ながら自分の
よろしい、洗濯物を干して来たまま[illegible]
三月二十日　[illegible]

3

今日の手紙 ワートトー 兵田徳次、中村久夫
リカチ 中村朝吉 毅信雄

三月七日 晴 暑くて 日本晴で あたゝかく のんびりとした
昨日は待ちにまつて居た 日倉からのレンラクの人が帰つたので 手紙が来て
居たとかが 世話には なつた お母さまを 来てなかろうと思つて よろこんで居たら
が来てみたのは 不動院と 久夫がワートーで 朝吉と 四日兵の 毅と 言ふ 友達
が一年が来て みないけど お母さんも 来なかつたれ来て みなかつた
又ないのかと 思ふと がつかりして 失つた。悪いことが あつた 違ひないと思はずに
は 居られない ずいぶん何ともならなかつた。お母さんが 元気なら 月に一回位は
来てかいてくれるに違ひないと思ふ。 あんなに見ると 悪いのに違ひない
又四日に相談が来られない 出すを今日から 出さずにおこうと 相談をと
一週間のうち四日ないから不都合も 見てみてもかそは あつたが どうしてアテに
なる者に本当にどうしたんだろうと思ふ、悪ければ 悪いと知らせてくれたら
か却て安心をする位だ 冬の間で 今は たゞ心配しているのもないのだから いつも
ぼくが心配して病気の皆者のだ 悪いことがなければ よいがと 案じてゐるのだ

856

4.

りんごを食べた。三時半ごろに少し散歩した。日が照らして明るい外で雑誌をよんでみた。夜は星空がよい。月は淡く朧だ。夜はあたたかい。九時半迄寝て二時から七時迄眠てみた。静かな夜だ。かぜをひかない。七時に目を起こして立て居た。今日は又○○病院へレントゲンに行かれるので[illegible]十七日ちゃんと準備して兵所へ行き令をもらってからあたって居た。九時にクリーが来た。今日から○○の陣地へ入り、将来軍の古い板をはがして掘へトタンで防水紙を入れて掃除をやって食事するのが終った。之で陣地と将来軍が出来る。今日は暖かによい、めでたい日になった。動けば汗が出る位だった。もう一つ工兵隊を陣地の下へうつしたら完成だ。一ヶ月からの大工事だったがなかなか相当にこたえた。夕食をたべて外で雑誌をよんでみた。森が暮れだして室へ風呂へはいって汗を流し、火にあたって一服した。日記を手帳をとりだしても、めでたい日になって三日目に育長のお祝をする。今晩は少しも早く寝よう。お前達がどうしているかを案じている。写真を新しく一次の便りを待とう

七一銀子郎 手紙

857

乀

三月八日 晴 日本晴の上天気だ 暑だ 本当にあたゝかい

昨夜はよく晴れた 夜中に起きたが 星空の暗夜だった

七時起床した 点呼をすまして 畑地へいく 馬の手入れをして帰る

顔を洗い朝食だ みそ汁になづけだ みそ汁にはけずりこのだしが二ぶだ

みそ汁は中々うまいな 五期以下朝一個はあるので我々にはよい

火にあたって雑誌をよんで居た 昨日の返事をかきたいが 時間がかからない[?]

一寸付かないので止めた 外の雑誌を借りてよんで居る

九時から陣地へいく 陣地は将来立派に完成した 今迄の事

許け遠くなった 見通しが利かないので これして陣地の後へ引返し

た 早朝から二列して居たので八時には終って居た ○○○へいく若者が材料

をはこんで出かけて居た 組立てかけた大工さん達 宮から[?]うまい[?]の

だ 見てる内に出来上って来た 小下にしてあるのも早く掘りたい

これ丈のがあり又よいのを大きい穴をはこんで 丈郎人の佐官田にかえしたが

858

中々上手に出来る。大分手の様な道具一寸で出来ました。庭に行つてみ
あたゝかなのどかな日だ 遠い山にはまだ雪がちよいちよい見えて居るが近くの
山にはもう見られない 庭の下の鉄道をよんで一時頃又出かけた 庭を
しばらく掘つて防水紙をはつてガラスをはり出来上つた 今日はトイを作
つて大きな石を運んでそつと用水がめをすゑて水をはつたりして少しの
は立派な気持よい見所が出来た 用水がめには梅の木がうつつて
あれ以上春らしさを見せて花を咲かせて居る 近辺を掃除してすつかり出来
た 兵ツ角か二寸位で一本つくれ 沢木要所を一つ作らうと言つて居る
日当りもよいし申し分ない陣地へ進入 一星期のよい所だ 五時迄居る
た 分量だけのみをたてゝ 一寸かぶつてたが うまい 仕事がはかどつた 晩
飯をへる一寸 少しはおかしい 一瞬で日記と手紙をかいて居る 今日は方々へ
道をかけて すこしを思つて居る 足が風呂へはいつて 少しやすらう
天気は気持がよい 御午は比較的によかつたらう 今日あたらなるうた 文

三月八日夕六時四

白鳥

妻へ

三月九日。朝のうちひどい風で砂ほこりをふき飛ばしておたが
だんだん雲も晴れてきて風はあるがよい陽気になった
昨日は夕会に不動志田久米へ一同の返事を朗読皆数節へつまる
の返事をかりておいた 佐藤上等兵は前からの便りが来ないので淋しい
雑誌をよんでゐて私のミカンを切つて中西と二人でたべため（？）に、だなので
いやちゃた果物のかんづめは久しぶりにおいしかった
今朝点呼をすまして某の手入れにいつもしんみょうと無い、とうに風が
手入れを終へて帰ると顔を洗つて朝食をすまし かんづめを切つてたべた
例によつて火にあたつて雑誌をよんで居た 九時例によつて陣地へいく
すっかり片付いた労力が来て陣地のごみを集めて居る 火をつけ
もやして見た 風がきついので日本煙がひどく とよる
仕事は終った 長い間かかった陣地もきれいに出来上った 係一同である
村塚軍曹は 一同会食しようと言ひ 皆におごつてくれた 十八名

860

2

で二件に別れ 買物と 金の用意して 僕たちは豚肉 セリ トマト キャベツ
（日本酒が高いので仕方に買た）を買いに出かけた方に町に
たまたま 中華料理 [illegible] がならんでいく 書てたものを料理している
二尺あまりの鯛が居たが 一日 [illegible] を [illegible] 大きくてうまそうなのだが
廿円を払って 切ってもらって 酒花の横の山のすそで 一日東京 [illegible] 豚のスキヤキ
をたべる 未 [illegible] しをのんだ。のはな [illegible] 花が [illegible] 好意 [illegible] のは
[illegible] と又 [illegible] を悪いとは思って だくとよばれてゐた豚肉のだし トマト [illegible] して
[illegible] 腹一杯のんでしまって [illegible] の上にごろごろしてしまったが [illegible] 倒れたるの
[illegible] 陽 [illegible] 碎いて [illegible] 山を [illegible]
[illegible] が [illegible] ので 宴会 [illegible] 家の中はしーんとして [illegible]
[illegible] でみたが [illegible] みたがさっぱり [illegible] 又
[illegible] を [illegible] と手紙をかいて [illegible] 風が [illegible] なければ
[illegible] を [illegible] 来た [illegible] 今 [illegible] は [illegible] 一 [illegible] しようと思って

大 [illegible]

861

ろ

三月十日 今日は陸軍記念日だ 全国一斉に式が行はれるやう
朝の内はかすんで居て それで居たがだん／＼晴れていって春のような日になつ
た そう日中は天気のやつはあつい位、そろ／＼ぬがしなければならない
昨日風呂へ早くはいって夕食をすまし あたゝかい日の夕方の城内をブラ／＼
シャツ一枚で散歩して居た 兵達のぐるりを ぐる／＼と子供達とさわいで遊んで居た
高橋通訳さんが水倉碇田と一しょに 事務所へつれて交代して十二時につく
中が火をたいて居るから外が日の丸副一の大陸の景色をみて居ると中々のんびり
をよい位だ しらしなる通 本をよんでみたが しまい寒くなつし 木太郎が事務所へ
はいって火をたいてあたって居た 夜になると星もない まっくらなやみ夜だ
交代が来て九時から僕はねた 今夜はねつかれなかつたが十時半頃になってねた
二時起きて交代し一郎通 二人が立って居た 七時皆を起してかへった 兵舎へ話を
しに行って丁度めしだ 木太のだ 朝食をすまして事務所へ帰った 一服して火に
あたって居たら 射撃がある と云って来た 九時から十時半頃迄 青空のよい日

862

4

とおいて お陣地で 初めての財産を 敵の為に 随分と工事しとるのを防
害すべく みんな頑張ってた 山の頂上に自爆かもしと上る わすごい命中だった
財務が済み 一日営舎の式にのの大部へいくんか 後は正栄だから新陣地の
手入れをして 事務所へ帰った 大にあたってみたら 口の陣地から外あれば 木を修理し
南牛村の方で 事務所へ遊びに来たと 詰りですまし 丘の下村さんへ一しょに 欧へ行って
あそんだので 日没としまして 云ってをする 水炊鍋に酒一本 ミカン二つ 夕めしご馳走と思った
今日の夜は 順番として一日でかれた木口をよって あそびに来た 兵隊さんが帰って 交代して休
んだ 殿に居たら 帰ると言って寝たので そこへ通っていて 訓練した 又今度は 交代で
松下さんがおるのだろう のんびりな日だった 一日して雑誌をよんでいたが 又あずけねて
は社やら 雑誌を見 手紙をかいてみる 今日は兵舎へ いかれた人が
帰られるのを思えて居るのか どうかしてお前からの便りがあれば より一しょに念じ
ているのか 早しているだろうか 新しいフィルムのレンズで 持って来てくれる便りをアテ
にして居るのだ 安康を祈ったよ 元気でなかろうか みんないよいよ元気で暮らすんだ 又

三月十日 事務所にて 土岐

863

三月十日 あたゝかいよい日だ いよいよ春だ 遠い山は春がすみでぼっやりとかすんでゐる そよそよ吹く風が何とも言へんよい心持ちだ
昨夜は宵から雨が降ってゐた瓦をうつ雨の音を聞きながらねってゐたが
今朝は例によってぼんやりとうすぐもりだんだんはれて上天気になった
毎朝同じ寒い朝ぎりだ 点呼を終って馬の手入れをして後顔を洗ひ朝飯だ この時分にはもう日がさして来た
昨日洗ったモモヒキのシャツ、シャツもを外へほしにいった 土民の家のカベを借りて 九時過休んで夫から馬で食糧を貰ひにいったので兵といった
外は昨日から外出が許されれば出られるなら附近に「散歩区域」と板にかいてはりつけてある。○○○へいって食糧を車につんで帰った 今日はレンコンもあった。豚肉切米麦、菜、みそ、タマリ等 外は糸の付をブラ下げて
お菓子の箱にかざってゐた いろいろ字がかいてある。魚や野菜を城外から
肩で担って道へおいて売ってゐる 竹かごを持ってそれを買ってゐる 魚達

5

864

6

でも八月にかけて蒔いておく野菜がいゝ、何もかも目に入るたび、炊事へは之
で仕事は終り家へ帰って雑誌を読んでお茶を飲み馬の運動にいって田圃ぶらぶら行って
疲れて寝る。晩ごはんをたべてから一時から○○のノートへ今日行ったことの整理
を済ましてから馬で車を引いての畑で春の景色だ。麦もすっかり伸び始めて
麦も大分伸びた。近くの土がかわいてかなりすっかり。楊子江が遠くかすんでぼーっとして
見える。春がすみだ。楊柳も芽をふいて青々と見えてきた。菜の伸びるのも
目があるまい。枯木の木々の枝に見えて居たのも青々と見えてきたから。ムトムへ
こも音楽をつまみ一晩して遊び行く。この音楽生活が乱れをのぞいて帰りは出雲の
家を借りてのんきだよ。気持が春田馬にのってと言われたり許だ
手紙も沢山あるだろうなあ。俺のもあるだろう。お前が読んでみるとよいのだが
あるかしら。それに今頃は忙しいだろう。この次はまたいつか惜しいので一日置きに出かけ
ねばならない。三人の三年生はもう三学期が終りだ。早いものだ。四月から
三年生だな、もう一生懸命家の人に可愛がられて思いが増えんで出てこい

三月十八日午後四時

妻へ

良生

865

待ちにまって居た お前からの手紙が来た どんなに嬉しかったことか
分らない 昨日係りの人が沢山持って来てくれたので俺もお前の三包、ノートー
通、葉書九枚と沢山来たものだ その中をお前のを探した あるく
ノートー二通あって嬉しくて安心した 一月以来三月目に見たお前の
文字を見て嬉しいと思ったが 長い間お前からの便りを首を長く待
って居たのだから 二月二十日のと二月二十七日出のとあり早速よんでみた
きっと悪いことでもあって書けないのだろうとばかり思って居たのだから
皆無事で居てくれると知って 本当に安心をした うそではないかと
思って何回も よんだり書いたりしてみたが どうやら俺の勘違いら
しい。自分から手紙を出すのを止めようと止めておいて その返事が来ない
のが当り前なのに それをおかしいと思って書いたりしているのは
俺もどうかしていたのだ いつになったら便りが来るのだろうと思って
よくならないではばかり考えて居たのだが ほっとしたよ 十二月二十七日に出し

866

2

なので出すのを中止せようと一月末頃に思はしない、とだいたのがいて、それ
ですぐに送つてくれたのか、昨日着いたのだった、その写　俺は安心しておた
がお前の方では後を一二冊送ったは出さなかったのだから　何とも思つては
ならなかったろう　もう出しても無駄だと思つてゐたのを今
漸く今日たのだ、それから今日迄へ長い間待ちにまつて居た　ふゝ…
お前達の便りを見て　何もかも分つてよかつた。
いつもいつも心配してかりてあつたので　漸く三つ四つそれをよんでゐた　お前
と思合せに注ぎて流をしてゐる様に思つた、今日迄まちこがれて
ゐたお前の便りだ。どんなに気をしかつたか　お前達も今ごろ分るだろう
それでは例によつて手紙を見に行つて送つてもらうことにする。
先づ第一に案じてゐたのが　俺の手落ちであったかどうか　すると婚約
絵久美晴美勝男君　すこぶる元気に暮して居るとのこと
が今安心した。絵美ちゃんが大きく伸びて一年毎に賢がりさとなつて

867

3

着られなくなるとのこと、ずい分大きくなったと思ふ。さんの手紙を見ても
大体分るが「僕に出す文句があるからあけない」とかいてあってはらはらと
した。無理もない。もう少しで満二年、一回も合はないのだから。あいたいのは
当然だ。二人共待つ俺はお前らよりどんなにあいたいか。早く一し
ょに子供ら相手に初年兵なりと遊びに行きたいか分らない
しかし自身は大君のために男らしく勇しく居る身だ。こんなことを考へては
ならないが、親まつこらの中で生きるたり手伝が出来なかったりするを見ると
たく考へずには居られなくなるのだ。俺はおやぢはない淋しい同じことなんだが
教育盛りの子供らだ。満二年で見違へる程大きくなったことゝ思ふ
身体つきも顔も随分進んで俺としよくなったろうな、本当に俺と似ては何かあるのか
も分らないが他人ではあるまいが、もうこれがつく頃がよわいころには三年生
になってるだろう。早くも深い知って居ることと感心した。親はなくとも子は育つとか
俺が居なくとも、お前の手で育てられ大きくなり学校に経調に行って

868

人並に覚えていたのを見て涙が出る程うれしい 早くあいたいと思ふ
坊の頃は分って居たなあ 今度の三学期は全甲を取る様に一生懸命に
勉強をしてゐるとかいてあり よくやってくれると思ってつくづくお前に感謝してゐる
多美 晴美は大きくなって仲よく泣いたり笑ったりし 遊んで居ることゝ
思ふ 晴美は今迄の様にニーニーアーんニーと言はなくなったとか あの頃を
思ひ出すと次々と浮き出して来る あれから俺は一寸も此のを見たことがないから
それに大きくなったのも見てゐないから 其の頃の顔に見たまゝの記憶で 俺がニーと
言へば ニーアーんニーと言ふ様な気がして仕方がない 其の内かあちゃんと言ふ様
になるので 多美は肥ったか 少しは成人ちやんが兄に押つぶれ ハヘミに これかれ
て大きくなることが出来ないのではないかと思って居るが 今頃は今年あたりだ
来年になってゆくのか 此の子供の頃は忘れて失ったら いつい……
多美がもつたいこがそつなんかなって 大きくなったのだ 勝男は男姿を見た
ことがないから 田舎の人を見ると泣き出すとの事 可哀想だと思ふ由

6

869

5

がこえすとにの為だ 俺がたよりとはかまへをしなければならない
道は仕事で忘れて居る 段々つらい中に一人目をつむってねて居るとまだ見
ぬ子供がふびんに思はれてならないよ どんなに大きくなってゐるだらうと
思い お前を見ると早々と言ふそうだが 側に居ては手がかゝって仕事も出来
ず仕方がないすまない様だが 眠り方も用が多いので かつ子の方へたのんだ
との事 [illegible]には思ひが甘いとは ね 淋しいのだ 俺の帰る迄は大丈夫
淋しく育てると言ってくれるとか 泣いて 文[illegible]を見て私状をかいておこう
勝男も俺を見ると本当に泣きだし 寂しいだろう たまの休は兄たこして[illegible]
なからう 其の晴れの日も あり夏の夜 思ふ存分子供をだいてやるさうだ
出来るだらう それ迄はお互にがんばらう 母 お前も手紙中止の手紙を見て
さぞがっかりしたと思ふが[?]しまをしてゐたとの事 其の次に 昨日に[illegible]つたと安心して
又がっかりした様子が目に浮ぶ 留守を守ってやり通して来たのだから[illegible]
喜びがあったが その喜びでいたのだが 其の代り がっかりして 長く[illegible]

870

6

事も大きかった事だろう、お前も子供もながく くるしくやくしめた、健康を害した
お前と子供らに今後の事を思ってまるで頭が下がる努力を感謝したい。思ふ
何回も言ったように俺も女の子の時は力を落した。お前が くよくよ気を落さず
に元気でがんばってくれ。又友人たちが力をつけてくれて居る。うれしい。まだまだ がんばって
頂きたい。健かな身体に充分気をつけて養生道が人はり過ぎる
心配をしないようにしてくれ。俺は大丈夫だから。校舎は絶対安全地帯だから
十年（?）だろうはずしもないけない。ここにも十一月の二十九日頃に来ながら長くなった
が目は早くなってから、冬から春になった、しかし あついナと思ふ頃には よい話
になるかも知れない。もうこの頃の様な手紙はすこしはせずしっかりしたことが
分る位はかーかいそにするよ。この頃も毎日ない（?）と思って分るのだがな。アッハ・・・・
元気で頑張ってくれ。俺の手紙は三日に投函し届かれたとのこと。元気な体を大切にして
頂きたいことを思ふ。元気でうれしいとかいてあったが無理しないで
頑張らずに次の春が明るかったのに陽気もよくなったから切り易い。次へつづく

三月十三日 夜

幸へ

貞生

871

気も勝手が違ふとみたらしく一週かかつて帰つた お前も力を落したが俺を
喜んでくれて力を落す也しと言つてくれるので うれしい 俺よりお前が力を落して
みるだらうと思つて俺はお前を喜ばしてみたのだが もうすつかりあきらめて 次の葉書の
来るのを待つてそれで働いてみて来るので安心しよろこんで居る 今手紙が
来なかつたのだ大分心配をしたらしい。今度の試験の様子も人に又お母に知らせて
わかつてゐるとの事と、又深井さんが来て一寸ながら話して出来事のことを知られたかつたと思ふ。
姉様の方へもあの当時送つてくれたとの事で 俺の送つたのに返して婦も大へんよろ
こんで居られたとか、之は仕方のないことだからな。姉様も又姉も俺のことがおく
れたので、お前ふては姉がうれしく居ることと思ふ。どうかお許しをたのむ。二月は
便りが途絶えてなかつたのだ 今年へ入ると あまり前なんだが其の当時は何故かれ
人のだらうと思つて心配がつてみた位だ。もうすぐ土曜日の母へ手を大へん
姉が手紙にこんなで早くついたとの事と、姉も体がまだ十分快復してゐないのか
寺へ勤めの此分が思はしくないとの事と、無理をしてはいかんな。長いことのないな。

17

872

8

娘、旅費へも一回で送つたと、ますますそれ一しずんで寛つあつそれと大抵がそれが
貰つて帰つて居ることのこと、ますの許は沢山とれて才々へ世界へ貰つたとのこと、近かく
たが送つてやらないがこう遠くてはホーとかいんあつた、今度の女の子なので僕の
いつても会はずに大きな口をたたいて失礼した、あなたがなかつたのでますますははにかんで
居るよ、いつか……次の旅行をせよと言つてやつたら吹き出して笑つたとかいてあつた。
大阪の次郎さんも送つて来たそうだが、よろこんで居るだろう。思ふ存分甘えさせ
でやるがお前を世話した母に、大してやれ。悪くても育つ人のだろうと思ふが安心な
人はどうしても俺の育つ点は生まれ育つて世話したことには母も無理をして
失つたらう。最初の子供たちが死なれたとのこと初耳だ。急死なされたとのことを又
あまりしかみを言つてすこし、二年の事を言ふと多くの言つた了が起つたのか
評しお信が大きくなつて来たから育てやらねばならなかつたろう。今年は母
が無いがもその実験に一苦労をしたこと、思ふが、汝でも一度はあることだ。之から
は経験済で俺も楽になるだらう……皆おまかせにして遊ばうと思つてゐるが

873

所で手紙が、今一番なくなつてゐるのだが弟は三百十円とか言つて来た、びつくりした
よ。ヒヨコは飼つてゐるとか自分のになると又厄介が出来て手でして出来ませう
楽しみがなかつた側によつて想像がつかず下らないことをやつて居ることと思ふが、すべてを
まかせて俺よくやつてくれる様にと思ひ全部頼る様にした、がんばると言つて来たから
安心をしてゐる。性分は中々なをらないのだから仕方がない、気の合ふ様にして
やつてくれる様に心うかしの自分ながらも、姉も二月から別れて居ることを、それ
もよかろう。母親戚の言ふ様にしてくれる様に、一人自分の胸の中にしまつて
くよくよして居らずに俺に打明けてくれる様になれ弟も自分では一生懸命やつてゐ
るつもりだが一人二役をやつて、今後手が廻らなくなつて手抜きもあろうと言ふことがわかつて
ゐたから、俺が前の方に反論が出来たのかなりあると思つてゐるんだ。道具も家
の時世話になつたが、一回も不二心をしてゐるなあから安心してくれとおしくあり何かあ
つたすと思つたのだ。紙をかけはすぐ借りて居るかと、わざと俺にいろんな
ことを言つてよこさなくてもよいのにと思つてゐる。何のことかまつたく分らないのだ。

874

10

まあ何事も口へ出して云へはすに俺の行く迄け表面だけでも仲よくやってくれ
今日迄仲よくしてくれ今俺がになってから人に笑はれては折角帰って来た
お前らに対して申し訳が有りません。家は何と言っても次はお前の子供が
多くなってから子供の口から又弟の兄弟人を恨めないとも限らない長い日の事を考へて
少しの事はあるだろうが何事もお前たちへがまんをしてくれたらよいからな
石松一家の女人も酒が十分あって酒肴料一円と菓子一箱となったとか
今迄に忘れられない事多の最中にかけ帰りたい書って来た一家は子
をもうけて此が母になったのだから今年十八才か十九才になる人だ
ろうな子供のことを言ってはつまへが三月とのことをよろこんで居るだろうな当日出たい
弟も大なることだろうな母の通信には子供を抱いてかつることも人の妻になる
のが俺の行く頃にはまだ前で肩で息をして居る頃かなそれでは一ぺん
級の手紙を出しておこう、石松さんのおめでたも立派なものらしいな俺の代りに
弟がよばれて行って大した御馳走になったとのこと石も帥さんて宿の荷が有り

875

11

だと思ふ。おまい達が言なくてもう女の子供は大きくなれば嫁にいくさん
言ふだろう。悦子も周子の点数も立派で、悦子へは家政中上ば出来ていそうだとの
こと。又試験をかくすこと。一月二月は失当に試ごとでよばれで何も出来ないでいた
とのこと。俺が居たらおいらに細かなことを知らせて思ふよ。
入用は中々多いとのこと。池のかかりに百五十円から、寺の葬式に二十円からで不時の
入用があり中々やりくりに骨が折れることだろう。いるものは仕方が無いからな
米も小作をすっかり売ったとのこと。俺もよいらしいが金肥が高いそうで、それに
男へ払うので困っているらしいな。悦子の話では十畑の一反四十円からで、大したものだ
取ったりしている水屋も増えてあるよ。はしまするんなら牛を買ったら水屋から肥を
出来るだけ都合して世話好にたのんでおいた。俺が出しておきますと言ってきた
俺ならば送っての時にたのんでおこう。為して置かないのだから困った。畑肥は作業
場で作って貰ったとのこと。知識依頼で思ふ様に出来ないが之れ迄困る事は仕方
もない。自作米も弟に皮をまかせて買ったとのこと。作りかたはしからず知れているな

876

12

大阪市此花区今開町一ノ七四佐藤たりやえ方内
橋本いん様

まよちゃんの所がわかった、出来ればあちらんのだ今迄なごやかにすぐ始めてゐるだろう
仲よくしてゐる様かな。橋本さん様の住所は本人へかいておくから、
俺の便りも頼りにしてゐるよ。さんへも一生懸命沢山沢山送ったから大喜びで見て
大切にしまってゐることと思ふ。そうすると今迄出来なかったことと思ふ。さんの明るい唱歌
女学生に胸のつまる様な、兵隊にとまってゐる、あの通りだな、太郎の子供らのことを思ふ
と自分の子供は幸福な日本の中で平和で勉強をしてゐられるのだから
あの歌を久美もハミも歌ふとのこと、ミハんの歌だけは俺はよく知ってゐたが
しかし知らなかった、風があって雪もなかったのかも知れないで、いつだし
家族も兄を日本の軍人さんの歌を教へられて居る様かな、小さい子供の
胸にしみこませておくのはよい事だ、四番の「海…けれども母様と今日は
まどかに眠るのは兵隊さんのおかげです、お国のためにつくされた兵隊さんのおかげ
です」は本当にお話しの海…。留守宅そのまゝを守ってゐる女なんかより
どんな我が頼ってくれたか、今迄の時 御伴をかしてくれるとけなげにするのだか…

三月十三日

実生

妻へ

877

内地も二月にはいってから　よい日が少なく　雨や雪ばかりの日が
多いとのこと、又二月末に雪が降ったと源七兄さんの便りにあった
去暮り日ド二とだ大　こちらも其当時が右様に大雪だった。ので
しこうにいた時の暑さだ　内地も寒も日ド極な白に雪があった、
麦田なたね田の肥料もしたとのこと、下肥は相変らず経済も取って
居る様子、どこもかしこも畑作りに懸命になって居る様だな、麦田、なたね
田の耕作と仕事はいくらでもある、又草が生える頃になって困っ
て居ることだろう、陽気がよくなって来るにつれて草もどんどん伸びていく
から仕事の切れ目もない　其の内又桑の芽が次々と　蚕だ　それからは
ごっつけば　麦なたねのとり込み　田植となって来るが　夏の盛になれば
何とかなるだろうと思う　俺達が寝しをしてよろこんで居るくらいの活
よそも田地の人の活の方がまちがいないよ　もう二年だ　何とか活もあり
そうなく思って　元気をつけて　父さんは　そう居る　元気な姿で　お前始め

878

2

子供らの顔を見るのをたのしみにしてはりきって居る。
何より お前達の便りが来たので うれしい。今迄になくうれしさだった。
当地も 大陸の春だ 春がすみで そよ〳〵吹く春風、[illegible]
は何とも云えぬ 4、5キリンですって 麦は花盛りだ。小麦もおい〳〵伸びた
菜豆、えんどうも 花をつけて来たのもある 楊柳の芽も八分切れ位に
ふくらんで 黄色くなって来た こちらは 一日ましにぐん〳〵する程 大きく伸
びて行く 陣地の附近の小山の芝へ ごろりとねころんで居ると実に今の戦い
よい気持だ 流れいく青空を眺めて 家のことなど思って、もう家の中の
うっとうしい所に居るより 外の方がどれ程のんびりして居るか分らない
内地は未だ〳〵 春とは言へ 寒い日もあろうが こちらはもう内地の四月頃
だろう くらしやすくなって居た 桃の花もここ三日の中に咲くだろう つぼみが八分切
れ位に大きくなって赤い所を見せて来た 梅は今花盛りだ 八重梅
のまれな花 いいにほい 内地を偲ばせて 内地を思います

879

3

勝男はカードつてへあづかつて貰て幸福し大切にして貰て居ることの二と
親戚の人の親切な心には涙ぐんで来る 赤の他人でもた
参観会がありミんな桃太郎の鬼になるとかいふんでりきつておる
ことと思ふ なるべく内気にさせず人の中へ出す様にして本材で大せつの
為で流をする様に先生にたのんでおいてくれ、でないとあまり内気でし
大きくなつてから困るから大欲でなく本人が困るのだ、人の中で自分の思ふ事を
言ひ得る様な様な事をつけねばかし!! から今の内から其の様な心がけで
やればよい、椛島女人すからしいから よそは思て居るか。
初三さんは久一さん源三さんと三人で面会に行て元気な姿を見て安心し
た、日夜神仏に祈ておた効があつてよかつた とかいつてあつた
無事で帰れたら一しよに帰られたであろうに 西町の永井さんは内
嬉しいことだつた あまりにも早すぎたから なうには早 なりかけ
辰雄さんよねさんを探しておるなることはならない 石林さんに早く十五所へ

880

よく来れて　おすみせて　寒げく残念に思ってゐること思ふ
貞安志は孫也が帰つたが、うれしくてねられないとの事　もつともだらう
又一しきり孫志の自慢が出るだらう。しつともよく出来たらしいのの孫志の
兵隊へ入つたら方隊で一番だと言つてゐたから、帰つたには　なつとしたら曹長
になるかも知れないと言つてゐたが、どうなつたか　くれぐれ俺達の様子を知らせ
ことが出来るだらうが、孫志とは十四年の一月来たので会つたきりだから兵営生活
は分らないのだ。忠一志は七月に六月目よに会つただけだ。その後一寸も会えない。
のだが、ここだけは全く元気な顔で出てゐたと言ふことも出来ない。顔も見て
ゐないから、どうなつてゐるか、俺は知らないから　会ふことが出来るだらう
しくなつたら両親よりがせめて元気でゐてくれなければしたかつた。訓[?]休也のの
になつてゐるので近よることも出来ず、三人兵隊会なつた。家で待居取り
残されたのは庫夫志と俺だけになつて、失つたなくはすつかり帰られた
秋頃は別だからな。丈夫で　必ず元気にかへつてゐると言つて来る

881

この部落したりするがつまらしいた　全部で八十軒へ出したのだが返事
をくれる人は一割位だが　生活になってゐるから僕は当然のお出したが、
次にするくの地代の事だが　イモノヤ　二五円　三円づゝ　払って居ると云ふが
僕も三年前のことを今でも覚えて居ないので　計算が出来ないのだが
する所は地代は米二俵だと思ふ　云ふ人からくれないので　するからイモ和
に貸してある小屋代を地代の代りに　イモヤから払ふことになってゐることは去年
ちよと知って居ることと思ふが　僕が出る年という言ふ差引になってゐたが忘れて
失ったが　イモノヤから年三十六円　すると二の　地代の代りにはりてくるのだ
それで今迄おまかなかった今を差引して居たのだが　今から地代が二俵
で去年の初めに差引残りが五十円あるとすれば　するから地代として
おも費は殆ども　イモノヤから貰ふ金で勘定をして行けばよいのだ　去年か
米が十五円してゐたら二俵三十円だで　五十円残って居るし　去年の地代の
二俵三十円を足して八十円の残りとなった　それへイモノヤから三十六円はいる

882

からハ十円から三十六円引いて四十四円の差引残りとなるわけなのだ

それで今年は十二月末に今年の地代二俵 一俵十七円とすれば二俵三十四円だから

去年の残り四十四円と三十四円を加へて七十七円になる それから イモノヤの

三十六円を引くと四十一円 今年の残りとなるのだ 米が上る ほど残りが~~多~~

年（毎年だけに）米が安い時だとぐんぐん残金がへっていくのだ 十二年度の差引が出て

いるから それを見て 十三年度の二俵の金を入れ イモノヤの三十六円を引いた分が

十三年の残りになるのだ 米が安ければずっと すんで多いと思ふが この頃の相場

では うまく行くまい そうして計算をけして見たらどうだ いくら残って居るか十四年

の末迄のが出来るだらう 何度請求しても 出さないとのこと 仕方がない俺の得

る迄 イモノヤがけしておいたよ が年末の計算でいくら残金があると云ふことは

言って知らして呉れた方がよいと思ふ 多くなれば一俵まけても 何処かに今けしか

掛はないとのことを 金はあっても出さないらしい 今の工場は止めて居るらしいから

もうけもないだらうと思って居るが 以上で返っての代りにすることにして

三月十二日午后一時 書

妻へ

昨日の加治岳（もちのもと タルコ）手紙

三月十三日風は中々ひどく砂ほこりをまき上げて居るがのどか
なよい春の陽気がつゞいて居る。昨日は正夏で早い所も多数を
たべて風呂へ行った、熱い湯がわいて居たので加治岳のもちの素わ
をとってもちを作りまゐをつけてたべた便利でおいし━い
それで運路が手附が沢山来て居たので買りに行った。久振りに
来て居る沢山にうれしかった。お安さんフトーさん 少年丸 村十八と
言ふ所な其の中を引って通ーってお顔のを探しだが二通しあったのでうれ
しかった。これと思って安心した、早くよみたかったが大事にしまっておいて
少年をよんでみた どれにこれにも来て居る諸君の名前がかいてある
二人は田舎家族の人達のようこびは如何ばかりだろう
僕は早くこんな身になってみたいと思った、あの時須浦にいってゐたら
二人一しよに家へ帰れたのにと思ふとすまなく 浮世がうらめしく
なる。がこればかりはどうすることも出来ない事なのです.

884

2

今日の昭和四回 ビスケット二ケ一

使がすっかりなくなり めて元気を出そうと思ふ いつ あの当時は すっかり
あきらめて居たのが十五通の便りの全部が一人の○○のことがかかれてあ
るのが又思い出さずには居られなかったのだ 興味深の多い奴と後
は不だにおいてくれ、仕方が無いのだ、女性一人の次だ、少人はろう
お前らたれ力を落して居ると思はれて心配をかけて居ては すまない
すぐうを忘れて東宇和のために邁進しよう、そして元気を出して
中田の橋本がお前からの手紙二通を見て 家をはなれお前おして
よ出来ないよと言ってまかない 上長村をやってよんだ二人共なまで空
て居た、自分宛になって来たのが早速三星所へ立代にいった
水谷へも手紙が来て居た は妻から返事が来ている
三星所へ持ってくれたにあたら 方道のノートを よんだ いろいろと
又よみ返した お前のを二冊三冊と よみなおして見た で手紙の
来なかったのが俺が出ないと言ったからということが今更自分のおこがまし

885

が、留守になって一人笑ってゐた。一月二十日に見ていったからもう五十日あまり
お前の手紙を見なかった俺は、無性にどんなに心配したか分らない。今日はじ
め、お前始め子供らの元気なことを知り、安心もして
今迄の心配はけしとんで失い、元気が出た。二時頃起きて子供に水やりと
云ってゐた。ゆかいで、うるさく手紙をおしてよんでみたり新聞を見たりしてゐた
うとうと二時頃子供と次の間を起きてゐた。七時頃、風がひどく、起きれた
とても出れない。外へ出て見た。今日は上り日だ。ゆかいがワン小言が、めしを
持って来て呉れたので、その汁で食事をした。アトで便事をたのんだ
で、団朝日をよんでゐた。ゆかい訳のわからぬ色々をかいれば分らない
一ぺんにはゆけないから十で寝室へはいって手紙をかいた。先ずお前へ
一通かいたがまだ足りない。又二通目をかいた。此の依頼が許された
練兵へ行って写真をとってもらうと、此の陣地で写真まで、とってもら
った。心をおちつけて一枚とって貰った。昨日俺がよこしの仕事もし

了

886

して置く自分の、写真を作り夜を過ごしもしたい おもと等の
木を植えてよくなってゐた便所に立って南天やおもとが植えてあり
りっぱなにきれいにしたのかと思った中隊長殿も感心してほめられた
後って来る馬が来たので馬の頭に俺の頭をすりよせて居る所を一枚
とってもらった 出来上ったら送ってやろう よかったら大きく引伸して貰ふ
つもりだ 日あたりのよい所でみじかし[illegible]い 伊藤[illegible]ゐた中隊長殿
け馬が得られるし又室へはいって お前へ才二の手紙を仕上げたがワニ[illegible]
が来めしとばえんで来た [illegible]の[illegible]をあてゞ 又おかしかった 一服してから
すぐとやった 第三週目のお前への[illegible]（[illegible]）（[illegible]治郎）（すまの[illegible]郎）宛て
石坂胡台と とうとう九通かいて来った 便箋二冊で足らず北谷
のを買ってかいた えーと明日があったのだ今度の日にまかして見たが之
れ又長くなって一通にはなって来った こんなにかいたことはない
ねむいので [illegible]やりとしてゐたが 一週でれと思ってやりかけたが[illegible]トーの

887

5

返事はかいた。手紙が八通と葉書三通と端書別々外国文
病み休をかいたり中々忙しい。一ぺんに沢山来たことうれしいが返事には
大いにうんざりとして大分それでも骨折りすつかたがすんだ
風はまだ上るとうなって砂をまき上げて居る 東京にひどい風だ
五日夕食を持って来るだろう 五時すぎから言って居たが
早いものだ三月も中頃になった 知らないうちに一日一日とたっていく おそろしいよう
に今日も日が過ぎて行くのだ。新しいたのしみにさんで御こう
大原からの便りもあったので安心をした それにうまいものだ。ミんも
なつかしい写真を送ったが 大分長い手紙をくれなかったのだ 夏の道
みなも目に見えて変った 拵いおうが一位よをたのむよ
持と何かうまくいかんこともあるまい 前の便りもかいた様に、変なことが
言ってあった 此内すごくが 何のことか僕にはさっぱり分らないのだ
もう暫くの間びがまんをしてやってくれる様にたのむ又明日かこう

三月十二日午后五時半

貞一より

夏へ

889

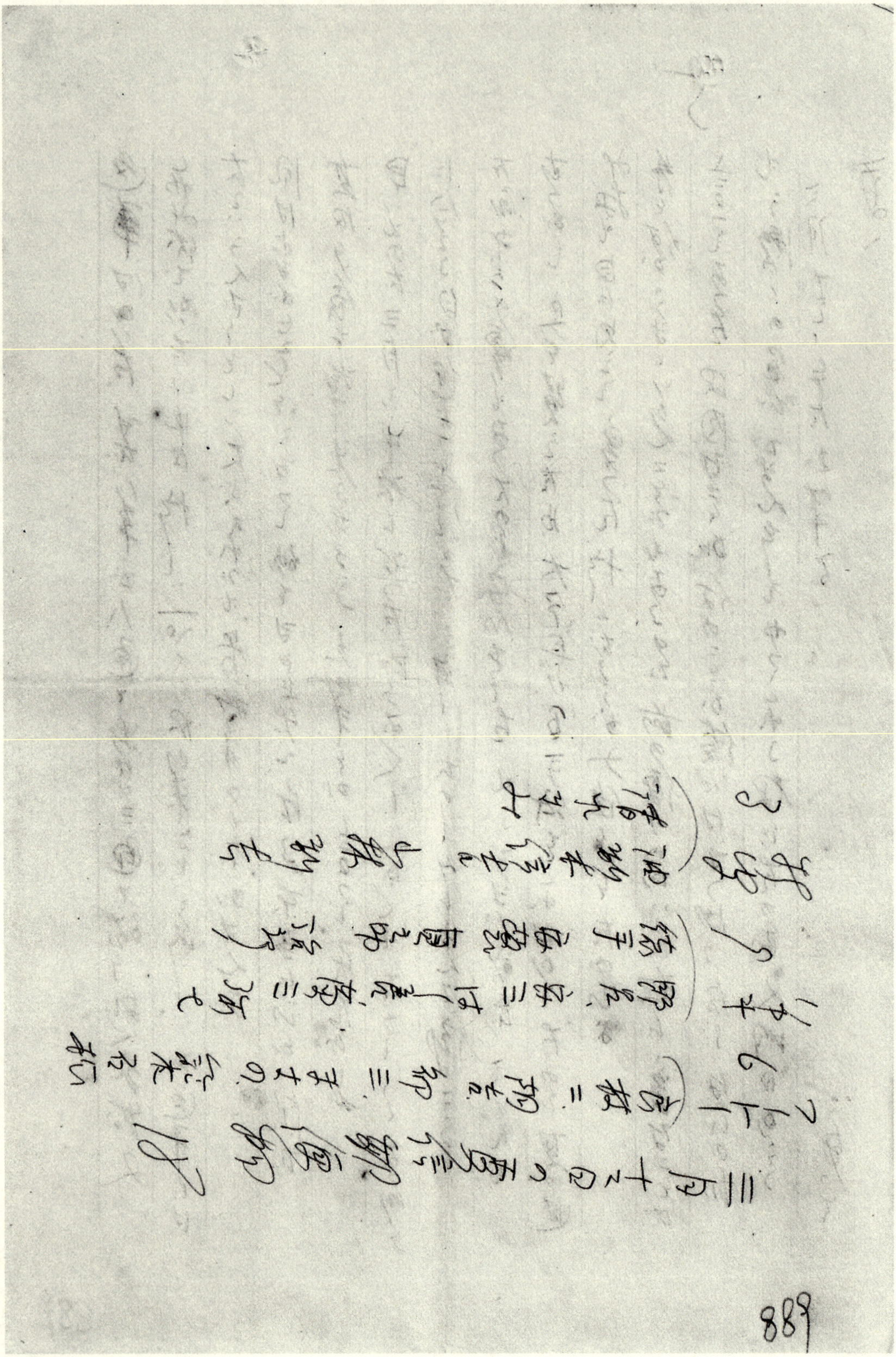

6

二月の金銭出入と郵便物受信表

2月1日	六六、七	一月分残金
2.23 木	一〇、二四	二月分俸給
収入計	十六円	九十一銭
支 2 5	二〇	トフ三ア
7	一三	トフ二ア マワ4ニ
11	一〇	ワンカ中ニヤル
14	二〇	トフ二ア
支出計	金	六十三銭

差引計 金十六円二十八銭也

二月一日から二十九日迄

フートー　九通

ハガキ　九枚

小包　四包

計　二十二通

總計　九百二十一通

小包　二十箇

888

No. 1

案ずるお前が悪いとの事への便り三月許り便が来なかったから
いろいろと深く案じて居たが病院自分が止めてあったのだと分かって苦笑
して居た本年になっても二十日間の通路に二通お前の便を手にして喜んで
安心をしてようこんで居る所へ又々今日のれんらくに お前の三月四日出の
が手にはいった、うれしい……手紙が今度病気も何もない皆元気で居ると
思ひ、いろいろ元気では便りが有いとどうかと思って案じられるが
今日は又纏れに便りが来た スートしは六枚、宝永寮卯一君と
梅田から一通 中村ヨ生所から五通、りカキは中塚市松君より
相引並太郎氏 近野弘と三通 外からが梅田に来てそれ（
一通で、梅田も中止せよの文面で 二月末頃止めて居たがお前
とーよで駄目の便りを中止して又送りかかったみたいと書いてあった
どこでかれしれんと思って居たら自分で止めて居たのだ思へば馬鹿
なアだった でも又つづく 気ままのそうれし… 今日はよあのに骨が折れた

890

No. 2

俺の手紙もやはり喜ばすが行くらしい。母子俺達の生活がよくわかって安心だろうと思って居る。子供へもエリカ子がついたとの事、よろこんで居ることだろう。いつも言ふ事だが細み子はエリカ子も次女になったろうみのるのことも大平に編入されてしまって居ることと思ふ
公三や久美が雨戸晴をして呉れて居ると、もうそろく わかる頃かいた
いつも出す手紙には別に元気とかりくはないが自分の手で知して居る仕事又休みの日の二を等がくわしく書いてあるから安心をして居ると思ふ
いつもかはえを見てこの頃は春だ桃が遠くから見ると赤い色に見えて来たり柳の葉が日ましに大きくなって青くなって来るうらゝかな日の中で
最後迄がんばり通して居るよ。錬成ですっかり沢山の子供をかへても何も思はず平気で生きて居るのにうだくしして居るは申し訳もない。絶対だ 気も悪ければ仕方もないがすっかりげで陰気ずっかり協力して世へるのがありがたい と思ふ 皆錬成の人々のおかげだなと感謝して居る

891

7

No.

今日本は大戦争の真最中にお前が子供をかゝえるへあづけんように気をつけずに一生懸命やってゐるのを知ってかりにあった　やはりお前なればこそだと思って感謝をして居る　お前らも本当に御苦労なことだ。五年に毎日御かせと世話をして居るのは、長い年月よく風を引く位のことはあろうが、大病にならずに今日迄やって来られたのは何としても神様のおかげだ又地下に眠られる父母が常に一家をお守りして下さるのであろうと思ってゐる信心を忘れてはならない　俺も毎朝お前たちの武運長久を祈りなき父母の冥福を祈って居る。お互に神佛に感謝をしやうお前の手紙にもあるが俺もどんなに子供たちにあいたいか今か今かと見違へる位大きくなった四人の子供。お前達は時々夢に見る位だ俺達以上に子供らもあいたい、早く帰って呉れ…と思って居ることと思ふ心配をせずに朗らかに子供らと御すごして呉れ女の心には晴れて対面し子供らを抱いて御くれもあろうて　それをたのしみにしようかしゃろう

892

4

No.

今年の初午も宮宮もよい天気でさぞ人出だったんとか今年の初午ばか
りは一しよに来れると思ってゐたすで子供らも淋しがってゐたろうと思ふよ
それでも俺の代りにお前がつれへ行って呉れたとの事よろこんでつゝん行った
と思ふ、来年の初午は子供をつれてよみ世の日に来て日帰りで帰れとか
ばかり、母様も大変でよそ喜んだれたこそだが安たトみの死えで一人になつ
たから家の様にはかなしくもさびしくはない様になったろうもう息子らに頼
らねばならんからそれでも女房をもらって来いとすゝめされては
あすより人とは言えないな 俺が居らんでも同じ様に小困った家だ
これだけさんも例によって例の如しだと弟も言って来ためまあ今の所では
お前はどうする事も出来んから今くと言っておけばすぐかなるだろう
子供の多い中で忙しい食事をして喰べて帰らしたとの事よろこんで
居るよ、宍道らも昨日の人出がえらかったらしい今迄のおたよりにはおかずも沢山に
いろいろの世しい週中が来んであったこと思ふ 盛岡学の様にいつもの様にかかえ

893

No.

が来んので梯の上にすけて見たとか。そんな時でなければ見られやせんから
子供のために年取った気持が出来てよかったよ。大人では中々見られ
ないからな。しかし男の用外の者を一人で切り廻さねばならんから女たちには活郎
を見ていたら生活を見ていく様にしたらよいよ。今日たまには気はらしもしないと
駄目だ。結婚生活を止めて又独生活になったらしい。お母に来ておった
俺のあの時のことについてはお訳もわかった通りあんなに返したのだからあとの
力の落しなはなかったのだ。確実なったのだが、フハッハッハ……。夢なかったのだろう
一晩夢を見たのを思って考え直したのう。今になれば別にどうも考えは
しないがナ。去年一寸訪ねておいて帰ったもののことを去年七月に会った時に体はし
こおったのだ。みやげに酒をおくってくれんのだろう。源さんはなかったらしいナ
くらしている生活を見いた様子で安心をした。訳もわかったろうしナ
村よりも大体和のなだナ。土産が来ん一すじでになったのはよいことだ
命を投げ出して来ておるのに土産なんか出すはつまらないのだがナ

894

No. 6

こう此の次は恒夫郎ぐらゐ毎月貰ふタオルもレイヨンで綿く二三個ぐらゐ品を
風呂へ持っていってせなかをこするとビリビリと破れとれて一週間も使ふと出切しい
タオルが穴だらけあいてもったいないが布にやる位だ綿いお話にならない
まだ綿は綿いしらべて呉れ安んじて品の様に光って見れいないがキャしする。
深也ん相談でお大事な事を言ってゐることが我も言って来た。方達へ来た者は
か今ゐるが十万円から大阪の浴衣一枚の価値を知った者とのことで今年は
学校に何か知ゆるか十年も先を生字を気にして調べてゐるとのことを
自分の此の事は今年から未来のものと思ふとよけい大事にするのだらう。去年のことが
ゆかたの未来をかんじてあったが今年僕が帰る迄は忙しいだらう 田も土月から作
ることの事を手付けには畑に何から此来てゐるが決してアテにせずに顔を見る迄
は三人共と思ってやって呉れ 呉れぐれも弟の太郎と仲よくやって呉れる様に大事
久夫も僕が帰るを思って家へ便りを書くのを面白いことをかいてあったとか
僕が知らしたいのなから友だちで手廻しがよすぎるのだよ いついつまで 又かく

三月廿七日 夜 大阪

華人

良

875

No. 7

（二月十四日のつづき）勤務の外の者は皆行ける　この宿から町にむかう
だばって広告してあった遠東劇団来る　歓迎　すとかいてはってあった
一同たちて出かける　自治委員会の中に隊が使って居る旅館の者らも顔が
使えて居る　少年もつれて　芝居へつめた　大よろこびだ　二年三年と戦争の中へまい
こんで来て　ふるえて居た子供らは何もたのしみもない　亡国の悲惨なものだ。
で三年四年目にえがたものを見られるのだから大よろこびで踊り歩いてみ
ひようだ、どこの子供も同じだ　一しょに手をつないで町を歩く　私もさそわれた
寒い、よほどうれしいらしい　僕達もいくらか気分が合うらしい　手伝い
上たろう　僕たちもうれしい　芝居や活動を見にいけると思ふと子供の
様にうれしい　自治委員会へはいることは城内の警察と同じだ
こうすいくなって来た　内保の要了役会の努力で不便になってくる外
の宣伝は明日運動場であるので　今日は見られない　今夜は皇軍将兵
の慰安の為めから　無料にしてくれる　見にいけなかった何かもよい

895-2

8

No.

舞台には電気がついて明るい支那人ばかりだ　みんなが笑って見て歓喜て
に聞きほれて居る支那人たちといろいろの楽器で音楽が始まった　支那音楽
ではない管絃楽だ　楽器も日本と同じもの　音頭を分けてスマートな洋服
を着て居る十七八のクーニャンが出て来て支那の歌を独唱した　いい声で中々上手
だ　三つ目に満洲娘を歌った日本語で　様々にもよく分る　兵隊は大人気だ
子供もテンポをとって居る。一寸知ってゐる事わかるのだろう　二人目に出るクーニャン
クーニャンは頭髪を下げて　とてもあいけうのあるいいクーニャンだ　兵隊は喜び
あらゆる手をたたく　いい声がなよなよく流し目でにっこり　ことばをつくして
笑ふ　とってもすばらしい　二人は若いの歌を支那語で日本の節でかへた
が　とっても上手だ　天才　男の人も歌った　中々上手だ　男女二人でかけ合い
の歌も上手った　一節づつ歌っていく　中々感心する位うまい　耳数調の
文物だったろうと思ふ　支那クーニャンの歌なんか始めてだったので　あまりの上
手さにうっとりと見てゐた　支那の歌も音楽もみなさんがうまいと思ふことと

896

1

No.

はだしかだ。休みなしに働くに書いてゐた最后に寸劇 一寸四比の二ケカ
みたいな支那の笑劇で 近眼(チカメ)の男が面白いことをして大笑いだった
ちょっと日本語を入れたり 日本の兵隊に分りやすく 短かい支那語で書いて
ゐたので わかるのだが 空腹、腸の虫をならして笑った それが従て映画だ
トーキー 二三本 恒兵金で作られた 皇軍慰問の映画で 歌 万才 落語等
あんまりに東宝映画の東京ブルース と云ふ小説の出所ものて 喜劇だつた
た 日本の映画は支那人には分らんらしかったが 一生懸命に見てゐた
柳吉店い土台も兵隊を支那人とで一パイになつた 電気を起してやるのだ
中々大げさなもので 今月一パイこの○○地区を慰問と宣撫に巡廻するの
だそう あいさつをされた こうして支那人の群衆一ぱいに手をうたせ楽しく
見たり 御礼したりして行くのを見て 東洋平和の来るのもあまり遠いこと
ではなかろう 子供らもよろこんで 大講堂外へ出た 外は寒い風でヒエヒエ
としてゐた アー寒いくと言って 子供らと手をつないで お話しをしたら悦った

十五日夜
石

887

No. 10

三月十五日 今日は朝からどんよりしてゐたまゝ一日てりもせずで
夕までゆれ室で又人々が思ひ思ひな日になつた
旅組は久振りに楽しい良日 心を楽しませて(?)ゐた
ぐつすりねむりして目をさましたら明るさが皆つて居る気がだ
点呼、体操をした后の朝(?)に行つた。今日はうれしくて居るよい
係達が帰つて部屋(?)を洗ひ火をたいて湯をわかしみそけ(?)で完了
をすると後たちが満州娘の歌を又旅組(?)にかり出した。成部(?)
が去つたで(?) 皆んなが旅組皆んなが又一しょにおかしに歌つてゐる
同たしかわ十六満州娘 春の三月雪どけに お嫁にゆきます
となりの村へ わんさん まつてて ちょうだいね しいを、
火にあたつて頭(?)し旅組の事を話しうわさをし合つてゐた
九時半 この倉(?)作る丸太を担(?)かして陣地の上へまーうんだが 云(?)
呉(?)の悪いので 中西と又田(?)の窓のキリスト教会の近くへいつし太いのを

898

No. 11

一本切った枝をはらって帰って来た。之で午前は終った、火をたいて湯を
を沸して昼めしをたべる。午后は休みだ。〇〇の精神慰安所が来てゐ
る旨もさうだが、火、金曜と二日毎に休みになる。午后から休だが
時間に余裕が出来なかった休みが延びた。今日は露営の様の道
劇場で航空隊の慰問団の歌、舞踊があるのだ。隊から列を作って
徒歩で行くのかと思ってゐる。一時頃子供達を中西君とつれだって見た
レコードを鳴らしかけてゐた。凡か淋しい。もう沢山の支那商人達が
當(?)の御馳走が集り物を並べて待って居た。久し振りに見られるすぐ
に並べてゐる中には一寸長衣をまとって来るものもあり一寸傍らも隣は自然と
ぬってたり嬉しい日本人あちらこちらにかたまって久々にえんたいをして
並んで陣取って居た。其の内二一の〇〇隊長殿が馬で乗られ始まった。
ちやんと式があり、出征の旗と日の丸の旗に最敬礼をし、二一の委員会
長のあいさつがあったが、大部分済んだ。一寸も分らなかった。次に〇〇隊長殿の

899

No. 1

今日のDA放送は（夕刊に 二十七 夕刊一（草書）一組 日曜版 一二）三千年と七億送る

講演があり之は選挙人が文部省に対をして言った一日拍手をつづけた

そう劇団の主人公の演説もありつけにつけつつ居た皆は皇居参観

のあつて日本の音を入れてあつたが今日は文部省の為に弱めすつかり文部省はかり

の歌だ。天合唱女子人合唱のよい節の歌であった それで「偉大なる母親」とか

「恵獣眠」とか「母なる勝鬨」とか云って面白い生活をした　話は今少なりが

じっと見てるとよく分かる様に思ふ手がかり身がかりを見し居るとわかるが

今日は外が近く来て居る。昨夜の方も何か寒かったが私は寸法よりもしくしっとして居る

が今は割れ出しに作ってるたが大分暑い寸居た見物の体にも見え、よりよい沢山来

て居る見かけはかは見たが、遠藤に一杯居た近くを見つけてしまった前

の方がよいのでかすかに言ってるた居た時々かけて大笑いをして居た

空の郵便と生存か終り閉会だ。ワンかよせを室に風が吹いて中を走って見て居た

（終るだ。大きな立ってあつい茶をのみ一服して居た。日記手帳をかいて居る

夕食した。大きな外に出かけてみたら近くで二夜だけ一寸出てもつと二寸もあるのを見た）

それでは又法部でも出しいと思って居る　良生

三月十五日午後十時半

妻へ

900

No. 1

二月十六日 今日はよく晴れた日になったが一日中ひどい風でごー/\くと言っておた。今日○○の宿舎へ行かれる人があったので旅館は来た手紙の返事を出した。風呂へはいり夕食後早々初めてお前への返事一通と一方ならぬへ、寛之北京へ一と三通かいた。めはりかきでかいて書通だ

梅田、井上は この前フートーブがつかれたはあまりなので黒ーいやりにした

初三千七日ド 東一郎三四千の招待は初三千見に会堂、郎之助等 慈雲室とに別れてせられたことだが盛大だったことと思われる

二月の節期も終ったとかいてあるが桜木の道首代が四千日なされとのことと

長い旅気分の割に安かった様だ十五日出征家族は二割引とのことと

何か物が中は大変に多いらしい 米も十七円四十本(相三斗)するとか

それでも肥料が高いから ソバンはもってないなあ、作りがかなーい(?)

は一人前に分るし中にはせりとりに大変なことと思い 他のものも一個ぶが多

五日つーと万太郎の便り何回か節ぐんが大変だ。まあよい池があき

901

No. 2

たのだから仕方がないが福壽生命保険が昨年八月にかけたのが二十四回目で

この八月迄すこしおくれて全部はらへることになるのだが細って居るが好い

今日は松を切りにいったが朝めしをすましてから山を見て来たが九時頃

八人でテくてくとつれだって山中を出て〇〇の主人蜂陸に来て居た半道ばかり

川で寒かった野山も青くなって来た春は師範学村の畠山に松山あり

谷の湯地用の土地であった四坪で只はなしのよいよい所だ其処から守村の谷

だれだれ、子供もあれたまして草が所々生えて居る。四時迄切って居た

山の上は一寸寒いほど陸がのんびりしてよかった 太い松ばかりばっさりと倒

れる音は痛快だ 畑には農民が中々耕作をして居る 一日の作業を

終へて又ころしと帰って来た 山の上へ何煙が上ったりおりたりしたのでだるい

疲れて帰って来た くったりとして火にあたってあついお茶をのんで 日記をかいて

るたるんだ 村の天ぷらでうまかった 今夜はそれから又昨日から

寒くなるので さんさとあたゝかくなるのだが 明日はよかろうと思ふ 又

十二ー夕 六時半

902

No. 5

二月十七日晴天、今日で三日目 風はびゅん〳〵強くなりヒュー〳〵木をゆすり
寒い朝なんか冬のなごり 昨日は指が切れる様で 会をすませ 風呂へは
いって来ず 寒けがいった 寒い 火をたいて お座敷から本をよんでいた
午前診察多忙していた、水揚を一組の番で担当して いろ〳〵指導の治療しておいた
ぐっすりねてワンワンで朝めしを持って来て起こされて目をさました
ねぼけて みそ汁が [illegible] 一膳と隣へ帰り 分と [illegible] をかいて
世界強くなってひどいものになったので 出勤 今日迄はこんなものだ
代りのとっ [illegible] 考郷律を治して呉れしお医者 湖水はとっても冷たかった
工夫して来て 治を引いて ねて居た、今日も指を切りに来た 二十人まず
それで べんとを持たず出かけいった 四人の所を水谷と二人だけ行ったのだ
今迄火がいっぱいあったが 今日からは寒くなっておった 料理やお菓子を見て
客がなかなかのぞいて 水谷と気にしていた、そしておったが じっくりねたと思って
又ワンワン年に起こされて見ると 立派に気がついて起きた

No.

豆は到（サア）の生臭を一切払ひあり焼いて食べた中々おいしかった。
午后は外套が来て俺は起きてゐた 小隊長殿が陣地へ来られて少し話をし
て居た ○○の陣地によいのが出来たと言って居られた。火をたいて 熱い湯をわか
してのんだり雑誌をよんだりしてゐた 苦力を使って太い竹を切ってはこばせて来た
のが城壁へ行った 城壁も高いのだ 三丈位ある 竹を中へ入れて渡して来た
城壁の上から見ると前の陣地の山がよく見える 一増水したら一面の池になる湿地
の平野が草が青々として来た 春だ 附近の水がかれになる 桃の花がすっかり
はふくらんで来た 話隊水谷が起きて来たので 交代して又かいた 雑誌をよんで
ゐると又ねむくなってくるとねて居た ふっとめが覚めたら又夕方に起
きれて目をさましたらタ食だ まめ豆と ヒモ一二枚だ お茶も 風呂に入った
火にあたって水谷と話をしてゐたら交代に来て呉れたので 室へ行って風呂へ
はいって下を洗ひ出て来て火にあたり 四人話してゐたが外は寒い 七時半
点呼をとり 火にあたってゐたがねとこへはいって日記手紙をかいてねる

十七、夜八時

904

三月十八日 くもり 后雨 昨夜夜中に起された ○○金氏だ あまり急なので
びっくりしたが 三ケ月近く居たここを引上げて行かねばならなくなった
皆ねむれず又いろいろ話中に話をして居た 今日起床は一時間早く六時だった
荷物造りをまとめてうす明るくなった頃洗面して朝めしをたべた ここで最
後だ 火もたきすぎるのでどんどんたいてあつい茶をのんだりして 沢山になった荷物をまと
めおわりでまいて 荷造りもした 兵舎の方から大分は二人で来たので 多くなった
シャツ一枚になって荷造りを終り 部屋を掃除して布団類をすっかり出した
播磨ふけ○○の跡をむかいに出かけて行く 二手の方法も困んかりとくる
めかいろんのものがもう一人になったから ごぶ違いだ 兵隊の洗濯代だけがし大
一になのなからた 大てい外の者は 文郎の女はさせてみた 上手には洗ったが
其日の員の大行李が来しくれた 荷物をはこんでくれるのだ 手傳って 俺がハトイ(?)
へ荷物の運びいことになった 馬が引く荷車一列にならばのよな
天気つづきで道心よい 土がかわしく つけて 歩きにくい 泥になってゐる

905

城外の菜も花盛りだ ○○のハトバへついて荷物をおろし一ヶ所に山とつんでおいて
宿所へ通訳をたくさんにやった 早く早くがお来なかったが来なん
で川岸で荷物の番をしてみたものの川風が寒い 十時半頃 あついめしをたべて暖
とって居たら宿がやって来られた 馬をつないだりして当分船が来んのでまって居た
小舘は来ているのだが沈船がおんので つめないのだ 川風がぴゅーと吹いて寒いし
桑の枝を集めてたいて居た 其の日に初めてあたって来た雨だ おもしつみこみに雨をはと
思えどうにもならない 其の日今日船は○○でつんであるので お先に今日来なかったことが
今り明日になるとの二と 雨はこんど寄りそうなので 衛兵の荷物をリヤへ押しこんでおいて
土民の家を借りて掃除して内部になった 工兵所の好意で土民の草（下かりの）
をはこばせて土間へしいて ねることにした 木を集めて 火をたいてあたって居た 焼肉へ（ふ
ない 夕食をたべた 以後酒六合が来た かんしてのんで ほろっと一寸酔ってねた
菓子も一つづつくって 方位の枕にたてて くふとなってのでねることにした 木の枝があって
ませながかりたい それに宿の抜けぬ…と思ったが途中まで寒く外をぬけてねぶれない

三月十八日（廿日着）

実より

母へ

1

昭和十二年五月二十日	松江出発
二十一日	一二二ヘ入隊
六月一日	京都屯営出発、
四日	アイバ野ヘ到着
十七日	アイバ野出発
二十一日	大阪築港着
二十二日	大阪港出帆
二十六日	上海上陸
三十日	上海出発
七月一日	杭州着
二十一日	武康ヘ討伐ニ
二十二日	杭州兵舎ニ帰ル
二十六日	銭塘江ヘ射撃ニ
七月二十七日	杭州ヘ帰営
三十日	海塩討伐ニ嘉興ヘ
三十一日	嘉興ヨリ船デクリーク討伐ニ
八月七日	杭州兵舎ヘ帰営ス
八月二十三日	杭州出発討伐ニ南京ニ着
二十五日	南京出帆（利根川丸）
二十六日	荻港ニ上陸
九月八日	荻港出帆（アデン丸）
九日	太子磯ニ上陸
十月七日	梅埂ヘ増援ニ
十日	下江口ヘ敵前上陸
十二日	池口（池州）ヘ転進（上陸
十一月五日	官亭廠ヘ追撃前進ス

1243

2

十一月八日　馬航橋ヘ砲列ヲ布ク
十三日　馬牙橋ヘ陣地変換
二十日　四叉家ヘ陣地変換ス
十二月二十七日　四叉家出発下江口ヘ
三十日　下江口出発大通ヘ上陸
昭一四 一月六日　大通出発敵前ヘ向フ
十日　敵前ニ到着砲列ヲ
二月四日　敵前出発大通着
六日　大通出帆安慶ヘ上陸（明神丸四〇〇〇トン）
四月六日　城外飛行場兵舎ヘ移転
五月七日　方二団ヘ討伐ニ出動
十三日　兵舎ヘ帰ル
十五日　彭沢ヘ討伐ニ出発（周春丸四七〇〇トン）
五月十六日　彭沢着上陸前進
十七日　浮火山附近ヘ陣地ヲ布ク
十八日　陣地出発彭沢ヘ帰着
二十日　彭沢出帆安慶上陸（新京丸一二〇〇トン）
二十三日　払明前兵舎ニ帰ル
六月六日　方二団方面ヘ討伐ニ行軍
七日　朝バンカハヘ陣地ヲ布ク
十一日　兵舎ヘ帰営ス
七月二十七日　兵舎出帆東流ヘ上陸
〃　同日黒石渡ヘ砲列ヲ布ク
八月八日　午後陣地出発前進ス
十日　陣地変換前進ス
十一日　攻撃開始　砲兵戦

1244

3

八月十二日　前進約ニ来　呈イ二泊

十四日　土民部落ニ宿営

二十四日　陣地出発　東流ヘ帰ル

二十六日　安慶兵営ヘ帰着

十月一日　分ニ団方面討伐ニ出発、于家祥ニロサイス

二日　于家祥ヨリ約五十キロ前方テイミンヘ向フ小戦ヲ退ツテ前進ス

三日　黄信得山ニ陣地ヲ、午后四時ヨリ攻撃開始　夕方近ニシンハイシャンヲ占領ス

五日　午后九時出発　復行軍帰営

六日　午前五時兵舎ニ帰ル

十一月六日　討伐ノ為桃丸積載、帰ッテ一泊

七日　出帆、香口鎮ヘ上陸ス

八日　攻撃開始

十日　陣地出発　香口鎮ニ一泊

十一月十一日　香口鎮出帆　同日安慶着

十二月四日　安慶出発　午后二時出帆ニ

午后六時大通上陸、六日近宿営

七日　午前十時出発　午后六時胡家村着

八日　高家沖ヘ前進攻撃開始　同日胡家村ヘ帰ル一泊

九日　胡家村出発　大通ヘ着

十六日　大通出発　烏東磨ヘ着

十七日　山ノ頂上ヘ陣地変換

十八日　夜陣地変換　部落後方ノ山上ニ

二十四日　畑陣高地ヘ陣地変換、旧陣地ヘ変換

二十五日　陣地変換　部落後方山ヘ

二十六日　前進　ツンチャウヘ強ホテロエイ　ソーレンシンヘ

二十七日　ソーレンテン、川泉ニ能別ニ布ク　午后五時出発　部落後方陣地帰ル

1245

十二月二十八日 午前十二時馬奥嶺出発

二十九日 朝大通着、積載池口ヘ上陸 午后十二時池州城内ヘ着、

三十日 城壁近ク陣列布ク工事ス

三十一日 池州出発十里崗ヘ助勢ス 十二夕日城内ヘ帰ル

昭十三 一月二日 城内出発新山街ヘ陣列ヲ

五日 陣地出発 城内兵舎ヘ帰ル、

三月十八日 池州出発 池口ハトバデ泊

十九日 池口出帆 午后五時安慶上陸

1246

三月　日　早く手寒くてねむれず火にあたって起きて居た　元気はすっか
り衰弱したが　あけるとかあまりないでゆきうなけだから、寒いのは当前だ
りとして寝てねむれず　やはり口ずけ、寒いナアと思った　一夜は明けて　雨は少
しも降りになった　ありがたい　雨の中の積み荷はすぐろーうるさい　危ない
米を持ってめしをたく　下の土民の家へ行って　ナベを借り　二合分をたかした
であついめしをたべて一服してから　ボーッ〳〵と流氷が行って来た　船が来た着い
急いでハトバへ行った　道が雨でぐちゃ〳〵になって危なくてたまらない　ズル〳〵だ
先へ馬を出　はしけ船にはいったが早い、寒い、雨はだん〳〵と降って来た
船も込みこんで荷物をのせて最後の船が一しょだ　○○よ●さよ(なら)と　三ヶ月あまり
居た○○もなつかしく小さくなっていく　体よく逃れた　お偉方　四二○年ぶりに別れを
村の皆は元気だった、母船へのった　○○○トンの一寸おしいよい船だ　○○○から
一しょに来て居た　全部そろった訳だ　久しぶりに会う友の顔は皆元気だ
船の中は寒い　少し元気が出るのではと思って雑誌をよんで居た　一昨年上陸

907

2

今日の手紙　（ブートー　中村泰一、堀つま子　二
（八年生　平一、川嶋ミドリ　二

したので見える。四時頃になると雨も止んで来た。雲も切れて山も見えた
○○○の塔が見えて来た。だんだん大きくなって来た。青の色もはっきり分り、沢山の漁船、艇
○○體操、林の中に煙突が見える。○○のハトバがみえる。三ヶ月まへに行った
○○のハトバ、もう三へは行かないかと思ってゐたのに、あまりに早かった。○○の命令となった
上陸してあるしたかゝる。落ちてゐるから早い。自動車、荷物をすこしすこしした。四時
までかかって待ってゐたのが六時半だ。夕食にアンマキやウイロウをもらった。おいしくたべて
一服、雨も止んだから少しハトバを歩いてみたい。七時に出発して薄暗い兵舎へ
なくうすやみの中へ消えていく。途中一晩した。隊にはくらしなくてゐた。宿田飛行場
も出来たらしい。大きな家が立ってた。まだ気のない途中はよい。田んぼはすっ
かり稲もある。野菜物も大きく伸びた。ここに飛行場へ、そして街内をくぐ
って兵舎へ。八時半の点呼。ラッパがなった。アヽラッパをきくのも三ヶ月ぶりだ
従兵を以って兵舎の荷物をとゞけてゐる甲板、ヨヨで駐屯の様だ。見違える
後に思ふ丈郎の家に居た事を思ふと、鉄舎をただ風呂へはいってゐたが大分なれた

三十日夜

908

3

三月二十日 くもり 寒い日だ 彼岸だと云ふのに何と毎日寒いことだ
今日で五六日寒い風ばかり小雨があって又冬が来たかと思ふ位さえる
昨夜は百日ぶりに兵舎へ帰ってワラブトンの上にあたたかくねることが出来た人が多くて
中に眠れるだけ寒いので又めいめいのだ十一時頃におきて一晩じゅうすわってねた 大変
一夜が明けたまだねむたいねむたくてたまらないが 二人 母ちゃんの元気だったことも 去の家
ラッパの音が頭へはいってすぐおきた明るくなってゐる 昨夜の夫人の家のことが見
るとお話にはならない ブトンをたたんで整理しておいて外へ出る兄弟だ これだけ人
のそろったのも百日目だ 大ぜいはよいものだ どこの国だって東方より拝し 勅諭を奉唱
して一同兵舎へいく 今のところ兵がごちゃごちゃになっておるのや 二人 補充兵も沢山居るから
仕事も早い 水筒も二人来てくれたので楽であるが 三日すると又十七人と別かれるが
れるだろう 大便をすることも出来ない 手入れに帰って顔を洗ふことも出来なかった
今の所 食器が足りないのでハンゴで食事をした 気をつけなければならない 大切なこと
だが来ない いつまでも立って居た しっかりと寒い 服をしっかりつくりたい 居心地がよい

909

長らく二階に居たのだから家のなかだ。九時半外へ出る　今日は米大統領が飛行機で
来られる日だ。今迄の大統領は日比谷へ停められたとのことで僕達もそこに居る日に会合が
出来ない。会合は明日延期とのことで来たり行ったりしてとても腹が立った　大村の
定期で来られた土曜から　あらずすずある財布が依頼だ　終って会館へ帰り　一時に島の
水、えさをやりにゆく。またナンバの方でものだ。おかげはどこへ行っても同じことだ。味も覚えない
様にみて背を流してもらった。病気が何故遠くてる様に思へて早く寝ないで電気はある
一個割はよいし少し今は暑い一時から休憩に使う道具の手入れと検査がある
手負をれてすぐれ自分の方達から大いに気になったのは心やすく後楽へ帰る
加藤色の酒をもらったのが二十本。アンマ千一本とあっては食って酒をのんでねかりに帰る山に
南さんの所、松本も少しの酒に酔ってた。晩年して居た風呂へはいって来たが皆一ぺん寝る
人は多い。一寸四百人位は使はすとても大便がすっかり満足だ。人が人だ一杯
帰って来たら水面に家から小包が来てて、ビールを入れた写真機もつけたのだよろこんで居た
なかなか人の友よ。はりきって居ないと言って居た　上野へ今夜は不寝番だ　勤務で二時迄だ

二十日夜　上野にて

910

5

三月廿一日 今日は彼岸の中日ださうだ。それでも寒い日だ。天気はよかつたが
旅館の不経済も中々寒かつた。外とうをきては居なかつたが どうしても
電気のこ所は明るい丸燈から消燈はしたが まつくらで 一つ二つ星がハツキリと光く（おびたゞしく）
ありた敵の空襲の所があつたに見える所 近の出て来る様な気がする
ことはないが 安心のためだ。一時四十五分に急起してゐたが、よい月夜で 白い
壁にかゝつたり 青雲の所へ出て明るくなつたり 月夜は何とも言へない
月をながめていると お前のこと 子供らのことを空想してゐた 出征前のことく
考へ込んで思ひ出しては見たりして、そうしてゐたが すつかりゆつくりして来た
朝は冷たい上に 体操をして 暖かい所で 俺と私と二人 食事を一番に
するため室内を掃除したり 食器を出したりしておいて 顔を洗ふ。
其の内 手入れをし 当番で 腕がなかなか 朝食をすまし 一服して居る ねんた
時の様に 火をたく事は 出来ないから 二、しばらくの間は 一寸寒い
一緒に居ると又 よいこともあるのだ 兵隊中で ろくな勝手なことは出来ない

911

6

九時から馬の手入れに行く。今日は午前中大隊長の馬検査があるのだ。
爪を洗って油をぬったり馬体を手入れしたりして十時から検査が始まる。ようやく
こまかい所を見られる。吾々は一線生活なのでちゃんとなっているかを見られるのだ。
あたたかいよい日になった。日なたぼっこはゆかいだ。ねむる位だ。手入れはよいとほめられた。
十一時半頃終って直に帰り、今日もまた一服し、午后はめいめいの持っている被服の検査だ。
中々忙しい。外をみると寝具、鉄かぶと、はんごうまですっかり手入れをして寝台の上へ並べた。
三時から検査があった。不良のある者は見られ、皆んななおさせられる。
もうこれで剣と銃と終りだが明日でもあるのかも。今から一つ解いて中々数が
多いから検査をされるのも時間がかかったが、これも要領よくすんでやれやれ一服だ。
外はしずかでゆれず寒い。柳や外の木も青くなって来たが、寒いのだ。一息だ。
その外の者は皆手入れにいく方が、校長と文会頭を手当に移った。会長を
新しく探検をしておいた。めしを前にこのように皆が来たので一寸同位に手紙
をかきおく。今日隊の編成がかわるとの話だ。古い人、若い人の交代があるので又

三月廿一日午后五時

安吉

妻へ

912

二月二十三日 うすぐもり、毎日寒い風が吹きまくる。

昨日は夕食后に全員集合して分隊の入れかへが発表された 古い人が去り新しい者、連中がふえたりしてゐたので すっかり分けられた 水谷も今度は一分隊へ行き 小隊が一しよだから一しよにはなれるけど 俺もそのまゝの二分隊であるが今度は馬を持った 長野と云ふ名だ 黒い毛で 世の中に云ふ馬だ 初めて愛する大きな馬だ 夕食后から点呼迄の間に手入れをするので それに大分出入あり 施手はそのまゝ去った 沢山の寝わらをすっかりはこんで 丸で大運動か緊張の様な大さわぎであった 返した それでも点呼迄にはどうやら手入れを終え 俺達のやっと出た所も中央の ト方の所なれが男ぞろし押して来たので 三台移動した それに俺は 湯来車に迷ったので 寮交付の側へ寄り 松井と一しよに寝ることになった 松井にはさんざ世話になった。一晩で二人っ風呂へはいった ほこりまみれになって来った。横着で立ってゐた。疲れて来たんだ すっかり終

1237

つたのは、片付いた。今迄けどこへ行くのかと思って荷付けなかったが これで
又当分はこのまゝで居られるから 落付いた。いゝことのような気分へはいって
出て来た 今晩の泊る所は電気の下に近いので明るくなった
点呼もすんだ 水をとって飯をたいた。帰ってから二日分 兵器検査や
馬検査、被服の検査等 又検査で日を過して居たが これですっかり
終るわけだ 船の入れかへもすんだし 今度の付近にある道はゆっくり歩
ける訳だ 火をともして本部を出して机へ入れて見たら 新潮を読んで見たり
して居たが日を送った いろいろと有様のことを考へて見たりして居た
今朝も白雲一パイで日はてらず 相も変らず寒い。夜は特別寒いが
僕は中田にタブトンを借りて毛布の中へ入れてあるので それを二つ来てから
リュックがあるので 上へかけて居るが 重さは知らないが とってもぬくいのだ
外へ出て点呼 大勢だから 誰かが体操をして 広い所一パイに
なるから 寒いので みって 馬せついて 朝の内に 馬の入れかへをした

1238

2

いよいよ今日から俺も馬を一頭貰った おとなしいそうだが来て見ないから
今度の前の人はよい馬だと言って呉れるが、いい馬であって呉れ……
きっちり馬に入れかえてしまって手入れをして厩へ行って顔を洗って朝食
今日は休みで外出が出来るが俺は例によって出ない 城田では酒が
とられ困って一昨日から田植をするそうだ 本土一切今度はなんでもの人
だから十日位の人でも働いて返すのだ 慰安所は沢山あるから好きな
者は又出掛けて出て行くのもよい ここは、ろくに日本、支那、朝鮮と三
色あるからよりどりだ 昨日迄の山、城田の○○生活から離れて久し振り
の外出だから それに給料俸給を貰ったから 金はあるし たのしみに出掛け
る者ばかりだ 眼統検査をしているものでも出かけて行った
一寸おめかしした者が皆出て行ってしまったので静かになった だから
書いて 一人で一日遊ぼうと言って、先づ今迄書いてみた 書物を出し
た 俺をはなれ放しした書物がもっとあってもはいらないので、

1239

それから小色の箱四つ、手拭が四人、木組と五つの台を持ち出た。何から何

ーパイだ。随所につけてムコトカタオに菜を一匹ずつに区別して一つ一つ失くさん

二年に近しなるから、寝物も多しするばかり、それで多くしないやうにかけ

て飾つてゐる柳生な物だ。土地退近かつて四つの紙箱につめ、つめこんで失くさん

木箱は手箱の代りに玄関へおりて出し、公のし合ひ、横にしてすぐの用を

柳はかりあしておいて外の者は大きなザーへ箱へつめこんだ。玄関に水をさ

とめりにうされ二人しかない。服部と、私とは今日も集めまつて残る

帰つて座つてならべ、木の箱を一寸横を近くて大きくし小色の箱四つ入れて

新たにたてて棚へ上げた。じつくと休んで、風呂わいたらしい

ごはんを風呂へ入つた、ムコトと、絵太の世話をすると、彼をすまして失い

手拭こすにて洗い、これもついでにすべて帰つて来た。心持だ

去年の秋ごはしごとをかけて居る流行歌をやくやくかけて居る

犬をたえず一緒にして遊んでゐるたが、少しく秋の気配が多くなるだ、便新を切

1240

5

切って其の室へ行って十四人の名をかいて棚の上と飯台の下とにはら
しておいた　姉が西瓜を買って来たので一しょにたべた　うまい
それからは皆でにした　出来た中のしまつは終ったので　氷をとる
わた　十九日に来た通りをかいたはずか　一番検査で捨て疲れて
かくれんぼをなかまが休みだ今日かいくすかんと又次の便りが来たのを又つかって
なるので、わたしは伯母がなおれば堀と赤一まいノートの通りをかき
主上、明夜ラジ君と八月の通りをかいた　これで借金がすんだ
日記をかいてたら　兄さんが外出から帰って来た　土産に菓子をくれた
結んで帰って来て　馬の手入れに行った　ゆめうを入れたり　水をのまし
たり　かいばをやったりして帰って来た　多分だろう、皆帰って来た　一同
みんなでりして　出すーに仕舞みんなになった　歌ふさわぐ　ますた
伊藤　植木も帰り　十ヤン走しをのめと進まれ　一人はたら　の人だけはろう
と迎えにきていい気持になった　食事をして日記をかきつづけてたんが

1241

山本が夏なのに帰らず、心配して居たら 昨日うまそうにへべれけに
酔って帰って来た。電気もつけた ケッタイキをかけ、店の歌、浪花節
等をやって居る。ほんとうも酔えばよい気持になる
本一君の手紙にお前のことを とても感心してあった。海老を二人で帰って
学校をやめて手紙で届けられた。立派な 俺の方が気が引けて困ると
かいてあった。子供よりもとても大きくなった元気で居られるから、安心を
せよ。其他、帰る時の注意を少しと、熱心にして居た。本一先生
なることと思って源太郎も来年に甘手紙をとれるだろうと思って居る。
もう三月二十日だ。二年生の三学期はあと三日で終る。それはよく三年
生になるな。三学期の成績はどうだろう。未今も全甲を取ると至誠あいに
なって居るらしいが、全甲だろう。喜ぶだろう。俺も永年しが、父は来年
東京へ行きたいだろうか。もう学年を忘れて失敗したが、今年が来年が今はそんな
になって来た。田も草が生えて耕作に困るだろう。体に気をつけてやってくれよ

三月廿一日 夜 書す

山本より

海へ

1242

一

昨日の手紙

ノート一（東京ト、鈴木幸雄、村田千代子　三

リカキ（八木末敏・久夫、中屋休印、鈴木みの、小室野花子め、北原秀吉、村田美和子）

おすし（おちみつこ　九

　　　十日

二月二十二日　卒業式もいよいよ明日で終了、毎日寒い日ばかりだ

春は去り又冬が来たのかと思はれる位だ。今日はしめって居た

昨夜も早くねむらぬやうとしてゐたが外出者が帰ってからとても賑やかになり

大声の話をやり出したので点呼がすんでも中々ねむられず往生した

ねてから雑談をやたらしてゐたが消灯になりラッパがなったのでくらくなり

目をつむって居たが中々ねむられず おきをよく消をしてゐたが すこし近ねむられず

家の事を思いおこしてねむってばかりおきてゐた。それでも一ねむりにねて

点呼場へ行った。体操は止めて俺達は早くから使役らしいのですぐ兵

舎へ行った、装具をもって外へ行って あつい役を背いでトラックの合軍へ

来た。十人位朝一寸寒い中を点呼は走って城内へ。道側の麦はだんだん

伸びてまっ青になってゐる。皆農場もだんだん耕作し とても広くなってゐた

兵舎も出来、農場が働く人の居る所だ よくなって居る ○○門の前で

トラックを下りて城内へ入るが今日はすこし振りの城内。きれいになってゐるが

913

2

大して変つた事もなかつた　空家は一つもなくて廣告を出して居た

朝が早かつたので人出は少ない。

行つた。

みこみ用は大たい沢山の船がうかんである。帰りはなんとなく城内を一廻りして

帰つて来て休んだ。近所の洋食屋へよつて　ここに夏　備せられた　之の傍た

その小隊長だつた小笠中尉を見舞した。自分で之を見よて教士のが入浴もあ

来る様にしたと言つて居られた。出て来て帰る沢山ののの株が出動所に

バラックをつみこんである。帰つて来て一眠つて午后は兵器倉の倭彼で

馬の運送を調べてゐた。砲兵が沢の団家に四時近くて手入れをし帰らん

昨年の通りを十枚かりてゐたらのを丸で大体へ入つて　どんなにとしてゐたが

とうく雨になつて　降りだして居る。トランプをたのしみ　今日はなかなか

日記をかき手紙をかき　村田中佐へ返事を一通、アルバム二枚のアートし

にたれこんでゐる。と共に送り上げた。明日は〇〇の〇〇〇へ陣地作りに〇〇のため一両日出ます。

二十三、弘文より

914

3

今朝四日くもり 後うすぐもり、相変らず寒い日だ
昨夜は手紙を書くのだが、やはりねつかれず 仕事した 雨はジャンジャンと降
る一晩中雨とばかり思って居たが 今朝起きて見たら上んで居た
さように 知らず掛に 土手は泥は土砂がりに降つて 翌朝はすっかり
上つて 失水量も多いのだ 昨年の二の段は五日降つて居たのだが 今年は
雨が少ない。柳も降ったおして 水がたまってゐた
上海体操セーと腕の手足がいて 今日は○○○の方面へ 工事に行って
ので 道具を借りに行った 帰って 顔を洗って 朝めしをたべ
並めしと外とうを ○○して 出る 今日は寒い 三十人ひらた 昨日も 三人のだが
なかった、大隊長殿の話があって トラックにのって 営門を出る 寒い
トラックは まるまる風を切って 雨がついて ○○の倉庫の前を 左へ折れて
まもなく 村休にゐた ○○を こえて ○○○を こえて ○○○へ 入る 道のり
七里ぐらいだ 一里毎にたくたく 思ひと いくばいい 今速とでなる

915

○○とは違って こゝの土はすべて肥えて居る 野菜も ナスも 麦も大きい
よく肥えて居る 肥がきいて 黒くなって居る、ちょうど 花盛りだ
レンゲもある さながら と 赤い花が咲き誇る トラックは目的地の○○へついたん
一時半すぎか 居室として ふるさと居合の只の一隅だ この人々は○○だ一番
訓だ 前の山には敵が居るのだ ○○○のことを思へば大したことはない
午后の四時まで 工兵隊へいって道を補修したり 小さな川があり橋をかけるの
だ 奥の山へ材料を切りに山の上まで一服して下を見おろすと ちょうど花と
して 田や麦と色とりどりに山と山の間に見えてとてもよい 景色だ
みんなで丸太を切っては二三橋をかけ 汗を流した 五時に
終って帰るとトラックに乗り 帰りは下り坂だ トラックは六十マイル位の早さで走る
六時前に帰営 夕食 夜の入浴は 第二班が風呂へ入るん
だ 一寸 寒い 風呂は 隣の山を二つ越した所だが 皆が湯が[illegible]
夕べここでちょっと気持よい 気持になって ゆっくり 休んで 眠れそうだ
[illegible]
916

から

六月廿五日 くもり后晴 今日は久し振りに暑らしい あたゝかい日になった 昨夜は日記をつけるのがやっとで 手紙読み返したので何も出来なかった 寒々しい気持になって ぐっすりとねた 朝のうちはやっぱり 雲行きで 雨かと思っていたが だんだん 晴れていゝ天気 点呼をすまし 体操をして 室へ帰り 暫くの回想をする 今日も昨日と同じ ○○○へ工事に出かけていくのだ 八時が八時半になったので ゆっくりと出来た 顔を洗って朝めしを食べ 昼めしをもって 東華苑へ集合 昨日と同じ 三十人ぐらいで外の隊からも二十五六名集り 后と 二台のトラックへのって 九時に正門を出発した 昨日よりは寒くないが 相変らず 朝のうちは寒い トラックは城外の街道を走って 土地も田畑へ 又山へ上ったりして 薪を集めにかゝる 持って行く カゴをせおって すわらして 牛が沢山青草の家へ 何百何千と集って 青草をたべ出しにかゝるのだ

917

6

水牛に荷牛等をひく/\とはすがいに歩いて水牛の上には小さい子供がのつかつて居る。生丸木を○○の城内へ売りにいくものらしい。

○○○へついた。寒いので直ぐ工事にかゝる。[illegible]一夜に[illegible]道を作る[illegible]の通る道を三日で別れて一生懸命にかゝる。あたりが暗くなつて来る。夜には道へ出て[illegible]の[illegible]も、後備、中村隊長と共に一しょに急いで休んで居た。指揮官の[illegible]日中射撃によく[illegible]をとらしめられ、水壺を二人で持つてもらえた。[illegible]の花畑の中で[illegible]してとんでもない[illegible]出来た。からくる久振りの[illegible]で四時に道が出来上つた。トラックにのり桃の花を摘つて帰る。今日は活動が多いので早く就寝したのだ。[illegible]兵舎へ帰つた。トラックは遠く目の廻る位に風を切つて。五時過に帰つて[illegible]をとつて一眠。あとは一ぱいの[illegible]をすると[illegible]汁に[illegible]で[illegible]くつた。[illegible]の[illegible]を集めておいて入浴へいく。さあ汗を流して[illegible]を洗い、今日は早くしまつたので体がすつきりした。[illegible]をかいて一寸休

二月九日[illegible]

[illegible]へ

[illegible]より

918

三月十二日付の君の手紙今日二十八日に届いた。この頃は便りも一週

毎便は来るまい。風が吹いても来るからね。それで下さい。判り易く

君が書いてあるのだからね。お便りが少なければ返事をくれるのも宜しかろう

れるだろう。俺からの便りを出すのは早いが、総じてつぶしたのだ。安心だ。俺の手紙

を出しておることよく俺達の生活がわかって安心だろう。試験会はまだ知れないが、まあ

は早く行きたい。安心だ。二人で一緒に暮らすのは手紙が早く出せること、早く出来る

ことだ。俺にはそれも何よりも便りが一番楽しみだ。そして返事をくれることが、

併し今度は工事で忙しいのをもって行くので、書く手紙がないのが悩みだ。少しずつ

時々はしばらく歩いて色々な方面へ散歩して、少しも立たない。また時間が

あって男も女にも持ってくれるが出来ます。お前への毎日の分かちを、いつも僕のことだ

俺の手紙も毎日の生活がわからないことはあるが、毎日のことがよくわかるように

いつの日か、それは仕方がない。電信でも来る。郵便で僕は一元内で出来る

今のうちから安心してくれ。これで、今月廿六日までには必ず思っている

919

○○に話した話 僕の長男者が可哀相な話… 母が心配をして居たがつた
様子。自分が安くおりん 自分で心配をするのは 母様はないよ。笑いはなす話だ
が何より立派な娘の子供等四人それに今家は皆で仲よく幸せに暮して
居るのが何よりうれしい。子供達も送りかえかつたとか よろこんで
居るだろうな。子供も大きく皆に貰へるから 沢山になつたろう この頃は田舎の
ばかりなので 張合がないが それでも大事にして貰へることを 思ふ
総ても早いものだ 三十年なんて あつといふ間に 今日共之は終業式だろう 三年生
もすんだ十 お前の力で一年二年を育ててもらうのだ 全部を貰へる様に
なるのも 一度にお前のおかげだ。誰がしくれる便りにかくてある
全部心持ものだ。そして家を守り 田畑のしまりをして 一生懸命
に働いて居られることがよくあるので どんなにうれしい。どんなに感謝をして
居るか分らないよ。お前がしっかりして居てくれるので 安心して思ふ様に
働くことが出来るのだ。何も心配することはない。皆のおかげ偉大なものだ

920

3

もう一しきりがんばろう。そして晴れて対面し楽に休ませる日を
待って居ます。又あふ日の来る迄は皆丈夫に働くね。
幸勤らも丈夫で只一つ心がかりが働く気なので何をするにも丈夫にするか
が！身体を休めることもある。一年中たとへ休むか気をゆるしてほしい
五郎りの方も元気の由。先達御手紙に母上や平一からも便りを貰って
安心をして居るのだ。冬らも体気の方はよくないだらうナ。今日悪くなる
方だらうと思って居るが、たたそはないか。俺の来る前にあんな住なかから
もってひどくなってかかれるだらうとは存じているが、ものが言にくいため十
平一の嫁の話も来て居るとのこと。出なければならんと思って居たが やはり話
になってさぞかし申し込みがあってのこと 千葉の兄なが言はれることは当然だ
家田私の日常をはかるためにはどうしても母上の縁の者人を決てもらった方が
よい。そこには多少の無理はあるが それはがまんをしなければならない。
平が良人居ない。母上のしるべと言ふせよ。許して来るのだから平一にも元気に

921

（今気がつけばなど思ふが一家の長い年月円満を欠いた　仕方がない
事件があっても一家いがみ合って円満に行かなかったら何にもならない
それはりっぱな手本なるように理解はしてくれるし、男の子もお前らもこの所
よく合ふ様になってくさせて話をしておくように。それから母のしるべに
今年の娘に好い様な人があるかどうかを言ふことなどが。あなたがしっかり
すっかり忘れし失ったが。母上は在合体を言ってもその通りにしてはならない
只様も家を忘れたおい平一にゆづる。従来なけれ　それとかことをよく分ってもらう
平一にはよい、次だ、任年も足の言はれる様に困りはからふ方がよい
房子も大きくなってるとか。之からは今迄より仲よくして折角遠い所を
あって家の中でいるから来るなかの言はして二つの様に母と仲よくなったらお前
の思ふ様にして房子では随応しても亡くして上げる様に。どうしても姉妹は力
になり合はねばならんのだ。比にも遠慮したりなかったりをする事はない
お前の方が御なくゆくのもかしらぬ。平一の嫁なども其の女なって値の存ご

922

No.

からだを よいのだが そんな勝手なことも言つて居られない いつ帰るか分らん爺
を勝手に待つて居ることは出来ないから大奮発を出して歸つて見たが ハツハ……
田の方も荒しきつてあるとのこと 平生に贅沢な事言つて居られるのだ よい
弟と共同して無理なことだが今年の五月だけ あてにせず やつてくれ 女の児
には何とかなるだろう だが僕が居なくとも 弟と やらねば駄目だ 二人で僕が居
少しやつて見て始末がない 無理でも大体をしない 今の時世だからな
お前の言ふ通り僕の事情には二人来ることは無理にも思つて居なかつたらしいで
田畑地を沢山にしたので 又わくをすますこと人で小作して地を広くのに その中 人に
作る者とは無理にも思はなかつたよ それが今日では肥料の方から二十五以上
さすがにするかなりわるを出して失ふとか 同じ花作りする人でも 生じかつ方為
た 情けないのだ 田も荒れることだらうが それも致し方がない 又あきらめ
て初めからやり直しで やつてくれ 無理ですが あれは又いつか徹底せることを
があるが 極楽の平生安寧の方は言はれる様にしておくそれ 又帰つたら

923

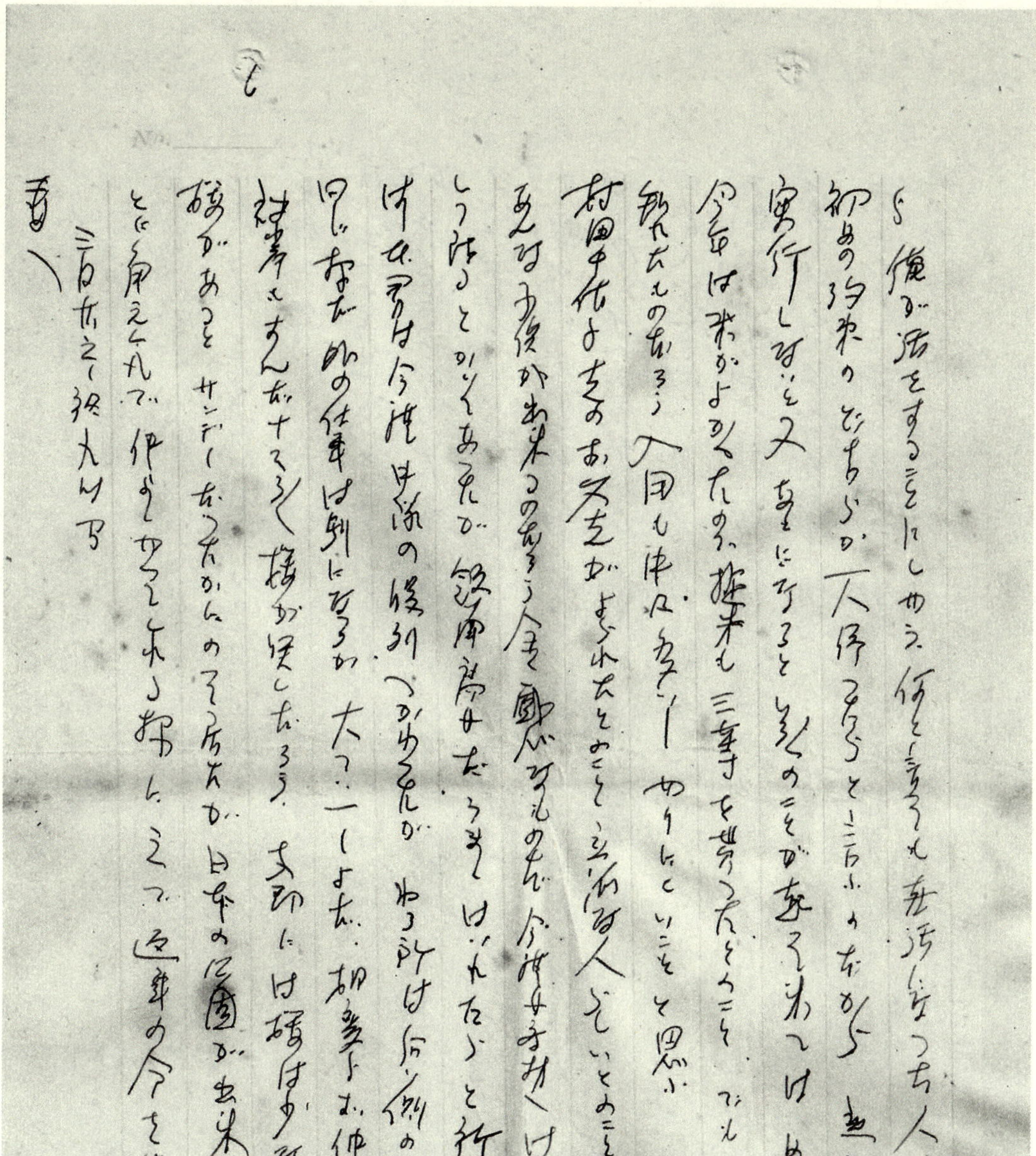

ら僕が弁護をすることにしやう。何と云つても無法な人なから十
初めの約束のとほりお前が一人で行くと云ふのならば無理でもその様に
実行しなさい。又妻にやると親のことが気になつてはいけないならば十
今年は君がよかつたのだ。将来も三年を費やすこと でも作りかかりから
離れないのだらう。今日も中々気をつけにくいことと思ふ
村田中佐よりのお父さんがよく承知なさつたとのこと立派な人だといふこと 先生がよりから
互に其の後が出来るのだらう。全国が承知したのだ。今迄どほり[illegible]を勉強
しつかりとかくあれが[illegible]ではないだらうとは行つて居る
はお前は今後生活の援助ではないかと思はれがわる所は自分側のためなのだ。今迄は
同じなだけの仕事は別になるか。大つ。一しよに 相当お仲よくして居る。
結婚さすんだからよく様が失したらう。太郎には様はかまはず一つのへいことを
様があることをサンデーしなかつたのであたが日本の小国が出来ないらしい
とに角元気で仲よくやつて来る様に。之で返事の今を終ることにする 又

実篤

三月廿二日 於大崎

房へ

今日の手紙（アートレ土 民林、辰生、山下良一、桜木忠弘、4月十三 震三、根りせい、英子らく 新隊一 片寿（示し先四月号））　村田千代拡

三月廿六日　今日は一週間ぶり位の好い日和で晴の上天気だ
あたたかい春だ　昨日はよい窓の仕事だが今日は唯一つだ　よい日だ
真昼を終り体操をして馬の手入れ。今日は馬に大刷を出して世話
た。夫れから兵舎へ帰り銃を洗って朝飯をすます。今日も土方作業
だ。俺も三日つづけた　中山柳次に誘われる。道は遠いが作業だけでも誘われ
る。十四日もトラックでからく　ゆすられたら柳次寄るのだ
九時前に車庫前へ集合して二台のトラックにのった　一寸寒さもあるが日はてって
申し分のない春日和だ　トラックは快速五十マイルも出して中山さんの運転だ　がったんごとん
早くて道の両側の田畑や家も飛ぶ様にとんでいく。田はまだ稲の仕事ばかり
とうきびだ。畑は麦がまっ青だ。一家の前に一本位づつはえて居る桃
の木は もうきれいな花盛りで美しい。桃か梅かとも満開だ。
其の中をトラックは疾走して　約一時間半走ったかと思う。又一つの町へ来た
高柳をおいて　中山さんと別れて工事を始めた。隋坂の

丸ノ内の近所をすこしの間に、俺たちは橋の階段を登ってゆく人がいた

た。ぬれた日だ。シャツ一枚になって歩くと汗が流れる。ハンケチが大きくなって花

開いたんだろうかしまれば ちぎられるだろう。内地ならもう良いだろうと思ふ

吉井君とはしばらく逢の所へ来ん 金をもし一晩しておいた 只野君の弟から来ていた 写真

を持って来たが 三ツ矢さんもふたつ一枚は下さって来ました。出来たら送ろう

今後の日曜には来ています。なかなかみたくてまっているのだ 今度は陣地構築の始まる丸太

を切って 二十日頃に 陸軍の丸橋少佐殿 宿舎に今でも水産試験場で来ています

第一回目の作業時に来た者は皆の大工だ。作った所を見たら山の上で歩くと もうすぐのことを写

した。都合がよい気だ、きっと見に来て下さい。大工の方の仕事が多い。とにかく わた

しは作業を手伝っている 一つずつ完成して道具のトラックに三台のせて 行けば下りが 来る 一時間で

着くので 米は六時まで 午後に御飯を作る 列のしたくはおいて、また 人なつっこい手紙

が来ました 一番に私が楽しみにしている。親類が 一通り見て すぐ返事の手紙を書いて下さい。それしかない

又別に送ってきたし 三冊か四冊 本をいくつか送ってあげましょう すぐ 清耀兄

廿二日 夜七時半

926

3

No.

三月廿七日 快晴 よい春の陽気な あたゝかい日だ
昨夜は東京から来た手紙の返事をかくのに一ぱいだった 外へは出
らなかった 沢山着るたから一寸にはおけないまでだ 暑かったも
欲しい 家の者を送って来てくれた ラジオ 久しく聞かせて貰はう
昨日の便りには別に大して変ったことがかいてなかった 川下宮一君が
始めて送ってくれた 故郷の気 思出を始めてくれた
お前への返事を一通かいて九時半ころかゝって目をつむってゐた
男もよい気候になって来たと言ふ 思ふ あす寒暑迄もと言ふ
お前も一日半日に あたゝかくなろう 草の芽が伸びる 木の芽も
どんどん伸びて行くことだろう ここは木々の花盛りで とってもきれいだ
家畑があれたとかいてあったが 仕方がないよ 又帰ったら二人して
作り直そう 作物が出来なくとも構わない 畑へ入れる所迄は自分で
ないだろう 牛の手も入れて 耕地に 手間を作らず あなたには使へまいへ

P27

全体はとっても面白いらしい 面白くって嬉しくなるよ が一寸も悪くない様子
どうにもならないよ 又よくなる時もあるだろう それ迄苦にせずに
孝行をしてくれる様に弟らも仲よくやって行く様子で これ——…
つまへも子供が出来るのだ 弟共に大よろこびと思って居る つまへには
子供は出来ないかもしれぬと思ってゐたが 二人とも思ってゐただろう
案外のことに喜び上ってゐるだろう 大弟が目を細くして膝をなでゝゐる
由せんが有 ハッハッハ……いよいよ生れるとなると 世界をつくるに
とられのせんかと思って心配をしてゐたが 気がし これが子供をとられず
にすみそうだ 俺が帰るのをまって上京しなかろうと思ってゐるが 大丈夫
相手をし前で見そして居る姿を一日も早く見たいよ いいいく
ぶよく六人とかの総になるのか 又一そう仲がよくなるだろう 俺は喜んで
居る 男女も兄として男女を思ってゐるだ どうぞ女房がいうよめに失礼
実家の志が男と生まれてたよろこび 俺のいっそははまする 大評判だと 言

4

928

いゝあつた　梅田のは当らなかつたので怒つて居る様だ。当つてもいゝ
当らなくてもいゝと言ふのだらうナ　之は当らなくつて仕方がないよ
森田は耕作で損したらう　家の牛はまだ使へるか　相当年をとつたから
弱くなつたと思ふがそんな事はない。この五月には牛が二匹になつた
から病床より出来るだらう　自分で飼つてやるとか、今度作るだらうナ
牛も高い事。買ふのに骨が折れた事と思ふ。思ひ切つて買つたと思ふ
今年の五月廿八　さう、自分でしなければならんナ、俺が居た　あの頃の様に
面あれ程迄にやらなければならないかもしれない　さうだらうが決して
無理をせず今度の台　女共とやつてくれ　弟夫婦で仲よく
今にきつと今の苦労の様にならない様になるだらうよ
人は笑はうと思つて待つて居るのだ　お前達は辛棒して呉れたまへ
おつきあひとの事あるから何事があつてもがまんをして呉れ。力使が多くあれば
によつては自分の家の二人で　いさかいが起るかもしれないが、力任かにもよく言つてくれ

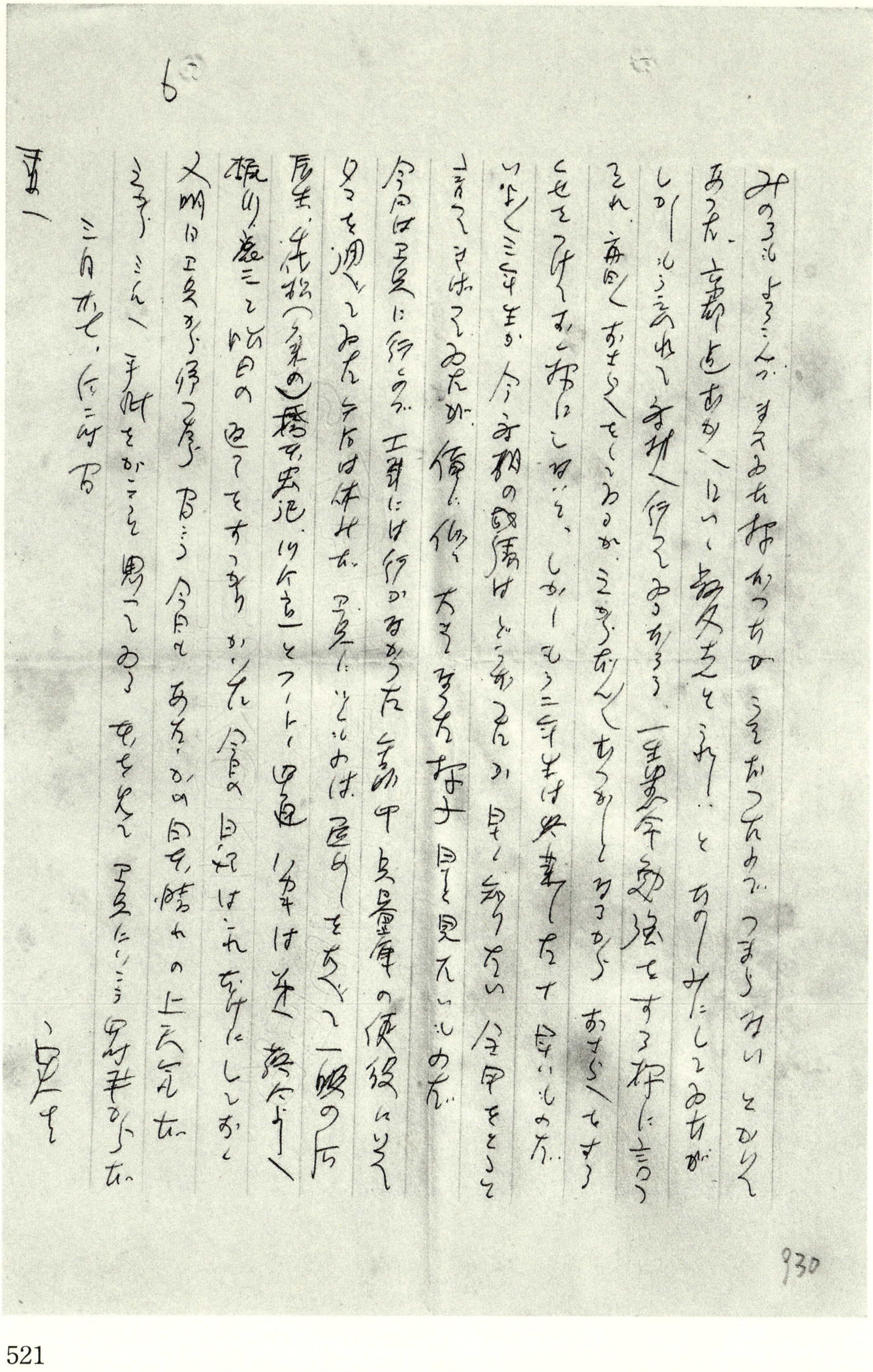

6

みのるはよろこんでまってゐたおまへがかへったのでつまらないとないて
あった、京都迄おかへりについて長女之をみて とめてみたしてゐたが
しかしさう云はれて手紙へ行ってみたらう、一生懸命勉強をする様に言う
それ、毎日/\おまへをしかるか、きっとおかしくおもしろいから おまへもそう
くせをつけない様にしなさい、しかしもう二年半は卒業したとしていいのだ
いよ/\三年生か 今年秋の成績はどうなったか早く知りたい 今年をとって
言ってきかせてゐたが 傍に仰ぐ大きな柱子目を見ていいのだ
今日は工場に行ったので 工場には何かあったか 食後中兵器庫の使役にいって
久々を過ごしてみた 午后は休みだ 工場に行けば 昼めしを食べて一眠の后
昼去、代松(久米の)積出、川合迄とフートく山道 12分は並足 旅た/\
帰り道三と昨日の返事をすっかりかいた 今度の日程はこれだけにしておく
又明日工場へ行って居る 今日もあたたかい日で晴れの上天気だ
うす/\手紙をかこうと思ってゐる もう少し工場にいる時半すぎだ

三月六日、午后二時

定生

茂一

930

三月十九日英の便り 二十日今日今 手にはいった
今度は来ないと思ってあてにもして居なかったが 出征の中に
はいっていたので どんなにうれしかったか 今[illegible]ない
いくらいくら いっても くりかえしかみしめてあるので よく分る 家の事が手に
とる様に いくらいっても お前の心には感謝をして居る ありがたう
今度は又 特に俺が心配して居る手紙ばかり どんどんあとからあとから行
くので 困って居るらしいの 満洲に居た頃 三月宿来るからなのでいる
心配し 案じ心し すかし 夢を見たりして 居たい 悲しんで居た当
時のが 何回も 行ってない 面白く 寝て居たのを りんもの だから
お前からの便りがついた時迄 の今は 行くだろう 俺はもう あとからあと
お前の手紙がくるので 安心して居るが 手紙がすぐ 行くから 安心して
居る 戦争中に心配の便りが行くので 気がかりのだが もう今では
最初の便りこんなは 村の方 つくよう 二人だ みんな行ってあることだろう

931

レ

僕の便りは面白いものに思ふらしく楽しみにしてまって居る様子
先づ何よりうれしいので家の中働いて居てくれるので何よりうれしい…
安心だ。心おきなく家の事を忘れて働くことが出来る
二十年になって来た長い留守中を良く正しく力強く奮闘して
雄々しく働いて行ってくれる君の元気な姿を想像して居る。
稔はいよいよ明日から三年生だ　よろこんで学校へ行くことだらうと思
って居る。久美ちゃんも勝男も背丈大きくなってえらいよく遊んで居る
とのこと　本当に見違へる程大きくなったことと思ふ。楽しい写真をうつ
して送ってほしいのだが忙しいだらうし　あまり無理は言えず
大きくなった子供らの顔が見たくてたまらないのだ
この頃は十分な麦田又畑の耕作で忙しいことと思ふ　勝男は
おとっつぁんがゐて世界中に出て来て居るとのこと　女の人の
銀子さんは病んでもよく働いて居るか今度はしみじみとありがたく思ふよ

932

俺の傍へ近はいと言ってくれる由 何ふとも御辞してお呉れ。又俺
が会って御礼を申し上げる時もあろう。
つる子の病気すっかりなをったのこと何よりうれしい 今日もつる子を
いろいろとしかし当時のことも又弟のことがかなしくなり涙ぐんで失礼
不愛想なつる子よと同情してやりたくなる。あの病気の最中には
何故死なうと考へたこともあり弟は子供が出来たので手術をしろとか
医者へ行けとか又医者代は呈がさせよとか中々まつらぬことを言った
らしく又弟入院中にはよくきつい事を言った俺が行って御世
に気をつかって病院はかけつけてなる様な方を見て本当に気の
毒だと思って居る。あんな力のない男だから何かにつけまごつかし。
ましなかったろう。出来たとしてもよくなかろうと思ってるたが何れ。又
小家の為に旦ごとらしくつる子も大分困って居ることと思ふ
仕方がない。よく生れ付いたを気をすます つる子もあきらめて暮す様に

833

言ってやってくれ、俺も本当の妹と思って居る。すっかり本当の妹と思ってやる
だろう。俺が来てから弟のようす中々父 弟が偉くなっても人に言えない苦い事をし
たらしく お前には打ち明けて話をしたろうから 仲よく お互に力になる合
って行く様になった。しかし一つも三人共に 力係が出来たので 弟も又
がいせん当時の気持になって大事にして居るらしいが 又力係が出来たら
気心も変るだろうと思い それ迄気長く 腕をみておいて仲よくして行く
やう姉だ。言ってやる様にしてくれ、つる一つの手紙にはしんみりとした
又俺が作ったが 相談にものって 悪い様にはしないから 何にしても一度
のお知らせと 寂れのすっかりよくなった事が何よりうれしい
今年の五月からは又作りがふえるから 中々一寸のひまも無くなって目を
回す日ばかりと思い 何をするにも三人共同一致して仲よくやってくれる様に
それでもお前達もう一首をしようとなれる日も一日でも近よって
あることと思えば それでやるも お互に体を大事にして 揃ったの為なかう

934

へ

来ます　まだ体が十分にならぬ様子　大事の体だから　すこしよくなる迄は
十分に養生をして　体が恢復してから働いてやる様に言ってくれ。
幸二君も　日ましにぐんぐん伸びて行くだろう。来月は花祭りだ
仏様の祭りにも花を買って母のはか参りにいって呉れた　母も地下で父
と共にお前に感謝をして喜ぶことだろう。母の生前　お前も　相当につくした
立場にあって苦労をしたが　母が晩年に寝られて　お前の　かげひなたない
看護に働いてもらったことは何よりうれしい
人間はどこ迄も正直にやっていれば間違ない、まっすぐな道をまっ
すぐに歩いて行けば　いつかは分る時もあろうと思っていたが　本当によか
った　お前もあの頃かんごをしてみて張合があってよかったことと思っている。
これ卯さんの死や喜太一君の　急死には　本当にびっくりしたよ
これらは又運命で　弱かったから　無理もないが　喜太郎君の急死に
は驚いた　康伸君をはげまして　その分に何分力添を入れてやってくれ

935

今日の手紙　（リヤ子　おゆう）　アートト　久夫　桜田　つる、妻、源之助　隆田精一　高山寅七　桶田　一二五　八

すでにきかされたとの事皆さまに大事な人であるから力を落しておら
れる事と拝察し御悔み状を出しておいた　両方共に、隆らも困
る事だろう　お世話になれた力おとしと思ふ　又これにきまれ　家族の人々の
力おとしは察するに余りある　本当にすぐれた者の人の命のはかなさは全
く分らないものだ　恐ろしいね　俺の留守中に沢山の方がなくなられたね
隆らも大分な身代を切り廻しているのに骨が折れることだ　俺の事を思
へば早く来てやるからよいがそれでも中々大変だ、母の地頭なりにも沢山
の人々に沢山行ってもらふので　ありがたいことだ　母も満足だろう。
大ぶじも幸田　何がある母と抱しことだ　源も多くの手紙をもらった
お前にもわしく沢をしたとかくあるだ、写した事思ふ　安心をする様に。
秋在は田舎全地帯で自分に居る事　守れ心配をすることはないから
今後返事をかくと思って　とくにこれだけかきあげた　明日から長時もなる
手紙にする　手紙は早い　返事はこれで終ることにする　又明日かく。

三月二十一日　夜九時半

源之

妻へ

936

寫真在內 二枚

三月三十一日、いよいよ三月も今日で終り明日から四月になる早いものだ
いよいよ待ちも四月から一学期がはじまるね 絵もよろこんで三年生になって
学校へ行くことであろう。今日は朝から うすぐもりになって居たが だんだんよくなって
晴れていってめでたい日になった遠くに見える田畑は青と黄色で見事だ
今朝から兵舎を従厩舎の広場が大隊中全部一ヶ所へ集ってとうとう
になった今迄の兵舎の前から少し遠くなった広い所へ大ぜい一ヶ所へ集って
の兵舎は規律があって立派なものだ 兵舎を終り馬の手入れに行く
毎日馬を洗って油をぬり 刷で体の手入れをしてやる 毛がえの時で ぬける毛が
多いがだんだんつやがよくなってきれいになって行く 係て頭を洗い今月
つけものもよくなって食事毎に出して在って居る 中々おいしい。
九州迄の者はかまい 一般として新洗を出んで居た 九州弟は全部従
厩へ行って従車、移乗車を水で洗ってきれいに一 かれしのをまって油を
ぬった どこもかしこの前の広場へ引出して手入れをして居る きれいに

943

2

なる。畑をぬって歩(ひい)して帰る。夜食 一時近の旨けかしあまりゆっくりんで
新法をよんで居た。手紙をかけば出す所もあるが 面倒になって書きたくない
又手紙がこなければ淋しくあって書けるが 新法はかりよんで居るとめいりに困る
一日か二日全町のつづきで 絵自習来車へ 畑めぐりをした こまかい所近来それを
しとすまりを送えた。畑をめぐったので 村畑の様にまれになる、 美めかしかいがあった
宿舎敷の中へはいんで雑談をして掃除をし帰って来た。
日記と手紙を書いて寝るめくい。 かかりたる気分の悪さで 布団の中へ入れて
しまっておいた。今日は防空召に タバコを三つ（三十五）もよこした 夕食だ
陽気もよくなったので 体も大して寒くなく くらくすく寝た。本郎では花
畑や花の木が見られるので 殺風景だ。木も日増しに青々となって行く
春だ。梅が咲いと春らしい気分だ。暖かいでなければ春らしく成って行こう 桃の花
は今満開だ この頃毎日様になると雨が降るのだ 朝はくもり少し上んである
みな家族の皆へ よく又新法が出来よう 今日は手紙が来るかもしれない

三十日午后六時

944

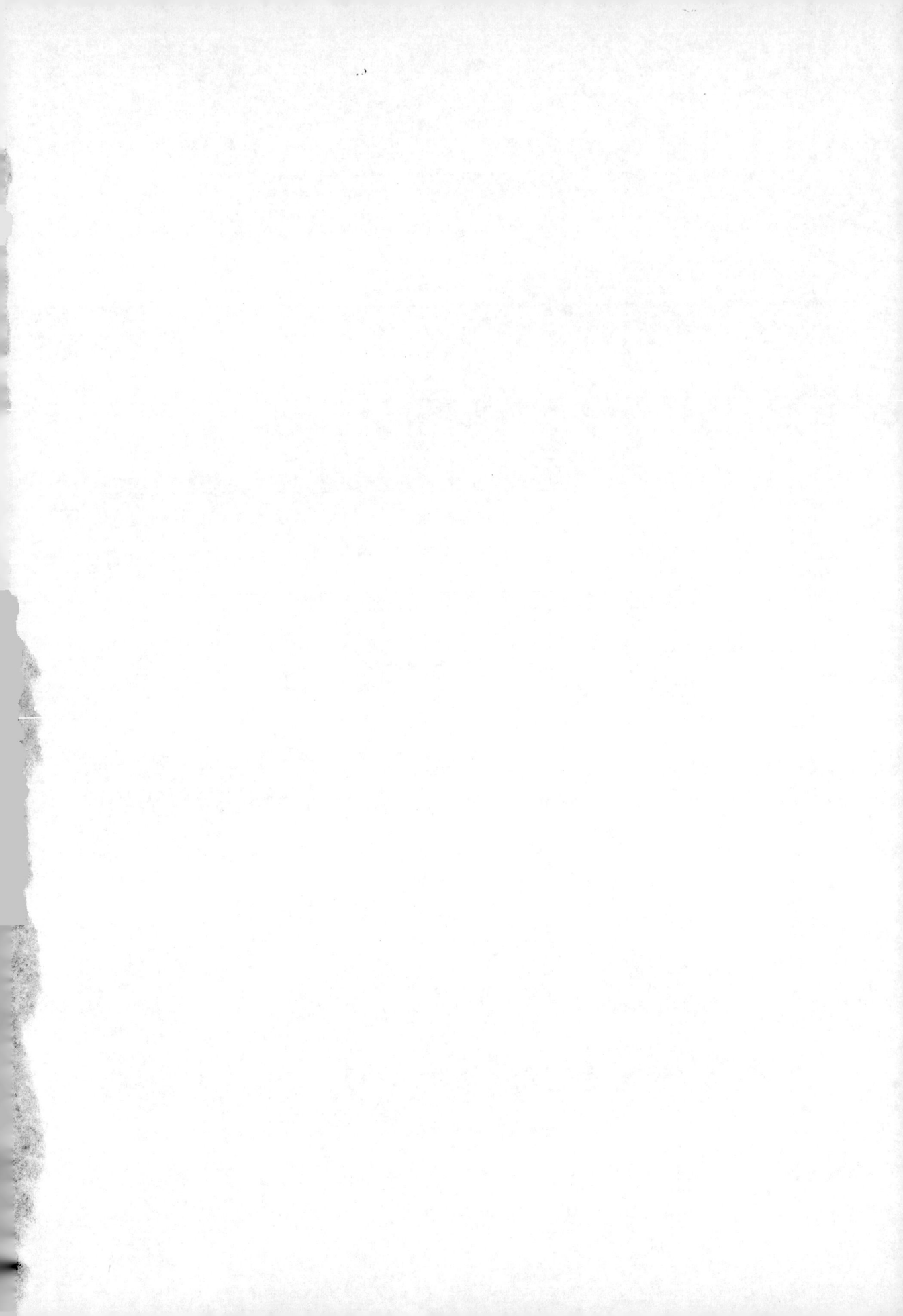